메가스터디

중학국어

문학 필수 개념

독해 연습

문학에서 '개념' 학습이 왜 필요할까요?

수학, 개념을 모르면 문제를 못 풀죠.
영어, 개념을 모르면 지문을 못 읽죠.
탐구도 개념을 모르면 문제를 못 풀죠.

그런데 국어는 '개념'을 몰라도
작품을 읽을 수 있고 문제도 읽을 수 있습니다.
작품도 막─ 읽고 문제도 막─ 풀어 봅니다.

그런데,
읽기는 읽었는데,
내가 읽은 것이 무슨 의미인지, 어떻게 해석되는지 모르겠습니다...
문제에서 뭘 묻고 있는지 모르겠습니다...
해설에서 제시한 정답보다 내가 선택한 답지가 더 정답 같습니다...

이럴 때 필요한 것이 문학의 '개념'입니다.

*화자가 누군지, 어떤 정서와 태도를 갖는지, 그것을 어떤 어조로 드러내는지를 알아야,
 시를 이해하고 문제를 풀 수 있습니다.
*서술자가 누군지, 어떤 인물이 나오는지, 어떤 사건이 어떤 구성으로 전개되는지를 알아야,
 소설을 이해하고 문제를 풀 수 있습니다.

이것이 바로 문학의 '개념'입니다.
 '개념'은 결코 달라지지 않습니다.
작품을 제대로 이해하고 문제를 풀기 위해서는 변하지 않는 '개념'을 학습해야 합니다.

'개념' 학습이야말로 문학 학습, 그 자체입니다.

그러면 문학에서 '개념' 학습을 어떻게 하는 것이 좋을까요?

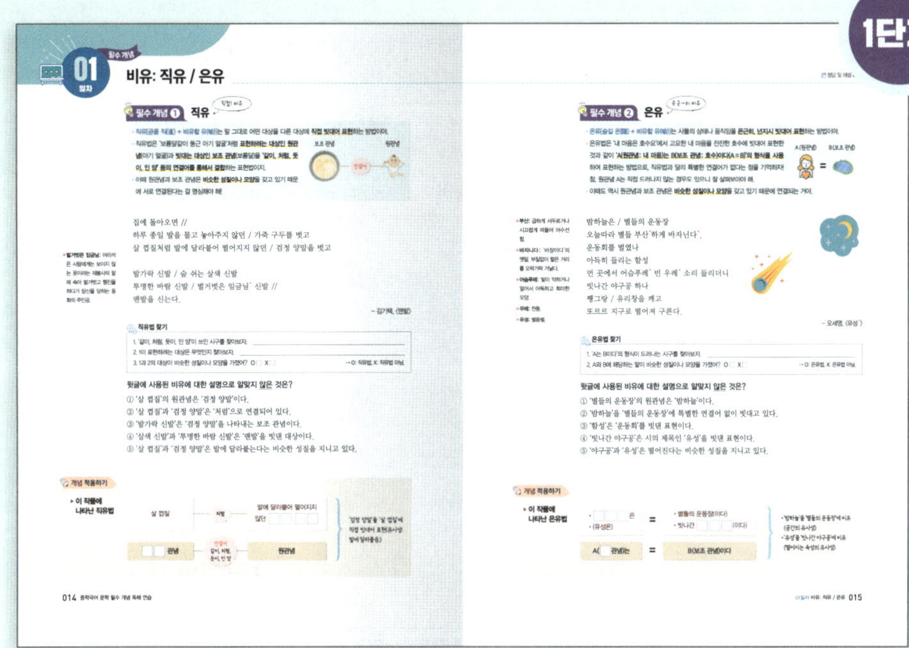

1단계 개념 학습

문학 필수 개념 집중 탐구

❶ 필수 개념 확인하기

쉽고 재미있게 설명된 개념을 차근차근 읽고 이해하기

❷ 작품에서 연습하기

개념 찾기 코너에 지시된 대로 작품에서 개념 찾기

❸ 개념 적용하기

쉽고 재미있게 정리된 개념 적용 내용을 확인하기

2단계 실전 적용

문학 필수 개념 실전 적용

❶ 문학 작품 감상하기

개념을 학습하기에 가장 안성맞춤인 작품 감상하기

❷ 개념 적용 문제 풀기

1단계에서 학습한 개념이 적용된 실전 문제 풀기

중학국어 문학 필수 개념 (1~3권)

시

I 표현

- ❶ 비유: 직유 / 은유 `1권`
- ❷ 비유: 의인 / 활유
- ❸ 원형적 · 관습적 · 개인적 상징
- ❹ 영탄 / 설의 `2권`
- ❺ 대조 / 대구
- ❻ 반어 / 역설
- ❼ 대유: 제유 / 환유
- ❽ 객관적 상관물 / 감정 이입 `3권`

II 운율

- ❶ 외형률 · 내재율 / 음수율 · 음보율 `1권`
- ❷ 반복 / 음성 상징어

III 이미지

- ❶ 시각적 · 청각적 · 후각적 · 미각적 · 촉각적 심상 `1권`
- ❷ 공감각적 심상 / 복합 감각적 심상
- ❸ 색채 이미지 / 동적 · 정적 이미지 / 상승 · 하강 이미지 `3권`

소설

I 인물

- ❶ 인물의 유형: 주동 · 반동 / 평면 · 입체 / 전형 · 개성 `1권`
- ❷ 인물 제시 방법: 직접 제시 / 간접 제시 `2권`
- ❸ 직설적 · 우회적 말하기 / 고사를 인용하여 말하기 `3권`

II 갈등과 구성

- ❶ 내적 갈등 / 외적 갈등 `1권`
- ❷ 발단-전개-위기-절정-결말
- ❸ 순행적 · 역순행적 구성 / 액자식 구성 `2권`
- ❹ 암시 / 복선

III 서술자와 시점

- ❶ 1인칭 주인공 시점 / 1인칭 관찰자 시점 `1권`
- ❷ 전지적 작가 시점 / 3인칭 관찰자 시점
- ❸ 인물에 대한 서술자의 태도 / 편집자적 논평 `3권`

극 문학

- ❶ 희곡의 구성 요소 / 시나리오의 구성 요소 `1권`
- ❷ 극 문학의 갈등 / 구성 단계
- ❸ 희곡의 특징 / 희곡과 소설의 비교 `2권`
- ❹ 시나리오의 특징
- ❺ 시나리오 용어 `3권`
- ❻ 극의 감상 방법: 내재적 관점 / 외재적 관점

수필

- ❶ 수필의 내용과 형식 `1권`
- ❷ 수필의 성격
- ❸ 수필의 종류: 경수필 VS 중수필 `2권`
- ❹ 수필의 감상 `3권`
- ❺ 고전 수필의 갈래: 내간체 수필과 설(說)

구성과 특징

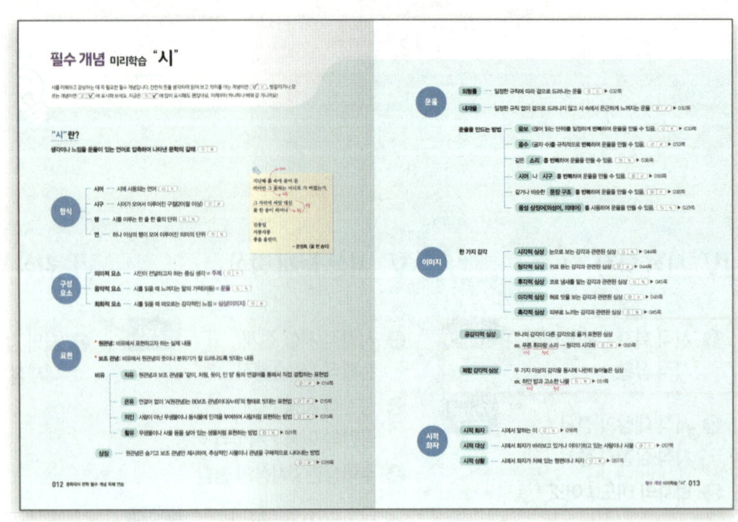

❶ 갈래별 필수 개념 미리학습

시, 소설, 극 문학, 수필의 필수 개념을 제시하고 아는
지 모르는지 체크하면서 앞으로 배울 문학 필수 개념
에 어떤 것들이 있는지 살펴볼 수 있습니다.

❷ '1일 2개념' 2단계 학습으로 문학 필수 개념 완성

1단계 — 개념 학습

📘 문학 필수 개념 집중 탐구

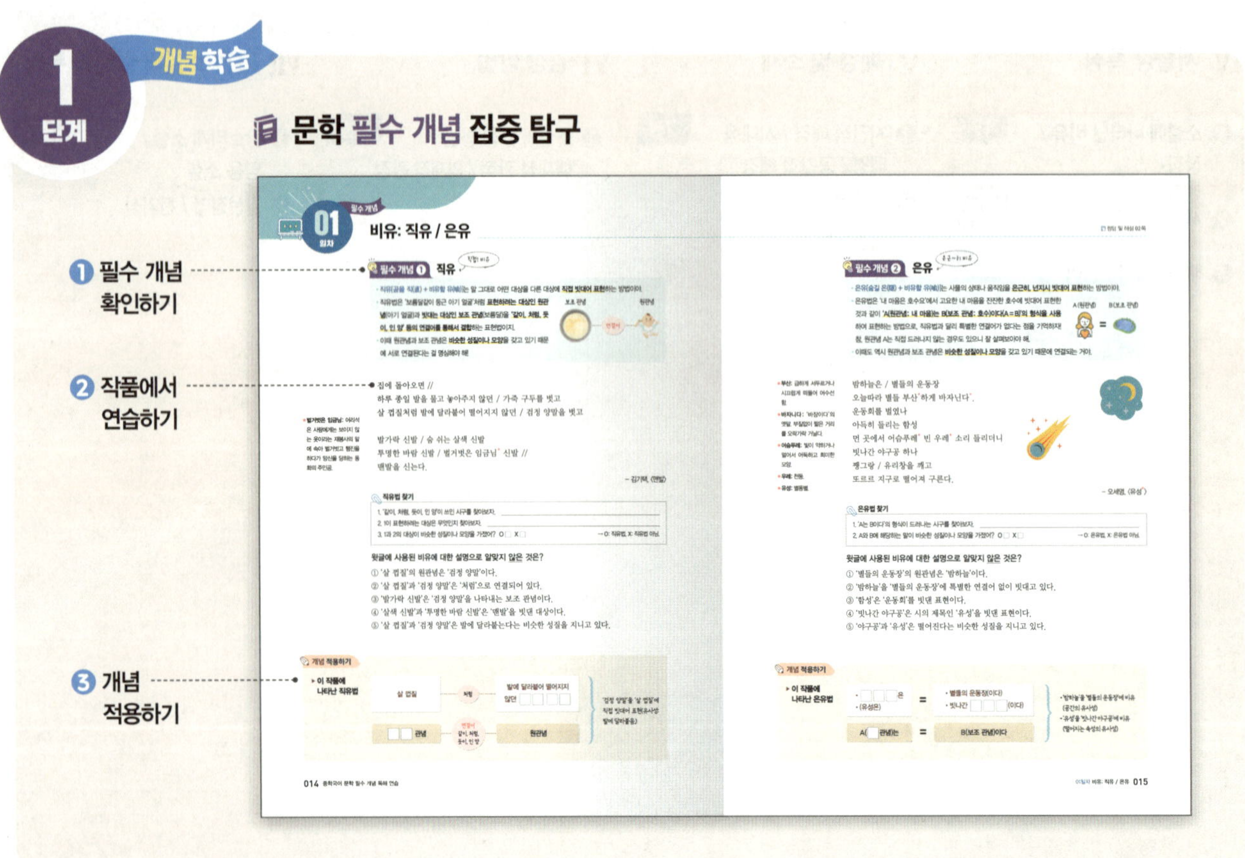

❶ 필수 개념
확인하기

❷ 작품에서
연습하기

❸ 개념
적용하기

1단계 개념 학습 ▶ 중학 국어 성취 기준에 기반한 문학 필수 개념을
작은 단위로 쪼개 하나하나 집중 탐구하고 작품에서 확인하여 명확하
게 이해할 수 있도록 구성하였습니다.

필수 문학 작품 학습 ▶ 9종 중학 국어 교과서 수록 작품부터 고1
기출 작품까지 중학생이 꼭 알아야 할 갈래별 필수 문학 작품을 모두
살펴볼 수 있도록 작품 목록을 구성하였습니다.

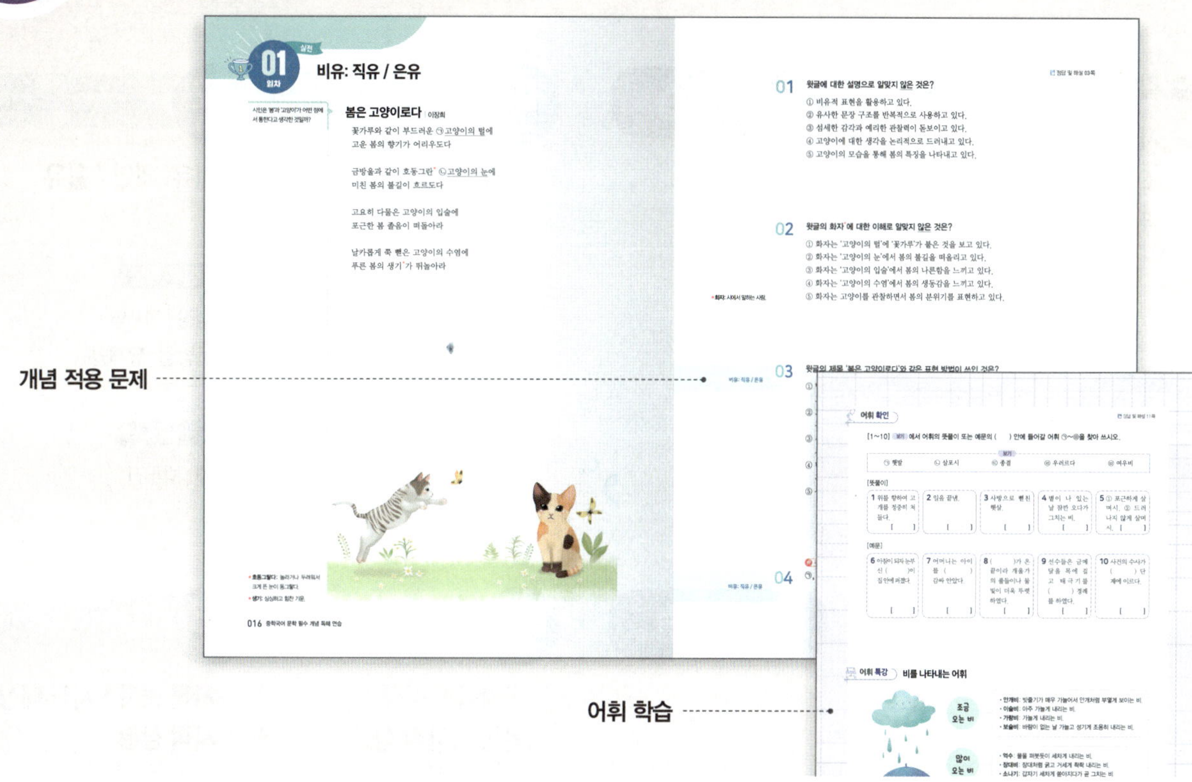

2단계 실전 문제 ▶ 1단계에서 학습한 개념을 실전 문제에서 직접 작품과 문제에 적용해 보게 하여 보다 충실한 개념 이해와 훈련이 가능하도록 하였습니다.

어휘 학습 ▶ 개념과 관련된 어휘, 작품에 나오는 어휘, 관용어, 속담, 한자 성어 등을 풍부하게 익힐 수 있도록 어휘 문제와 어휘 특강을 다양하게 수록하였습니다.

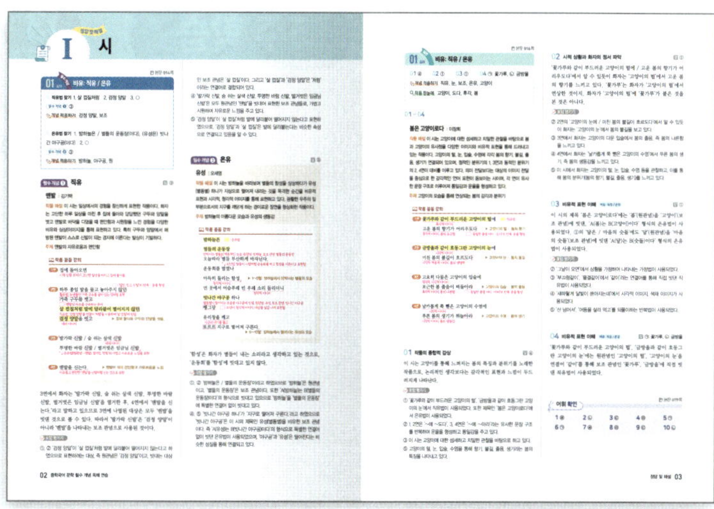

❸ **완벽한 지문 분석 / 정답 및 해설**

작품 꼼꼼 강의 ▶ 시, 소설, 극 문학, 수필의 지문을 모두 수록하고 행간주 분석과 깊이 있는 작품 해설을 제시하여 문학 필수 개념은 물론 작품까지 완벽하게 이해할 수 있도록 하였습니다.

정답 및 해설 ▶ 정답이 되는 이유와 오답이 되는 이유를 자세하게 설명하였습니다.

차례와
3주 학습 계획표

시

필수 개념 미리학습 "시"

시를 이해하고 감상하는 데 꼭 필요한 필수 개념입니다. 찬찬히 뜻을 생각하며 읽어 보고 의미를 아는 개념이면 ✔ ✕ , 헷갈리거나 모르는 개념이면 ○ ✔ 에 표시해 보세요. 지금은 ○ ✔ 에 많이 표시해도 괜찮아요. 이제부터 하나하나 배워 갈 거니까요!

"시"란?

생각이나 느낌을 운율이 있는 언어로 압축하여 나타낸 문학의 갈래 ○ ✕

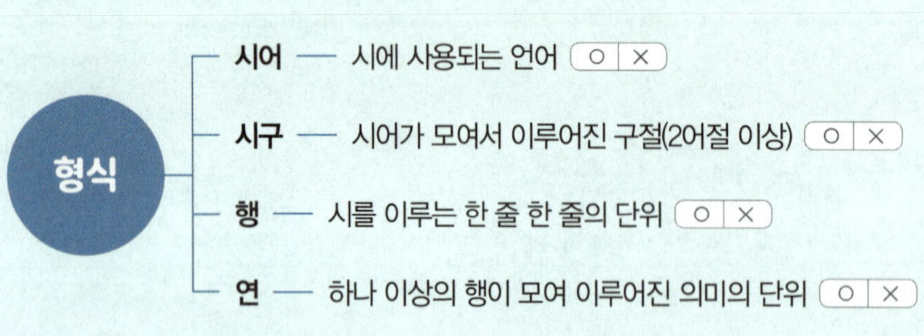

형식
- **시어** — 시에 사용되는 언어 ○ ✕
- **시구** — 시어가 모여서 이루어진 구절(2어절 이상) ○ ✕
- **행** — 시를 이루는 한 줄 한 줄의 단위 ○ ✕
- **연** — 하나 이상의 행이 모여 이루어진 의미의 단위 ○ ✕

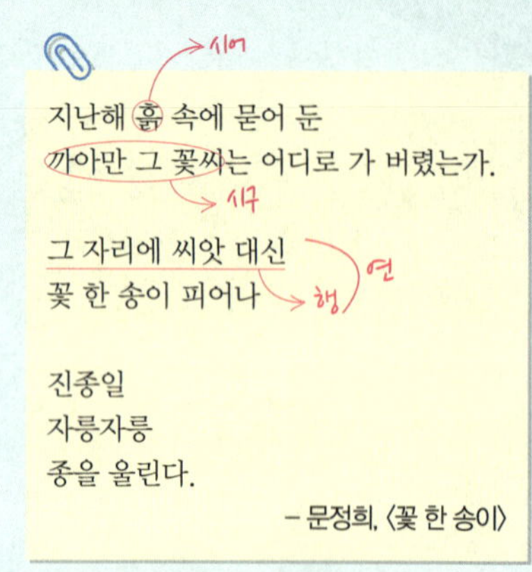

구성 요소
- **의미적 요소** — 시인이 전달하고자 하는 중심 생각 = **주제** ○ ✕
- **음악적 요소** — 시를 읽을 때 느껴지는 말의 가락(리듬) = **운율** ○ ✕
- **회화적 요소** — 시를 읽을 때 떠오르는 감각적인 느낌 = **심상(이미지)** ○ ✕

표현

* **원관념**: 비유에서 표현하고자 하는 실제 내용

* **보조 관념**: 비유에서 원관념의 뜻이나 분위기가 잘 드러나도록 빗대는 내용

비유
- **직유** 원관념과 보조 관념을 '같이, 처럼, 듯이, 인 양' 등의 연결어를 통해서 직접 결합하는 표현법 ○ ✕ ▶ 014쪽
- **은유** 연결어 없이 'A(원관념)는 B(보조 관념)이다(A=B)'의 형태로 빗대는 표현법 ○ ✕ ▶ 015쪽
- **의인** 사람이 아닌 무생물이나 동식물에 인격을 부여하여 사람처럼 표현하는 방법 ○ ✕ ▶ 020쪽
- **활유** 무생물이나 사물 등을 살아 있는 생물처럼 표현하는 방법 ○ ✕ ▶ 021쪽

상징 — 원관념은 숨기고 보조 관념만 제시하여, 추상적인 사물이나 관념을 구체적으로 나타내는 방법 ○ ✕ ▶ 026쪽

운율

외형률 —— 일정한 규칙에 따라 겉으로 드러나는 운율 〔O ✕〕 ▶ 032쪽

내재율 —— 일정한 규칙 없이 겉으로 드러나지 않고 시 속에서 은근하게 느껴지는 운율 〔O ✕〕 ▶ 032쪽

운율을 만드는 방법
- **음보** (끊어 읽는 단위)를 일정하게 **반복**하여 운율을 만들 수 있음. 〔O ✕〕 ▶ 033쪽
- **음수** (글자 수)를 규칙적으로 **반복**하여 운율을 만들 수 있음. 〔O ✕〕 ▶ 033쪽
- 같은 **소리** 를 **반복**하여 운율을 만들 수 있음. 〔O ✕〕 ▶ 038쪽
- **시어** 나 **시구** 를 **반복**하여 운율을 만들 수 있음. 〔O ✕〕 ▶ 038쪽
- 같거나 비슷한 **문장 구조** 를 **반복**하여 운율을 만들 수 있음. 〔O ✕〕 ▶ 038쪽
- **음성 상징어(의성어, 의태어)** 를 사용하여 운율을 만들 수 있음. 〔O ✕〕 ▶ 039쪽

이미지

한 가지 감각
- **시각적 심상** 눈으로 보는 감각과 관련된 심상 〔O ✕〕 ▶ 044쪽
- **청각적 심상** 귀로 듣는 감각과 관련된 심상 〔O ✕〕 ▶ 044쪽
- **후각적 심상** 코로 냄새를 맡는 감각과 관련된 심상 〔O ✕〕 ▶ 045쪽
- **미각적 심상** 혀로 맛을 보는 감각과 관련된 심상 〔O ✕〕 ▶ 045쪽
- **촉각적 심상** 피부로 느끼는 감각과 관련된 심상 〔O ✕〕 ▶ 045쪽

공감각적 심상 —— 하나의 감각이 다른 감각으로 옮겨 표현된 심상
ex. 푸른 휘파람 소리 → 청각의 시각화 〔O ✕〕 ▶ 050쪽
　　시각　　　청각

복합 감각적 심상 —— 두 가지 이상의 감각을 동시에 나란히 늘어놓은 심상
ex. 하얀 밥과 고소한 나물 〔O ✕〕 ▶ 051쪽
　　시각　　　후각

시적 화자

시적 화자 —— 시에서 말하는 이 〔O ✕〕 ▶ 056쪽

시적 대상 —— 시에서 화자가 바라보고 있거나 이야기하고 있는 사람이나 사물 〔O ✕〕 ▶ 057쪽

시적 상황 —— 시에서 화자가 처해 있는 형편이나 처지 〔O ✕〕 ▶ 057쪽

비유: 직유 / 은유

필수 개념 ❶ 직유

- 직유[곧을 직(直) + 비유할 유(喻)]는 말 그대로 어떤 대상을 다른 대상에 **직접 빗대어 표현**하는 방법이야.
- 직유법은 '보름달같이 둥근 아기 얼굴'처럼 **표현하려는 대상인 원관념**(아기 얼굴)과 빗대는 대상인 **보조 관념**(보름달)을 '**같이, 처럼, 듯이, 인 양** 등의 **연결어를 통해서 결합**하는 표현법이지.
- 이때 원관념과 보조 관념은 **비슷한 성질이나 모양**을 갖고 있기 때문에 서로 연결된다는 걸 명심해야 해!

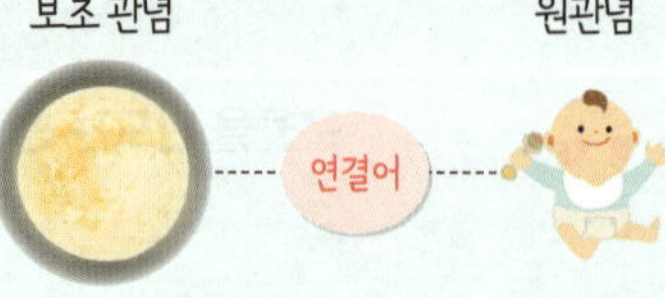

집에 돌아오면 //
하루 종일 발을 물고 놓아주지 않던 / 가죽 구두를 벗고
살 껍질처럼 발에 달라붙어 떨어지지 않던 / 검정 양말을 벗고

발가락 신발 / 숨 쉬는 살색 신발
투명한 바람 신발 / 벌거벗은 임금님* 신발 //
맨발을 신는다.

– 김기택, 〈맨발〉

*벌거벗은 임금님: 어리석은 사람에게는 보이지 않는 옷이라는 재봉사의 말에 속아 벌거벗고 행진을 하다가 망신을 당하는 동화의 주인공.

직유법 찾기

1. '같이, 처럼, 듯이, 인 양'이 쓰인 시구를 찾아보자. ______
2. 1이 표현하려는 대상은 무엇인지 찾아보자. ______
3. 1과 2의 대상이 비슷한 성질이나 모양을 가졌어? O ☐ X ☐   → O: 직유법, X: 직유법 아님.

윗글에 사용된 비유에 대한 설명으로 알맞지 <u>않은</u> 것은?

① '살 껍질'의 원관념은 '검정 양말'이다.
② '살 껍질'과 '검정 양말'은 '처럼'으로 연결되어 있다.
③ '발가락 신발'은 '검정 양말'을 나타내는 보조 관념이다.
④ '살색 신발'과 '투명한 바람 신발'은 '맨발'을 빗댄 대상이다.
⑤ '살 껍질'과 '검정 양말'은 발에 달라붙는다는 비슷한 성질을 지니고 있다.

개념 적용하기

▶ 이 작품에 나타난 직유법

살 껍질	처럼	발에 달라붙어 떨어지지 않던 ☐☐☐☐
☐☐ 관념	연결어 같이, 처럼, 듯이, 인 양	원관념

'검정 양말'을 '살 껍질'에 직접 빗대어 표현(유사성: 발에 달라붙음.)

🔍 필수 개념 ❷ 은유

- 은유[숨길 은(隱) + 비유할 유(喩)]는 사물의 상태나 움직임을 **은근히, 넌지시 빗대어 표현**하는 방법이야.
- 은유법은 '내 마음은 호수요'에서 고요한 내 마음을 잔잔한 호수에 빗대어 표현한 것과 같이 **'A(원관념: 내 마음)는 B(보조 관념: 호수)이다(A = B)'의 형식을 사용**하여 표현하는 방법으로, 직유법과 달리 특별한 연결어가 없다는 점을 기억하자! 참, 원관념 A는 직접 드러나지 않는 경우도 있으니 잘 살펴보아야 해.
- 이때도 역시 원관념과 보조 관념은 **비슷한 성질이나 모양**을 갖고 있기 때문에 연결되는 거야.

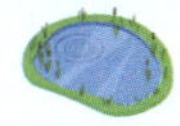

***부산:** 급하게 서두르거나 시끄럽게 떠들어 어수선함.

***바자니다:** '바장이다'의 옛말. 부질없이 짧은 거리를 오락가락 거닐다.

***어슴푸레:** 빛이 약하거나 멀어서 어둑하고 희미한 모양.

***우레:** 천둥.

***유성:** 별똥별.

밤하늘은 / 별들의 운동장
오늘따라 별들 부산*하게 바자닌다*.
운동회를 벌였나
아득히 들리는 함성
먼 곳에서 어슴푸레* 빈 우레* 소리 들리더니
빗나간 야구공 하나
쨍그랑 / 유리창을 깨고
또르르 지구로 떨어져 구른다.

– 오세영, 〈유성*〉

📎 은유법 찾기

1. 'A는 B이다'의 형식이 드러나는 시구를 찾아보자. ________________________
2. A와 B에 해당하는 말이 비슷한 성질이나 모양을 가졌어? O ☐ X ☐   → O: 은유법, X: 은유법 아님.

윗글에 사용된 비유에 대한 설명으로 알맞지 **않은** 것은?

① '별들의 운동장'의 원관념은 '밤하늘'이다.
② '밤하늘'을 '별들의 운동장'에 특별한 연결어 없이 빗대고 있다.
③ '함성'은 '운동회'를 빗댄 표현이다.
④ '빗나간 야구공'은 시의 제목인 '유성'을 빗댄 표현이다.
⑤ '야구공'과 '유성'은 떨어진다는 비슷한 성질을 지니고 있다.

✏️ 개념 적용하기

▶ 이 작품에 나타난 은유법

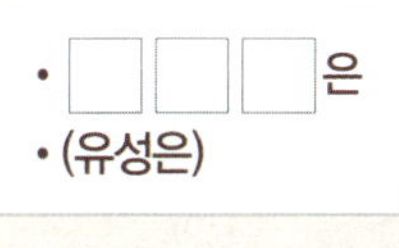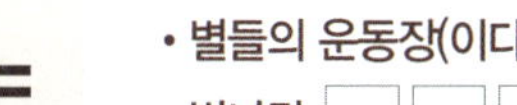

- ☐☐☐ 은 = 별들의 운동장(이다)
- (유성은) = 빗나간 ☐☐☐ (이다)

A(☐ 관념)는 = B(보조 관념)이다

- '밤하늘'을 '별들의 운동장'에 비유 (공간의 유사성)
- '유성'을 '빗나간 야구공'에 비유 (떨어지는 속성의 유사성)

비유: 직유 / 은유

시인은 '봄'과 '고양이'가 어떤 점에서 통한다고 생각한 것일까?

봄은 고양이로다 | 이장희

꽃가루와 같이 부드러운 ㉠고양이의 털에
고운 봄의 향기가 어리우도다

금방울과 같이 호동그란* ㉡고양이의 눈에
미친 봄의 불길이 흐르도다

고요히 다물은 고양이의 입술에
포근한 봄 졸음이 떠돌아라

날카롭게 쭉 뻗은 고양이의 수염에
푸른 봄의 생기*가 뛰놀아라

＊**호동그랗다:** 놀라거나 두려워서 크게 뜬 눈이 동그랗다.
＊**생기:** 싱싱하고 힘찬 기운.

📖 정답 및 해설 03쪽

01 윗글에 대한 설명으로 알맞지 <u>않은</u> 것은?

① 비유적 표현을 활용하고 있다.
② 유사한 문장 구조를 반복적으로 사용하고 있다.
③ 섬세한 감각과 예리한 관찰력이 돋보이고 있다.
④ 고양이에 대한 생각을 논리적으로 드러내고 있다.
⑤ 고양이의 모습을 통해 봄의 특징을 나타내고 있다.

02 윗글의 화자*에 대한 이해로 알맞지 <u>않은</u> 것은?

① 화자는 '고양이의 털'에 '꽃가루'가 붙은 것을 보고 있다.
② 화자는 '고양이의 눈'에서 봄의 불길을 떠올리고 있다.
③ 화자는 '고양이의 입술'에서 봄의 나른함을 느끼고 있다.
④ 화자는 '고양이의 수염'에서 봄의 생동감을 느끼고 있다.
⑤ 화자는 고양이를 관찰하면서 봄의 분위기를 표현하고 있다.

＊**화자:** 시에서 말하는 사람.

비유: 직유 / 은유

03 윗글의 제목 '봄은 고양이로다'와 같은 표현 방법이 쓰인 것은?

① 달은 / 마음의 숫돌 //
　모난 맘 / 환하고 서럽게 다스려 주는　　　　　　　　　　　－ 함민복, 〈달〉
② 그날이 오면, 끊어진 허리
　동강 난 세월들 씻은 듯 나으리라.　　　　　　　　　　　－ 심훈, 〈그날이 오면〉
③ 새악시 볼에 떠오는 부끄럼같이
　시의 가슴에 살포시 젖는 물결같이　　　　　　　　－ 김영랑, 〈돌담에 속삭이는 햇발〉
④ 너와 헤어져 돌아오는
　눈 쌓인 골목길에 새파랗게 달빛이 쏟아지는데　　　　－ 신경림, 〈가난한 사랑 노래〉
⑤ 산 넘어 산 넘어서 어둠을 살라 먹고, 산 넘어서 밤새도록 어둠을 살라 먹고,
　　　　　　　　　　　　　　　　　　　　　　　　　　　－ 박두진, 〈해〉

🖊 주관식·서술형

비유: 직유 / 은유

04 ㉠, ㉡의 보조 관념을 각각 찾아 쓰시오.

▶ 이 작품에 나타난 □□법

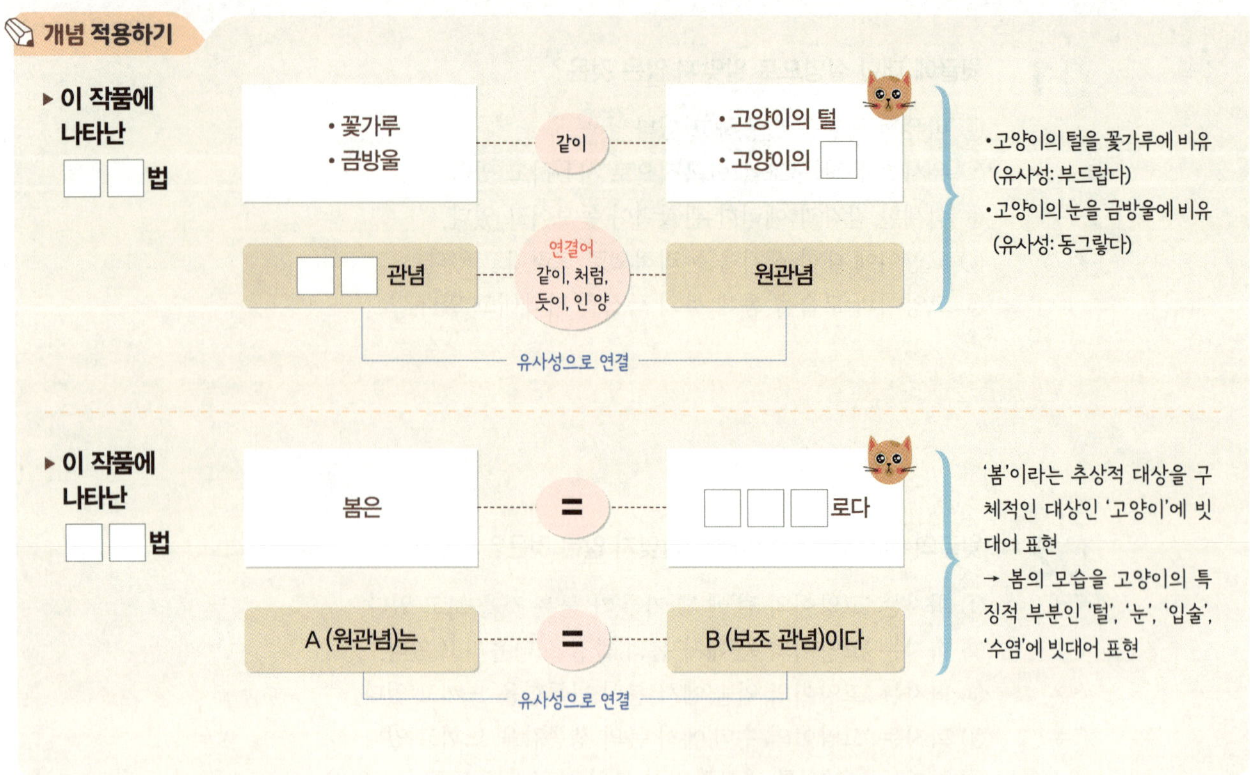

▶ 이 작품에 나타난 □□법

작품 한눈에 봄은 고양이로다 | 이장희

한줄평 ▶ 봄과 고양이의 유사점을 다양한 이미지와 비유적 표현을 통해 노래한 시

화자와 시적 상황

- **시적 대상**: □□□
- **화자**: 시적 대상인 '고양이'를 관찰하는 사람
- **시적 상황**: 고양이의 여러 모습에서 봄의 분위기를 느낌.
- **어조**: 1, 3연은 곱고 부드러운 어조(정적인 분위기)이고, 2, 4연은 다소 거칠고 힘찬 어조(동적인 분위기)임.

운율

- **유사한 문장 구조의 반복**: 1연과 2연은 '~에 ~도다', 3연과 4연은 '~에 ~아라'라는 유사한 문장 구조를 반복하여 통일감과 운율을 형성함.
- **동일한 종결 어미의 반복**: 1, 2연은 '-□□', 3, 4연은 '-아라'라는 동일한 종결 어미를 사용하여 통일감과 운율을 형성함.

비유와 이미지

- **비유**: '고양이의 털'과 '고양이의 눈'을 각각 '꽃가루'와 '금방울'에 빗대어 대상이 지닌 특성을 효과적으로 나타냄.
- **다양한 이미지**: 촉각적 이미지(부드러운, 포근한), □□적 이미지(봄의 향기), 시각적 이미지(호동그란, 푸른 봄) 등 다양한 이미지를 활용하여 봄의 느낌을 감각적으로 표현함.

주제: 고양이의 모습을 통해 연상되는 □의 분위기

[1~10] 보기 에서 어휘의 뜻풀이 또는 예문의 (   ) 안에 들어갈 어휘 ㉠~㉤을 찾아 쓰시오.

보기

| ㉠ 추상적 | ㉡ 특징적 | ㉢ 효과적 | ㉣ 감각적 | ㉤ 구체적 |

뜻풀이

1 감각을 자극하는. 또는 그런 것.　　　　　　　　　　　　　　　[　　]

2 다른 것에 비하여 특별히 눈에 뜨이는. 또는 그런 것.　　　　　[　　]

3 어떤 목적을 지닌 행위에 의하여 보람이나 좋은 결과가 드러나는. 또는 그런 것. [　　]

4 사물이 직접 경험하거나 지각할 수 있도록 일정한 형태와 성질을 갖추고 있는. 또는 그런 것.　　　　　　　　　　　　　　　　　　　　　　[　　]

5 어떤 사물이 직접 경험하거나 지각할 수 있는 일정한 형태와 성질을 갖추고 있지 않은. 또는 그런 것.　　　　　　　　　　　　　　　　　　[　　]

예문

6 피카소는 (　　) 그림의 대가이다.　　　　　　　　　　　　　[　　]

7 그 노래는 (　　)인 가사를 담고 있다.　　　　　　　　　　　[　　]

8 묘사는 추상적인 대상을 (　　)으로 보여 주는 방법이다.　　[　　]

9 아군은 최신 병기를 이용하여 (　　)으로 적군을 물리쳤다.　[　　]

10 그 계획에 관한 (　　) 사항들을 요약해 주시오.　　　　　[　　]

🔬 **어휘 특강**

소리는 같지만 뜻이 다른 단어를 동음이의어(同音異義語)라고 한다.

어리다¹ 동사　◄┄┄ 동음이의어 ┄┄►　**어리다³** 동사

어리다

다의어

❶ 눈에 눈물이 조금 괴다.
　예 눈에 눈물이 어리다.

❷ 어떤 현상, 기운, 추억 따위가 배어 있거나 은근히 드러나다.
　예 입가에 미소가 어리다.

❸ 빛이나 그림자, 모습 따위가 희미하게 비치다.
　예 수면에 어리는 그림자

❹ 연기, 안개, 구름 따위가 한곳에 모여 나타나다.
　예 앞들 무논 위에 아지랑이가 어리기 시작한다.

두 가지 이상의 뜻을 가진 단어를 다의어(多義語)라고 한다.

다의어

❶ 나이가 적다. 10대 전반을 넘지 않은 나이를 이른다.
　예 나는 어린 시절을 시골에서 보냈다.

❷ 나이가 비교 대상보다 적다.
　예 그녀는 나이보다 무척 어려 보여 동안이라는 소리를 듣는다.

❸ 동물이나 식물 따위가 난 지 얼마 안 되어 작고 여리다.
　예 어린 묘목을 옮겨 심다.

❹ 생각이 모자라거나 경험이 적거나 수준이 낮다.
　예 제 어린 소견을 경청해 주셔서 고맙습니다.

비유: 의인 / 활유

필수 개념 ① 의인 

- 의인[빗댈 의(擬) + 사람 인(人)]은 **사람이 아닌 것을 사람인 것처럼 빗대어(흉내 내어) 표현**하는 방법이지.
- 의인법은 '소가 책을 읽는다.'와 같이 원관념은 사람이 아닌데, 보조 관념을 **사람이 말하고 행동하는 것처럼** 표현하는 방법으로, 의인법을 사용하면 독자가 대상을 더 재미있고 친근하게 느낄 수 있어.

*그러쥐다: 그러당겨 손안에 잡다.

*뒤채다: 표준어는 '뒤치다'. 엎어진 것을 젖혀 놓거나 자빠진 것을 엎어 놓다.

바다가 가까워지자 어린 강물은 엄마 손을 더욱 꼭 그러쥔* 채 놓지 않았습니다. 그러다가 그만 거대한 파도의 뱃속으로 뛰어드는 꿈을 꾸다 엄마 손을 아득히 놓치고 말았습니다. 그래 잘 가거라 내 아들아. 이제부터는 크고 다른 삶을 살아야 된단다. 엄마 강물은 새벽 강에 시린 몸을 한번 뒤채고는* 오리처럼 곧 순한 머리를 돌려 반짝이는 은어들의 길을 따라 산골로 조용히 돌아왔습니다.

– 이시영, 〈성장〉

📎 의인법 찾기

1. '어린 강물'의 행동이 사람의 행동처럼 나타나고 있어? O ☐ X ☐
2. 사람이 말하는 것처럼 나타낸 시구를 찾아보자. ___________________________

윗글에 나타나 있는 의인법이 <u>아닌</u> 것은?

① '어린 강물'이 사람처럼 엄마 손을 꼭 그러쥐었다고 하였다.
② '어린 강물'이 사람처럼 꿈을 꾸었다고 하였다.
③ '엄마 강물'은 사람이 아닌 '강물'을 사람처럼 '엄마'라고 표현한 것이다.
④ '엄마 강물'이 사람처럼 '어린 강물'을 따라 파도 속으로 뛰어들었다고 하였다.
⑤ '엄마 강물'이 '그래 잘 가거라 내 아들아.'라고 사람처럼 말했다고 하였다.

✏️ 개념 적용하기

▶ **이 작품에 나타난 의인법**

☐☐ → 어린 강물과 엄마 강물 (엄마와 아들 관계)

[원관념] 사람이 아닌 것 ---- [보조 관념] 사람인 것처럼 빗대어 표현

- 사람이 아닌 '강물'을 마치 사람이 말하고 행동하는 것처럼 표현함.
- 사람이 아닌 '강물'을 엄마와 아들의 관계로 나타내어 주제를 효과적으로 드러냄.

필수 개념 ❷ 활유

- 활유[살 활(活) + 비유할 유(喩)]는 **살아 있지 않은 무생물을 살아 있는 것처럼 표현**하는 방법이야.
- 활유법과 의인법을 구별해 보자. 예를 들어 '휴대폰이 잠을 잔다.'는 생명이 없는 '휴대폰'이 '잠을 잔다'고 하여 생명이 있는 것처럼 표현했으니까 활유법이, '새가 노래를 한다.'는 생명이 있는 '새'가 사람처럼 '노래를 한다'고 표현했으니까 의인법이 쓰인 거지.

*자맥질: 물속에 들어가서 팔다리를 놀려 떴다 잠겼다 하는 일.

*꽃대궁: 식물의 꽃자루가 달리는 줄기.

*둑방길: '둑길'의 방언. 둑(댐) 위로 난 길.

*조팝꽃: 조팝나무(장미과의 낙엽 활엽 나무)의 꽃.

1 　어린 염소
　　등 가려운
　　여우비도
　　지났다.

2 ┌ 목이 긴
　│ 메아리가
㉠│ 자맥질*을
　└ 하는 곳

3 　마알간
　　꽃대궁*들이
　　물빛으로
　　흔들리고.

4 　부리 긴
　　물총새가
　　느낌표로
　　물고 가는

5 　피라미
　　은빛 비린내
　　문득 번진
　　둑방길*

6 　어머니
　　마른 손 같은
　　조팝꽃*이
　　한창이다.

– 유재영, 〈둑방길〉

활유법 찾기

> 1. 1, 2연에서 생물이 아닌 대상을 찾아보자. ______________
> 2. 1에서 찾은 대상을 살아 있는 것처럼 나타낸 부분이 있어? O ☐ X ☐　　　　　→ O: 활유법, X: 활유법 아님.

㉠의 표현에 대한 설명으로 알맞지 <u>않은</u> 것은?

① 원관념은 '메아리'이다.
② '목이 긴'은 생물의 모습 중 하나이다.
③ '자맥질을 하는'은 생물의 행동 중 하나이다.
④ '메아리'를 무생물에 빗대어 표현하고 있다.
⑤ 원관념은 무생물인데, 보조 관념을 생물처럼 표현하고 있다.

개념 적용하기

▶ 이 작품에 나타난 활유법

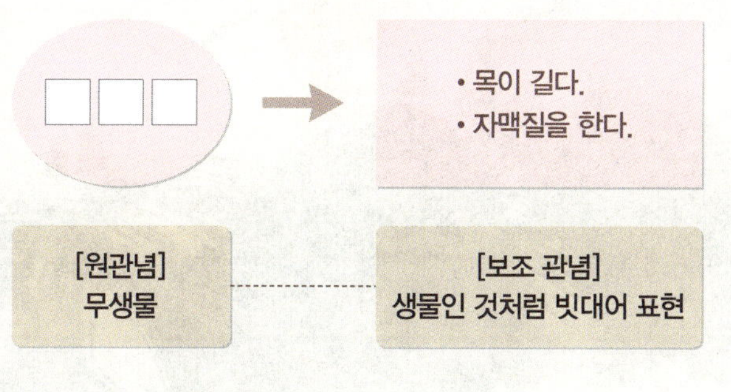

생명이 없는 무생물 '메아리'를 살아 있는 생물처럼 '목'이 길고 '자맥질'을 한다고 표현하여 생동감을 줌.

비유: 의인 / 활유

일출을 본 적 있니? 떠오르는 해의 이미지를 생각해 보자.

해 | 박두진

해야 솟아라, 해야 솟아라. ㉠말갛게* 씻은 얼굴 고운 해야 솟아라. 산 넘어 산 넘어서 어둠을 살라 먹고, 산 넘어서 밤새도록 어둠을 살라 먹고, ㉡이글이글 앳된* 얼굴 고운 해야 솟아라.

달밤이 싫어, 달밤이 싫어, 눈물 같은 골짜기에 달밤이 싫어, 아무도 없는 뜰에 달밤이 나는 싫어……

해야, 고운 해야. 네가 오면, 네가사 오면, 나는 나는 청산이 좋아라. 훨훨훨 깃*을 치는 청산이 좋아라. 청산이 있으면 홀로라도 좋아라.

사슴을 따라 사슴을 따라, 양지*로 양지로 사슴을 따라, 사슴을 만나면 사슴과 놀고,

칡범*을 따라 칡범을 따라, 칡범을 만나면 칡범과 놀고……

해야, 고운 해야. 해야 솟아라. 꿈이 아니래도 ㉢너를 만나면, 꽃도 새도 짐승도 한자리 앉아, 워어이 워어이 모두 불러 한자리 앉아, 앳되고 고운 날을 누려 보리라.

*말갛다: 산뜻하게 맑다.

*앳되다: 애티가 있어 어려 보이다.

*깃: 새의 날개.

*양지: 볕이 바로 드는 곳.

*칡범: 몸에 칡덩굴 같은 어룽어룽한 줄무늬가 있는 호랑이.

01

보기 를 참고했을 때, ⓐ와 ⓑ를 표현한 시어로 알맞은 것은?

> **보기**
>
> 　이 시는 1946년에 발표되었다. 이 시기는 우리 민족의 염원이었던 조국 광복이 이루어진 바로 직후이다. 그러나 광복이 되었어도 우리 민족은 ⓐ혼란스럽고 암울한 현실을 겪어야 했다. 시인은 우리 민족이 화합하는 ⓑ밝고 평화로운 세계가 오기를 소망하는 간절한 마음을 이 시에 담고 있다.

	ⓐ	ⓑ
①	달밤	해
②	눈물	골짜기
③	청산	양지
④	사슴	칡범
⑤	꽃	새

02

비유: 의인 / 활유

다음 중, ㉠~㉢에서 공통적으로 나타나는 표현 방법이 사용된 것은?

① 내 마음은 촛불이요.
　그대 저 문을 닫아 주오.　　　　　　　　　　　　　　　　－ 김동명, 〈내 마음은〉
② 내 가슴에서는 심장이 뛴다
　쿵 쿵 쿵 / 가슴이 북이다　　　　　　　　　　　　　　　　－ 최승호, 〈북〉
③ 교실은 온통 별밭이다.
　초롱초롱 반짝이는 너희들의 눈　　　　　　　　　　　　　－ 오세영, 〈별처럼 꽃처럼〉
④ 깊고 짙푸른 바다처럼
　감싸고 끌어안고 받아들일 수는 없을까　　　　　　－ 신경림, 〈동해 바다 － 후포에서〉
⑤ 풀이 눕는다. / 바람보다도 더 빨리 눕는다.
　바람보다도 더 빨리 울고 / 바람보다 먼저 일어난다.　　　　　－ 김수영, 〈풀〉

03

비유: 의인 / 활유

🖐 **주관식·서술형**

윗글의 3연에서 활유법이 사용된 시구를 찾아 쓰시오.

작품 한눈에 해 | 박두진

한줄평 ▶ 비유와 상징, 밝음과 어둠의 대립적 이미지를 통해 어둠의 세계가 가고 평화로운 세계가 오기를 소망하고 있는 시

화자와 시적 상황

- **화자**: 밝은 □가 솟기를 기다리고 있는 '나'
- **시적 상황**: 화자인 '나'는 해가 솟아 앳되고 고운 날을 누리기를 간절히 바라고 있음.
- **어조**: 해를 기다리는 의지적이고 강인한 어조
- **정서·태도**: 화자는 어두운 세계를 거부하며 밝고 평화로운 세계를 꿈꾸고 있음.

표현

- **대립적 구조**: '밝음(해)'과 '어둠(달밤)'의 대립적 이미지를 통해 시상을 전개함.
- **반복**: 동일한 시어 및 시구의 반복을 통해 의미를 강조함.
- **비유**: □□법과 활유법을 사용하여 대상을 실감 나게 표현함.
- **상징**: 상징적인 시어(해, 어둠, 달밤, 청산 등)를 사용하여 화자의 소망, 조국의 현실 등을 표현함.

시어의 상징적 의미

- **해**: 화자가 간절히 소망하는 대상으로, 어둠을 몰아내는 정의와 광명을 의미하며 모든 생물에게 에너지를 주는 생명력의 상징임.
- **어둠(달밤)**: 화자가 거부하는 대상으로 암담하고 절망적인 조국의 현실을 의미함.
- □□: 화자가 지향하는 이상향으로 모두가 함께하는 화합과 공존의 세계를 상징함.

주제: 화합과 공존, □□의 세계에 대한 소망

📖 정답 및 해설 05쪽

[1~5] 다음에서 설명하는 어휘가 무엇일지 주어진 낱자를 활용하여 쓰시오.

1 화목하게 어울림.

2 실제로 체험하는 느낌.

3 볕이 바로 드는 곳.

4 밝고 환함. 또는 밝은 미래나 희망을 상징하는 밝고 환한 빛.

5 ① 두 가지 이상의 사물이나 현상이 함께 존재함. ② 서로 도와서 함께 존재함.

어휘 특강

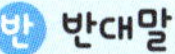

비 비슷한 말　　반 반대말

비 거절하다
상대편의 요구, 제안, 선물, 부탁 따위를 받아들이지 않고 물리치다.
예 제의를 거절하다.

비 사절하다
요구나 제의를 받아들이지 않고 사양하여 물리치다.
예 면회를 사절하다.

반 용인하다
용납하여 인정하다.
예 세금 인상을 용인하다.

거부하다
요구나 제의 따위를 받아들이지 않고 물리치다.
예 법정에서 증언을 거부하다.

반 용납하다
너그러운 마음으로 남의 말이나 행동을 받아들이다.
예 그는 아무리 작은 실수도 용납하지 않았다.

반 승인하다
어떤 사실을 마땅하다고 받아들이다.
예 새 사업을 승인하다.

반 응하다
물음이나 요구, 필요에 맞추어 대답하거나 행동하다.
예 그는 진실을 밝히기 위해 조사에 응하겠다고 말했다.

원형적·관습적·개인적 상징

오랜 세월 동안 널리 사용되었어!

필수 개념 ❶ 원형적·관습적 상징

- 상징[모양 상(象) + 부를 징(徵)]이란 '평화'와 같이 **눈에 보이지 않고 말로 표현하기 힘든 것(추상적인 대상)**을 '비둘기'와 같이 **구체적인 대상으로 나타내어 머릿속에 쉽게 떠오르도록 하는 표현 방법**이야. 상징은 원관념(평화)이 숨고 보조 관념(비둘기)만 남은 것이라고 할 수 있지.
- '상징'의 종류에는 원형적, 관습적, 개인적 상징이 있는데, 먼저 **원형적 상징[근원 원(原) + 모양 형(型)]**은 동서양을 막론하고 **인류의 오랜 역사 속에서 형성되어 인류 전체에 유사한 정서나 의미를 불러일으키는 보편적인 상징**을 말해. (예 물 → 생명, 불 → 소멸, 파괴)
- **관습적 상징[버릇 관(慣) + 익힐 습(習)]**은 앞서 말한 '비둘기'가 평화를 뜻하는 것처럼 특정 집단에서 **오랫동안 관습적으로 쓰여 사람들 사이에 널리 인정되고 굳어진 상징**을 말해.

---

*제일봉: 산봉우리 중에서 가장 높은 봉우리.

*낙락장송: 가지가 길게 늘어진 키가 큰 소나무.

*백설: 흰 눈.

*독야청청: 홀로 푸르고 푸름.

이 몸이 죽어 가서 무엇이 될꼬 하니
봉래산 제일봉*에 낙락장송*이 되어서
백설*이 온 세상을 뒤덮을 때 독야청청*하리라

– 성삼문, 〈이 몸이 죽어 가서〉

상징 찾기

1. '이 몸'이 되고 싶은 것은 (낙락장송, 백설)이야.
2. '낙락장송'의 원관념인 추상적 개념이 드러나 있어? O □ X □ → O: 상징 아님, X: 상징

윗글에서 보기 의 ㉠을 상징하는 시어를 찾아 쓰시오.

---

*지조: 원칙과 신념을 굽히지 아니하고 끝까지 지켜 나가는 꿋꿋한 의지.

*절개: 신념, 신의 따위를 굽히지 아니하고 굳게 지키는 꿋꿋한 태도.

보기

성삼문의 〈이 몸이 죽어 가서〉는 조선 시대 때 수양대군이 단종의 왕위를 빼앗는 상황을 배경으로 한다. 임금(단종)을 위해 끝까지 굳은 ㉠지조*와 절개*를 지키겠다는 화자의 강한 의지를 상징적 소재를 사용하여 드러내고 있는 작품이다.

개념 적용하기

▶ 이 작품에 나타난 관습적 상징

	관습적 상징 오랫동안 지조와 절개의 의미로 사용됨.		임금을 향한 굳은 지조와 절개
보조 관념			숨겨진 원관념

추상적인 개념인 지조와 절개를 '낙락장송(소나무)'이라는 구체적인 사물을 통해 상징적으로 드러냄.

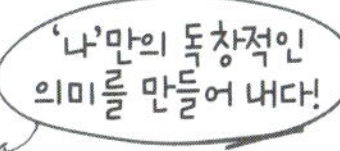

🔖 필수 개념 ❷ 개인적 상징

- **개인적 상징**이란 **작가가 개별 작품 안에서 독창적으로 만들어 낸 상징**을 말해. 예를 들어 안도현의 시 〈연탄 한 장〉에서 '연탄'은 남을 위해 아낌없이 희생하는 삶을 사는 존재를 상징하지.
- 개인적 상징은 **같은 대상이라도 맥락에 따라 그 의미가 달라질 수 있어.** 따라서 개인적 상징의 의미를 이해하기 위해서는 **작품 전체의 맥락을 파악하는 것이 중요**하다는 것을 명심해!

푸른 바다에 고래가 없으면 / 푸른 바다가 아니지
마음속에 푸른 바다의 / 고래 한 마리 키우지 않으면 / 청년이 아니지

푸른 바다가 고래를 위하여
푸르다는 걸 아직 모르는 사람은 / 아직 사랑을 모르지

*__수평선__: 하늘과 바다가 맞 닿아 경계를 이루는 선.

고래도 가끔 수평선* 위로 치솟아 올라 / 별을 바라본다
나도 가끔 내 마음속의 고래를 위하여 / 밤하늘 별들을 바라본다

– 정호승, 〈고래를 위하여〉

📎 상징 찾기

1. '청년'이 마음속에서 키워야 하는 대상은 □□ □□의 □□(이)야. ____________________
2. '푸른 바다', '고래'의 원관념인 추상적 개념이 드러나 있어? O□ X□ → O: 상징 아님, X: 상징

윗글에서 보기 의 ㉠에 들어갈 시어로 가장 적절한 것은?

> **보기**
>
> 　정호승의 〈고래를 위하여〉는 청년들이 꿈을 품고 살아가기를 바라는 마음을 노래한 시이다. 시인은 청년의 삶이 꿈과 이상을 추구할 때 의미가 있다고 말하고 있다. (　㉠　)은/는 이처럼 꿈과 이상을 품고 있는 존재를 상징한다.

① 푸른 바다　　② 고래　　③ 수평선　　④ 사랑　　⑤ 밤하늘

✏️ 개념 적용하기

▶ **이 작품에 나타난 개인적 상징**

- 푸른 바다
- □□

개인적 상징
작품 속 독창적 상징

- 꿈을 키우고 목표를 세워야 하는 □□□기의 삶
- □□과 희망, 목표를 추구하는 존재

보조 관념 ---- **숨겨진 원관념**

꿈을 품고 목표를 세우는 청년의 모습을 '푸른 바다', '고래'라는 구체적 사물을 통해 상징적으로 드러냄.

원형적·관습적·개인적 상징

이 시의 '꽃'이 의미하는 바가 무엇인지 생각해 보자.

꽃 | 김춘수

내가 그의 이름을 불러 주기 전에는
그는 다만
하나의 몸짓에 지나지 않았다.

내가 그의 이름을 불러 주었을 때
그는 나에게로 와서
꽃이 되었다.

내가 그의 이름을 불러 준 것처럼
나의 이 빛깔과 향기에 알맞는
누가 나의 이름을 불러 다오.
그에게로 가서 나도
그의 꽃이 되고 싶다.

우리들은 모두
무엇이 되고 싶다.
너는 나에게 나는 너에게
잊혀지지 않는 하나의 눈짓이 되고 싶다.

01 보기 는 윗글의 내용을 나타낸 것이다. ㉠과 ㉡에 들어갈 시어로 적절한 것은?

원형적·관습적·
개인적 상징

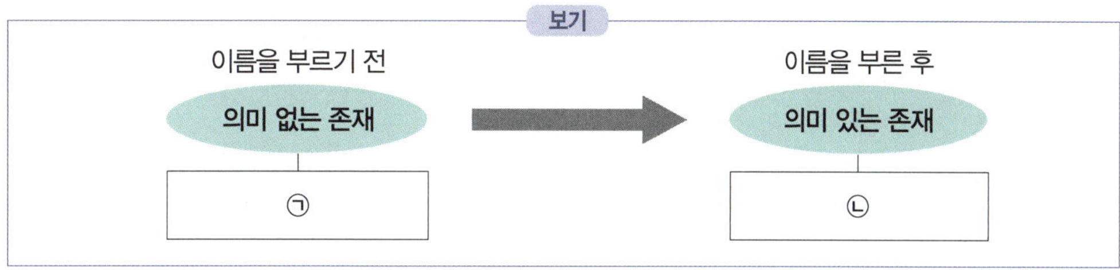

	㉠	㉡
①	꽃	하나의 몸짓
②	하나의 몸짓	꽃
③	꽃	하나의 눈짓
④	빛깔과 향기	꽃
⑤	하나의 몸짓	빛깔과 향기

02 윗글에 대한 감상으로 적절하지 <u>않은</u> 것은?

① 상징적 의미를 지닌 시어들이 사용되고 있어.
② 화자는 중심 소재인 '꽃'의 아름다움에 감탄하고 있어.
③ '되고 싶다'를 반복하여 화자의 소망을 강조하고 있어.
④ 1~3연의 '나'와 '그'의 관계가 4연에서는 '우리'로 확장되고 있어.
⑤ 서로에게 의미 있는 존재가 되고 싶은 화자의 마음이 드러나 있어.

03 윗글에서 '존재의 인식'을 나타내는 행위로 적절한 것은?

원형적·관습적·
개인적 상징

① 몸짓을 함.   ② 서로 방문함.   ③ 이름을 부름.
④ 향기를 맡음.   ⑤ 꽃을 주고받음.

주관식·서술형

04 윗글의 3연에서 '나'가 가지고 있는 존재의 본질을 상징하는 시어 2개를 찾아 쓰시오.

원형적·관습적·
개인적 상징

▶ 이 작품에
  나타난 상징

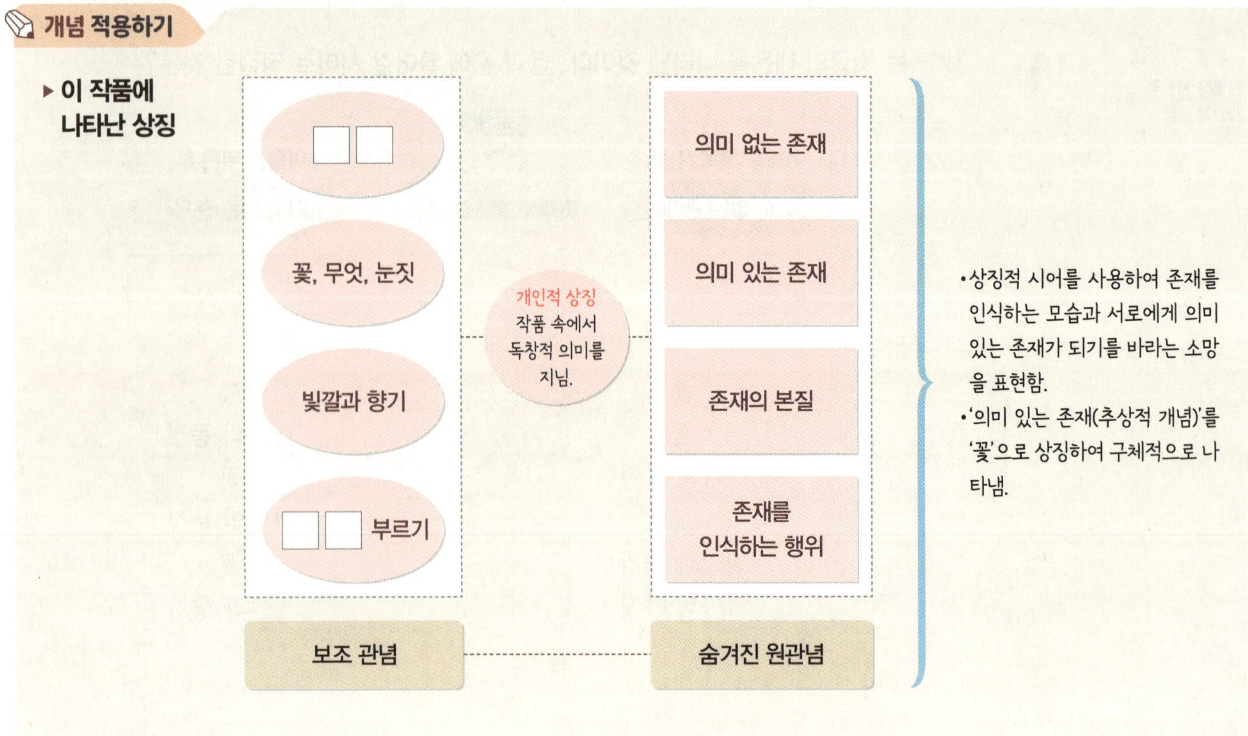

- 상징적 시어를 사용하여 존재를 인식하는 모습과 서로에게 의미 있는 존재가 되기를 바라는 소망을 표현함.
- '의미 있는 존재(추상적 개념)'를 '꽃'으로 상징하여 구체적으로 나타냄.

🔍 **작품 한눈에** **꽃** | 김춘수

한줄평 ▶ '꽃'이라는 상징적 소재를 통해 서로에게 의미 있는 존재가 되고 싶은 소망을 노래하고 있는 시

화자와 시적 상황

- **화자**: 누군가에게 의미 있는 존재가 되고 싶은 '나'
- **화자의 정서 및 태도**: 화자는 누군가에게 의미 있는 존재가 되기를 바라고 있음.
- **시적 상황**: '나'가 '그'의 이름을 불러 준 것처럼 누군가 '나'의 빛깔과 향기에 알맞은 □□을 불러 주기를 소망함.

표현

- **반복**: '되고 싶다'라는 동일한 종결 표현의 반복을 통해 화자의 소망을 강조하면서 운율을 형성함.
- **점층**: '몸짓(이름을 부르기 전의 무의미한 존재) → 꽃(이름을 부른 후의 의미 있는 존재) → □□(서로에게 의미 있는 존재)'으로 의미가 확대됨.

시어의 상징적 의미

- **하나의** □□: 무의미한 존재
- □: 의미 있는 존재
- **빛깔과** □□: 존재의 본질(다른 존재와 구별되는 '나'만이 가지고 있는 특징. 본바탕)
- **무엇, 하나의 눈짓**: 의미 있는 존재
- **이름을 부르는 것**: 존재를 인식하는 행위

주제: 서로에게 의미 있는 □□가 되기를 소망함.

[1~5] 보기 의 글자들을 조합하여 다음 뜻풀이에 해당하는 단어를 만드시오.

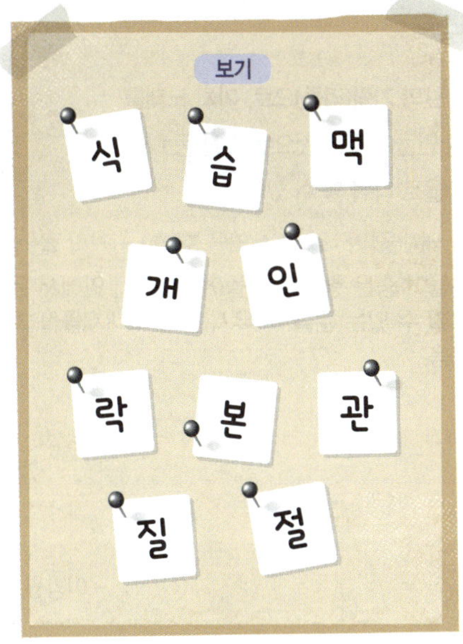

1 신념, 신의 따위를 굽히지 아니하고 굳게 지키는 꿋꿋한 태도. →

2 어떤 사회에서 오랫동안 지켜 내려와 그 사회 성원들이 널리 인정하는 질서나 풍습. →

3 사물을 분별하고 판단하여 앎. →

4 사물 따위가 서로 이어져 있는 관계나 연관. →

5 본디부터 가지고 있는 사물 자체의 성질이나 모습. →

어휘 특강 접두사 '치-'의 이해

접두사 '치-' (일부 동사 앞에 붙어) '위로 향하게' 또는 '위로 올려'의 뜻을 더하는 접두사.

→ 단어의 앞에 붙어 새로운 단어가 되게 하는 말

- **치솟다**: ① 위쪽으로 힘차게 솟다. ② 감정, 생각, 힘 따위가 세차게 복받쳐 오르다.
  예 검은 연기가 하늘로 **치솟는다**.

- **치뜨다**: 눈을 위쪽으로 뜨다.
  예 병사는 눈을 **치뜬** 채 고통스럽게 죽음을 맞이하였다.

- **치닫다**: ① 위쪽으로 달리다. 또는 위쪽으로 달려 올라가다. ② 힘차고 빠르게 나아가다. ③ 생각, 감정 따위가 치밀어 오르다.
  예 나는 머리끝까지 **치닫는** 분노를 참았다.

- **치받다**: ① 아래에서 위쪽을 향하여 받다. ② 세차게 들이받다. ③ (속되게) 윗사람에게 맞서 대들다.
  예 눈길에 과속하던 차가 앞차를 **치받은** 사고가 있었다.

- **치밀다**: ① 아래에서 위로 힘차게 솟아오르다. ② 욕심, 분노, 슬픔, 연기 따위가 세차게 복받쳐 오르다. ③ 오래된 체증 때문에 생긴 덩어리 따위가 솟아오르다. ④ 아래에서 위로 힘차게 밀어 올리다.
  예 그때 생각을 하면 울화가 **치밀어** 참을 수가 없다.

04 일차 외형률·내재율 / 음수율·음보율

필수 개념 ① 외형률·내재율

• 운율[소리 운(韻) + 가락 율(律)]은 **시를 읽을 때 느껴지는 말의 가락(리듬)**으로, 마치 노래를 부르는 듯한 느낌으로 시를 읽게 해 줘. 운율은 시를 시답게 만들어 주는 것으로 소설 등 다른 갈래와 구별되는 특징이기도 해. 운율은 크게 외형률과 내재율로 나눠 볼 수 있어.

외형률[바깥 외(外) + 모양 형(形) + 가락 율(律)]	내재율[안 내(內) + 있을 재(在) + 가락 율(律)]
운율이 겉으로 뚜렷이 드러나 있어 형태만 딱 보아도 알 수 있는 운율로, 일정한 형식과 규칙에 맞춰 지은 정형시에 주로 나타남. 예 시조	운율이 숨은 형태로 깃들어 있는, 시 안에서 은근히 느낄 수 있는 운율. 자유시는 대개 내재율을 지니고 있음.

＊만수산: 개성에 있는 '송악산'의 다른 이름.

＊드렁칡: 언덕진 곳에 얽혀 있는 칡덩굴.

가 이런들 어떠하며 저런들 어떠하리.
만수산＊ 드렁칡＊이 얽어진들 어떠하리.
우리도 이같이 얽어져 백 년까지 누리리라.
– 이방원, 〈하여가〉

나 더러 신문지 깔고 밥 먹을 때가 있는데요
어머니, 우리 어머니 꼭 밥상 펴라 말씀하시는데요
저는 신문지가 무슨 밥상이냐며 궁시렁궁시렁하는데요
– 정일근, 〈신문지 밥상〉 중에서

외형률·내재율 판단하기

1. 가 는 글자 수나 끊어 읽기 등에서 규칙성이 겉으로 드러나 있어? O☐ X☐ → O: 외형률, X: 내재율
2. 나 는 글자 수나 끊어 읽기 등에서 규칙성이 겉으로 드러나 있어? O☐ X☐ → O: 외형률, X: 내재율

보기 의 설명을 참고하여 가 와 나 의 운율이 외형률인지 내재율인지 각각 골라 쓰시오.

보기

가 는 3장 6구의 형식으로 3·4/4·4조의 음수율과 4음보의 음보율이 나타나며, 종장의 첫 구 '우리도'는 3음절＊로 고정이다. 반면 나 는 정해진 형식이나 운율 없이 반복을 통해 은근히 운율이 드러나고 있다.

＊음절: 하나의 종합된 음의 느낌을 주는 말소리의 단위. 예 '아침'은 '아'와 '침'의 2음절로 이루어짐.

개념 적용하기

▶ 가, 나 에 나타난 운율

가 →	일정한 형식과 규칙이 있는 ☐☐시(시조)	• 3장 6구 • 3·4/4·4조, 4음보 • 종장 첫 구(우리도) 3음절 고정	→ 외형률
나 →	일정한 형식과 규칙이 없는 ☐☐시	• 종결 표현 반복(–는데요) • '어머니, 우리 어머니'의 반복 • '궁시렁궁시렁'의 반복	→ 내재율

필수 개념 ❷ 음수율·음보율

딱 정해져 있는 운율!

- 운율 형성의 기본은 '**반복**'에 있어. **글자 수나 음보(시를 읽을 때 한 호흡으로 끊어 읽는 단위)를 일정하게 반복하거나, 같은 말이나 문장 등을 반복**하면 자연스럽게 운율을 느낄 수 있단다.
- 외형률을 형성하는 방법 중 대표적인 것으로 '**일정한 글자 수**'를 반복하여 얻어지는 음수율[소리 음(音) + 셀 수(數) + 가락 율(律)]과 '**일정한 음보**'를 반복하여 얻어지는 음보율[소리 음(音) + 걸음 보(步) + 가락 율(律)]이 있어.
- 예를 들어 정몽주의 시조 '이 몸이 죽고 죽어 일백 번 고쳐 죽어'를 보면 글자 수가 '3/4/3/4'로 반복되고, 음보는 '이 몸이 ∨ 죽고 죽어 ∨ 일백 번 ∨ 고쳐 죽어'로 4음보야. 즉 3·4조의 음수율, 4음보의 음보율인 것을 알 수 있지.
- 음수율·음보율은 고전 시가에서 뚜렷이 나타나긴 하지만 현대 자유시에서도 이를 활용하곤 해.

형님 온다 형님 온다 분고개로 형님 온다. / 형님 마중 누가 갈까 형님 동생 내가 가지.
형님 형님 사촌 형님 시집살이 어떱데까? / 이애 이애 그 말 마라 시집살이 개집살이.
앞밭에는 당추*심고 뒷밭에는 고추 심어, / 고추 당추 맵다 해도 시집살이 더 맵더라.
둥글둥글 수박 식기 밥 담기도 어렵더라. / 도리도리 도리소반* 수저 놓기 더 어렵더라.

– 작자 미상, 〈시집살이 노래〉 중에서

*당추: '고추'의 사투리.
*도리소반: 둥글게 생긴 조그마한 상.

🔗 음수율·음보율 파악하기

1. 윗글의 1, 2행에서 끊어 읽게 되는 부분에 '∨' 표시를 해 보자. ________________
2. 윗글에서 일정하게 반복되는 글자 수는 몇 글자야? 3☐ 4☐ 5☐

윗글의 운율에 대한 설명으로 적절하지 <u>않은</u> 것은?

① 일정한 글자 수가 반복되고 있다.
② 같은 시구를 반복적으로 사용하고 있다.
③ 전체적으로 음수율과 음보율이 뚜렷이 나타난다.
④ 운율이 작품의 겉으로 드러나는 외형률이 나타난다.
⑤ 3음보와 4음보를 번갈아 사용하여 변화를 주고 있다.

✏️ 개념 적용하기

▶ 이 작품에 나타난 음수율·음보율

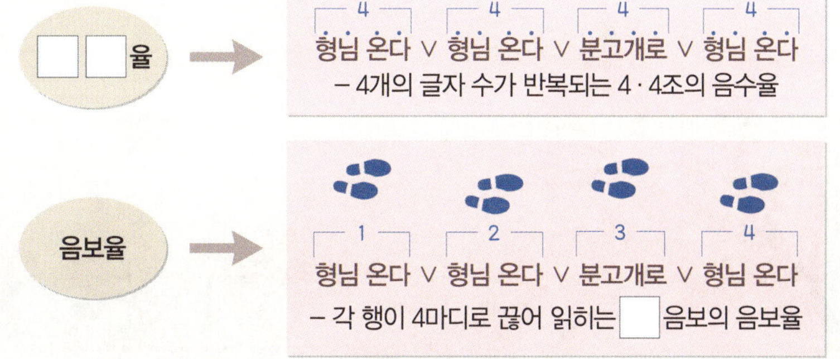

- 4음보를 바탕으로 한 4·4조의 음수율이 나타남.
- 일정한 글자 수와 음보가 반복되어 형성된 외형률이 나타남.

04 일차 · 외형률·내재율 / 음수율·음보율

진달래꽃을 길 위에 뿌리는 행동에 담긴 의미는 무엇일까?

진달래꽃 | 김소월

나 보기가 역겨워*
가실 때에는
말없이 고이 보내 드리오리다.

영변*에 약산*
진달래꽃
아름* 따다 가실 길에 뿌리오리다.

가시는 걸음걸음
놓인 그 꽃을
사뿐이* 즈려밟고* 가시옵소서.

나 보기가 역겨워
가실 때에는
죽어도 아니 눈물 흘리오리다.

*역겹다: 마음에 거슬리게 싫다.

*영변: 평안북도에 있는 지명.

*약산: 평안북도 영변 서쪽에 있는, 진달래가 곱기로 유명한 산.

*아름: 두 팔을 둥글게 모아 만든 둘레 안에 들 만한 분량을 세는 단위.

*사뿐이: 소리가 나지 않을 정도로 가볍게 발을 내디디는 모양.

*즈려밟다: 지르밟다. 위에서 내리눌러 밟다.

01 윗글에 나타난 '나'의 태도로 적절하지 <u>않은</u> 것은?

① '나'는 꽃을 뿌리며 떠나는 임을 축복하는 태도를 보이고 있다.
② '나'는 떠나는 임에 대한 원망의 태도를 직접적으로 나타내고 있다.
③ '나'는 임을 위해 자신을 기꺼이 희생하겠다는 태도를 드러내고 있다.
④ '나'는 임과의 이별을 받아들이겠다는 체념적 태도를 보여 주고 있다.
⑤ '나'는 이별의 슬픔을 겉으로는 드러내지 않는 태도를 보여 주고 있다.

외형률·내재율 /
음수율·음보율

02 윗글에서 운율을 형성하는 요소로 적절하지 <u>않은</u> 것은?

① 같은 시구를 반복하고 있다.
② 일정한 음보를 반복하고 있다.
③ 일정한 글자 수를 반복하고 있다.
④ 같은 종결 어미를 반복하고 있다.
⑤ 의성어*와 의태어*를 반복하고 있다.

*의성어: 사람이나 사물의 소리를 흉내 낸 말.

*의태어: 사람이나 사물의 모양이나 움직임을 흉내 낸 말.

외형률·내재율 /
음수율·음보율

03 윗글과 동일한 음보율이 나타나는 것은?

① 아리랑 아리랑 아라리요
　아리랑 고개로 넘어간다.　　　　　　　　　　　　　　　　　　 – 작자 미상, 〈아리랑〉
② 잠아 잠아 짙은 잠아 이내 눈에 쌓인 잠아
　염치 불구 이내 잠아 욕심 언덕 이내 잠아　　　　　　　　　 – 작자 미상, 〈잠 노래〉
③ 태산이 높다 하되 하늘 아래 뫼이로다.
　오르고 또 오르면 못 오를 리 없건마는
　사람이 제 아니 오르고 뫼만 높다 하더라.　　　　　　　 – 양사언, 〈태산이 높다 하되〉
④ 비 오자 장독간에 봉선화 반만 벌어
　해마다 피는 꽃을 나만 두고 볼 것인가
　세세한 사연을 적어 누님께로 보내자　　　　　　　　　　　 – 김상옥, 〈봉선화〉
⑤ 우리 마을 고향 마을 시냇가 자갈밭엔
　별보다 고운 자갈이 지천으로 깔렸는데
　던지면 도마뱀처럼 물길 찰찰 건너갔지　　　　　　　　　 – 정완영, 〈물수제비〉

🖍 주관식·서술형

04 윗글에서 임에 대한 '나'의 애절한 사랑과 정성을 상징하는 소재를 찾아 쓰시오.

▶ **이 작품에 나타난 운율**

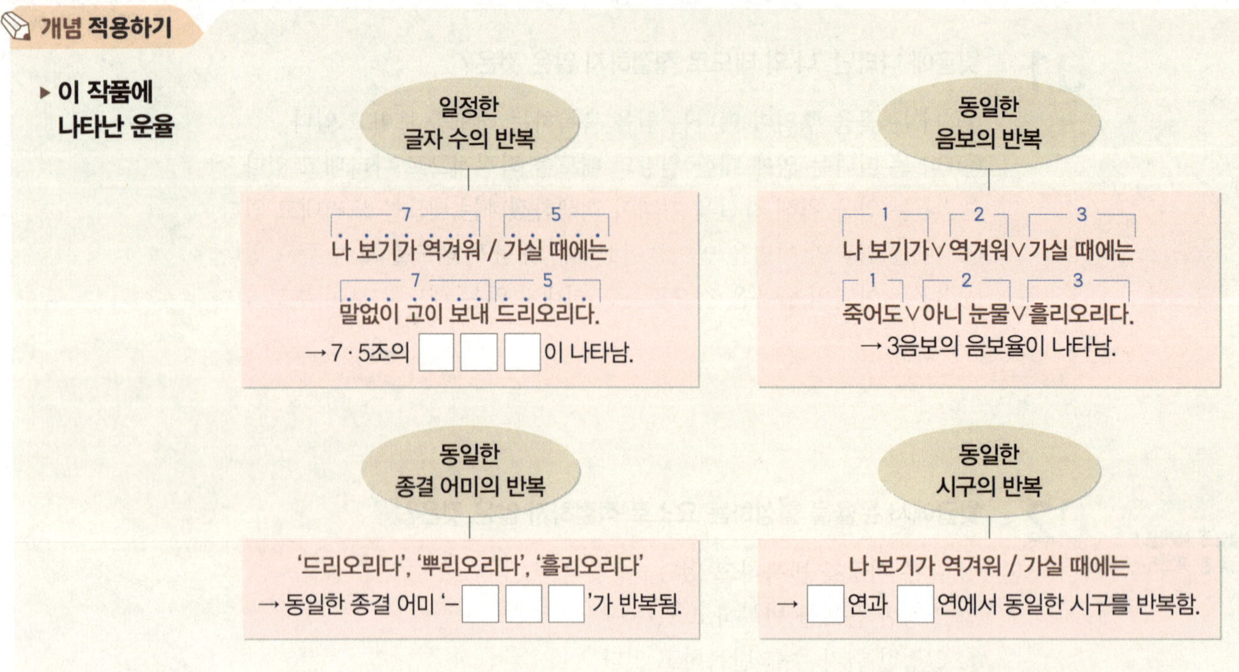

🔍 작품 한눈에　**진달래꽃** | 김소월

한줄평 ▶ 이별의 정한(정과 한)을 민요적 율격과 애절한 여성적 어조로 노래한 시

화자와 시적 상황

- **화자와 시적 대상**: 시적 대상인 '임'과의 이별을 예감하고 있는 '나'
- **시적 상황**: □□의 상황을 가정하여 임이 떠나더라도 슬퍼하지 않겠다고 함.
- **어조**: 애절한 여성적 어조
- **정서 및 태도**: 겉으로는 임과의 이별을 받아들이며 슬퍼하지 않겠다고 하지만, 속으로는 슬퍼하며 임이 떠나지 않기를 바람.

운율과 표현

- **반복**: 일정한 글자 수(7·5조), 동일한 음보(3음보), 동일한 종결 어미(–오리다), 동일한 시구(나 보기가 역겨워 / 가실 때에는)의 반복을 통해 □□을 형성하고 있음.
- **반어**: 속마음과 반대로 표현하는 반어법을 통해 시적 의미를 강조(죽어도 아니 눈물 흘리오리다. → 속으로는 슬프지만, 겉으로는 눈물을 흘리지 않겠다고 말함. 이별의 슬픔 강조)

소재

- '□□□□'의 상징적 의미
- 시적 화자의 분신
- 임에 대한 화자의 애절한 사랑과 정성을 나타내는 소재
- 임이 떠나는 길에 축복의 의미로 뿌리는 소재
- 버림받은 여인의 애절한 마음을 형상화한 소재

주제: 이별의 슬픔과 정한

[1~5] 다음에서 설명하는 어휘가 무엇일지 주어진 낱자를 활용하여 쓰시오.

1 매우 흔함.

2 자그마한 밥상.

3 희망을 버리고 아주 단념함.

4 두 팔을 둥글게 모아 만든 둘레 안에 들 만한 분량을 세는 단위.

5 체면을 차릴 줄 알며 부끄러움을 아는 마음.

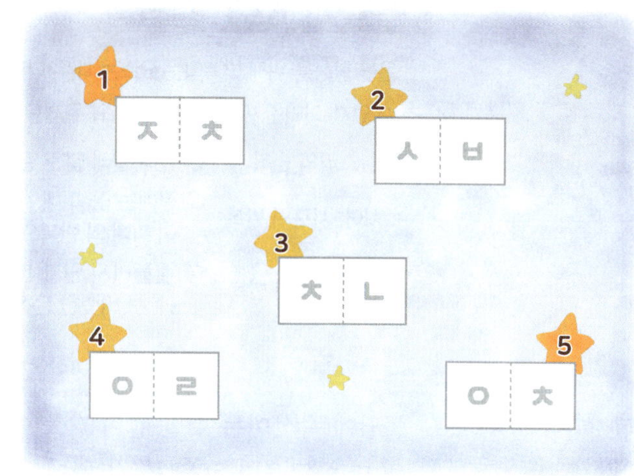

어휘 **특강**

소리는 같지만 뜻이 다른 단어를 동음이의어(同音異義語)라고 한다.

벌다¹ 동사 ◄⋯ 동음이의어 ⋯► **벌다²** 동사

벌다

❶ 틈이 나서 사이가 뜨다.
예 문짝이 **벌다**.

❷ 식물의 가지 따위가 옆으로 벋다.
예 잎이 나고 가지가 **벌다**.

다의어

❸ 몸피가 가로 퍼지다.
예 그는 어깨가 떡 **번** 건장한 사람이다.

❹ 그릇 따위가 얕고 위가 넓게 되다.

❺ 자손이 번성하다.
예 이 마을은 후손이 **벌지** 않았다.

❻ 서로의 사이가 버성기게 되다.
예 둘 사이가 **벌기** 시작한 것은 싸움이 있고 난 다음부터이다.

두 가지 이상의 뜻을 가진 단어를 다의어(多義語)라고 한다.

❶ 일을 하여 돈 따위를 얻거나 모으다.
예 그는 방학 때마다 아르바이트를 하여 학비를 **벌었다**.

❷ 시간이나 돈을 안 쓰게 되어 여유가 생기다.
예 그는 공부할 시간을 **벌기** 위해 학교 바로 옆에 방을 얻었다.

다의어

❸ 못된 짓을 하여 벌받을 일을 스스로 청하다.
예 매를 **벌다**.

❹ 소작 따위로 농사를 짓다.
예 소작인들이 지주의 논을 **벌고** 있다.

반복 / 음성 상징어

필수 개념 ❶ 반복

• 운율 형성을 위해 반복되는 요소는 매우 다양해. **동일하거나 비슷한 소리, 시어 및 시구, 문장 구조 등**이 반복될 수 있지. 이러한 반복은 시적 의미와 주제를 강조하는 역할을 하기도 해.

소리의 반복	예 갈래 갈래 갈린 길 / 길이라도 → 'ㄱ, ㄹ' 소리의 반복으로 운율 형성
시어, 시구의 반복	예 산에는 꽃 피네 / 꽃이 피네 // 갈 봄 여름 없이 / 꽃이 피네 → 시어 '꽃', 시구 '꽃이 피네'의 반복으로 운율 형성
문장 구조의 반복	예 '흔들리지 않고 피는 꽃이 어디 있으랴'와 '흔들리지 않고 가는 사랑이 어디 있으랴' → 비슷한 문장 구조의 반복으로 운율 형성

* **햇발:** 사방으로 뻗친 햇살.
* **새악시:** '새색시'의 사투리.
* **살포시:** 포근하게 살며시.
* **보드레하다:** 꽤 보드라운 느낌이 있다.
* **에메랄드:** 녹색을 띤 투명하고 아름다운 보석.

돌담에 속삭이는 햇발*같이 / 풀 아래 웃음 짓는 샘물같이
내 마음 고요히 고운 봄 길 위에 / 오늘 하루 하늘을 우러르고 싶다

새악시* 볼에 떠오는 부끄럼같이 / 시의 가슴에 살포시* 젖는 물결같이
보드레한* 에메랄드* 얇게 흐르는 / 실비단 하늘을 바라보고 싶다

– 김영랑, 〈돌담에 속삭이는 햇발〉

반복 찾기

1. 윗글에서 'ㄴ, ㄹ, ㅁ' 소리가 반복되고 있어? O ☐ X ☐
2. 윗글에서 반복되고 있는 시어 중 명사를 찾아 써 보자. ________
3. 1연과 2연에서 반복되고 있는 문장 구조는 '~는 ~☐☐', '~을 ~고 ☐☐☐'이다.

윗글의 운율에 대한 설명으로 적절하지 <u>않은</u> 것은?

① 'ㄲ' 소리를 반복하여 운율을 형성하고 있다.
② 같은 시어를 반복하여 운율을 형성하고 있다.
③ 비슷한 문장 구조의 반복을 통해 운율감이 느껴진다.
④ 동일한 종결 표현을 반복 사용하여 운율을 형성하고 있다.
⑤ 일정한 음보를 반복적으로 사용하여 리듬감을 형성하고 있다.

개념 적용하기

▶ 이 작품에 나타난 반복

소리 반복	시어 반복	문장 구조 반복	음보 반복
'ㄴ, ㄹ, ㅁ'의 울림소리를 반복하여 부드럽고 경쾌한 느낌을 줌.	'같이', '하늘', '싶다' 등의 시어를 반복하여 사용함.	1, 2연에서 '~는 ~같이', '~을 ~고 싶다'의 ☐☐☐☐를 반복함.	'돌담에∨속삭이는∨햇발같이 / 풀 아래∨웃음 짓는∨샘물같이' → ☐ 음보

🔆 필수 개념 ❷ 음성 상징어

- **음성 상징어**는 **의성어와 의태어를 함께 이르는 말**로 사람이나 사물의 **소리, 모양, 움직임 등을 흉내 낸 말**이지.
- **의성어[비길(흉내 낼) 의(擬) + 소리 성(聲) + 말씀 어(語)]**는 '귀뚤귀뚤'과 같이 **소리를 흉내 낸 말**이야.
- **의태어[비길(흉내 낼) 의(擬) + 모습 태(態) + 말씀 어(語)]**는 '뒤뚱뒤뚱'과 같이 **모양, 움직임을 흉내 낸 말**이야.
- 시에서 의성어나 의태어를 반복하면 **운율을 형성**하는 동시에 **시적 상황을 더 실감 나고 재미있게 표현**할 수 있다는 것을 기억해!

팔랑팔랑 / 나비가 날아다니는 것 같다

사각사각 / 미용실 누나 손에 들린 은빛 가위

붙었다 떨어졌다 / 내 머리 주위를 날아다닌다

폴폴 날리는 꽃가루 / 살랑살랑 나는 은빛 나비

나는 / 지금 // 꽃이다

– 이장근, 〈나는 지금 꽃이다〉

📎 음성 상징어 찾기

1. 윗글에서 사람이나 사물의 소리를 흉내 낸 말을 찾아보자. ______________________
2. 윗글에서 사람이나 사물의 모양을 흉내 낸 말을 찾아보자. ______________________

윗글에 대한 설명으로 적절하지 <u>않은</u> 것은?

① 다양한 음성 상징어를 사용하고 있다.
② '폴폴'이라는 의성어를 사용하여 운율을 형성하고 있다.
③ '사각사각'이라는 의성어를 사용하여 대상을 실감 나게 표현하고 있다.
④ '살랑살랑'이라는 의태어를 사용하여 밝고 경쾌한 분위기를 자아내고 있다.
⑤ '팔랑팔랑'이라는 의태어를 사용하여 가위의 움직임을 나비처럼 나타내고 있다.

✏️ 개념 적용하기

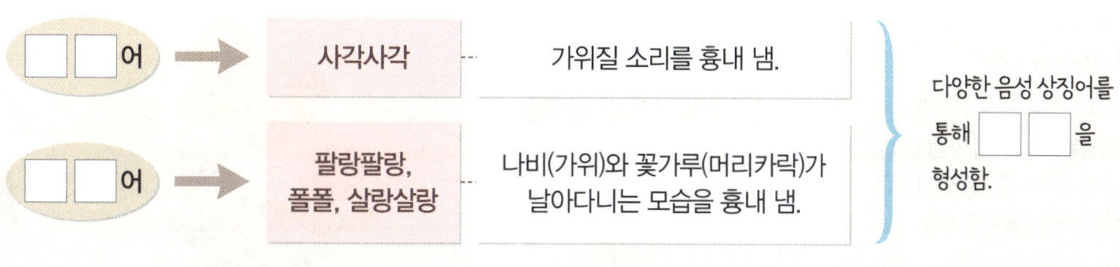

반복 / 음성 상징어

'햇비'는 무엇을 나타내는 말일까?
'햇비'를 맞는 아이들의 모습을 상
상해 보자.

햇비 | 윤동주

ⓐ아씨*처럼 나린다
보슬보슬 햇비*
맞아 주자 다 같이
옥수숫대처럼 크게
닷 자* 엿 자 자라게
해님이 웃는다
나 보고 웃는다.

하늘 다리 놓였다
㉠알롱알롱* 무지개
노래하자 즐겁게
동무*들아 이리 오나
다 같이 춤을 추자
해님이 웃는다
즐거워 웃는다.

***아씨**: 아랫사람들이 젊은 부녀자
를 높여 부르는 말.

***햇비**: 볕이 나 있는 날 잠깐 오다
가 그치는 비. 여우비.

***자**: 길이의 단위. 약 30.3cm.

***알롱알롱**: 여러 가지 빛깔의 작고
또렷한 점이나 줄 따위가 고르고
촘촘하게 무늬를 이룬 모양.

***동무**: 늘 친하게 어울리는 사람.
친구. 벗.

01 윗글에 대한 설명으로 적절하지 <u>않은</u> 것은?

① 정해진 형식과 운율에 맞추어 쓴 시이다.
② 같은 시어를 반복적으로 사용하여 리듬감을 형성하고 있다.
③ 같은 종결 어미를 반복적으로 사용하여 운율을 형성하고 통일감을 주고 있다.
④ 비슷한 문장 구조를 반복적으로 사용하여 운율을 형성하고 안정감을 주고 있다.
⑤ 음성 상징어를 통해 '햇비'가 내리는 모습을 구체화면서 운율감을 형성하고 있다.

반복 / 음성 상징어

02 윗글의 분위기로 적절하지 <u>않은</u> 것은?

① 밝은 분위기　　② 즐거운 분위기　　③ 경건한 분위기
④ 희망찬 분위기　　⑤ 경쾌한 분위기

03 다음 중, ㉠과 같은 의태어가 사용된 것은?

반복 / 음성 상징어

① 내 가슴에서는 심장이 뛴다
　쿵 쿵 쿵 / 가슴이 북이다　　　　　　　　　　　　　－ 최승호, 〈북〉
② 어제도 하룻밤 / 나그네 집에
　까마귀 까악까악 울며 새었소　　　　　　　　　　　－ 김소월, 〈길〉
③ 뻐꾹새야 뻐꾹새야 / 뻐꾹뻐꾹 울어 주면 //
　밭을 매는 우리 엄마 / 허리 허리 덜 아프고　　　　－ 권정생, 〈뻐꾹새〉
④ 귀뚤귀뚤 / 귀뚤귀뚤 //
　귀뚜라미와 나와 / 달 밝은 밤에 이야기했다.　　　－ 윤동주, 〈귀뚜라미와 나와〉
⑤ 고이고이 오색실에 꿰어서 / 달빛 새는 창문가에 두라고
　포슬포슬 구슬비는 종일 / 예쁜 구슬 맺히면서 솔솔솔　－ 권오순, 〈구슬비〉

🖊 주관식·서술형

04 ⓐ에 사용된 비유법의 종류와 ⓐ의 원관념을 각각 쓰시오.

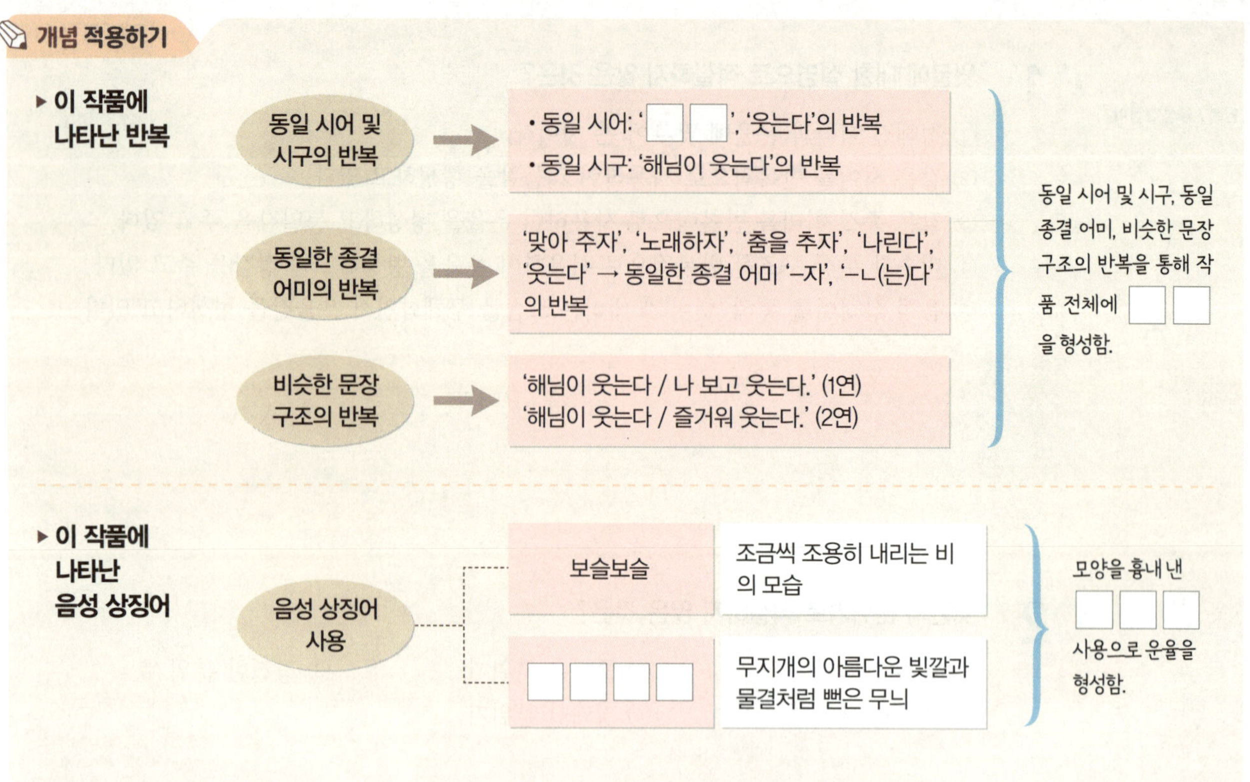

작품 한눈에 햇비 | 윤동주

한줄평 ▶ 다양한 비유와 음성 상징어를 활용하여 밝게 자라는 아이들의 모습을 노래한 시

화자와 시적 상황

- **화자**: 이 시의 화자는 '나'로 어린 아이임.
- **시적 상황**: 화자인 '나'가 동무들과 함께 □□를 맞고, 무지개를 바라보며 노래하고 춤추고 있음.
- **어조**: 밝고 명랑하며 희망에 찬 어조
- **정서**: 화자는 햇비를 맞아 즐거워하고 있음.

운율

- **비슷한 문장 구조의 반복**: 1연과 2연 끝부분에서 비슷한 문장 구조(∼ 웃는다)가 □□되면서 운율을 형성함.
- **동일한 종결 표현의 반복**: '맞아 주자', '노래하자', '춤을 추자' 등 '−자'라는 청유형 종결 표현을 반복하여 운율을 형성하고 있음.

표현

- **다양한 비유**: 직유법(아씨처럼, 옥수숫대처럼), 은유법(하늘 다리), 의인법(해님이 웃는다) 등 다양한 □□를 통해 밝고 희망찬 분위기를 조성함.
- **음성 상징어**: '보슬보슬', '알롱알롱'이라는 □□□를 활용하여 대상을 실감 나게 표현함.

주제: □□를 맞으며 밝게 자라는 아이들의 희망찬 모습

어휘 확인

[1~10] 보기 에서 어휘의 뜻풀이 또는 예문의 (　　) 안에 들어갈 어휘 ㉠~㉤을 찾아 쓰시오.

보기
㉠ 햇발　　㉡ 살포시　　㉢ 종결　　㉣ 우러르다　　㉤ 여우비

[뜻풀이]

1 위를 향하여 고개를 정중히 쳐들다.
[　　]

2 일을 끝냄.
[　　]

3 사방으로 뻗친 햇살.
[　　]

4 볕이 나 있는 날 잠깐 오다가 그치는 비.
[　　]

5 ① 포근하게 살며시. ② 드러나지 않게 살며시. [　　]

[예문]

6 아침이 되자 눈부신 (　　)이 집 안에 퍼졌다.
[　　]

7 어머니는 아이를 (　　) 감싸 안았다.
[　　]

8 (　　)가 온 끝이라 개울가의 풀들이나 물빛이 더욱 뚜렷하였다.
[　　]

9 선수들은 금메달을 목에 걸고 태극기를 (　　) 경례를 하였다.
[　　]

10 사건의 수사가 (　　) 단계에 이르다.
[　　]

어휘 특강) 비를 나타내는 어휘

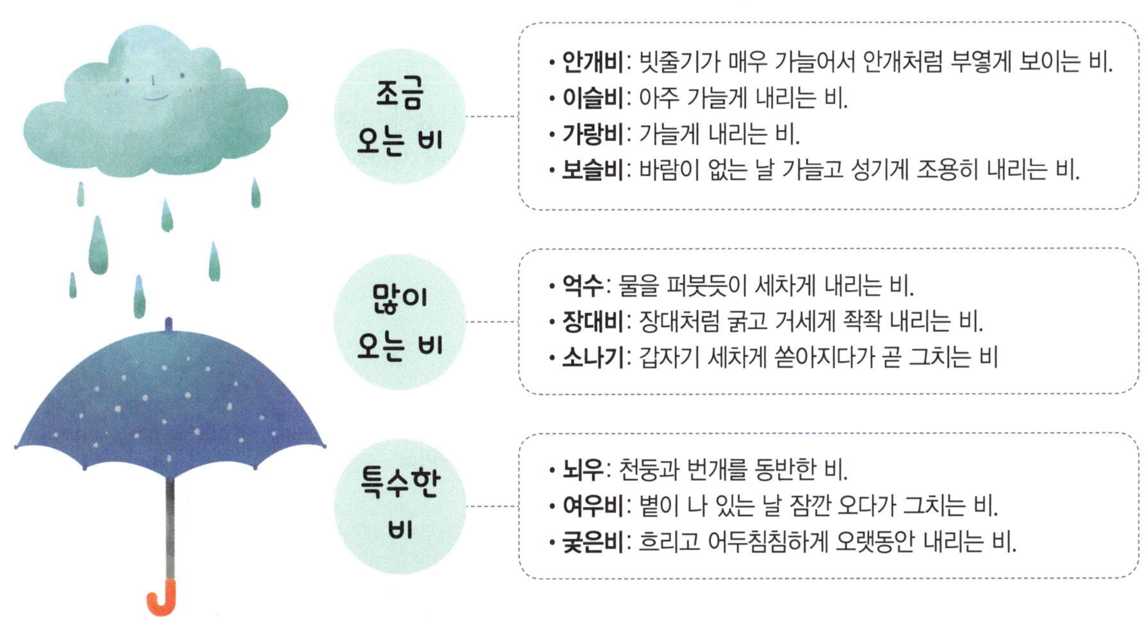

시각적·청각적·후각적·미각적·촉각적 심상

필수 개념 ① 시각적·청각적 심상

- 심상[마음 심(心) + 모양(그림) 상(象)]은 말 그대로 **마음속에 그려지는 그림 혹은 모양**이라는 뜻이야. 다른 말로 **'이미지'**라고도 해. 시인은 심상을 통해 독자가 대상을 생생하게 느낄 수 있도록 표현하지.
- 심상의 종류에는 인간의 오감에 해당하는 다섯 가지 심상(**시각적, 청각적, 후각적, 미각적, 촉각적 심상**)과 오감을 복합적으로 사용하는 **'공감각적 심상', '복합 감각적 심상'**이 있어.
- 시각적 심상은 '뜰에는 반짝이는 금모래빛'과 같이 대상이 지닌 색깔, 모양, 움직임 등을 **눈으로 보는 듯한 느낌**을 줘.
- 청각적 심상은 '뒷문 밖에는 갈잎의 노래'와 같이 소리, 음성 등을 **귀로 듣는 듯한 느낌**을 줘.

---

*이상: 생각할 수 있는 가장 완전한 상태.

*흐드러지다: 꽃 따위가 한창 만발하여 매우 탐스럽다.

*순결: 마음에 욕심 같은 것이 없고 깨끗함.

교실은 온통 별밭이다. / 초롱초롱 반짝이는 너희들의 눈
별 하나의 꿈, / 별 하나의 희망, / 별 하나의 이상*,

교실은 흐드러진* 장미밭이다. / 까르르 웃는 너희들의 웃음
장미 한 송이의 사랑, / 장미 한 송이의 열정, / 장미 한 송이의 순결*

– 오세영, 〈별처럼 꽃처럼〉 중에서

시각적·청각적 심상 찾기

1. '별밭', '장미밭'에서 느껴지는 감각은? ☐ 시각 ☐ 청각
2. 귀로 들을 수 있는 소리, 음성과 관련된 시행을 찾아보자. _______________________

윗글의 심상에 대한 설명으로 적절하지 <u>않은</u> 것은?

① '흐드러진 장미밭'에서 시각적 심상이 나타난다.
② 음성 상징어를 통해 시각적 · 청각적 심상을 나타내고 있다.
③ '까르르 웃는 너희들의 웃음'에서 청각적 심상이 나타난다.
④ '초롱초롱 반짝이는 너희들의 눈'에서 시각적 심상이 나타난다.
⑤ '별 하나의 꿈', '장미 한 송이의 사랑'에서 청각적 심상이 나타난다.

개념 적용하기

▶ 이 작품에 나타난 시각적 · 청각적 심상

| 시각적 심상 | → | • 별밭, 초롱초롱 반짝이는
• 흐드러진 장미밭 | '별밭, 초롱초롱'은 별처럼 '반짝이는' 두 눈의 모습을, '흐드러진 장미밭'은 탐스럽게 핀 꽃들을 떠올리게 함. |
| ☐☐적 심상 | → | 까르르 웃는 너희들의 웃음 | '까르르'는 아이들의 웃음소리를 떠올리게 하는 의성어임. |

필수 개념 ❷ 후각적·미각적·촉각적 심상

-  **후각적 심상**은 '향긋한 풀꽃 냄새'와 같이 코로 **냄새를 맡는 듯한 느낌**을 줘.

-  **미각적 심상**은 '달콤하고 쌉싸래한 초콜릿'과 같이 혀로 **맛을 보는 듯한 느낌**을 줘.

-  **촉각적 심상**은 차가움, 뜨거움 등 **피부에 닿는 듯한 느낌**을 줘. 예를 들어 '서늘한 가을바람'은 피부에 와닿는 듯한 촉각적 심상이라고 할 수 있어.

가 빨랫줄에 줄 타던 옷가지들이 담 너머로 윙크했습니다
초겨울 다저녁때에도 ㉠초봄처럼 따뜻했습니다
㉡꽃보다 꽃다운 빨래꽃이었습니다
㉢꽃보다 향기로운 사람 냄새가 풍겼습니다
어디선가 금방 ㉣개 짖는 소리도 들린 듯했습니다

– 유안진, 〈빨래꽃〉 중에서

*감로: 여름에 단풍나무·떡갈나무 따위의 잎에서 떨어지는 달콤한 액즙.

*박우물: 바가지로 물을 뜰 수 있는 얕은 우물.

*백화: 자작나무.

나 그리고 ㉤감로*같이 단 샘이 솟는 박우물*도 자작나무다.
산 너머는 평안도 땅이 보인다는 이 산골은 온통 자작나무다.

– 백석, 〈백화*〉 중에서

🔎 후각적·미각적·촉각적 심상 찾기

1. **가**에서 느껴지지 않는 감각은? ☐ 시각 ☐ 청각 ☐ 후각 ☐ 미각 ☐ 촉각
2. **나**에 피부에 닿는 듯한 감각이 나타나고 있어? O ☐ X ☐   → O: 촉각적 심상 있음, X: 촉각적 심상 없음.

㉠~㉤의 심상으로 적절한 것은?

① ㉠: 후각적 심상   ② ㉡: 촉각적 심상   ③ ㉢: 청각적 심상
④ ㉣: 시각적 심상   ⑤ ㉤: 미각적 심상

✏️ 개념 적용하기

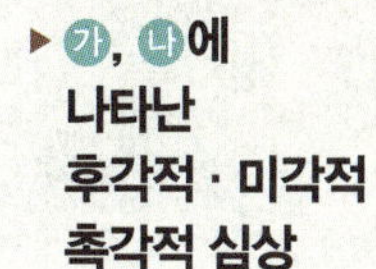

▶ **가**, **나**에 나타난 후각적·미각적 촉각적 심상

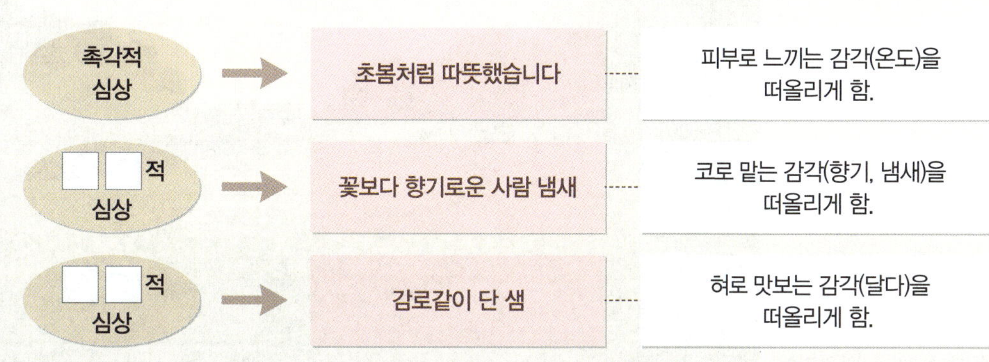

이 시에서 고향의 모습과 고향에 대한 화자의 정서를 어떻게 나타내고 있을까?

고향 | 정지용

고향에 고향에 돌아와도
그리던 고향은 아니러뇨.

산꿩이 알을 품고
뻐꾸기 제철에 울건만,

마음은 제 고향 지니지 않고
머언 항구로 ㉠떠도는 구름.

오늘도 뫼* 끝에 홀로 오르니
㉡흰 점 꽃이 인정스레* 웃고,

㉢어린 시절에 불던 풀피리 소리 아니 나고
㉣메마른* 입술에 ㉤쓰디쓰다.

고향에 고향에 돌아와도
그리던 하늘만이 높푸르구나.

*뫼: '산'의 옛말.

*인정스레: 보기에 인정을 베푸는 데가 있게.

*메마르다: 살결이 윤기가 없고 까슬까슬하다.

01 윗글에 나타난 화자의 생각이나 느낌으로 적절하지 <u>않은</u> 것은?

① 화자는 고향에 돌아왔지만 고향을 낯설게 느끼고 있다.
② 화자는 고향의 자연은 여전히 변함이 없다고 생각하고 있다.
③ 화자는 어린 시절의 추억이 살아 있는 고향의 모습을 발견하고 있다.
④ 화자는 더 이상 고향에서 안정감을 얻지 못하는 데에 쓸쓸해하고 있다.
⑤ 화자는 방황하는 자신의 마음과 떠도는 구름이 비슷하다고 느끼고 있다.

02 윗글의 표현에 대한 설명으로 적절하지 <u>않은</u> 것은?

***시적 허용:** 시에서 문법상 틀린 표현이라도 시적인 효과를 위해 특별히 허용하는 것. 띄어쓰기나 맞춤법에 어긋나는 표현, 비문법적인 문장 등

① 동일한 시구를 반복하여 운율을 형성하고 있다.
② 시적 허용*을 사용하여 리듬감을 부여하고 있다.
③ 사람이 아닌 대상을 사람인 것처럼 나타내고 있다.
④ 음성 상징어를 활용하여 상황을 실감 나게 표현하고 있다.
⑤ 시의 처음과 마지막에서 유사한 문장 구조를 반복하여 의미를 강조하고 있다.

시각적·청각적·후각적·미각적·촉각적 심상

03 ㉠~㉢ 중, 보기 의 밑줄 친 부분과 같은 심상이 나타나는 것은?

> 보기
>
> <u>푸시시 푸시시 불 꺼지는 소리로</u> 말하면서
> 올 때는 인적 그친 / 넓고 깨끗한 하늘로 오라.
>
> – 강은교, 〈우리가 물이 되어〉

① ㉠　　　② ㉡　　　③ ㉢　　　④ ㉣　　　⑤ ㉤

🖍 주관식·서술형

시각적·청각적·후각적·미각적·촉각적 심상

04 이 시에서 고향을 잃어버린 슬픔과 아픔을 미각적으로 표현한 행을 찾아 쓰시오.

▶ 이 작품에 사용된 심상

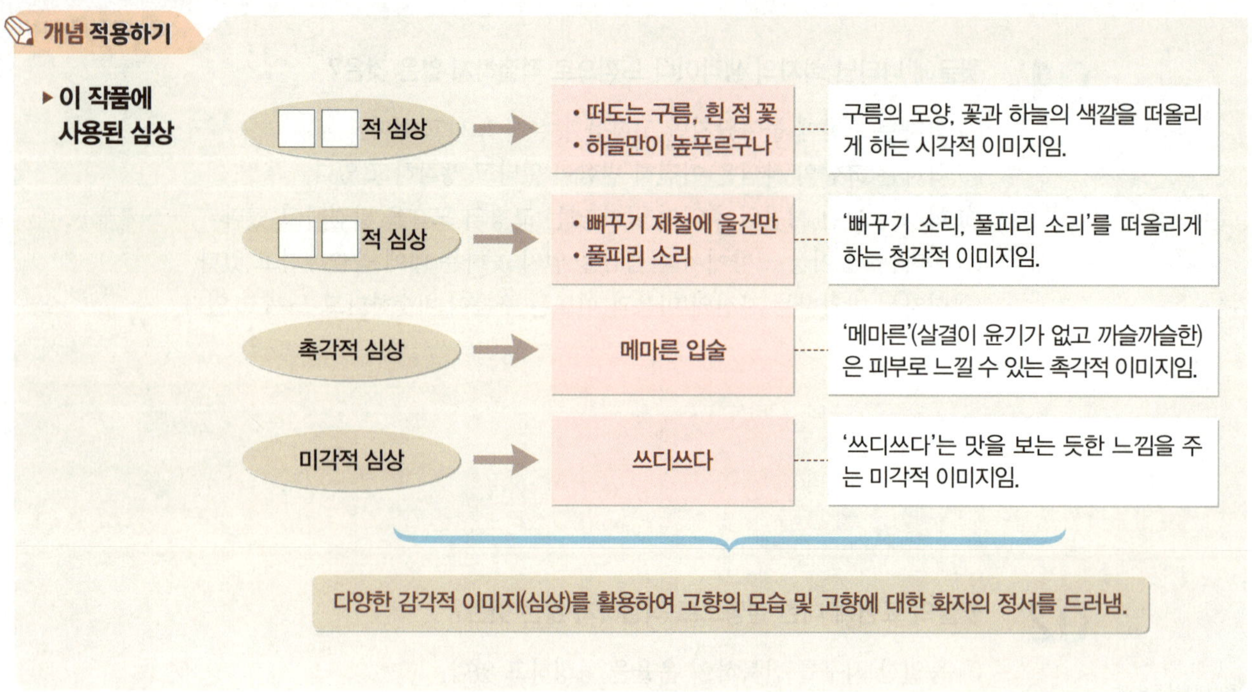

작품 한눈에　고향 | 정지용

한줄평 ▶ 다양한 감각적 이미지를 통해 돌아온 고향에서 느끼는 상실감을 노래한 시

화자와 시적 상황

- **화자**: 멀리 타향에 있다가 오랜만에 □□에 돌아온 사람
- **시적 상황**: 화자는 고향에 돌아왔으나 고향을 낯설게 느끼면서 고향을 잃어버린 느낌을 받음.
- **어조**: 허탈하고 쓸쓸한 어조
- **정서**: 고향에서 안정감과 위안을 얻지 못하는 쓸쓸함과 안타까움(마음속의 고향을 잃어버린 슬픔과 상실감)을 드러냄.

표현

- **다양한 감각적 □□□**: 시각적, 청각적, 촉각적, 미각적 심상 등을 활용하여 고향의 자연물과 화자의 상실감을 표현함.
- **반복**: 동일한 시구(고향에 고향에 돌아와도)를 반복하여 □□을 형성하고 화자의 정서(고향에 대한 상실감)를 강조함.
- **구조**: 한 연을 각각 2행으로 구성하여 통일감을 형성함.

시어의 의미

- **산꿩, 뻐꾸기, 흰 점 꽃, 하늘**: 변함없는 고향의 자연을 의미함.
- **떠도는 □□**: 마음의 고향을 잃고 방황하는 화자의 모습을 의미함.
- **고향(1연 1행)**: 현실의 고향
- **그리던 고향(1연 2행)**: 화자가 마음속에 간직한 고향
- **쓰디쓰다**: 고향을 잃어버린 씁쓸함과 아픔을 □□□ 심상으로 표현함.

주제: 돌아온 고향에서 느끼는 상실감과 슬픔

어휘 확인

[1~5] 보기 의 글자들을 조합하여 다음 뜻풀이에 해당하는 단어를 만드시오.

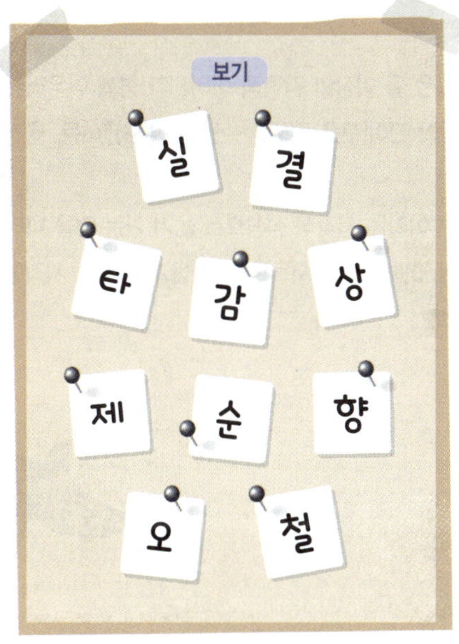

1 시각, 청각, 후각, 미각, 촉각 의 다섯 가지 감각. →

2 무엇인가를 잃어버린 후의 느낌이나 감정 상태. →

3 알맞은 시절. →

4 자기 고향이 아닌 고장. →

5 ① 잘된 것이 섞이지 아니하고 깨끗함. ② 마음에 더러움이 없이 깨끗함. →

어휘 특강

비 비슷한 말   반 반대말

비 올라가다
낮은 곳에서 높은 곳으로 또는 아래에서 위로 가다.
예 나무에 올라가다.

비 상승하다
낮은 데서 위로 올라가다.
예 주가가 상승하다.

비 올라타다
어떤 사물의 위에 오르다.
예 손자가 할아버지 등에 올라탔다.

오르다
사람이나 동물 따위가 아래에서 위쪽으로 움직여 가다.
예 옥상에 올라 하늘을 바라보았다.

반 내리다
위에 올려져 있는 물건을 아래로 옮기다.
예 트럭에서 짐을 내리다.

반 내려가다
높은 곳에서 낮은 곳으로 또는 위에서 아래로 가다.
예 아래층에 내려가다.

반 떨어지다
위에서 아래로 내려지다.
예 그는 발을 헛디뎌서 구덩이로 떨어졌다.

공감각적 심상 / 복합 감각적 심상

필수 개념 ❶ 공감각적 심상

- 공감객[함께 공(共) + 느낄 감(感) + 깨달을 각(覺)]적 심상은 둘 이상의 감각적 이미지가 함께 어우러져 쓰일 때, **한 감각이 다른 감각으로 옮겨 가는 심상**을 말해. '**감각의 전이[구를 전(轉) + 옮길 이(移)]**(이동, 옮겨 가는 것)'라고 하지.
- 예를 들어 '푸른 종소리'는 '종소리'라는 청각적 심상이 '푸른'이라는 시각적 심상으로 옮겨 가는 것을 나타낸 것이지. 말하자면 청각(종소리)의 시각화(푸른)라고 할 수 있어. 이때 청각에서 시각으로 옮겨 가는지, 시각에서 청각으로 옮겨 가는지, **감각이 옮겨지는 방향을 잘 파악해야 해**!

나는 / 나는 / 죽어서 / 파랑새 되어

푸른 하늘 / 푸른 들 / 날아다니며

㉠푸른 노래 / ㉡푸른 울음 / 울어 예으리*

나는 / 나는 / 죽어서 / 파랑새 되리

– 한하운, 〈파랑새〉

＊**예으리**: 지내리.

📎 공감각적 심상 찾기

1. 둘 이상의 감각이 나타나는 시구를 찾아보자. ________________________
2. 한 감각에서 다른 감각으로의 전이(이동)가 일어났어? O ☐ X ☐　　　　→ O: 공감각적 심상, X: 복합 감각적 심상

㉠, ㉡에 나타난 심상에 대한 설명으로 적절하지 <u>않은</u> 것은?

① ㉠과 ㉡ 모두 공감각적 심상이 나타난다.
② ㉠과 ㉡ 모두 시각의 청각화가 나타나고 있다.
③ ㉠과 ㉡ 모두 두 가지 이상의 심상이 어우러져 있다.
④ ㉠은 '노래'의 청각적 심상이 '푸른'의 시각적 심상으로 옮겨 가고 있다.
⑤ ㉡은 '울음'의 청각적 심상이 '푸른'의 시각적 심상으로 옮겨 가고 있다.

✏️ 개념 적용하기

▶ 이 작품에
　나타난
　공감각적 심상

시각적 심상		청각적 심상		감각의 ☐☐	공감각적 심상
푸른 푸른	+	노래 울음	→	[노래, 울음] → [푸르다] 청각 → 시각 **청각의 시각화**	'노래', '울음'이라는 청각적 심상이 '푸른'이라는 시각적 심상으로 옮겨 감.

필수 개념 ❷ 복합 감각적 심상

- **복합 감각적 심상**은 **둘 이상의 감각적 이미지가 단순하게 나열된 심상을 말해!**
- 예를 들어 '**빨간 사과와 차가운 손길**'은 시각적 심상과 촉각적 심상이 나란히 나열된 것이고, '**하이얀 밥과 향긋한 나물**'은 시각적 심상과 후각적 심상이 나열된 것이라고 할 수 있단다.
- 복합 감각적 심상을 공감각적 심상과 헷갈리는 경우가 많은데, '**이미지의 변신이 있느냐 없느냐**'를 잘 살펴보아야 해.

	복합 감각적 심상	공감각적 심상
공통점	둘 이상의 감각이 등장!	
차이점	둘 이상의 감각이 단순히 나열됨.	하나의 감각이 다른 감각으로 옮겨 감.

빵집은 쉽게 빵과 집으로 나뉠 수 있다
큰길가 유리창에 두 뼘 도화지 붙고 거기 초록 크레파스로
아저씨 아줌마 형 누나님 / 우리 집 빵 사 가세요
아빠 엄마 웃게요, 라고 쓰여진 걸
붉은 신호등에 멈춰 선 버스 속에서 읽었다 그래서
그 빵집에 ㉠달콤하고 부드러운 빵과
집 걱정하는 아이가 함께 있는 걸 알았다

– 이면우, 〈빵집〉 중에서

📎 **복합 감각적 심상 찾기**

1. 둘 이상의 감각이 나타나는 시구를 찾아보자. ___________
2. 한 감각에서 다른 감각으로의 전이(이동)가 일어났어? O ☐ X ☐ 　　　　→ O: 공감각적 심상, X: 복합 감각적 심상

㉠의 심상에 대한 설명으로 적절한 것은?

① 감각의 전이가 나타나 있다.
② 공감각적 심상이 나타나 있다.
③ 한 가지 감각만이 나타나 있다.
④ 복합 감각적 심상이 나타나 있다.
⑤ 미각적 심상과 청각적 심상이 나열되어 있다.

🖊 **개념 적용하기**

▶ **이 작품에 나타난 복합 감각적 심상**

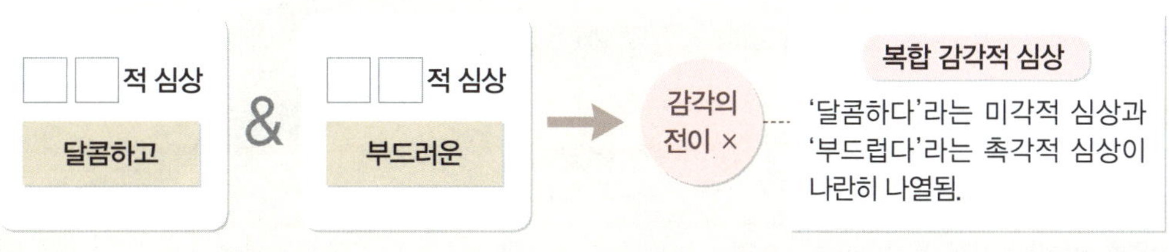

공감각적 심상 / 복합 감각적 심상

'초록색'에 비해 '연두색'은 어떤 이미지일까? 자연에서 '연두색'을 지닌 대상들을 떠올려 보자.

아직은 연두 | 박성우

난 연두*가 좋아 ㉠초록이 아닌 연두
우물물에 설렁설렁 씻어 아삭 씹는
풋풋한 오이 냄새가 나는 것 같기도 하고
옷깃에 쓱쓱 닦아 아사삭 깨물어 먹는
시큼한* **풋사과** 냄새가 나는 것 같기도 한 연두
풋자두와 풋살구의 시큼시큼 풋풋한 연두,
난 연두가 좋아 아직은 ㉡풋내가 나는 연두
연초록 그늘을 쫙쫙 펴는 버드나무의 연두
기지개를 쭉쭉 켜는 느티나무의 연두
난 연두가 좋아 초록이 아닌 연두
누가 뭐래도 푸릇푸릇 초록으로 가는 연두
빈집 감나무의 떫은 연두
강변 미루나무의 시시껄렁한* 연두
난 연두가 좋아 늘 내 곁에 두고 싶은 연두,
연두색 형광펜 연두색 가방 연두색 팬티
연두색 티셔츠 연두색 커튼 연두색 베갯잇
난 연두가 좋아 연두색 타월로 박박 밀면
내 막막한 꿈도 연둣빛이 될 것 같은 연두
시시콜콜*, 마냥 즐거워하는 **철부지** 같은 연두
몸 안에 날개가 들어 있다는 것도 까마득 모른 채
배춧잎을 신나게 갉아 먹는 연두 **애벌레** 같은, 연두
아직 많은 것이 지나간 **어른**이 아니어서 좋은 연두
난 연두가 좋아 아직은 초록이 아닌 연두

* **연두:** 완두콩의 빛깔과 같이 연한 초록색.

* **시큼하다:** 냄새나 맛 따위가 조금 시다.

* **시시껄렁하다:** 하찮고 꼴답지 않다.

* **시시콜콜:** 자질구레한 것까지 낱낱이 따지거나 다루는 모양.

📄 정답 및 해설 15쪽

01 윗글의 '연두'에 대한 이해로 적절하지 <u>않은</u> 것은?

① 조그마한 일에도 즐거워하는 존재이다.
② 풋풋하고 싱그러운 성질을 지닌 존재이다.
③ 미완성이지만 성장의 가능성이 있는 존재이다.
④ '나'가 늘 곁에 두고 싶어 하는 긍정적인 존재이다.
⑤ 부정적인 현실을 극복하고자 항상 노력하는 존재이다.

02 윗글에 대한 설명으로 적절하지 <u>않은</u> 것은?

① '빈집, 강변' 등 공간의 이동에 따라 내용이 전개되고 있다.
② '연두'와 '초록'의 색채 대비*를 통해 주제 의식을 드러내고 있다.
③ '난 연두가 좋아'라는 시구를 반복 사용하여 운율을 형성하고 있다.
④ 시각적 · 청각적 · 후각적 심상 등을 통해 대상을 감각적으로 표현하고 있다.
⑤ 직유, 의인 등 다양한 비유적 표현을 통해 대상을 효과적으로 나타내고 있다.

***대비:** 두 가지 것의 차이를 명백히 하기 위해 서로 비교함.

03 ㉠과 유사한 의미를 지닌 시어로 적절한 것은?

① 풋풋한 오이　　② 풋사과　　③ 철부지
④ 애벌레　　⑤ 어른

공감각적 심상 / 복합 감각적 심상

04 다음 중 ㉡에 나타나 있는 심상과 종류가 <u>다른</u> 하나는?

① 빨간 맛, 파란 맛
② 피부의 바깥에 스미는 어둠
③ 풍금 소리가 켜켜이 쌓이고
④ 술 익는 마을마다 타는 저녁놀
⑤ 꽃처럼 붉은 울음을 밤새 울었다

▶ **이 작품에 나타난 공감각적 심상**

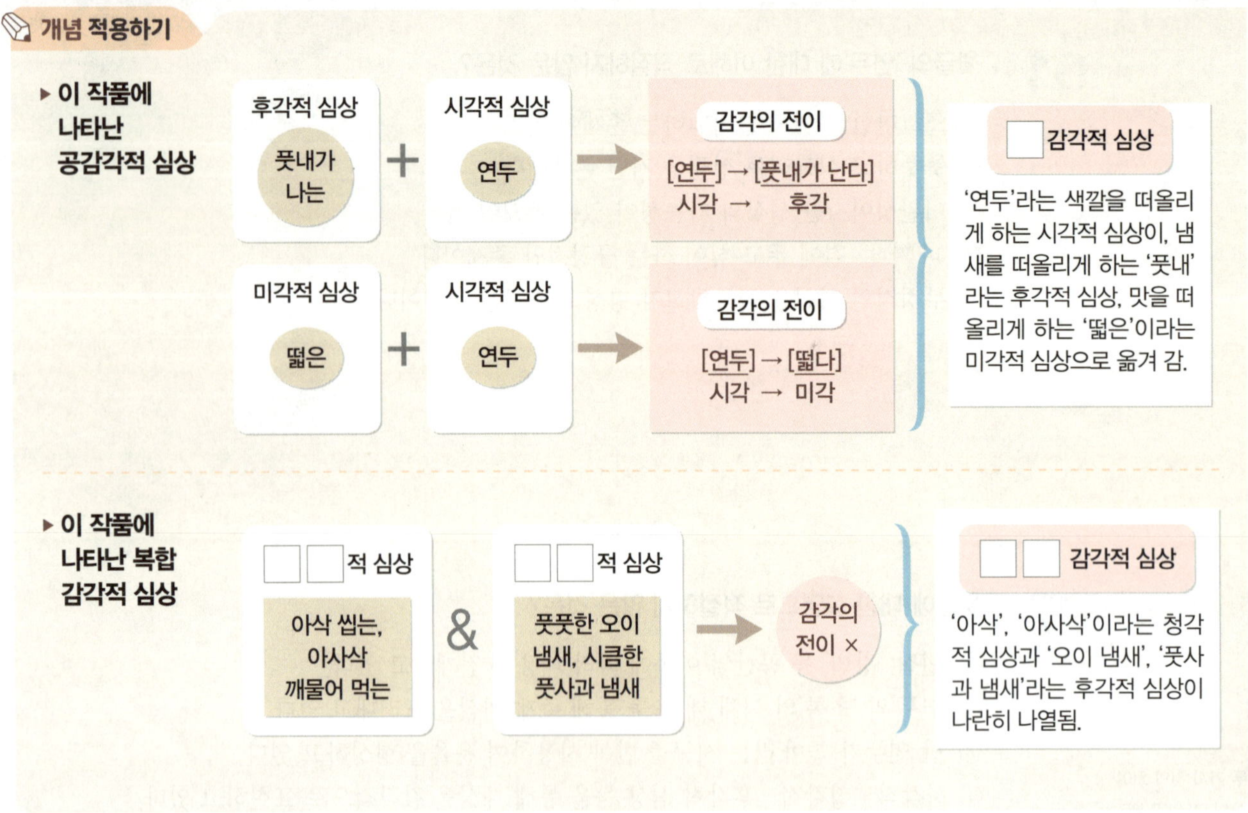

▶ **이 작품에 나타난 복합 감각적 심상**

🔍 **작품 한눈에** **아직은 연두** | 박성우

한줄평 ▶ 다양한 감각적 이미지와 비유, 반복을 통해 연두(청소년기)의 속성과 가치를 노래한 시

화자와 시적 상황

- **화자**: 시적 대상인 □□를 긍정적으로 생각하는 '나'
- **시적 상황**: '연두'를 늘 곁에 두고 싶어 하고, '연두'가 지닌 긍정적인 속성과 가치를 노래함.
- **정서 및 태도**: '연두(청소년)'는 아직 미완성이지만 수많은 가능성을 지닌 존재임을 드러내고, 그들의 미래에 대해 낙관적이고 애정 어린 태도를 보여 줌.

표현

- **색채의 대비**: 연두와 □□의 대비를 통해 주제 의식을 드러냄.
- **감각적 이미지**: 시각, 청각, 후각, 공감각, 복합 감각 등 다양한 감각적 이미지를 통해 대상의 속성을 드러냄.
- **반복**: 동일 시어, 동일 시구의 반복을 통해 운율을 형성하고 시적 의미를 강조함.
- **비유**: 직유, 의인 등 다양한 비유를 통해 '연두'의 의미를 드러냄.

시어의 의미

- **□□**: 청소년, 미래의 가능성을 지닌 존재를 의미함.
- **초록**: '연두'와 대비되는 색. 성숙한 경지에 도달한 상태의 색. 완성된 존재
- **풋사과, 풋자두, 풋살구**: '연두'의 속성을 지닌 자연물. 풋풋함, 싱그러움 등의 이미지
- **날개**: 미래의 다양한 가능성
- **□□□**: 미래의 가능성을 지니고 현재를 즐겁게 사는 존재

주제: 무한한 가능성을 지닌 연두(□□□)

[1~5] 어휘의 뜻풀이와 어휘 ㉠~㉤을 바르게 연결하시오.

[6~10] 예문의 (   ) 안에 들어갈 어휘 ㉠~㉤을 바르게 연결하시오.

뜻풀이	어휘	예문

1 아직 덜 됨.

2 자질구레한 것까지 낱낱이 따지거나 다루는 모양.

3 ① 철없는 어린아이. ② 철 없어 보이는 어리석은 사람.

4 새로 나온 푸성귀나 풋나물 따위로 만든 음식에서 나는 풀 냄새.

5 인생이나 사물을 밝고 희망적인 것으로 보는. 또는 그런 것.

㉠ 풋내

㉡ 낙관적

㉢ 철부지

㉣ 미완성

㉤ 시시콜콜

6 그는 워낙 (   )이어서 좀처럼 절망하지 않는다.

7 작가의 사망으로 그 소설은 영원히 (   )으로 남게 되었다.

8 과장은 매사에 (   ) 간섭했다.

9 (   )가 나지 않게 열무와 양념을 살살 버무리세요.

10 어려운 형편에 장난감을 사 달라고 졸라 대는 내 아우는 (   )였다.

어휘 특강

소리는 같지만 뜻이 다른 단어를 동음이의어(同音異義語)라고 한다.

켜다² 동사 ◄┄┄ 동음이의어 ┄┄► **켜다⁴** 동사

다의어

❶ 나무를 세로로 톱질하여 쪼개다.
예 박을 **켜다**.

❷ 현악기의 줄을 활 따위로 문질러 소리를 내다.
예 바이올린을 **켜다**.

켜다

❸ 누에고치에서 실을 뽑다.
예 고치를 **켜다**.

❹ 엿을 다루어 희게 만들다.
예 엿을 **켜다**.

두 가지 이상의 뜻을 가진 단어를 다의어(多義語)라고 한다.

('기지개'와 함께 쓰여) 팔다리나 네 다리를 쭉 뻗으며 몸을 펴다.
예 그는 일어나 기지개를 한 번 **켜고** 나서 창문을 열었다.

08 일차

시적 화자 / 시적 대상 / 시적 상황

필수 개념 ❶ 시적 화자

- 시적 화자[말할 화(話) + 사람 자(者)]는 말 그대로 **시에서 말하는 사람**인데, 시인이 자신의 생각이나 느낌을 효과적으로 전달하기 위해 의도적으로 설정한 거야. '시적 자아' 또는 '서정적 자아'라고도 한단다.
- 시적 화자는 시에 겉으로 드러나 있기도 하고 숨어 있기도 해. '나', '내', '우리' 등이 시에 직접적으로 나타나 있으면 시적 화자가 겉으로 드러난 경우라고 할 수 있지. 시적 화자는 **첫째! 시적 상황을 말해 주고, 둘째! 시적 대상에 대한 정보를 전달해 주고, 셋째! 시인이 시를 통해 말하고자 하는 바를 전해 주는 역할**을 해.

나는 어릴 때부터 그랬다. / 칠칠치* 못한 나는 걸핏하면 넘어져

무릎에 딱지를 달고 다녔다. / 그 흉물* 같은 딱지가 보기 싫어

손톱으로 득득 긁어 떼어 내려고 하면 / 아버지는 그때마다 말씀하셨다.

딱지를 떼어 내지 말아라 그래야 낫는다. / 아버지 말씀대로 그대로 놓아두면

까만 고약* 같은 딱지가 떨어지고 / 딱정벌레 날개처럼 하얀 새살이 / 돋아나 있었다.

지금도 칠칠치 못한 나는 / 사람에 걸려 넘어지고 부딪히며

마음에 딱지를 달고 다닌다. / 그때마다 그 딱지에 아버지 말씀이 / 얹혀진다.

딱지를 떼지 말아라 딱지가 새살을 키운다.

– 이준관, 〈딱지〉 중에서

*칠칠하다: 성질이나 일 처리가 반듯하고 야무지다.

*흉물: 모양이 흉하게 생긴 사람이나 동물.

*고약: 주로 헐거나 곪은 데에 붙이는 끈끈한 약.

🔍 시적 화자 찾기

1. 이 시에서 '나' 또는 '우리'가 등장하고 있어? O ☐ X ☐
2. 시적 화자가 '아버지'야? O ☐ X ☐

윗글의 시적 화자에 대한 이해로 적절하지 않은 것은?

① 시적 화자가 시 속에 직접 표현되어 겉으로 드러나 있다.
② 어린 시절의 시적 화자는 딱지가 보기 싫어 떼어 내려 했다.
③ 시적 화자는 '딱지'에서 삶에 대한 깨달음과 교훈을 얻고 있다.
④ 시적 화자는 현재의 자신도 과거처럼 칠칠치 못하다고 생각하고 있다.
⑤ 현재의 시적 화자는 어린 시절 아버지의 가르침을 이해하지 못하고 있다.

✏️ 개념 적용하기

▶ 이 작품에 나타난 시적 화자

아버지: 딱지를 떼어 내지 말아라. 그래야 낫는다.

과거의 화자 '나'
- 칠칠치 못해 자주 넘어져 무릎에 딱지가 생김.
- 흉물 같은 딱지가 보기 싫어 손톱으로 긁어 떼려고 함.

딱지

그대로 놓아두면 새살이 돋아나 상처가 나음.

현재의 화자 '나'
- 여전히 칠칠치 못하고 사람으로 인해 마음의 딱지를 달고 다님.
- ☐☐가 새살을 키운다는 '아버지'의 가르침을 이해함.

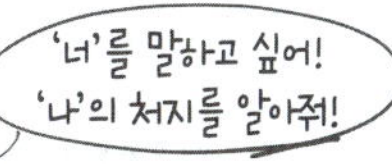

필수 개념 ❷ 시적 대상 / 시적 상황

- **시적 대상**은 시에서 **화자가 말하고 있는 어떤 대상**으로, 시 속에서 시적 화자의 말을 들어주는 청자, 화자가 바라보거나 생각하고 있는 인물이나 자연물, 현상 등을 말해. 시에서 중요하게 다루고 있는 소재일 수도 있지.
- 특히 시적 화자가 겉으로 드러나지 않은 시는 시적 대상을 중심으로 구성되는 경우가 많아. 이런 경우에는 시적 대상을 찾고 그 속성을 파악하는 것이 중요해!
- **시적 상황**은 시에서 **화자가 처해 있는 상황, 즉 화자의 형편이나 처지, 환경** 등을 말해. 시에 자주 등장하는 시적 상황으로는 사랑(그리움, 기다림)과 이별, 부정적인 현실, 아름다운 자연, 일상 등이 있단다. 시적 상황을 잘 파악해야 시의 주제에 쉽게 다가설 수 있다는 점, 꼭 기억해!

묏버들* 가려 꺾어 보내노라 임에게
자시는 창밖에 심어 두고 보소서
밤비에 새잎 나거든 나인가도 여기소서

– 홍랑, 〈묏버들 가려 꺾어〉

＊묏버들: 산버들. 산에 있는 버드나무.

시적 대상 / 시적 상황 찾기

> 1. 이 시에서 화자가 자신의 분신처럼 생각하는 소재는 (묏버들, 창밖, 밤비)이다.
> 2. 이 시에서 화자는 '임'과 관련하여 어떤 상황에 처해 있는지 써 보자. ______________________

윗글에 대한 감상으로 적절하지 <u>않은</u> 것은?

① 화자가 작품 표면에 직접적으로 드러나 있어.
② 화자는 임과의 이별을 적극적으로 거부하고 있어.
③ 화자는 임의 곁에 있고 싶어 하는 바람을 드러내고 있어.
④ 화자는 '묏버들'을 통해 임에게 마음을 전하려 하고 있어.
⑤ 화자인 '나'와 시적 대상인 '임'은 서로 떨어져 있는 상황이야.

개념 적용하기

▶ 이 작품에 나타난 시적 대상 / 시적 상황

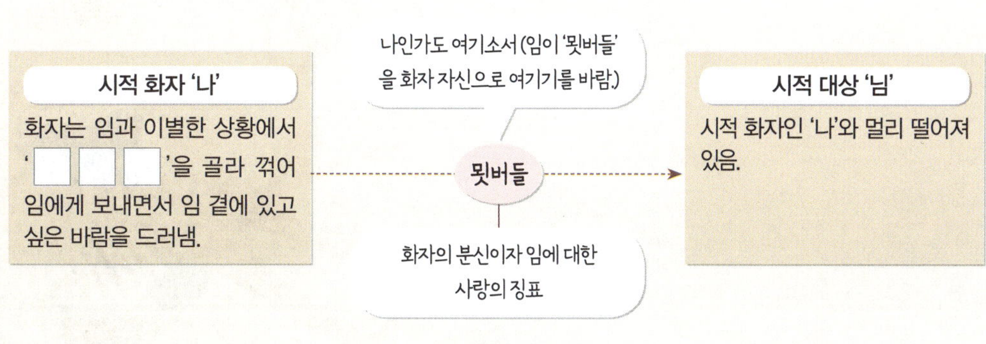

08 일차 시적 화자 / 시적 대상 / 시적 상황

귀뚜라미의 울음소리를 들어본 적 있니? 시인은 귀뚜라미의 울음소리를 듣고 무슨 생각을 했을까?

귀뚜라미 | 나희덕

높은 가지를 흔드는 매미 소리에 묻혀
내 울음 아직은 노래 아니다.

차가운 바닥 위에 토하는 울음,
풀잎 없고 이슬 한 방울 내리지 않는
지하도 콘크리트 벽 좁은 틈에서
숨 막힐 듯, 그러나 나 여기 살아 있다
귀뚜르르 뚜르르 보내는 타전* 소리가
누구의 마음 하나 울릴 수 있을까.

㉠지금은 매미 떼가 하늘을 찌르는 시절
그 소리 걷히고 맑은 ㉡가을이
어린 풀숲 위에 내려와 뒤척이기도 하고
계단을 타고 이 땅 밑까지 내려오는 날
발길에 눌려 우는 내 울음도
누군가의 가슴에 실려 가는 노래일 수 있을까.

*타전: 무전이나 전보 따위를 침.

01 윗글의 표현상 특징으로 적절하지 <u>않은</u> 것은?

① 의성어를 통해 대상을 실감 나게 나타내고 있다.
② 자연물과 계절을 사람처럼 의인화하여 나타내고 있다.
③ 대조적인 시어를 통해 주제를 효과적으로 드러내고 있다.
④ 의문형 표현을 반복적으로 사용하여 시적 의미를 강조하고 있다.
⑤ 청각적 심상과 후각적 심상을 활용하여 현장감과 생동감을 주고 있다.

시적 화자 /
시적 대상 / 시적 상황

02 윗글의 시적 화자에 대한 이해로 적절하지 <u>않은</u> 것은?

① 화자는 차가운 바닥에서 울고 있는 귀뚜라미이다.
② 화자는 고통스러운 현실을 견디어 내고자 애쓰고 있다.
③ 화자는 시 속에 직접적으로 표현되어 겉으로 드러나 있다.
④ 화자는 자신의 울음소리가 감동을 줄 수 있기를 바라고 있다.
⑤ 화자는 매미의 울음소리 때문에 괴로워하고 있는 시인 자신이다.

03 ㉠과 ㉡에 대한 설명으로 적절하지 <u>않은</u> 것은?

① ㉠은 ㉡과 대조되는 계절이다.
② ㉡은 매미의 울음소리가 걷히는 계절이다.
③ ㉠은 매미의 울음소리가 강하게 들리는 계절이다.
④ ㉠은 귀뚜라미가 울음소리를 내지 않는 계절이다.
⑤ ㉡은 귀뚜라미가 자신의 울음이 노래가 되기를 바라는 계절이다.

주관식·서술형

시적 화자 /
시적 대상 / 시적 상황

04 윗글의 3연에서 화자의 소망이 구체적으로 드러난 시행을 찾아 쓰시오.

▶ 이 작품에
나타난
시적 화자와
시적 상황

여름
매미의 강렬한 울음소리에 묻힌 '나'의 울음소리는 노래가 되지 못한다고 생각함.

시적 화자
'나' = ☐☐☐☐

가을
매미의 울음소리가 걷히고 '나'의 울음이 누군가의 가슴에 실려 가는 노래가 될 수 있기를 기대함.

시적 상황
열악한 환경(지하도 콘크리트 벽 좁은 틈) 속에서 고통을 토해 내는 울음을 욺.

'나'의 울음이 누군가의 마음을 울리고 누군가에게 감동을 주는 ☐☐가 되기를 소망함.

🔍 작품 한눈에 **귀뚜라미** | 나희덕

한줄평 ▶ 화자를 귀뚜라미로 설정하여 자신의 울음이 누군가에게 감동을 주는 노래가 되기를 소망하는 마음을 노래한 시

화자와 시적 상황	표현	시어의 의미
• **화자**: ☐☐☐☐로 설정된 '나' • **시적 상황**: ☐☐의 강렬한 울음소리에 묻혀 지하도 콘크리트 벽 좁은 틈에서 우는 '나'의 울음소리는 아직 노래가 아니라고 생각함. • **어조**: '나'의 울음이 노래가 되기를 소망하는 어조 • **정서 및 태도**: '나'의 울음이 누군가의 마음을 울리고 누군가에게 감동을 주는 노래가 되기를 간절히 소망함.	• **반복**: '있을까'라는 의문형 종결 표현의 반복을 통해 ☐☐을 형성하고 시적 의미를 강조함. • **다양한 감각적 이미지**: 시각적, 청각적, 촉각적 이미지를 통해 시적 상황을 구체화함. • **비유**: '귀뚜라미', '가을'을 의인화하여 나타냄. • **대조**: '여름과 가을', '매미와 귀뚜라미', '울음과 노래'의 대조를 통해 주제를 드러냄.	• **울음**: 귀뚜라미가 자신의 존재를 알리는 소리. '노래'와 대조됨. • ☐☐: 누군가의 마음을 울릴 수 있고 누군가에게 진정한 감동을 주는 소리 • **매미**: 강렬한 울음소리를 내는 존재. 귀뚜라미와 대조됨. • **귀뚜라미('나')**: 자신의 울음이 노래가 되기를 소망하는 존재

주제: 자신의 노래가 ☐☐을 줄 수 있기를 소망함.

[1~5] 다음에서 설명하는 어휘가 무엇일지 사다리를 연결하고 주어진 낱자를 활용하여 쓰시오.

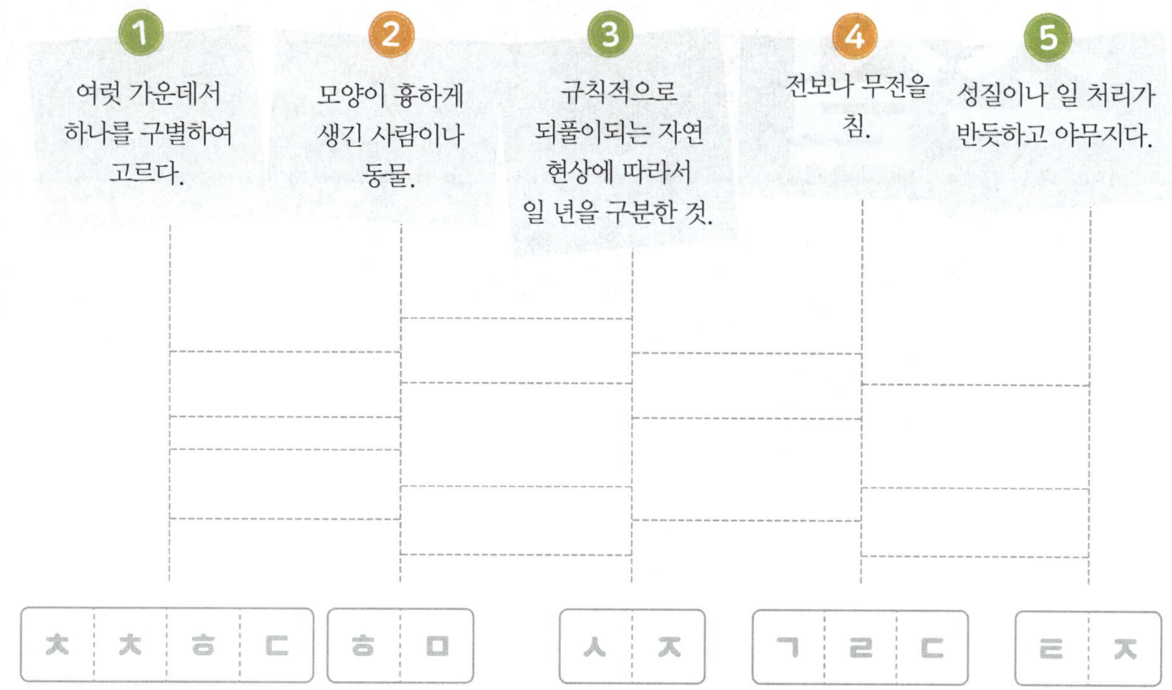

어휘 특강 '듯'의 띄어쓰기

| '듯'을 앞말과 띄어 쓰는 경우 [의존 명사] | VS | '-듯'을 앞말과 붙여 쓰는 경우 [어미] |

❶ 유사하거나 같은 정도를 나타내는 의존 명사 '듯이'의 준말로 어미 '-은', '-는', '-을' 뒤에서 띄어 쓴다.
예 아기는 아버지를 빼다 박은 듯 닮았다.

❷ 짐작이나 추측의 뜻을 나타내는 의존 명사 '듯이'의 준말로 어미 '-은', '-는', '-을' 뒤에서 띄어 쓴다.
예 꼬마는 잘 모르겠다는 듯 눈만 껌벅이고 있었다.

❸ '-은 듯 만 듯', '-는 듯 마는 듯', '-을 듯 말 듯' 구성으로, 그런 것 같기도 하고 그러지 아니한 것 같기도 함을 나타낼 때 띄어 쓴다.
예 잠을 잔 듯 만 듯 정신이 하나도 없다.

❹ '-ㄹ 듯 -ㄹ 듯 하다' 구성으로, 행동하거나 어떤 일이 일어날 것처럼 보임의 뜻을 나타낼 때 띄어 쓴다.
예 안타깝게도 수돗물은 나올 듯 나올 듯 하면서도 나오지 않았다.

'이다'의 어간, 용언의 어간 또는 어미 '-으시-', '-었-', '-겠-' 뒤에 붙어 뒤 절의 내용이 앞 절의 내용과 거의 같음을 나타내는 연결 어미 '-듯이'의 준말일 때 어간에 붙여 쓴다.
예 • 땀이 비 오듯 하다.
　• 내가 전에도 말했듯 저 앤 정말 공을 잘 차.

소설

필수 개념 미리학습 "소설"

소설을 이해하고 감상하는 데 꼭 필요한 필수 개념입니다. 찬찬히 뜻을 생각하며 읽어 보고 의미를 아는 개념이면 ☑ ☓ , 헷갈리거나 모르는 개념이면 ◯ ☑ 에 표시해 보세요. 지금은 ◯ ☑ 에 많이 표시해도 괜찮아요. 이제부터 하나하나 배워 갈 거니까요!

"소설"이란?

현실 세계에 있음 직한 일을 작가가 상상하여 꾸며 쓴 산문 문학 ◯ ☓

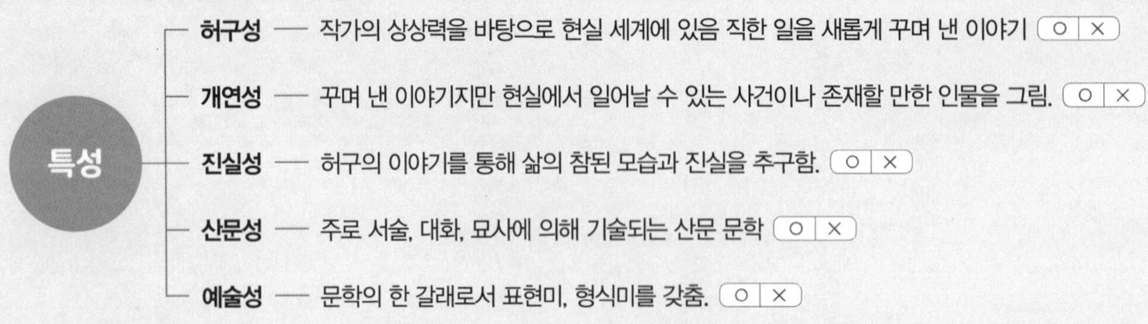

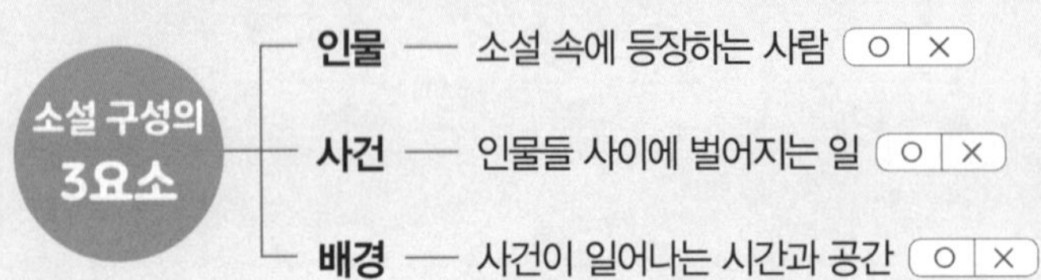

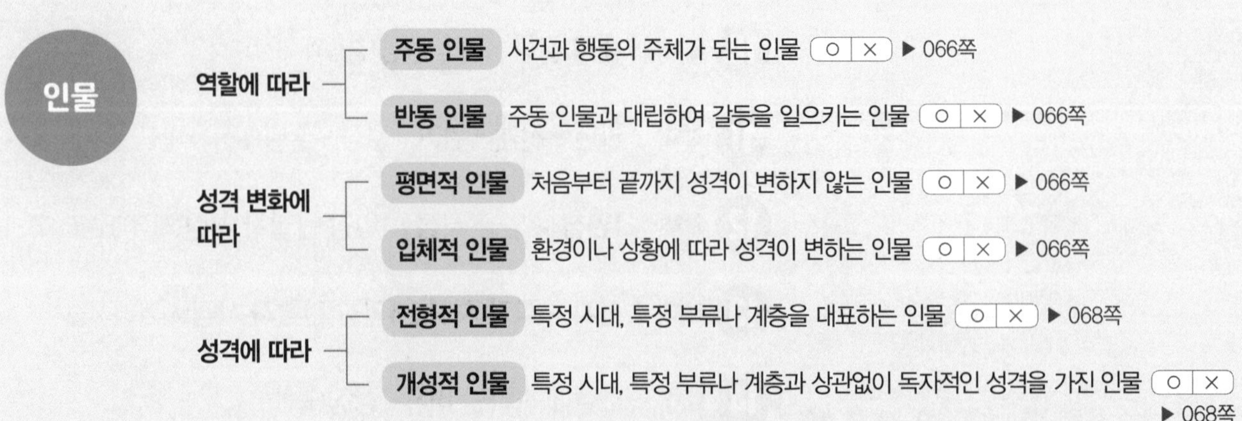

갈등

*** 갈등:** 문학 작품 속에서 인물의 내적 심리나 인물 간의 심리 혹은 관계가 복잡하게 얽혀 있는 상태 (O / X)

내적 갈등 — 한 인물의 마음속에서 일어나는 갈등 (O / X) ▶ 076쪽

외적 갈등 — 인물과 그를 둘러싼 외부적인 요인 사이의 대립으로 일어나는 갈등 (O / X) ▶ 078쪽
ex. 인물과 인물 사이의 갈등, 인물과 사회 사이의 갈등 등

구성 단계

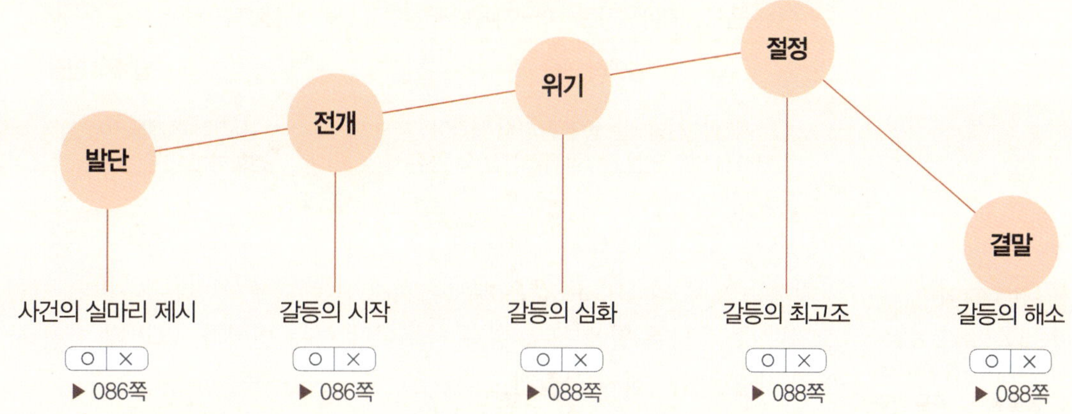

서술자와 시점

*** 서술자:** 소설에서 작가를 대신하여 독자에게 이야기를 들려주는 사람 (O / X)

*** 시점:** 서술자가 소설 속 인물이나 사건을 바라보는 위치와 시각 (O / X)

1인칭

1인칭 주인공 시점 작품 속 주인공인 '나'가 자신의 이야기를 하는 시점 (O / X) ▶ 096쪽

1인칭 관찰자 시점 작품 속 주변 인물인 '나'가 관찰자의 입장에서 주인공의 이야기를 하는 시점
(O / X) ▶ 098쪽

3인칭

전지적 작가 시점 작품 밖의 서술자가 전지전능한 위치에서 사건의 속 내용과 인물의 심리를 모두 알고 이야기하는 시점 (O / X) ▶ 106쪽

3인칭 관찰자 시점 작품 밖의 서술자가 관찰자의 입장에서 작품 속 인물들의 행동이나 사건을 관찰하여 이야기하는 시점 (O / X) ▶ 108쪽

09 일차

인물의 유형: 주동·반동 / 평면·입체 / 전형·개성

필수 개념 ① 주동·반동 / 평면·입체

- 소설을 이루는 3요소에는 인물, 사건, 배경이 있는데, 이 가운데 **'인물'**은 **사건 진행의 주체로 사건을 이끌어 가는 중요한 역할을 하는 요소**야. 인물이 없으면 소설도 없겠지!
- 인물의 유형을 살펴보자. 먼저 작품에서의 역할에 따라 '주동 인물'과 '반동 인물'로 나눌 수 있어.

주동[주인 주(主) + 움직일 동(動)] 인물	반동[돌이킬 반(反) + 움직일 동(動)] 인물
사건을 주도적으로 이끄는 인물로 작품의 주인공 예 〈춘향전〉의 춘향	주동 인물에 맞서는 인물로 주동 인물과 갈등을 일으키며 대체로 부정적인 인물 예 〈춘향전〉의 변 사또

- 또한 인물의 성격이 변하는지 아닌지에 따라 '평면적 인물'과 '입체적 인물'로 나눌 수 있어.

평면적 인물	입체적 인물
사건이 진행되는 동안 끝까지 성격이 변하지 않는 인물 예 〈콩쥐팥쥐전〉의 콩쥐	사건이 전개되면서 성격, 태도 등이 변화하는 인물 예 〈옹고집전〉의 옹고집

📖 **전체 줄거리**

욕심 많고 심술궂은 형 놀부는 부모의 유산을 독차지하고 동생 흥부 가족을 내쫓는다. 흥부는 놀부에게 도움을 청하지만 매만 맞고 쫓겨난다. 어느 날 흥부는 다리가 부러진 제비 새끼를 치료해 주고, 제비는 박씨를 물어다 준다. 박을 타 보니 재물이 나와 흥부는 큰 부자가 되고, 이 소식을 들은 놀부는 일부러 제비 다리를 부러뜨린 후 치료해 준다. 놀부도 박씨를 얻어 박을 타지만 오히려 큰 벌을 받고 재산을 잃는다. 흥부는 형을 위로하며 재산을 나누어 주고, 이에 감동한 놀부는 새사람이 되어 흥부와 우애롭게 지낸다.

형제는 오륜*의 하나요 같은 부모에게서 몸을 나누어 받은 사이다. 그러므로 잘살고 못살거나 좋고 나쁜 일을 모두 함께 나누어야 하는 법이다. 그런데 어떤 사람은 우애 있고 어떤 사람은 화목하지 못할까.

충청도와 전라도, 경상도가 만나는 곳 한 마을에 연 생원이라는 사람이 놀부, 흥부라는 두 아들을 두었다. 두 사람은 같은 어머니에게서 태어났지만 착하고 심술궂음이 완전히 딴판이다. 흥부는 마음이 착하고 효성이 지극하며 형제 사이의 우애가 극진하다. 그러나 놀부는 뱃속부터 다르게 생겨서 부모께는 불효하고 형제간에 우애가 없으며 마음 쓰는 것이 괴상하기만 하다.

[뒷부분의 줄거리] 놀부는 아버지가 돌아가신 후 유산을 독차지하고 흥부의 가족들을 내쫓는다. 쫓겨난 흥부 내외는 언덕에 움집을 짓고 많은 자식들과 갖은 고생을 하며 살아간다. 가난을 견디다 못한 흥부는 형 놀부의 집에 먹을 것을 구걸하러 갔다가 매를 맞고 돌아온다. 매를 대신 맞아 주는 매품팔이도 해 보지만 실패한다. 어느 봄날 흥부는 자신의 집 처마 밑에 떨어져서 다리가 부러진 새끼 제비를 치료해 준다. 이듬해 그 제비가 흥부의 은혜에 보답하기 위해 박씨 하나를 가져다주고, 그 박씨를 심어 수확한 박 속에서 금은보화와 온갖 재물들이 나와서 흥부는 큰 부자가 된다. 흥부가 부자가 되었다는 소문을 들은 놀부는 이듬해 봄에 제비 다리를 일부러 부러뜨린 후 고쳐 주고 제비를 날려 보낸다. 제비는 놀부에게도 박씨를 가져다주었는데, 놀부의 박에서는 온갖 나쁜 것들이 쏟아져 나와 결국 놀부는 패가망신*한다. 흥부는 이 소식을 듣고 놀부를 데려다 재물을 주고 같이 산다. 그 후 놀부도 잘못을 뉘우치고 개과천선*하여 착한 사람이 되었고, 형제가 화목하게 지냈다.

— 작자 미상, 〈흥부전〉

---

* **오륜:** 유학에서, 사람이 지켜야 할 다섯 가지 도리.

* **패가망신:** 집안의 재산을 다 써 없애고 몸을 망침.

* **개과천선:** 지난날의 잘못이나 허물을 고쳐 올바르고 착하게 됨.

📎 **인물의 유형 파악하기**

1. 윗글에서 주인공은 누구인지 찾아보자. ________________________________
2. 윗글에서 주인공과 맞서는 인물은 누구인지 찾아보자. ________________________
3. 윗글의 '흥부'는 작품 속에서 성격이 바뀌고 있어? O ☐ X ☐　　　→ O: 입체적 인물, X: 평면적 인물
4. 윗글의 '놀부'는 작품 속에서 성격이 바뀌고 있어? O ☐ X ☐　　　→ O: 입체적 인물, X: 평면적 인물

윗글의 인물에 대한 이해로 알맞은 것은?

① 놀부는 흥부와 대립하여 갈등을 일으키는 인물이다.
② 흥부는 작가가 전달하고자 하는 주제를 실천하는 반동 인물이다.
③ 놀부는 작가가 전달하고자 하는 주제와 반대되는 주동 인물이다.
④ 놀부는 자신의 잘못을 뉘우치고 새사람이 된다는 점에서 평면적 인물이다.
⑤ 흥부는 처음부터 끝까지 우애 있고 착한 성격이 변하지 않는 입체적 인물이다.

✏️ **개념 적용하기**

▶ **이 작품의 인물 유형**

주동 인물(흥부)과 반동 인물(놀부)을 통해
착한 사람은 복을 받고 악한 사람은 벌을 받는다는 작품의 주제 의식을 드러냄.

🖨️ **개념 확장하기**

인물의 역할

• 인물은 사건을 이끌어 가는 주체이고, 인물들이 일으키는 갈등과 그 갈등을 푸는 과정을 통해 **작품의 주제**가 나타나며, 소설의 배경이 되는 **시대적 상황을 반영**하기도 함.

• **주동 인물**은 작가가 표현하고자 하는 **주제를 실천하는 인물**이고, **반동 인물**은 작가가 표현하고자 하는 **주제에 반대되는 성향을 지닌 인물**임.

09 일차

인물의 유형: 주동·반동 / 평면·입체 / 전형·개성

🔦 **필수 개념 ② 전형·개성**

- 인물의 유형은 인물의 성격에 따라서 '전형적 인물'과 '개성적 인물'로도 나눌 수 있어. 예를 들어 효녀를 대표하는 전형적 인물은 심청이지. 반면 현대 소설의 인물들은 개성적 인물이 대부분이지.

전형[법 전(典) + 모형 형(型)]적 인물	개성적 인물
어떤 계층이나 집단의 공통적 속성을 드러내거나 대표하는 인물로, 고전 소설에 많이 등장함.	자신만의 독자적인 성격을 지닌 인물로, 두드러진 개성을 가지고 있는 톡톡 튀는 인물

가 "어린 자식을 데리고 굶다 못하여 형님 처분 바라자고 염치 불구하고 왔사오니 양식이 만일 못 되거든 돈 서푼만 주시오면 하루라도 살겠나이다."

놀부 더욱 화를 내어 하는 말이,

"이놈아, 들어 보아라. 쌀이 많이 있다 한들 너 주자고 섬*을 헐며, 벼가 많이 있다 한들 너 주자고 노적* 헐며, 돈이 많이 있다 한들 너 주자고 쾟돈* 헐며, 쌀 한 되나 주자 한들 너 주자고 큰독에 가득한 걸 떠내며, 의복가지나 주자 한들 너 주자고 행랑*것들 벗기며, 찬 밥술이나 주자 한들 너 주자고 마루 아래 청삽사리*를 굶기며, 지게미*나 주자 한들 새끼 낳은 돼지를 굶기며, 콩 섬이나 주자 한들 큰 농삿소가 네 필이니 너를 주고 소 굶기랴. 염치없고 체면 없는 놈이로다."

흥부 하는 말이, / "아무리 그러실지라도 죽는 동생 살려 주오."

놀부 화를 버럭 내어 벼락같은 소리로 하인 마당쇠를 부르니 마당쇠가,

"예." / 하고 나오거늘, 놀부 분부하되,

"이놈아, 뒤 광문 열고 들어가면 저편에 보리 쌓은 더미 있지?"

이때 흥부 그 말 듣고 속마음에, / '옳다! 우리 형님이 보리 말*이나 주시려나 보다.'

하고 은근히 기뻐하더니, 놀부놈이 마당쇠를 시켜 보리 섬 뒤에 두었던 도낏자루 묶음을 내놓고 손에 맞는 대로 골라잡더니 그만 달려들어 흥부 뒤꼭지를 잔뜩 훔쳐 쥐고 몽둥이로 함부로 치는데, 마치 손 빠른 스님이 비질하듯, 상좌승*이 큰북 치듯 아주 탕탕 두드리니,

나 흥부 아내 기가 막히어 땅에 펄썩 주저앉으며,

"에고, 이것이 웬일인가. 가기 싫다 하는 가장* 내 말 어려워 가시더니 저 모양이 웬일이오. 팔자 그른 이 몹쓸 년 가장 하나 못 섬기고 이런 광경 당하게 하니 잠시인들 살아 무엇하리. 모질고 악한 양반, 구산*같이 쌓인 곡식 누구 주자 아끼어서 저리 몹시 친단 말인고."

흥부의 착한 마음 형의 말은 아니하고,

"여보 마누라, 슬퍼 마소. 가난 구제는 나라에서도 못 한다 하니 형님인들 어찌하시나. 우리 부부 품이나 팔아 살아가세."

– 작자 미상, 〈흥부전〉

*섬: 곡식 따위를 담기 위하여 짚으로 엮어 만든 그릇.

*노적: 곡식 따위를 한데에 수북이 쌓음. 또는 그런 물건.

*쾟돈: 예전에, 엽전 천 닢, 곧 열 냥의 돈을 이르던 말.

*행랑: 예전에, 주로 하인이 거처하던 방.

*청삽사리: 개의 한 품종.

*지게미: 술을 짜내고 남은 찌꺼기.

*말: 곡식, 액체, 가루 따위의 분량을 되는 데 쓰는 그릇.

*상좌승: 계급이 높아 윗자리에 앉는 승려.

*가장: 한 가정을 이끌어 나가는 사람.

*구산: 물건이 많이 쌓인 모양을 비유적으로 이르는 말.

📎 인물의 유형 파악하기

> 1. 윗글에서 욕심 많고 심술궂은 사람으로 그려진 인물은 누구인지 써 보자. ________________
> 2. 윗글에서 착하고 도리를 아는 사람으로 그려진 인물은 누구인지 써 보자. ________________

윗글의 인물에 대한 이해로 알맞은 것은?

① 흥부는 가난한 사람을 대표하는 개성적 인물이다.
② 놀부는 이기적인 부자를 대표하는 전형적 인물이다.
③ 흥부는 염치없는 사람을 대표하는 전형적 인물이다.
④ 놀부는 욕심 많은 사람을 대표하는 개성적 인물이다.
⑤ 흥부는 착한 사람, 놀부는 악한 사람을 대표하는 개성적 인물이다.

🖍 개념 적용하기

▶ **이 작품의 인물 유형**

놀부 (전형적 인물)

- 먹을 것도 없어 고생하는 동생 흥부를 도와주지 않고 오히려 매를 때려 쫓아내는 악한 인물
- 재산이 많은 부자임에도 베풀 줄 모르는 이기적이고 □□ 많은 인물

흥부 (전형적 인물)

- 동생인 자신을 돕기는 커녕 때려서 내쫓은 형 놀부를 원망하지 않는 착한 심성을 지닌 인물
- 끝까지 형제 간의 □□를 지키는 인물

> 욕심 많고 악한 인물의 전형인 놀부와 착하고 도리를 아는 인물의 전형인 흥부를 통해
> **착한 사람은 복을 받고 악한 사람은 벌을 받는다는 작품의 주제 의식을 드러냄.**

🖨 개념 확장하기

인물의 제시

- 인물의 성격과 심리, 태도는 어떤 사건이나 상황에 대한 **인물의 말과 행동** 또는 **서술자의 직접 설명**을 통해 파악할 수 있음.
- 특히 고전 소설에서는 서술자가 중간중간 끼어들어서 인물에 대한 평을 제시하는 경우가 많음. 이를 **편집자적 논평**이라고 함.

인물의 유형: 주동·반동 / 평면·입체 / 전형·개성

주인공 '용이'가 '짱'에게 어떤 영향을 받았을까?

📖 전체 줄거리

발단 4학년이 된 첫날, 용이는 학교에 가지 않겠다고 어머니에게 투정을 부리다가 아버지가 머슴살이를 그만둘 것이라는 말에 집을 나선다.

전개 용이는 머슴의 자식이라는 이유로 다른 아이들의 책 보퉁이를 대신 메고 고갯길을 올라간다.

위기 산을 넘어 날아가는 꿩의 힘찬 모습을 보고 힘이 솟구치는 것을 느낀 용이는 아이들의 책 보퉁이를 골짜기 아래로 던져 버린다.

절정 고갯마루에서 용이는 책 보퉁이를 다시 찾아오라는 아이들에게 자신은 이제 못난 아이가 아니라고 말하면서 당당하게 맞서고, 아이들은 슬그머니 책보를 가지러 가겠다고 말하며 꼬리를 내린다.

결말 용이는 한 마리의 꿩이 소리치면서 날아오르는 모습과도 같이 당당하고 자신 있는 모습으로 학교를 향해 달린다.

***책 보퉁이**: 책보. 책을 보자기에 싸서 꾸려 놓은 것.

***재**: 길이 나 있어서 넘어 다닐 수 있는, 높은 산의 고개.

***머슴살이**: 남의 머슴 노릇을 하는 일.

***지겟작대기**: 지게를 버티어 세우는 작대기.

***고갯마루**: 산의 고개에서 가장 높은 자리.

***산허리**: 산 둘레의 중턱.

꿩 | 이오덕

전개 용이는 된장국에 보리밥을 말더니 단숨에 퍼먹고는 책 보퉁이*를 허리에 둘러매고 일어났습니다.

'올해만 참으면 된다!' / "용아, 빨리 나와!"

바깥에서는 벌써 아이 하나가 기다리고 있었습니다. 마을 앞을 지났을 때는 여러 아이가 되었습니다. (중략)

그러다가 산기슭을 돌아 고갯길에 올라섰을 때 그들은 모두 용이 발밑에 책 보퉁이를 던졌습니다. 3년 동안 용이 어깨에 매달려 재*를 넘어가고 넘어오던 책 보퉁이들입니다. 용이 아버지가 같은 동네에서 머슴살이*를 하고 있기 때문에 아이들은 모두 용이까지 남의 짐을 날라 주어야 하는 것으로 생각하고 있는 것입니다.

"자! 인마, 너 이제 4학년이 돼서 기운도 세졌잖아. 하나 더 날라라."

지금까지 같은 반의 아이들만 그렇게 하던 것이 오늘은 한 학년 위의 성윤이까지도 따라와 이렇게 말하면서 커다란 책 보퉁이를 놓고 갑니다.

책 보퉁이는 용이 제 것까지 모두 일곱 개나 되었습니다.

책 보퉁이를 용이에게 맡겨 버린 아이들은 모두 소리치면서 산길을 달려 올라갔습니다.

"올해만 참자!"

용이는 언제나처럼 바위 밑에 가서 참나무 지겟작대기*를 찾아와 책 보퉁이를 모두 꿰어 달았습니다. 그러고는 어깨로 가운데를 메고 올라가기 시작했습니다.

아침 햇빛이 산 위에서 쫙 비쳐 내렸습니다.

고갯마루*까지는 산허리*를 세 번이나 돌면서 올라가야 합니다. 더구나 오늘은 책 보퉁이가, 모두 한 학년씩 올라가서 그런지 꽹장히 무겁습니다.

용이는 첫 굽이를 돌아가기도 전에 마른 잔디 위에 앉아 쉬어야 했습니다. 이렇게 무거운 짐을 날마다 메고 올라가야 할 일을 생각하니 기가 막힙니다.

더구나 5학년의 성윤이까지 맡기기 시작했으니 이러다가 올해는 지게로 져다 날라야 할지 모릅니다. 이걸 어떻게 하나?

위기 저 밑에서 따라 올라오던 2학년, 3학년 아이들이 모두 책 보퉁이를 허리에 둘러매고 용이를 앞질러 올라갑니다. 그 아이들은 용이를 돌아보면서 저희끼리 무엇이라 수군거렸습니다.

"헤헤, 4학년이 됐다는 아이가 남의 책 보퉁이나 메다 주고……."

"참 못난 아이제."

모두 이런 말로 수군거리는 것 같았습니다.

'뭐, 못난 아이라고?'

용이는 화가 났습니다. 벌써 고개 위에 다 올라갔는지 아이들의 고함이 산 위에서 들려왔을 때, 갑자기 용이는 눈앞에 있는 책 보퉁이들을 그냥 콱콱 짓밟아 버리고 싶은 생각이 났습니다.

01 윗글의 책 보퉁이에 대한 이해로 가장 적절한 것은?

① '용이' 자신에게 수치심을 주는 소재이다.
② '아이들'이 '용이'에게 고마움을 느끼게 하는 소재이다.
③ '용이'와 '아이들' 간의 우정을 돈독하게 하는 소재이다.
④ '용이'가 아버지에게 원망의 심정을 갖게 하는 소재이다.
⑤ '용이'가 '아이들'을 위해 자발적으로 헌신함을 보여 주는 소재이다.

인물의 유형:
주동·반동 /
평면·입체 / 전형·개성

02 윗글의 인물에 대한 이해로 적절하지 않은 것은?

① '용이'는 2, 3학년 아이들이 자신을 비웃는다고 생각하고 있다.
② '용이'는 사건을 이끌어 가는 주인공으로 주동 인물로 볼 수 있다.
③ '아이들'은 '용이'에게 갈등을 불러일으키는 반동 인물로 볼 수 있다.
④ '용이'는 아이들의 요구에 불만을 드러내면서도 이를 순순히 받아들이고 있다.
⑤ '아이들'은 '용이'를 '용이 아버지'와 비슷한 역할을 하는 인물로 생각하고 있다.

03 보기 는 윗글의 앞부분이다. 글의 흐름으로 볼 때, 보기 의 '용이'가 학교에 가지 않겠다는 이유로 가장 적절한 것은?

> 보기
>
> "엄마, 정말 나 이제 학교 안 갈래요."
> 김이 모락모락 오르는 보리밥 그릇을 무릎 앞에 놓고 먹을 생각도 않는 용이가 투정을 부렸습니다.
> "야가 또 이런다. 지발 어미 속 그만 썩여라. 3년이나 다닌 학교를 그만두면 어쩔래? 순이 봐라. 글 한 자도 모르제. 국민학교도 졸업 못 하면 어떡할라고."
> 순이는 뒷집에 있는 아이입니다. 작년에 학교에 입학했는데, 하도 아이들이 곰보딱지라고 놀려서 한 달도 다니지 못하고 학교를 그만두었습니다.

① 학교를 그만두게 된 순이의 마음에 공감하기 때문이다.
② 학교에 가면 순이처럼 아이들이 자신을 놀리기 때문이다.
③ 남의 집 머슴살이를 하는 아버지의 직업이 부끄럽기 때문이다.
④ 아이들의 책 보퉁이를 대신 메고 학교에 가는 것이 싫기 때문이다.
⑤ 학교에 가도 배울 것이 없고 자신에게 별로 도움이 안 되기 때문이다.

주관식·서술형

04 '용이'가 아이들의 책 보퉁이를 대신 메고 가야 하는 상황의 고통과 어려움을 강조하는 공간적 배경을 찾아 3음절로 쓰시오.

📖 **전체 줄거리**

발단 4학년이 된 첫날, 용이는 학교에 가지 않겠다고 어머니에게 투정을 부리다가 아버지가 머슴살이를 그만둘 것이라는 말에 집을 나선다.

전개 용이는 머슴의 자식이라는 이유로 다른 아이들의 책 보퉁이를 대신 메고 고갯길을 올라간다.

위기 산을 넘어 날아가는 꿩의 힘찬 모습을 보고 힘이 솟구치는 것을 느낀 용이는 아이들의 책 보퉁이를 골짜기 아래로 던져 버린다.

절정 고갯마루에서 용이는 책 보퉁이를 다시 찾아오라는 아이들에게 자신은 이제 못난 아이가 아니라고 말하면서 당당하게 맞서고, 아이들은 슬그머니 책보를 가지러 가겠다고 말하며 꼬리를 내린다.

결말 용이는 한 마리의 꿩이 소리치면서 날아오르는 모습과도 같이 당당하고 자신 있는 모습으로 학교를 향해 달린다.

위기 날개를 쫙 펴고 꽁지*를 쭉 뻗고 아침 햇빛에 눈부신 모습으로 산을 넘어가는 꿩을 쳐다보는 용이의 온몸에 갑자기 어떤 힘이 마구 솟구쳤습니다. 용이는 그 자리에서 한번 훌쩍 뛰어올라 보았습니다. 하늘에라도 날아오를 듯합니다. 용이는 발에 채는 책 보퉁이 하나를 집어 들었습니다. 그리고 그것을 하늘 위로 던졌습니다.

횡! 공중에서 몇 바퀴 돌던 책 보퉁이가 퍽 소리를 내면서 골짜기에 떨어졌을 때, 용이는 두 번째 책 보퉁이를 집어 던졌습니다. 또 하나, 또 하나…….

마지막에 던진 작대기는 건너편 벼랑의 소나무 가지를 철썩 치도록 멀리 떨어졌습니다. / "됐다!"

용이는 이제 하늘이 탁 트이고 가슴이 시원해져서, 저 건너 산을 보고 "하하하." 웃었습니다.

떠가는 구름을 따라 마구 날아갈 것 같았습니다.

'내가 정말 못난이였구나! 이제 다시는 그런 짓 안 한다!'

용이는 제 책 보퉁이만 허리에 둘러맸습니다. 그러고는 고개를 향해 날 듯이 뛰어 올라갔습니다.

절정 고갯마루에는 아이들이 앉아 기다리고 있었습니다. 모두 손에 참꽃* 가지를 한 줌씩 들었습니다.

어떤 가지는 벌써 불그레한 봉오리가 피어나려고 했습니다.

"어, 용이가 빈손으로 오네?" / "정말 저 자식이?"

"인마, 책 보퉁이 모두 어쨌나?"

용이는 아무 말이 없이 그냥 올라오고만 있습니다. 아이들이 용이를 빙 둘러쌌습니다.

"너, 책 보퉁이 어쨌어?" / "이 자식, 죽고 싶나? 빨리 말해!"

용이는 아이들을 한번 둘러보고는 조용히, 그러나 힘찬 소리로 말했습니다. 이상하게도 책 보퉁이를 모두 날리고 나니 마음이 가라앉는 것이 조금도 겁이 나지 않았습니다.

"너희들 책보 말이제? 저 밑에 두꺼비 바위 아래 던져 놨어."

"뭐? 이 자식이!" / "이 자식 돌았나?" / "빨리 못 가져오겠나?"

그러나 용이는 여전히 조용한 소리로 말했습니다.

"나, 이젠 못난 아이 아니야!"

"어, 이 자식이?"

"요런, 머슴의 자식이."

"나쁜 자식! 맛 좀 볼래?"

아이들의 발과 주먹이 용이를 덮쳐 왔을 때, 용이는 번개같이 거기를 빠져나와 몇 걸음 발을 옮기더니, 발밑에 있는 돌을 두 손으로 한 개씩 거머쥐고는* 거기 있는 커다란 바윗돌 위에 껑충 뛰어올랐습니다.

그 몸놀림이 어찌나 재빠른지, 아이들이 모두 놀랐습니다. 지금까지의 용이와는 아주 다른, 딴 아이였습니다.

---

* **꽁지**: 새의 꽁무니에 붙은 깃.

* **참꽃**: 진달래꽃.

* **거머쥐다**: 틀어잡거나 휘감아 쥐다.

정답 및 해설 20쪽

05 윗글에 대한 설명으로 적절하지 <u>않은</u> 것은?

① 인물의 심리를 서술자*가 직접 제시하고 있다.
② 인물 간의 대화를 직접 제시하여 현장감을 살리고 있다.
③ 계절적 배경을 제시하여 낭만적인 분위기를 형성하고 있다.
④ 상징적인 소재를 통해 작가가 말하고자 하는 바를 드러내고 있다.
⑤ 의성어를 사용하여 상황과 인물의 심리를 생생하게 전달하고 있다.

*서술자: 소설에서 독자에게 이야기를 건네는 사람.

인물의 유형:
주동·반동 /
평면·입체 / 전형·개성

06 윗글의 인물에 대한 이해로 적절하지 <u>않은</u> 것은?

① ‘용이’는 꿩의 힘찬 날갯짓을 보고 태도가 변화되고 있다.
② ‘아이들’은 자신들에게 맞서는 ‘용이’를 담담하게 받아들이고 있다.
③ ‘아이들’에게 당당히 맞서는 ‘용이’의 태도에서 주제가 드러나고 있다.
④ ‘아이들’은 책보를 내던진 ‘용이’의 행동에 과격한 반응을 드러내고 있다.
⑤ 사건의 전개 과정으로 볼 때 ‘용이’는 입체적 인물의 유형으로 볼 수 있다.

---

07 윗글의 ‘꿩’에 대한 이해로 가장 적절한 것은?

① ‘용이’와 대립하는 자연물이다.
② ‘용이’를 못난이라고 비웃는 존재이다.
③ ‘용이’에게 용기와 자신감을 심어 주는 존재이다.
④ ‘용이’와 ‘아이들’ 사이의 갈등을 상징하는 존재이다.
⑤ ‘아이들’이 자신들의 잘못을 뉘우치도록 하는 존재이다.

🖉 주관식·서술형

인물의 유형:
주동·반동 /
평면·입체 / 전형·개성

08 보기 는 윗글의 바로 뒤에 이어지는 내용이다. 사건의 흐름으로 볼 때, 인물의 성격 변화에 따른 ‘아이들’의 인물 유형을 쓰시오.

보기

"자, 덤빌람 덤벼! 누구든지 오는 녀석은 가만두지 않을 끼다!"
아이들이 입을 벌리고 어쩔 줄 모르고 서 있을 때, 뒤에서 한 아이가,
"난, 내 책보 가질러 갈란다."
하고 달려갔습니다. 그 소리에 다른 아이들도 모두 정신이 돌아온 것처럼,
"나도 간다." / "나도 간다."

▶ 이 작품의 인물 유형

용이
(주동, ☐☐적 인물)

갈등 관계 ↔

아이들
(☐☐, 입체적 인물)

- 소설의 주인공. 머슴의 자식이라는 이유로 다른 아이들의 책보를 대신 메는 등 부당한 차별을 받음.
- 힘차게 날아가는 꿩을 보고 태도의 변화를 보이면서 당당하게 맞섬.

- 주인공 '용이'와 갈등 관계에 있는 인물들. 머슴의 자식이라는 이유로 부당한 차별을 함.
- '용이'가 용기를 가지고 당당하게 맞서자 태도를 바꾸어 슬그머니 꼬리를 내림.

> 주동 인물(용이)과 반동 인물(아이들)을 통해 '**부당한 차별에 당당하게 맞서서 얻은 자유,**
> **부당한 일에 당당하게 맞서는 용기**'라는 작품의 주제 의식을 드러냄.

🔍 **작품 한눈에** **꿩** | 이오덕

한줄평 ▶ '꿩'이라는 상징적 소재를 통해 자신을 괴롭히던 아이들에게 당당하게 맞서는 한 소년의 성장 과정을 그린 소설

사건

- **부당한 차별**: 머슴의 자식이라는 이유로 주인공 '용이'는 동네 아이들의 책보를 대신 메는 등 부당한 차별을 받음.
- **꿩을 보는 용이**: '용이'는 힘차게 날아가는 '☐'의 모습을 보고 용기와 자신감을 얻음.
- **아이들에게 맞서는 용이**: '용이'는 '아이들'의 책보를 내던지고, '아이들'에게 자신은 못난 아이가 아니라고 말하면서 당당하게 맞섬.

소재 및 배경

- **☐☐☐☐**: '용이'에 대한 '아이들'의 부당한 차별을 드러내는 소재로 '용이'와 '아이들' 사이의 갈등을 불러일으키고 '용이'에게 수치심을 줌.
- **꿩**: 주인공 '용이'의 태도와 행동에 변화를 불러오는 소재로 용기와 자유, 생명력, 자신감 등을 상징함.
- **고갯길**: ① 책 보퉁이 여러 개를 들고 가야 하는 '용이'의 고통을 나타냄. ② 고갯마루로 갈수록 갈등이 높아짐.

구성 및 표현

- **순행적 구성**: 시간의 흐름에 따라 사건이 전개됨.
- **☐☐와 상징**: 주인공 '용이'를 상징적 소재인 '꿩'에 빗대어 '용이'의 당당한 기세와 자유로움을 선명하게 표현하면서 작품의 주제를 효과적으로 드러냄. → 날개를 쫙 펴고 하늘로 날아오르는 꿩의 모습과 두 팔을 내저으며 학교를 향해 달려가는 '용이'의 모습이 유사함.

> **주제: ① 부당한 차별에 당당하게 맞서서 얻은 자유**
> **② 부당한 일에 당당하게 맞서는 ☐☐**

 어휘 확인

[1~5] 어휘의 뜻풀이와 어휘 ㉠~㉢을 바르게 연결하시오.

[6~10] 예문의 (　　) 안에 들어갈 어휘 ㉠~㉢을 바르게 연결하시오.

뜻풀이	어휘	예문
1 이치에 맞지 아니하다.	㉠ 기세	**6** 그 회사는 (　　　) 이익을 남겨 왔다.
2 도탑고 성실하다.	㉡ 화목	**7** 집안의 (　　　)을 깨뜨렸다.
3 서로 뜻이 맞고 정다움.	㉢ 돈독하다	**8** 그녀의 상냥함에 그의 (　　　)가 누그러지는 것 같았다.
4 기운차게 뻗치는 모양이나 상태.	㉣ 거머쥐다	**9** 내 친구는 신앙심이 (　　　).
5 틀어잡거나 휘감아 쥐다.	㉤ 부당하다	**10** 둘은 서로의 멱살을 (　　　) 거친 숨을 내쉬었다.

어휘 특강

비 비슷한 말　**반** 반대말

비 중단하다
중도에서 끊다.
예 수업을 중단하시오.

비 집어치우다
하던 일이나 하고자 한 일을 그만두다.
예 일을 그런 식으로 하려면 아예 집어치워라.

비 중지하다
하던 일을 중도에서 그만두다.
예 노조는 파업을 중지하였다.

그만두다
하던 일을 그치고 안 하다.
예 그는 옷 가게를 그만두고 식당을 차렸다.

반 계속하다
끊지 않고 이어 나가다.
예 두 달 동안 아침 운동을 계속했다.

반 지속하다
어떤 상태를 오래 계속하다.
예 학업을 지속하다.

반 유지하다
어떤 상태나 상황을 그대로 보존하거나 변함없이 계속하여 지탱하다.
예 적은 수입으로 생계를 유지하기는 힘들다.

내적 갈등 / 외적 갈등

필수 개념 ❶ 내적 갈등

- 갈등[칡 갈(葛) + 등나무 등(藤)]이란 칡과 등나무가 서로 복잡하게 얽혀 있는 것처럼 **개인이나 집단 사이에서 이해관계가 얽혀 부딪치는 상태**를 말하지.
- 소설에 나타나는 갈등은 크게 '**내적 갈등**'과 '**외적 갈등**'으로 나눌 수 있어.
- 먼저 **내적 갈등**이란 **한 인물의 마음속에서 일어나는 내면적 갈등**으로, 한 인물의 마음속에서 두 가지 이상의 욕구나 생각, 감정이 대립하면서 일어나는 갈등을 말해. 예를 들어 야식을 먹을까 말까 혼자 고민하는 것도 내적 갈등이지.

📖 **전체 줄거리**

어머니를 여의고 작은아버지 집에서 자란 문기는 고깃간에 심부름을 갔다가 거스름돈을 더 받게 되고, 도중에 만난 수만이 시키는 대로 이것저것 사고 군것질도 한다. 문기의 행동을 이상히 여긴 삼촌에게 문기는 거짓말을 하고, 죄책감에 괴로워하다가 결국 샀던 물건들을 버리고 남은 돈을 고깃간 집 안마당에 던져 놓는다. 수만을 만난 문기는 다시는 그런 일을 하지 않겠다고 말하지만 수만은 돈을 내놓으라며 계속 문기를 협박한다. 문기는 어쩔 수 없이 숙모의 돈을 훔치고 괴로워하다가 담임 선생님에게 사실을 고백하고자 찾아갔다가 돌아오는 길에 교통사고를 당한다. 병원에서 문기는 삼촌에게 모든 것을 털어놓고 홀가분해진다.

---

*갑절: 어떤 수량이나 분량을 두 번 합한 것.

*여의다: 죽어서 이별하다.

*남루하다: 옷 따위가 낡아 해지고 차림새가 너저분하다.

*행길: '한길(사람이나 차가 많이 다니는 넓은 길)'의 사투리.

*성화: 몹시 귀찮게 구는 일.

*동: 언제부터 언제까지의 동안.

[앞부분의 줄거리] 어느 날 문기는 고깃간에 심부름을 갔다가 거스름돈을 더 받게 되고, 집으로 돌아오는 길에 만난 수만이 시키는 대로 공과 쌍안경 등의 물건을 사고 군것질도 한다. 그러다 문기의 행동을 이상히 여긴 삼촌에게 불려가 꾸중을 듣던 중 문기는 거짓말을 하게 된다.

문기는 아랫방에 내려와 혼자 되자 삼촌 앞에서보다 갑절* 얼굴이 달아올랐다. 지금까지 될 수 있는 대로 생각지 않으려고 힘을 써 오던 그편에 정면으로 제 몸을 세워 놓고 보지 않을 수 없었다. 그러자 자기라는 몸은 벌써 삼촌의 이른바 나쁜 데 빠지고 만 것이었다. 그야 자기는 수만이가 시켜서 한 일이니까 잘못이 없다는 것이지만 당초에 그것은 제 허물을 남에게 밀려는 얄미운 구실이 아니고 뭐냐. 그리고 문기는 이미 삼촌을 속였다. 또 써서는 아니 될 돈을 쓰고 말았다. / 아아, 일찍이 어머니를 여의고*, 아버지란 사람은 일상 천 냥 만 냥 하고 허한 소리만 하면서 남루한* 주제에 거처가 없이 시골, 서울로 돌아다니는 사람이고, 어려서부터 문기를 길러 낸 사람이 삼촌이었다. 그리고 조카의 장래를 자기의 그것보다 더 중히 알고 염려하며 잘되어 주기를 바라는 삼촌이었다. 그 삼촌의 기대에 어그러지지 않는 인물이 되어 보이겠다고 엊그제도 주먹을 쥐고 결심하던 문기가 아니냐. 생각할수록 낯이 뜨거워지는 일이다.

마침내 문기는 공과 쌍안경을 집어 들고 문밖으로 나갔다. 어둑어둑 저물어 가는 행길*이다. 문기는 골목으로 들어섰다. 대낮에 많은 사람 가운데에서 거리낌 없이 가지고 놀던 그 공이 지금은 사람이 드문 골목 안에서도 남이 볼까 두려워졌다. (중략) 쌍안경이 든 불룩한 주머니가 또 성화*다. 골목 하나를 돌아서 나올 즈음, 문기는 모르고 흘리는 것인 양 슬며시 쌍안경을 꺼내 길바닥에 떨어뜨렸다. 그리고 걸음을 빨리 건너편 골목으로 들어간다. / 개천가 앞에 이르렀다. 거기서 문기는 커다란 공을 바지 앞에 품고 앉아서 길 가는 사람이 없기를 기다린다. 자전거가 가고 노인이 오고 동*이 뜬 그 중간을 타서 문기는 허옇게 흐르는 물 위로 공을 던져 버렸다. 이어 양복 안주머니에 간직해 두었던 나머지 돈을 꺼내 들었다. 그것도 마저 던져 버리려다가 문득 들었던 손을 멈춘다. 그리고 잠시 둥실둥실 물을 따라 떠나가는 공을 통쾌한 듯 바라보다가는 돌아서 걸음을 옮긴다.

문기는 삼거리 고깃간을 향해 갔다. 그리고 골목으로 돌아가 나머지 돈을 종이에 싸서 담 너머로 그 집 안마당을 향해 던졌다.

— 현덕, 〈하늘은 맑건만〉

갈등의 유형 찾기

1. 윗글에서 문기가 괴로워하는 이유가 다른 인물과의 대립 때문이야? O □ X □
2. 윗글에서 문기의 죄책감의 원인이 나타난 문장을 찾아보자. (2개) ________________________

윗글에 나타난 갈등에 대한 설명으로 적절하지 <u>않은</u> 것은?

① 문기가 갈등하게 된 근본적 원인은 거스름돈에 있다.

② 문기는 길러 준 삼촌의 기대를 저버린 행동을 한 것에 괴로워하고 있다.

③ 문기가 공과 쌍안경을 버리는 것은 내적 갈등을 해결하기 위한 행동이다.

④ 문기는 거스름돈을 쓴 행위에 대해 수만에게 모든 책임이 있다고 결론짓고 있다.

⑤ 문기가 내적 갈등을 일으키는 것은 써서는 안 될 돈을 쓰고 삼촌을 속였기 때문이다.

개념 적용하기

▶ **이 작품에 나타난 갈등**

자기는 수만이가 시켜서 한 일이니까 잘못이 없다는 것이지만 당초에 그것은 제 허물을 남에게 밀려는 얄미운 구실이 아니고 뭐냐. 그리고 문기는 이미 삼촌을 속였다. 또 써서는 아니 될 돈을 쓰고 말았다.

어려서부터 문기를 길러 낸 사람이 삼촌이었다. ~ 그 삼촌의 기대에 어그러지지 않는 인물이 되어 보이겠다고 엊그제도 주먹을 쥐고 결심하던 문기가 아니냐. 생각할수록 낯이 뜨거워지는 일이다.

고깃간에서 더 받은 □□□□을 주인에게 돌려주지 않고 함부로 쓴 것은 수만이 시켜서 한 일이므로 자신은 잘못이 없다고 애써 외면하려 했음.

마음속 갈등

• 써서는 안 될 돈을 쓰고, 삼촌에게 거짓말을 한 것은 자신의 잘못이며, 수만의 탓만 하는 것은 구실일 뿐임.
• 자신을 길러 준 삼촌의 기대에 어긋나는 행동을 한 사실에 괴로워함.

□□ **갈등을 해결하기 위한 문기의 행동**

양심의 가책을 느껴 공과 쌍안경을 버리고, 쓰고 남은 돈은 고깃간 주인집 안마당에 던짐.

개념 확장하기

갈등의 역할과 효과

• 갈등은 **사건을 전개하는 원동력**이고 어떤 사건이 그렇게 될 수밖에 없는 **필연성을 부여**함. 또한 갈등 상황 속에서 **인물의 성격이 뚜렷하게 드러남**.

• 갈등의 해결 과정을 통해 소설에 **흥미와 재미**가 더해지고, **작품의 주제**가 자연스럽게 드러남.

내적 갈등 / 외적 갈등

필수 개념 ② 외적 갈등

- **외적 갈등**이란 한 인물과 다른 인물, 또는 인물과 사회, 자연, 운명 등이 부딪쳐 나타나는 갈등으로, '내적 갈등'이 한 인물의 마음속에서 일어나는 것이라면 **'외적 갈등'은 갈등의 요인이 인물의 외부에 있는 것**을 말한단다.
- '외적 갈등' 중 인물과 인물 사이의 갈등은 우리 일상에서도 자주 일어나지. 하나 남은 닭 다리를 서로 먹겠다고 다투는 것도 바로 인물 간에 나타나는 '외적 갈등'의 예라고 볼 수 있어.

그제야 문기는 무거운 짐을 풀어놓은 듯 어깨가 거뜬했다. 아까 물 위로 둥실둥실 떠가던 그 공, 지금은 벌써 십 리고 이십 리고 멀리 떠갔을 듯싶은 그 공과 함께 문기는 자기의 허물도 멀리 사라져 깨끗이 벗어난 듯 속이 후련했다. 그리고,

"다시는, 다시는…….."

하고 문기는 두 번 다시 그런 허물을 범하지 않겠다고 백번 다지며 집을 향해 돌아간다.

그러나 문기는 그것만으로는 도저히 자기 허물을 완전히 벗을 수 없었다. 그가 자기 집 어귀에 이르렀을 때 뜻하지 않은 것이 기다리고 있다 나타났다.

"너 어디 갔다 오니?" / 하고 컴컴한 처마 밑에서 수만이가 튀어나오며 반긴다.

"지금 느이 집에 다녀오는 길이다."

그리고 문기 어깨에 팔 하나를 걸고 행길을 향해 돌아서며, / "어서 가자."

약조*한 환등* 틀을 사러 가자는 것이다. (중략)

"난 싫다." / 수만이는 어리둥절해 쳐다본다.

"뭐 말야? 환등 틀 사기 싫단 말야?" / "난 인제 돈 가진 것 없다." / "뭐?"

하고 수만이는 의외라는 듯 눈이 둥그레지다가는 금세 능청스러운 웃음을 지으며

"너 혼자 두고 쓰잔 말이지? 그러지 말구 어서 가자."

"정말 없어. 지금 고깃간 집 안마당으로 던져 주고 오는 길야. 공두 쌍안경두 버리구."

하고 문기는 증거를 보이느라고 이쪽저쪽 주머니를 털어 보이는 것이나 수만이는 흥 하고 코웃음을 친다.

"누군 너만 못 약을 줄 아니?" / 그리고 연신 빈정댄다*.

"고깃간 집 마당으로 던졌다? 아주 핑계가 됐거든."

"거짓말 아니다. 참말야."

할 뿐 문기는 어떻게 변명할 줄을 몰라 쳐다보기만 하다가 고개를 떨어뜨리고 울상을 한다.

"오늘 작은아버지에게 막 꾸중 듣구. 그리고 나두 이젠 그런 건 안 헐 작정이다."

"그래도 나하고 약조헌 건 실행해야지. 싫으면 너는 빠져도 좋아. 그럼 돈만 이리 내."

하고 턱 밑에 손을 내민다.

"정말 없대두 그래."

수만이는 내밀었던 손으로 대뜸 멱살을 잡는다.

[뒷부분의 줄거리] 수만은 동네 벽과 교실 칠판에 낙서를 하는 등 문기를 계속 따라다니며 돈을 내놓지 않으면 사실을 폭로하겠다고 협박을 한다. 수만의 협박에 못 이겨 문기는 결국 숙모의 돈을 훔치게 된다.

― 현덕, 〈하늘은 맑건만〉

* **약조:** 조건 따위를 붙여 약속함.

* **환등:** 그림이나 사진 또는 슬라이드 따위에 강한 빛을 비쳐 반사된 상을 렌즈로 확대하여 스크린에 비추는 장치.

* **빈정대다:** 은근히 비웃는 태도로 자꾸 놀리다.

🔖 갈등의 유형 찾기

1. 윗글에 문기와 다른 인물 사이의 갈등이 나타나 있어? O ☐ X ☐
2. 윗글에서 갈등을 불러일으키는 원인이 되는 소재를 찾아보자. ___________________________

윗글에 나타난 갈등에 대한 설명으로 적절하지 <u>않은</u> 것은?

① 수만은 거친 행동으로 문기에게 돈을 내놓으라고 협박하고 있다.

② 수만은 문기가 혼자 돈을 쓰려 한다고 생각하면서 문기에게 불만을 드러내고 있다.

③ 수만은 처음에는 돈이 없다는 문기의 말을 믿어야 하는지에 대해 내적으로 갈등하였다.

④ 문기는 자신의 행동을 반성하며 다시는 양심에 어긋나는 일을 하지 않겠다고 다짐하였다.

⑤ 문기가 남은 돈을 고깃집 마당에 던진 것은 수만과 문기가 갈등을 빚는 원인이 되고 있다.

✏️ 개념 적용하기

▶ **이 작품에 나타난 갈등**

🖨️ 개념 확장하기

외적 갈등의 종류

인물과 인물	인물들 사이에서 성격이나 생각, 태도, 가치관 등이 대립하면서 일어나는 갈등
인물과 사회	인물이 자신이 속한 사회의 제도, 관습, 규칙 등과 충돌하면서 일어나는 갈등
인물과 운명	인물이 자신에게 주어진 운명적 상황과 대결하는 과정에서 일어나는 갈등
인물과 자연	인물이 자연재해를 겪거나 자연환경에 부딪쳐 싸우면서 일어나는 갈등

10일차 내적 갈등 / 외적 갈등

주인공 길동이 괴로워하는 이유와 그로부터 발생하는 갈등을 살펴보자.

📖 **전체 줄거리**

발단 홍 판서와 여종 춘섬 사이에서 태어나 천대받던 길동은 홍 판서의 첩 초란이 자신을 해치려고 하자 집을 떠난다.

전개 집을 나온 길동은 도적의 무리를 만나 그들의 우두머리가 되고, 무리의 이름을 '활빈당'이라고 짓는다.

위기 길동이 전국을 돌아다니며 탐관오리를 벌하고 가난한 백성을 구제하자, 임금은 길동을 잡아들일 것을 명령한다.

절정 길동을 잡는 데 실패한 임금은 길동의 마음을 돌리기 위해 병조 판서로 임명하고, 벼슬을 받은 길동은 활빈당 무리를 이끌고 조선을 떠난다.

결말 길동은 율도국을 정벌하고 율도국의 왕이 되어 이상적인 정치를 실현한다.

*판서: 조선 시대 때 육조의 으뜸 벼슬.

*호부 호형: 아버지를 아버지라 부르고 형을 형이라 부름.

*천대: 업신여겨 푸대접함.

*병법: 군사를 지휘하여 전쟁하는 방법.

*대장인: 대장이 가지던 도장.

*소인: 신분이 낮은 사람이 자기보다 신분이 높은 사람을 상대하여 자기를 낮추어 이르던 일인칭 대명사.

*정기: 천지만물을 생성하는 근원이 되는 기운.

*측은: 가엾고 불쌍함.

*방자: 무례하고 건방짐.

홍길동전 | 허균

[앞부분의 줄거리] 조선 시대 때 재상이었던 홍 판서*는 일찍이 두 아들을 두었는데, 한 명은 본처인 유씨 부인이 낳은 인형이고, 다른 한 명은 여종 춘섬이 낳은 길동이다.

발단 길동이 자라 여덟 살이 되자 남달리 총명하여 하나를 들으면 백 가지를 알았다. 아들을 사랑하는 홍 판서의 마음도 더욱 깊어졌지만, ㉠길동의 근본이 천한 출생인 것은 어쩔 수가 없었다. 홍 판서는 길동이 호부 호형* 하기라도 하면 곧바로 꾸짖어 못 하게 했다. 그렇다 보니 길동은 열 살이 넘도록 감히 아버지와 형을 제대로 부르지 못했고, 종들에게도 천대*를 받아 그 한이 뼈에 사무쳐 마음을 가누지 못했다.

어느 가을 보름 무렵이었다. 달빛이 처량하게 비치고 맑은 바람이 쓸쓸하게 불어와 마음을 울적하게 했다. 서당에서 글을 읽던 길동이 문득 책상을 밀치고 탄식했다.

"대장부가 세상에 나서 공자나 맹자를 본받지 못한다면 차라리 병법*을 익히는 게 낫지 않겠는가. 대장인*을 허리춤에 비껴 차고 동서를 정벌해 나라에 큰 공을 세우고 이름을 만대에 빛내는 것이 대장부의 통쾌한 일이리라. 이내 한 몸 어찌 이토록 쓸쓸한가. ㉡아버지와 형님이 계시는데도 아버지를 아버지라 부르지 못하고, 형을 형이라 부르지 못하니 심장이 터질 지경이구나. 어찌 원통하지 않겠는가?"

길동은 말을 마치고는 뜰에 내려와 검술을 공부했다. 마침 홍 판서가 달빛을 구경하러 나왔다가 길동이 밖에서 서성이는 것을 보고는 즉시 불러서 물었다.

"너는 무슨 흥이 일어서 밤이 깊도록 잠도 자지 않고 나와 있느냐?"

길동이 공손하게 대답했다.

"소인*이 달빛을 좋아하옵니다. 하늘이 만물을 낼 때 사람이라면 누구에게든 오롯이 귀함을 두었으나, 소인에게는 귀함이 없사오니 어찌 사람이라 하겠습니까?"

홍 판서는 길동이 한 말의 뜻을 짐작했으나 일부러 꾸짖었다.

"네가 대체 무슨 말을 하는 것이냐?"

길동은 홍 판서에게 절을 올리더니 말했다.

[A] ┌ "소인은 대감의 정기*를 받아 당당한 남자로 태어났으며 낳아서 길러 주신 은혜도 깊이 입었습니다. 하지만 소인이 평생 설워하는 바는, 아버지를 아버지라 못 하옵고 형을 형이라 못 하는 것이옵니다. 어찌 저를 사람이라 하겠습니까?"

길동의 눈물이 흘러 옷을 적셨다. 홍 판서가 그 말을 다 듣고는 측은*한 생각이 들었지만 만일 위로해 주면 길동의 마음이 방자*해질까 걱정되어 더 크게 꾸짖었다.

"재상가에서 태어난 천한 출생이 비단 너뿐이 아닌데 어찌 이다지 방자하단 말이냐? 이런 말을 다시 꺼내면 내 눈앞에서 용서치 않겠다!"

길동은 감히 한마디도 더 하지 못하고 다만 땅에 엎드려 눈물을 흘릴 뿐이었다. 홍 판서가 물러가라고 하여 길동은 방으로 돌아왔으나 슬픔을 달랠 길이 없었다.

01 윗글의 내용에 대한 이해로 적절하지 <u>않은</u> 것은?

① 종들은 길동을 천한 출생이라는 이유로 업신여겼다.
② 길동은 나라에 큰 공을 세우고자 하는 뜻을 지녔다.
③ 홍 판서는 길동이 처해 있는 상황을 안타깝게 생각했다.
④ 홍 판서는 길동에게 자신의 속마음과는 다른 태도를 보였다.
⑤ 길동은 자신을 꾸짖는 홍 판서에게 원망의 심정을 드러냈다.

02 윗글에서 ㉠의 상황을 드러내 주는 말로 가장 적절한 것은?

① 형   ② 대감   ③ 아들
④ 아버지   ⑤ 대장부

내적 갈등 / 외적 갈등 03 보기 에 제시된 선생님의 설명을 바탕으로 할 때, ㉡에 나타난 갈등의 유형으로 가장 적절한 것은?

> 보기
>
> 선생님: 길동의 아버지는 양반이지만 어머니는 천민인 종 출신이야. 이렇게 태어난 자식을 '서자'라고 하는데, 조선 시대 사회에서는 본부인에게서 태어난 적자와 구별 지어 서자를 매우 차별하였단다. 이를 '적서 차별'이라고 해. 그래서 길동은 아버지를 아버지라고 부르지 못하고 형을 형이라고 부르지 못하지.

① 인물의 내적 갈등
② 인물과 자연의 갈등
③ 인물과 사회의 갈등
④ 인물과 운명의 갈등
⑤ 인물과 인물의 갈등

주관식·서술형

04 [A]에 담긴 길동의 소망이 무엇인지 윗글에서 찾아 4글자로 쓰시오.

📖 **전체 줄거리**

발단 홍 판서와 여종 춘섬 사이에서 태어나 천대받던 길동은 홍 판서의 첩 초란이 자신을 해치려고 하자 집을 떠난다.

전개 집을 나온 길동은 도적의 무리를 만나 그들의 우두머리가 되고, 무리의 이름을 '활빈당'이라고 짓는다.

위기 길동이 전국을 돌아다니며 탐관오리를 벌하고 가난한 백성을 구제하자, 임금은 길동을 잡아들일 것을 명령한다.

절정 길동을 잡는 데 실패한 임금은 길동의 마음을 돌리기 위해 병조 판서로 임명하고, 벼슬을 받은 길동은 활빈당 무리를 이끌고 조선을 떠난다.

결말 길동은 율도국을 정벌하고 율도국의 왕이 되어 이상적인 정치를 실현한다.

＊**서자**: 첩에게서 태어난 아들.

＊**활빈당**: 예전에, 부자의 재물을 빼앗아 가난한 사람을 도와주던 도적의 무리.

＊**공문**: 공공 기관이나 단체에서 공식으로 작성한 서류.

＊**폐단**: 어떤 일이나 행동에서 나타나는 좋지 않은 경향이나 해로운 현상.

＊**서제**: 첩에게서 태어난 아우.

＊**문초**: 죄나 잘못을 따져 묻거나 심문함.

＊**연유**: 일의 까닭이나 이유.

＊**진노**: 몹시 노함.

＊**환란**: 근심과 재앙.

＊**변고**: 갑작스러운 재앙이나 사고.

＊**황공하다**: 위엄이나 지위에 눌리어 두렵다.

＊**성상**: 살아 있는 자기 나라의 임금을 높여 이르는 말.

＊**사면**: 죄를 용서하여 형벌을 면제함.

[앞부분의 줄거리] 조선 시대 때 홍 판서의 서자＊로 태어나 천대를 받으며 자란 길동은 집을 떠나 활빈당＊의 우두머리가 된다. 이어 전국을 돌아다니며 관리들이 부정하게 착취한 재물을 빼앗아 가난한 백성을 구제하자, 임금은 길동을 잡아들일 것을 명령한다.

위기 임금은 할 수 없이 삼정승과 육판서를 모아 놓고 의논하기 시작했다. 하지만 논의를 하는 동안에도 공문＊이 계속해서 올라왔다. 모두 팔도에서 홍길동이 난리를 일으켜 고을을 어지럽힌다는 내용이었다.

임금이 문서를 차례대로 읽고 크게 근심해 주위를 돌아보고 물었다.

"홍길동은 아마도 사람이 아닌가 보오. 이는 귀신이 일으키는 폐단＊으로밖에 볼 수가 없소. 여기 있는 누구도 이 일의 원인을 짐작하지 못한단 말이오?"

그러자 한 신하가 나아가 말했다.

"홍길동은 전임 이조 판서 홍 아무개의 서자요, 병조 좌랑 홍인형의 서제＊입니다. 그 아비와 형을 잡아 와서 직접 문초＊하시면 자연히 일의 연유＊가 드러나지 않을까 하옵니다."

이 말을 들은 임금이 더욱 화를 내며 말했다.

"이런 사실을 어찌 이제야 알린단 말인가."

임금은 곧바로 홍 판서와 인형을 잡아 와 의금부에 가두고, 인형부터 불러들여 직접 문초했다. 그는 진노＊해 책상을 치며 인형을 꾸짖었다.

"홍길동이라는 도적이 너의 서제이더구나. 어찌 동생을 막지 못하고 그냥 두어 국가에 큰 환란＊을 일으켰느냐? 만일 동생을 찾아내지 못한다면 그간에 쌓은 너희 부자의 공적도 돌아보지 않을 것이다. 빨리 길동을 잡아들여 나라에 벌어진 큰 변고＊를 없애도록 하라!"

임금의 명을 받은 인형은 황공하여＊ 관을 벗고 조아리며 아뢰었다.

"㉠신에게 천한 아우가 하나 있습니다. 일찍이 사람을 죽이고 목숨을 보전하려고 도망간 지 몇 년이 지났는데 그 뒤로 생사조차 모르고 지냈지요. 늙은 아버지께서는 길동의 일 때문에 신병을 얻어 목숨이 위태로운 지경입니다. 이런 와중에 길동이 흉악한 일까지 저질러 성상＊께 근심을 끼쳤으니, 저의 죄는 만 번 죽어도 아깝지 않습니다. 전하께서 자비로운 은혜를 내려 주시기를 엎드려 바라옵니다. 제 아비의 죄를 용서하셔서 집에 돌아가 병을 다스리게만 해 주신다면 제가 죽기를 각오하고 길동을 잡아 저희 부자의 죄를 씻을까 하옵니다."

이 말에 마음이 움직인 임금은 즉시 홍 판서를 사면＊하고, 인형에게는 경상 감사 벼슬을 내려 길동을 잡으라고 지시했다.

"감사라는 지위 없이는 길동을 잡기 어려울 것이다. 일 년의 시간을 주겠으니 그 안에 반드시 잡아들이라."

인형은 임금의 은혜에 감사해하며 여러 번 절하고 물러나 바로 서울을 떠났다.

05 윗글에 대한 설명으로 적절하지 <u>않은</u> 것은?

① 인물 간의 대립이 구체적으로 드러나 있다.
② 인물 간의 대화를 통해 사건을 전개하고 있다.
③ 서술자가 인물의 심리를 직접적으로 제시하고 있다.
④ 인물의 외모 묘사를 통해 인물의 성격을 제시하고 있다.
⑤ 인물들이 처한 상황을 인물의 말을 통해 요약적으로 보여 주고 있다.

내적 갈등 / 외적 갈등

06 윗글에 나타난 갈등의 유형과 그 원인으로 적절한 것은?

	갈등 유형	갈등 원인
①	임금과 신하의 외적 갈등	임금의 명령에 순종하지 않음.
②	임금과 인형의 외적 갈등	나라에 환란을 일으킨 동생의 행동을 막지 못함.
③	인형과 길동의 외적 갈등	가족 간에 생사조차 알리지 않는 무심함.
④	임금의 내적 갈등	자신이 정치를 잘못하여 나라가 어지러움.
⑤	길동의 내적 갈등	빈민 구제와 나라의 혼란 사이에서 고민함.

07 윗글의 인물에 대한 이해로 적절하지 <u>않은</u> 것은?

① 인형은 길동이 자신의 아우가 아니라고 여기고 있다.
② 임금은 길동이 벌인 일이 현실적으로 불가능한 수준이라 여기고 있다.
③ 임금은 인형에게 벼슬이 있어야 길동을 잡을 수 있다고 생각하고 있다.
④ 인형은 길동이 나라에 큰 해를 끼치는 행위를 하고 있다고 여기고 있다.
⑤ 신하는 길동의 아버지와 형이 일의 원인을 알고 있을 것이라 생각하고 있다.

🖊 주관식·서술형

08 ㉠에서 '인형'이 '길동'을 '천한 아우'라고 말한 이유를 한 문장으로 쓰시오.

____

▶ 이 작품에 나타난 인물과 □□의 갈등

홍길동(인물)
• 신분적 제약으로 호부 호형도 못 함.
• 뜻(나라에 큰 공을 세우고 이름을 빛내는 것)을 펼칠 수 없음.

↔

사회
조선 시대에는 본부인에게서 태어난 적자와 구별 지어 첩에게서 태어난 서자를 차별하였음.

▶ 이 작품에 나타난 □□ 간 갈등

홍길동
서자라는 이유로 호부 호형을 하지 못해 한이 사무침.

↔

홍 판서
적서 차별 제도에 순응하며 길동을 꾸짖음.

임금
길동이 홍 판서의 자식임을 뒤늦게 알게 되어 분노함.

↔

신하들
길동이 홍 판서의 자식이라는 사실을 임금에게 미리 알리지 않아 추궁을 당함.

임금
동생 길동의 행동을 막지 못해 환란이 일어난 것을 꾸짖음.

↔

□□
길동을 막지 못해 환란이 일어난 것에 대해 용서를 구함.

🔍 작품 한눈에 **홍길동전** | 허균

한줄평 ▶ 홍길동의 영웅적 일대기를 통해 조선 시대 적서 차별 제도와 탐관오리들의 횡포를 비판한 소설

사건	소재 및 배경	구성 및 서술상 특징
• **적서 차별**: 길동이 서자라는 이유로 □□ □□을 하지 못함. • **빈민 구제**: 집을 나온 길동이 활빈당의 우두머리가 되어 전국을 돌아다니면서 탐관오리를 벌하고 가난한 백성을 구제함. • **율도국 정벌**: 조선을 떠난 길동이 율도국을 정벌하고 율도국의 왕이 되어 이상적인 정치를 실현함.	• **중심 소재**: 적서 차별 및 탐관오리의 횡포 • **시간적 배경**: 조선 시대 • **공간적 배경**: 조선 팔도 및 율도국 • **사회·문화적 배경**: ① 입신양명을 추구하는 사회 ② 충효를 중시하는 유교 중심의 사회 ③ 적자와 서자 간의 차별로 서자는 호부 호형조차 할 수 없었던 사회	• **순행적 구성**: □□의 흐름에 따라 사건이 전개됨. • **영웅의 일대기 구조**: 주인공 홍길동의 영웅적 활약상을 중심으로 사건이 전개됨. • **비현실적 요소**: 주인공 홍길동이 신묘한 도술을 부리고 둔갑을 하는 등 고전 소설의 특징인 비현실적 요소가 강하게 나타남.

주제: □□ 차별 제도와 탐관오리의 횡포에 대한 비판

🔧 어휘 **확인**

[1~5] 다음에서 설명하는 어휘가 무엇일지 사다리를 연결하고 주어진 낱자를 활용하여 쓰시오.

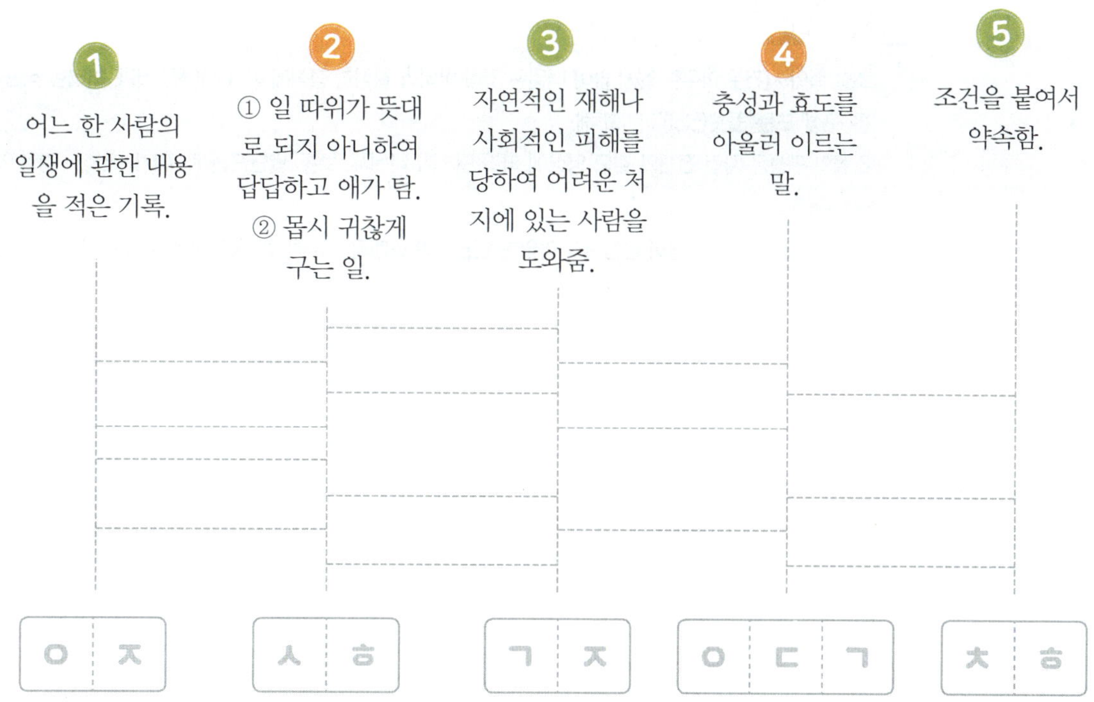

🔧 어휘 **특강**   헷갈리는 어휘 '여의다'와 '여위다'

여의다 동사   ≠   **여위다** 동사

여의다

❶ 부모나 사랑하는 사람이 죽어서 이별하다.
예 그는 일찍이 부모를 <u>여의고</u> 고아로 자랐다.

다의어

❷ 딸을 시집보내다.
예 막내딸을 <u>여의다</u>.

❸ 멀리 떠나보내다.
예 일체의 번뇌를 <u>여의다</u>.

└ 두 가지 이상의 뜻을 가진 단어를 다의어(多義語)라고 한다.

여위다

❶ 몸의 살이 빠져 파리하게 되다.
예 오래 앓아서인지 얼굴이 홀쭉하게 <u>여위었다</u>.

❷ 살림살이가 매우 가난하고 구차하게 되다.
예 살림이 <u>여윌수록</u> 절약해야 한다.

다의어

❸ 빛이나 소리 따위가 점점 작아지거나 어렴풋해지다.
예 푸르던 녹음도 가을 바람을 맞아 빛이 <u>여위어</u> 가고 있다.

❹ (비유적으로) 땅이나 강 따위가 부피가 줄어들고 메말라지다.
예 계곡을 따라 흐르는 물줄기가 차차 <u>여위어</u> 간다.

발단 - 전개 - 위기 - 절정 - 결말

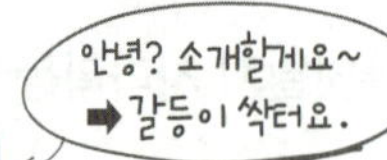

💡 필수 개념 ❶ 발단·전개

- 소설 속의 사건은 아무런 질서 없이 나열된 것이 아니라 일정한 형식에 따라 짜여진 거야. 이러한 **작품의 짜임새**를 '**구성**' 또는 '**플롯(plot)**'이라고 해.
- 소설의 구성은 **사건 전개와 갈등 양상**에 따라 단계가 나뉘지. 보통 '**발단 – 전개 – 위기 – 절정 – 결말**'의 5단계로 구성된단다.
- **발단** 단계에서는 **주인공이 등장**하고 **다양한 인물들이 소개**되며 시간적·공간적 배경이 나타나. 또 어떤 사건이 벌어질 예정인지 **사건의 실마리가 제시**되지.
- **전개** 단계에서는 **사건이 슬슬 진행**되어 가면서 **복잡해지기 시작**해. 또한 **주인공과 주변 인물 간의 대립과 갈등**이 나타난단다.

📖 전체 줄거리

'나'의 할머니는 아파트에서 메주를 만들려 하고, '나'의 엄마는 이를 못마땅하게 생각한다. 어느 날 할머니는 메주를 매달기 위해 창고 문틀에 못을 박고, 이로 인해 엄마와 할머니는 큰소리로 다툰다. '나'는 둘을 화해시키려 된장찌개를 먹기 시작하지만, 할머니는 도시가 답답하다며 결국 시골집으로 내려간다. '나'의 가족은 할머니가 미처 못 가져간 항아리를 싣고 시골로 가서 할머니의 된장찌개를 맛있게 먹는다.

가 아파트 앞 주차장에 차가 듬성듬성 세워져 있다. 꼬마 아이들이 그 사이를 뛰어다니며 놀고 있다. 이제 가을이 왔나 했더니 벌써 겨울인가 보다. 아이들 옷차림이 두텁다. 아스팔트 위를 스치는 바람이 제법 매섭게 느껴진다. / 집으로 올라가 현관문을 여니 구수하고도 눌은 듯한 냄새가 집 안에 가득 차 있다. 신발을 벗고 들어가면 바로 부엌이다. 할머니는 가스레인지 앞에 서 있었다. 큰 들통에서는 김이 펄펄 난다.

"할머니!" / "어라? 너 어째 이리 일찍 오냐?"

"할머니도, 참. 토요일이잖아요."

"그렇구먼. 저게 몇 시여? 벌써 시간이 이렇게 됐남?"

할머니는 냉장고 문을 열고 반찬 그릇을 주섬주섬 내놓았다. 나도 숟가락을 놓으며 물었다.

"할머니, 그런데 지금 뭘 하세요?" / "메주콩* 삶는 거여. 얼추* 다 된 거 같은디."

할머니는 들통 뚜껑을 열고 속을 한 번 뒤저어 보았다.

"그만 끄내야겠다. 잘 되았어."

거실 한가운데에 함지*가 놓여 있다. 할머니는 거기다가 콩을 들이부었다.

"너 어여 밥 먹어. 난 이것 좀 찧어야 쓰겄다." / 할머니는 방앗공이*로 콩을 찧었다.

나 현관문 열리는 소리가 나고 엄마가 들어왔다. 토요일이라 일찍 퇴근했나 보다. 엄마는 방아를 찧고 있는 할머니를 보더니 기막히다는 표정을 지었다. 할머니는 모른 체하고 계속 방아를 찧는다. 엄마는 인상을 찡그리며 안방으로 들어갔다. 나도 엄마를 따라 들어갔다. 옷을 갈아입으며 엄마는 조그맣게 중얼거렸다.

"정말 왜 저러신다니? 그렇게 하지 마시라고 말렸는데."

엄마는 화가 나서인지 옷을 탁 팽개쳤다.

"하여간 꼭 자기주장대로만 하시려고 한단 말이야. 해야 되겠다고 한 것은 기어코 하시고야 마니……. 주위 사람들 얘기는 듣지도 않고."

그러고 보니 얼마 전 할머니가 메주*를 쑤겠다고 했을 때 엄마가 말렸던 생각이 났다.

– 오승희, 〈할머니를 따라간 메주〉

*메주콩: 메주를 쑤는 데에 쓰는 콩.

*얼추: 어떤 기준에 거의 가깝게.

*함지: 나무로 네모지게 짜서 만든 그릇.

*방앗공이: 곡식 따위를 찧는 데 쓰는 길쭉한 몽둥이.

*메주: 무르게 삶은 콩을 찧어, 뭉쳐서 띄워 말린 것. 간장·된장·고추장을 담그는 원료임.

📎 '발단·전개' 이해하기

1. 🗗에서 등장인물(2명)과 시간적, 공간적 배경을 찾아보자. ______________________________
2. 🗗에서 갈등을 빚고 있는 두 인물을 찾아보자. ______________________________

🗗와 🗗는 소설의 구성 단계 중 발단과 전개에 해당한다. 🗗, 🗗에 대한 이해로 적절하지 않은 것은?

① 🗗는 발단 단계로 주인공과 주변 인물이 등장하고 있다.
② 🗗는 발단 단계로 공간적 배경, 계절적 배경이 제시되어 있다.
③ 🗗는 발단 단계로 메주와 관련된 사건의 실마리가 제시되고 있다.
④ 🗗는 전개 단계로 메주와 관련된 사건이 진행되고 있다.
⑤ 🗗는 전개 단계로 '나'와 엄마의 갈등이 본격적으로 시작되고 있다.

🖊 개념 적용하기

▶ **이 작품의 구성 단계 – 발단 · 전개**

• 인물: 서술자인 '나'와 소설의 주인공인 할머니가 등장함.
• 배경: 아파트(공간적 배경), 초겨울(시간적 배경)
• 사건의 실마리: 할머니가 메주콩을 삶아 찧음.

• 사건의 진행: 할머니가 못마땅해하는 엄마를 모른 체하면서 삶은 메주콩을 계속해서 찧고 있음.
• 갈등의 시작: 할머니와 엄마의 갈등이 시작됨.

🖨 개념 확장하기

'발단' 단계의 역할

• TV 드라마나 만화에서도 대부분 1회에 등장인물들이 나오고 사건의 실마리가 나타나듯이 소설의 '발단'도 등장인물과 배경이 소개되거나 사건의 실마리가 나타나는 단계임.
• 특히 **인물의 기본적인 성격이 드러나고 사건의 전체적인 방향 등이 암시**되어 있어 작품에 대한 **독자들의 관심과 흥미를 유발**하는 역할을 하는 것이 '발단' 단계임.

11 일차 필수 개념

필수 개념 ② 위기·절정·결말

갈등 심각! ➡ 갈등 최고조!
➡ 갈등 마무으리!

- **위기** 단계에서는 **갈등이 점점 고조되고 심화**돼. 그리고 새로운 사건이 일어나면서 주인공이 위험에 처하는 등 **극적 반전**이 나타나 독자의 **긴장감**을 끌어올리지.
- **절정** 단계에서는 **갈등과 긴장이 최고조**에 다다르고 **사건 해결의 실마리** 또한 제시된단다.
- 마지막 **결말** 단계에서는 인물들 사이에 벌어진 **사건과 갈등이 해결되고 마무리**되며, **주인공의 운명 또한 결정**된단다.

가 "아니, 어머니. 뭘 하시는 거예요?"

나도 밖으로 나가 보았다. 할머니가 베란다에 의자를 내놓고 그 위에 올라가 있었다. 그러고는 또 하나 못을 박는 것이었다. 창고 문틀 위에 나란히 못이 박혀 있었다.

"메주 매달아 놓을라고 그려." / 엄마는 한숨을 폭 쉬었다.

"어머니, 그런 데다 못을 박으시면 어떡해요?"

"매달아 놓을 데가 마땅치 않아 그러재. 원 메주 하나 매달아 놓을 데도 없는 집구석이 어디 있다냐. 몹쓸 놈의 집구석이여."

할머니는 못을 또 하나 들어서 박았다. 그것을 본 엄마는 입을 앙다물고* 눈을 한 번 꼭 감았다 뜨더니 떨리는 목소리로 외쳤다.

"아니, 메주만 중요하고 집 꼴은 아무렇게나 돼도 괜찮단 말씀이세요?"

할머니는 그제야 돌아서서 엄마 얼굴을 똑바로 바라보았다.

"뭐여? 집 꼴? 그럼 내가 집 꼴을 망치고 있단 말여? 못 몇 개 박은 게 집 꼴을 망치는 거란 말여?"

나 "할머니, 어디 가시는데요? 빨리 말해 봐요."

"이 할미, 고향으로 내려가야 쓰겄다."

"왜? 왜, 할머니? 엄마랑 또 싸우셨어요?" / "아녀. 싸우긴. 그런 거 아녀."

"그럼 왜애?" / "느이 집에 살면서 자꼬 생각혀 봐도 내 있을 곳은 거기뿐인 거 같여."

"할머니, 싫어. 우리랑 같이 살아요." / 나는 할머니 팔을 붙들고 애원*했다. (중략)

"도대체 왜 이러세요? 내려가시다니요?" / "그랴. 내 진즉부터 얘기하려 했는데……."

"안 돼요. 그렇게 내려가시면 어떡해요."

엄마는 방 한 귀퉁이에 있는 옷 보따리를 빼앗기라도 할 듯 움켜잡으며 말했다.

다 그날 저녁 밥상에는 된장찌개가 올랐다. 뚝배기 속으로 식구들의 숟가락이 쉴 새 없이 들락날락했다. 엄마도 후후 불며 열심히 먹는다. 가만히 보니 엄마 콧등에 땀이 송글송글 맺혔다. 엄마와 눈이 마주쳤다. 나는 살짝 웃고 다시 열심히 먹었다. 엄마는 내가 잘 먹는 모습을 물끄러미 보더니 중얼거렸다.

"올해 담근 메주도 이 맛이 나야 할 텐데."

– 오승희, 〈할머니를 따라간 메주〉

---

*앙다물다: 힘을 주어 꽉 다물다.

*애원: 소원이나 요구 등을 들어 달라고 애처롭게 사정하여 간절히 바람.

'위기·절정·결말' 이해하기

1. ㉮에서 인물 간의 갈등이 심각해지는 원인이 되는 사건을 찾아보자. _______________

2. ㉯에서 갈등 해소의 실마리가 될 수 있는 할머니의 말을 찾아보자. (5어절) _______________

3. ㉰에서 엄마와 할머니의 갈등이 계속 나타나고 있어? O □ X □

㉮~㉰는 소설의 구성 단계 중 위기와 절정, 결말 단계이다. ㉮~㉰에 대한 이해로 적절하지 않은 것은?

① ㉮는 위기 단계로 메주와 관련된 엄마와 할머니의 갈등이 심각해지고 있다.

② ㉮는 위기 단계로 할머니가 못질을 하는 새로운 사건이 일어나고 있다.

③ ㉯는 절정 단계로 '나'와 할머니 사이의 갈등이 최고조에 다다르고 있다.

④ ㉯는 절정 단계로 할머니가 고향에 간다는 사건 해결의 실마리가 제시되고 있다.

⑤ ㉰는 결말 단계로 가족들이 된장찌개를 맛있게 먹으면서 모든 갈등이 해소되고 있다.

개념 적용하기

▶ **이 작품의 구성 단계 – 위기 · 절정 · 결말**

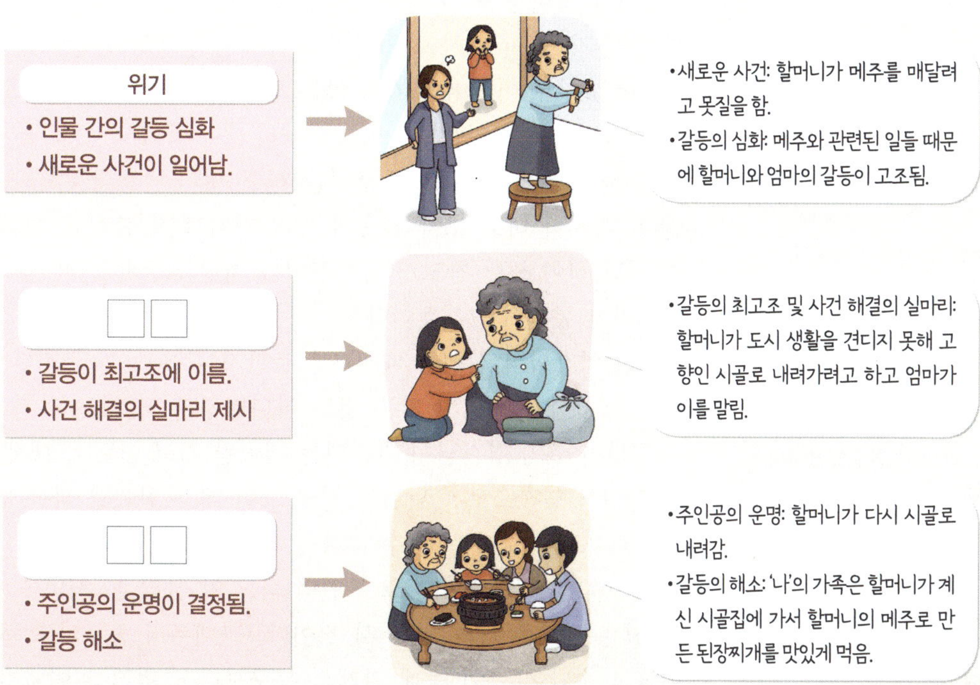

발단 - 전개 - 위기 - 절정 - 결말

자전거를 훔친 사람은 누구이고, 그 이유는 뭘까?

📖 전체 줄거리

발단 시골에서 올라와 청계천 세운 상가의 전기용품 도매상 점원으로 일하는 열여섯 살 소년 수남은 주인 영감에게 고마움을 느끼며 열심히 일한다.

전개 바람이 심하게 부는 날, 골목에서 일어난 간판 사고 사건으로 불길한 예감을 느끼며 수남은 배달을 가게 된다.

위기 바람에 쓰러진 자신의 자전거 때문에 고급 차의 수리비를 물어 줘야 하는 수남은 갈등 끝에 결국 자전거를 들고 도망친다.

절정 자전거를 들고 도망친 것을 칭찬하는 주인 영감에게 수남은 거부감을 느끼고 자신의 행동이 옳은 일이었는지 고민하게 된다.

결말 수남은 과거 도둑질을 했던 형과, 도둑질을 하지 말라던 아버지의 말씀을 떠올리며 고향으로 돌아갈 결심을 한다.

＊숙성하다: 나이에 비하여 지각이나 발육이 빠르다.

＊숙직: 관청, 회사, 학교 등의 직장에서 밤에 교대로 잠을 자면서 지키는 일.

＊다후다: 합성 섬유의 한 종류로, 광택이 있는 얇은 평직 견직물을 일컬음.

＊혹사: 심하게 몰아서 일을 시킴.

＊유용: 쓸모가 있음.

＊식모: 남의 집에 고용되어 주로 부엌일을 맡아 하는 여자.

＊평판: 세상 사람들의 비평.

＊자자하다: 여러 사람의 입에 오르내려 떠들썩하다.

자전거 도둑 | 박완서

발단 수남이는 청계천 세운 상가 뒷길의 전기용품 도매상의 꼬마 점원이다.

수남이란 어엿한 이름이 있는데도 꼬마로 통한다. 열여섯 살이라지만 볼은 아직 어린아이처럼 토실하니 붉고, 눈 속이 깨끗하다. 숙성한＊ 건 목소리뿐이다. 제법 굵고 부드러운 저음이다. (중략)

수남이는 온종일 ⓐ눈코 뜰 새 없이 바쁘게 일을 하고 밤에는 가겟방에서 숙직＊을 한다. 꾀죄죄한 다후다＊ 이불에 몸을 휘감고 나면 방바닥이야 차건 덥건 잠이 쏟아진다.

그럴 때 "인석은 그저 틈만 있으면 책이라고." 하던 주인 영감님의 목소리가 생생하게 들려온다. 수남이는 낮 동안 책은커녕 신문 한 귀퉁이 읽은 적이 없다. 도대체가 그럴 틈이 없다. 점원이 적어도 세 명은 있어야 해낼 가게 일을 혼자서 해내자니 여간 벅찬 것이 아니다. 그래도 수남이는 혹사＊당하고 있다는 억울한 생각 같은 것은 전혀 없다. 어쩌다 남들이 영감님에게,

"꼬마 혼자 데리고 벅차시겠습니다. 좀 큰 애 하나 더 쓰셔야죠."

㉠영감님은 그런 소리를 제일 싫어한다. ⓑ벌레라도 씹어 먹은 듯이 이상야릇한 얼굴로 상대방을 흘겨보며,

"누가 뭐 사람 더 쓰기 싫어 안 쓰나. 어디 사람 같은 놈이 있어야 말이지. 깡패 놈이라도 걸려들어 봐. 우리 수남이가 물든다고. 이런 순진한 놈일수록 ⓒ구정물 들긴 쉽거든."

얼마나 고마운 주인 영감님인가. 이런 고마운 어른을 위해 그까짓 세 사람이 할 일 혼자 못 할까 하고 ⓓ양팔의 근육이 팽팽히 긴장한다.

그런 고마운 어른이 보지도 않는 책을 틈만 있으면 본다고 남들에게 자랑을 한 뜻은 밤에라도 잠만 자지 말고 열심히 공부해 두라는 뜻일 것이다. 수남이가 그렇게 풀이한 것이다. 그런 생각을 하면 눈이 말똥말똥해지며 잠이 저만큼 달아난다. 혹시나 하고 보따리 속에 찔러 가지고 온 중학교 때 교과서랑 고등학교까지 다닌 형이 쓰던 참고서 나부랭이를 이렇게 유용＊하게 쓸 줄은 정말 몰랐었다. 책이라야 통틀어 그것뿐이다.

주인 영감님이 심심할 때 사 본 주간지 같은 것이 굴러다닐 적도 있어서 소년다운 호기심이 동하지 않는 것도 아니었지만 "인석은 그저 틈만 있으면 책이라고." 하며 주인 영감님이 가리키는 책이란 결코 이런 주간지 조각이 아닐 것이라는 영리한 짐작으로 수남이는 결코 그런 데 ⓔ한눈을 파는 법이 없다. 시간이 아까워서라도 그렇게는 할 수 없다.

가게를 닫고 셈을 맞추고 주인댁 식모＊가 날라 온 저녁을 먹고 나서 혼자가 될 수 있는 시간은 거의 열한 시 경이다. 그때부터 공부라도 해야 되는 것이다. 그러고도 수남이는 이 동네 가게의 누구보다도 먼저 일어나야 하는 것이다. 수남이의 부지런함은 이 근처에서도 평판＊이 자자했다＊.

01 윗글의 '수남'에 대한 이해로 적절하지 <u>않은</u> 것은?

① 수남은 주인 영감에게 고마움을 느끼고 있다.
② 수남은 주변 사람들로부터 좋은 평가를 받고 있다.
③ 수남은 자신의 집이 따로 없고 가게에서 생활하고 있다.
④ 수남은 공부를 할 수 있는 시간이 넉넉함에 만족하고 있다.
⑤ 수남은 주인 영감의 속셈을 제대로 알아차리지 못하고 있다.

02 ⓐ~ⓔ의 의미로 적절하지 <u>않은</u> 것은?

① ⓐ: 정신 못 차리게 몹시 바쁨.
② ⓑ: 마음에 들지 않고 좋지 않음.
③ ⓒ: 잘못된 데 빠지기 쉬움.
④ ⓓ: 일이 몹시 많아 힘에 부침.
⑤ ⓔ: 마땅히 할 일을 하지 않고 다른 데 정신이 쏠림.

발단 – 전개 – 위기 – 절정 – 결말

03 보기 를 바탕으로 윗글을 감상한 내용으로 적절하지 <u>않은</u> 것은?

> **보기**
>
> 소설의 구성 단계 중 '발단'에서는 주인공이 등장하고 다양한 인물들이 소개된다. 그리고 배경이 어디고 언제인지, 어떤 사건이 벌어질 예정인지가 대략적으로 제시된다. 또한 이 단계에서는 인물의 기본적인 성격과 사건의 전체적인 방향 등이 암시되어 작품에 대한 독자들의 관심과 흥미를 유발한다.

① 소설의 주인공인 수남이라는 인물에 대한 정보가 제시되어 있어.
② 소설의 공간적 배경이 청계천 세운 상가라는 것이 제시되어 있어.
③ 수남의 외양 묘사를 통해 순수하고 순박한 수남의 성격을 알려 주고 있어.
④ 수남의 주변 인물인 주인 영감의 이기적이고 욕심 많은 성격이 나타나 있어.
⑤ 수남이 틈틈이 공부를 하는 상황은 수남과 주인 영감 사이의 갈등을 암시하고 있어.

주관식·서술형

04 ㉠에서 주인 영감이 '그런 소리' 듣는 것을 제일 싫어하는 이유를 다음과 같이 나타낼 때 ( ) 안에 들어갈 말을 쓰시오.

> 점원을 추가로 고용하면 (   )이/가 더 들기 때문이다.

전체 줄거리

발단 시골에서 올라와 청계천 세운 상가의 전기용품 도매상 점원으로 일하는 열여섯 살 소년 수남은 주인 영감에게 고마움을 느끼며 열심히 일한다.

전개 바람이 심하게 부는 날, 골목에서 일어난 간판 사고 사건으로 불길한 예감을 느끼며 수남은 배달을 가게 된다.

위기 바람에 쓰러진 자신의 자전거 때문에 고급 차의 수리비를 물어줘야 하는 수남은 갈등 끝에 결국 자전거를 들고 도망친다.

절정 자전거를 들고 도망친 것을 칭찬하는 주인 영감에게 수남은 거부감을 느끼고 자신의 행동이 옳은 일이었는지 고민하게 된다.

결말 수남은 과거 도둑질을 했던 형과, 도둑질을 하지 말라던 아버지의 말씀을 떠올리며 고향으로 돌아갈 결심을 한다.

*검부러기: 가느다란 마른 나뭇가지, 마른 풀, 낙엽 따위의 부스러기.

*질풍: 몹시 빠르고 거세게 부는 바람.

*쾌감: 상쾌하고 즐거운 느낌.

*영락없이: 조금도 틀리지 않고 꼭 들어맞게.

*자초지종: 처음부터 끝까지의 과정.

*드라이버: 나사돌리개. 나사못을 돌려서 박거나 빼는 기구.

*펜치: 철사를 끊거나 구부리는 데 쓰는, 집게와 비슷한 도구.

*회심: 마음에 흐뭇하게 들어맞음. 또는 그런 상태의 마음.

*간악: 간사하고 악독함.

*회상: 지난 일을 돌이켜 생각함.

[앞부분의 줄거리] 청계천 세운 상가의 전기용품 가게 점원으로 일하는 수남은 배달을 나갔다가 바람에 쓰러진 자신의 자전거 때문에 고급 차의 수리비를 물어 줘야 하는 상황에 이르게 되고, 고민 끝에 결국 차 주인 몰래 자전거를 들고 도망쳐 버린다.

위기 수남이는 자전거를 마치 검부러기*처럼 가볍게 옆구리에 끼고 질풍*같이 달렸다. / 정말이지 조금도 안 무거웠다. 타고 달릴 때보다 더 신나게 달렸다. 달리면서 마치 오래 참았던 오줌을 시원스레 내깔기는 듯한 쾌감*까지 느꼈다.

절정 주인 영감님은 자전거를 옆에 끼고 질풍처럼 달려온 놈을 눈을 휘둥그렇게 뜨고 바라볼 뿐이었다. 오늘 바람이 세더니만 필시 이 조그만 놈이 바람에 날아왔나, 설마 그럴 리야 없을 텐데 내 눈이 어떻게 된 것인가 그런 눈치였다.

수남이는 너무 숨이 차서 이런 주인 영감님의 궁금증을 시원히 풀어 주지 못하고 한동안 헉헉대기만 한다.

"인마, 말을 해. 무슨 일이야? 네놈 꼴이 영락없이* 도둑놈 꼴이다, 인마."

도둑놈 꼴이라는 소리가 수남이의 가슴에 가시처럼 걸린다.

수남이는 겨우 숨을 가라앉히고 자초지종*을 주인 영감님께 고해바친다. 다 듣고 난 주인 영감님은 무엇이 그리 좋은지 무릎을 치면서 통쾌해한다.

"잘했다, 잘했어. 만날 촌놈인 줄만 알았더니 제법인데, 제법이야."

그러고는 가게에서 쓰는 드라이버*니 펜치*를 가지고 자전거에 채운 자물쇠를 분해하기 시작한다. 엎드려서 그 짓을 하고 있는 주인 영감님이 수남이의 눈에 흡사 도둑놈 두목 같아 보여 속으로 정이 떨어진다. 주인 영감님 얼굴이 누런 똥빛인 것조차 지금 깨달은 것 같아 속이 메스껍다.

마침내 자물쇠를 깨뜨렸나 보다. 영감님 얼굴에 회심*의 미소가 떠오르더니 자유롭게 된 자전거 바퀴를 시험이라도 하려는 듯이 자전거로 골목을 한 바퀴 빙그르르 돌아 들어와서는, / "네놈 오늘 운 텄다."

그러고는 수남이의 머리를 쓰다듬고 볼과 턱을 두둑한 손으로 귀여운 듯이 감싼다. 영감님이 기분이 좋을 때면 수남이에 대한 애정의 표시로 으레 그렇게 했었고, 수남이도 그걸 좋아했었다.

그런데 오늘은 싫다. 영감님의 손이 싫다. (중략)

[A] ┌ 낮에 내가 한 짓은 옳은 짓이었을까? 옳을 것도 없지만 나쁠 것은 또 뭔가. 자가용까지 있는 주제에 나 같은 어린아이에게 오천 원을 우려내려고 그렇게 간악*하게 굴던 신사를 그 정도 골려 준 것이 뭐가 나쁜가? 그런데도 왜 무섭고 떨렸던가. 그때의 내 꼴이 어땠으면, 주인 영감님까지 "네놈 꼴이 꼭 도둑놈 꼴이다."라고 하였을까.

그럼 내가 한 짓은 도둑질이었단 말인가. 그럼 나는 도둑질을 하면서 그렇게 기쁨을 느꼈더란 말인가.

수남이는 몸을 부르르 떨면서 낮에 자전거를 갖고 달리면서 맛본 공포와 함께 그 까닭 모를 쾌감을 회상*한다.

[뒷부분의 줄거리] 수남은 도둑질을 하지 말라던 아버지의 말씀을 떠올리며 고향으로 돌아갈 결심을 한다.

05 윗글의 내용에 대한 이해로 적절하지 <u>않은</u> 것은?

① 주인 영감은 수남이 운이 좋았다고 생각하였다.
② 수남은 자전거를 들고 도망치면서 쾌감을 느꼈다.
③ 수남은 주인 영감에 대해 태도 변화를 보이고 있다.
④ 수남은 자신이 한 행동에 대해 자책감을 느끼고 있다.
⑤ 주인 영감은 수남이 도망쳐 온 이유를 미리 알고 있었다.

06 [A]에 두드러지게 나타나는 갈등으로 적절한 것은?

① 수남의 내적 갈등   ② 수남과 신사의 갈등
③ 수남과 자연의 갈등   ④ 수남과 운명의 갈등
⑤ 수남과 주인 영감의 갈등

발단 - 전개 - 위기 - 절정 - 결말

07 보기 를 바탕으로 윗글의 '절정' 부분을 감상한 내용으로 가장 적절한 것은?

보기

소설의 구성 단계 중에서 '절정'은 주요한 사건이나 문제에서 비롯되는 갈등이 최고조에 달하는 단계이다. 복잡하게 얽혀 온 갈등이나 대립이 어떤 상태로든지 깨져 버리거나 해결되지 않으면 안 되는 순간에 이른다. 또한 이 단계에서는 대체로 작품의 주제가 드러나면서 사건 해결의 실마리가 제시된다.

① 자전거로 인해 발생한 인물들 간의 외적 갈등이 최고조에 이르고 있어.
② 도망친 수남을 칭찬하는 주인 영감의 말은 작가의 생각을 그대로 전달하고 있어.
③ 수남이 자전거를 들고 달리는 부분에서 신사와의 대립이 해결되지 않으면 안 되는 순간에 이르고 있어.
④ 자전거를 들고 도망친 자신의 행동을 되돌아보는 수남의 모습을 통해 사건 해결의 실마리를 제시하고 있어.
⑤ 주인 영감이 자물쇠를 깨뜨린 것은 수남과 주인 영감의 갈등이 깨져야 하는 순간에 이른 것을 나타내고 있어.

주관식·서술형

08 윗글에서 주인 영감에 대한 수남의 부정적 인식을 드러내면서 부도덕한 주인 영감을 나타내는 2어절의 말을 찾아 쓰시오. (답 2개)

▶ 이 작품의 구성 단계

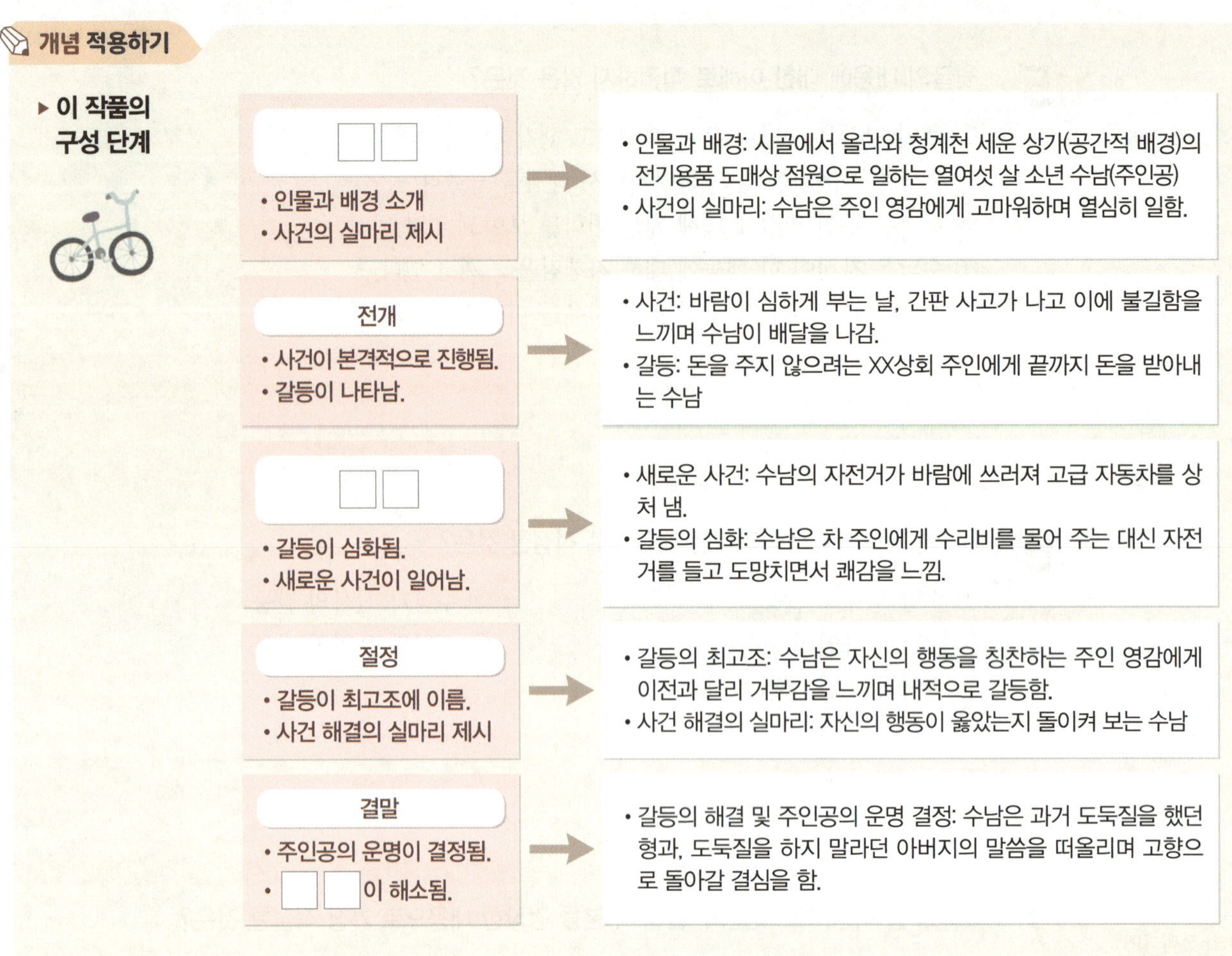

구성 단계	설명
□□ · 인물과 배경 소개 · 사건의 실마리 제시	· 인물과 배경: 시골에서 올라와 청계천 세운 상가(공간적 배경)의 전기용품 도매상 점원으로 일하는 열여섯 살 소년 수남(주인공) · 사건의 실마리: 수남은 주인 영감에게 고마워하며 열심히 일함.
전개 · 사건이 본격적으로 진행됨. · 갈등이 나타남.	· 사건: 바람이 심하게 부는 날, 간판 사고가 나고 이에 불길함을 느끼며 수남이 배달을 나감. · 갈등: 돈을 주지 않으려는 XX상회 주인에게 끝까지 돈을 받아내는 수남
□□ · 갈등이 심화됨. · 새로운 사건이 일어남.	· 새로운 사건: 수남의 자전거가 바람에 쓰러져 고급 자동차를 상처 냄. · 갈등의 심화: 수남은 차 주인에게 수리비를 물어 주는 대신 자전거를 들고 도망치면서 쾌감을 느낌.
절정 · 갈등이 최고조에 이름. · 사건 해결의 실마리 제시	· 갈등의 최고조: 수남은 자신의 행동을 칭찬하는 주인 영감에게 이전과 달리 거부감을 느끼며 내적으로 갈등함. · 사건 해결의 실마리: 자신의 행동이 옳았는지 돌이켜 보는 수남
결말 · 주인공의 운명이 결정됨. · □□이 해소됨.	· 갈등의 해결 및 주인공의 운명 결정: 수남은 과거 도둑질을 했던 형과, 도둑질을 하지 말라던 아버지의 말씀을 떠올리며 고향으로 돌아갈 결심을 함.

🔍 **작품 한눈에** ## 자전거 도둑 | 박완서

한줄평 ▶ 고향을 떠나 도시에서 점원으로 일하는 소년이 성장 과정에서 겪는 도덕적 고민과 갈등을 다룬 소설

사건	소재와 배경	구성과 서술상 특징
· 고급 차의 수리비를 물어 주어야 하자 수남은 자전거를 들고 도망침. · 수남은 자전거를 들고 달아난 자신을 칭찬하는 주인 영감에게 거부감을 느끼면서 자신을 돌아봄. · 수남은 도둑질을 하지 말라던 아버지의 말씀을 떠올리며 고향으로 떠날 결심을 함.	· **중심 소재 '자전거'**: 인물 간(수남과 신사)의 외적 갈등과 인물(수남)의 내적 갈등을 일으키는 원인이 되는 소재. 주인공이 정신적으로 성장하는 계기가 되는 소재 · □□: 서울 청계천 세운 상가 · **제재**: 고향 시골을 떠나 도시에서 가게 점원으로 일하는 소년의 삶	· **순행적 구성**: 시간의 흐름에 따른 사건의 전개 과정과 심리 변화가 나타남. · **서술 효과**: 때 묻지 않은 어린 소년의 눈을 통해 어른들의 부도덕성을 비판하고 고발함. · **갈등**: 인물 간의 외적 갈등과 주인공의 내적 갈등이 드러남.

주제: 시골 소년 수남이 서울에서 겪는 갈등과 도시인의 □□□□에 대한 비판

어휘 확인

[1~5] 보기 의 글자들을 조합하여 다음 뜻풀이에 해당하는 단어를 만드시오.

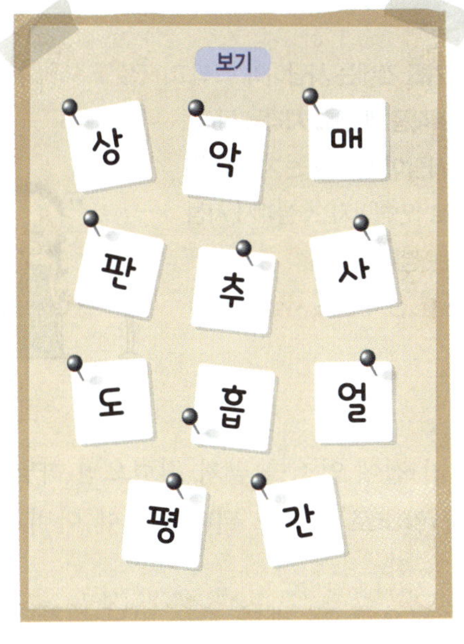

1 ① 어지간한 정도로 대충. ② 어떤 기준에 거의 가깝게. →

2 물건을 모개(죄다 한데 묶은 수효)로 파는 가게. →

3 간사하고 악독함. →

4 세상 사람들의 비평. →

5 거의 같을 정도로 비슷한 모양. →

어휘 특강

소리는 같지만 뜻이 다른 단어를 동음이의어(同音異義語)라고 한다.

말리다² 동사 ◀---- 동음이의어 ----▶ 말리다³ 동사

말리다

말리다²

다의어

❶ 다른 사람이 하고자 하는 어떤 행동을 못하게 방해하다.
예 싸움을 말리다.

❷ 산의 나무나 풀 따위를 베지 못하도록 단속하여 가꾸다.

두 가지 이상의 뜻을 가진 단어를 다의어(多義語)라고 한다.

말리다³

❶ 물기를 다 날려서 없애다.
예 빨래를 말리다.

❷ 입이나 목구멍에 물기를 적게 하여 갈증이 나게 하다.
예 운동 중에 탄산음료를 마시면 오히려 목을 바짝 말려 버리는 수가 있다.

❸ 살이 빠져 야위게 하다.
예 그 짓도 사람을 바짝 말리는 일이다.

다의어

❹ 강이나 우물 따위의 물을 없애다.
예 폭염은 동네의 샘물을 모두 말려 버렸다.

❺ 돈이나 물건 따위를 다 써 없애다.
예 아들이 노름으로 집안의 돈이란 돈은 한 푼 없이 말려서 먹고살기도 힘들다.

❻ 감정이나 열정 따위를 없애다.
예 그런 행동은 오히려 역효과를 내서 연인의 애정을 바닥이 보이도록 말려 버릴 수 있다.

1인칭 주인공 시점 / 1인칭 관찰자 시점

필수 개념 ❶　1인칭 주인공 시점

- 소설에는 **서술자**가 있어. 서술자란 **소설에서 독자에게 이야기를 건네는 사람**이야. 그리고 **시점[볼 시(視) + 점찍을 점(點)]**이란 **서술자가 사건을 바라보는 위치(작품 안 또는 작품 바깥)와 시각**을 말해.
- **1인칭[사람 인(人) + 일컬을 칭(稱)]**이란 무엇일까? 말하는 사람이 자기 또는 자기를 포함한 사람들을 가리키는 말이야. '**나**', '**우리**' 이런 말들이 바로 1인칭이지. 소설에서 시점이 1인칭이라는 건 서술자가 작품 속에 '나', '우리'로 등장하는 경우를 말해.
- 그럼 '**주인공**'은? 바로 사건의 중심이 되는 인물! 그러니까 **1인칭 주인공 시점**은 말 그대로 **서술자인 '나'가 사건의 중심이 되는 주인공인 경우**야.

가축 잘되는 집이라고, 한마을 오쟁이네가 우리 집에 암소를 맡겨 길렀으면 하였다. 남의 소를 빌려다가 쟁기질하던 시절이라, 마음껏 일소로 부려도 된다는 말에 아버지는 흔쾌히 받아들였다.

그러나 나는 신날 일이 하나도 없었다. 아침저녁으로 꼴* 베다 주는 일도 귀찮았고, 오쟁이 녀석이 머슴 취급하는 꼴도 마뜩잖았다*.

"아부지, 우리도 소 한 마리 사 불어."

내가 골*이 나서 말하면 아버지는 오냐, 그러자 하면 좀 좋을까만,

"소가 토깽이냐? 사고 잡다고 달랑 사게. 당장 저 도짓소*라도 없으면 니하고 니 형, 학교도 끝이여. 그란다고 네놈이 목에다가 멍에*를 걸그냐?"

하며 씨도 안 먹힌다는 반응이었다.

"그람, 차차 송아지 낳으믄 우리 주라고 해. 우리가 키워 주는디 고것 하나 못해."

"네 이…… 아부지가 뭐라고 하디? 입이 너무 허황되게 남의 밥그릇을 넘보는 고것을 뭐라고 하디?" / "불량배."

"제발 우리는 그렇게 살지 말자. 강아지 한 마리 거저 얻어다가 길렀다는 말은 들어 봤어도 송아지 한 마리 거저 얻었다는 말은 못 들어 봤응께."

"그것이 왜 공짜여, 우리 집에서 재우고 먹이고 다 하는디?"

"잔소리 그만 하고 얼른 풀이나 베 와야. 저번처럼 쑥만 해다가 멕이지 말고. 소 똥구녕 맥히는 날엔 네놈 입 구녕도 밥 구경 끝이여."

아버지는 꼴망태*를 걸어 주고 나를 막 내몰았다.

오쟁이네 암소는 우리 집에서 송아지를 두 배*나 착실히 쳤다. 물론 어미 소도 송아지도 탈 없이 잘 자랐다. 소에 대한 믿음이 생기자 오쟁이네는 이태* 만에 소를 몰고 갔다.

우리 집에 두 번째 소가 들어온 것은 초등학교 3학년 때였다. 장마가 한풀 꺾이자 나는 아이들과 함께 강둑으로 나가 불어난 강물에서 떠내려오는 물건들을 건져 냈다. 그것은 할아버지의 할아버지가 아이였을 때로부터 내려오는 일이었다. (중략) 그런데 그해 나는 염소 따위는 댈 것도 아닌 큰 횡재*를 하게 되었다. 소를, 그것도 숨이 붙어 있는 소를 줍게 된 것이다.

– 전성태, 〈소를 줍다〉

1. 작품 속에 '나' 또는 '우리'가 등장하고 있어? O ☐ X ☐ → O: 1인칭 서술자, X: 3인칭 서술자

2. '나' 또는 '우리'가 주인공이야? O ☐ X ☐ → O: 1인칭 주인공 시점, X: 1인칭 관찰자 시점

윗글의 '나'에 대한 설명으로 적절하지 <u>않은</u> 것은?

① '나'는 작품 속 등장인물로 서술자 역할을 하고 있다.

② '나'는 자신의 생각과 마음을 솔직하게 드러내고 있다.

③ '나'는 우리 집 소유의 소가 있었으면 하는 어린아이다.

④ '나'는 이야기의 중심이 되는 아버지를 관찰하는 인물이다.

⑤ '나'는 자신이 직접 겪은 일을 독자에게 전달하고 있는 인물이다.

개념 적용하기

▶ **이 작품의 서술자와 시점**

나는 신날 일이 하나도 없었다. 아침저녁으로 꼴 베다 주는 일도 귀찮았고, 오쟁이 녀석이 머슴 취급하는 꼴도 마뜩잖았다.

"아부지, 우리도 소 한 마리 사 불어.", "그람, 차차 송아지 낳으믄 우리 주라고 해. 우리가 키워 주는디 고것 하나 못해."

나는 염소 따위는 댈 것도 아닌 큰 횡재를 하게 되었다. 소를, 그것도 숨이 붙어 있는 소를 줍게 된 것이다.

남의 집 소를 대신 키워 주는 것이 못마땅한 '나'

우리 소가 있었으면 하는 어린아이 '나'

장마로 인해 강물에 떠내려온 소를 줍게 된 '나'

'나'(주인공) = ☐ ☐ ☐

작품 속 등장인물이자 사건의 중심이 되는 **'나'**가 자신이 겪은 일과 자신의 생각, 마음을 직접 서술하는 ☐ **인칭** ☐ ☐ **시점**

개념 확장하기

1인칭 주인공 시점의 특징

• 주인공 '나'가 자신의 이야기를 전달하므로 **주인공의 내면을 진솔하게 드러내는** 데 효과적임.

• '나'가 자기 이야기를 직접 하는 것이므로 독자에게 **신뢰감과 친근감**을 줄 수 있음.

• 독자는 주인공이 본 것, 느낀 것만을 제한적으로 알 수 있음.

1인칭 주인공 시점 / 1인칭 관찰자 시점

필수 개념 ② 1인칭 관찰자 시점

- **1인칭** 시점은 서술자가 '나', '우리'라고 했지?
- 그럼 **'관찰자'**는 뭐하는 사람일까? 무언가를 주의하여 자세히 살펴보는 사람이야. 그러니까 **1인칭 관찰자 시점**의 '나'는 주인공이 아니라 **사건이나 주인공을 지켜보는 사람**인 거지.
- 1인칭 주인공 시점인지 1인칭 관찰자 시점인지를 판단하기 위해서는 작품 속 '나'의 역할을 잘 살펴보아야 해. 1인칭 관찰자 시점에서 독자에게 이야기를 하고 있는 인물인 '나'는 사건의 중심 인물이 아니라 **주변 인물**이라는 점, 그래서 주인공의 생각이나 심리를 속속들이 알지는 못한다는 점을 명심하자.

전체 줄거리

여섯 살 유치원생인 '내(옥희)'는 과부인 어머니와 살고 있는데, 어느 날 '나'의 집에 아버지의 옛 친구인 아저씨가 하숙을 들게 된다. 아저씨와 어머니는 서로에게 이끌린다. 하지만 어머니는 주위 시선과 '나'를 생각해 결국 자신의 감정을 정리하기로 결정하고, 아저씨는 떠난다.

나는 금년 여섯 살 난 처녀애입니다. 내 이름은 박옥희이구요. 우리 집 식구라고는 세상에서 제일 이쁜 우리 어머니와 단 두 식구뿐이랍니다. 아차, 큰일났군, 외삼촌을 빼놓을 뻔했으니……

(중략)

아저씨는 나를 이리 보고 저리 보고 훑어보더니,

"옥희 오늘 어디 가노? 저렇게 곱게 채리구." / 하고 물었습니다.

"엄마하고 예배당에 가."

"예배당에?" / 하고 나서, 아저씨는 잠시 나를 멍하니 바라다보더니,

"어느 예배당에?" / 하고 물었습니다.

"요 앞에 예배당에 가지, 뭐."

"응? 요 앞이라니?"

이때 안에서,

"옥희야."

하고 부드럽게 부르는 어머니 목소리가 들리었습니다. 나는 얼른 안으로 뛰어 들어오면서 돌아다보니까, 아저씨는 또 얼굴이 빨갛게 성*이 났겠지요. 내 원, 참으로 무슨 일로 요새는 아저씨가 그렇게 성을 잘 내는지 알 수 없었습니다.

예배당에 가서 찬미*하고 기도하다가 기도하는 중간에 갑자기 나는, '혹시 아저씨두 예배당에 오지 않았나?' 하는 생각이 나서 눈을 뜨고 고개를 들어 남자석을 바라다보았습니다. 그랬더니 하, 바로 거기에 아저씨가 와 앉아 있겠지요. 그런데 아저씨는 어른이면서도 눈 감고 기도하지 않고 우리 아이들처럼 눈을 번히* 뜨고 여기저기 두리번두리번 바라봅니다. 나는 얼른 아저씨를 알아보았는데 아저씨는 나를 못 알아보았는지 내가 방그레 웃어 보여도 웃지도 않고 멀거니 보고만 있겠지요. 그래 나는 손을 흔들었지요. 그러니까 아저씨는 얼른 고개를 숙이고 말더군요. 그때에 어머니는 내가 팔 흔드는 것을 깨닫고 두 손으로 나를 붙들고 끌어당기더군요. 나는 어머니 귀에다 입을 대고,

"저기 아저씨두 왔어."

하고 속삭이니까 어머니는 흠칫하면서 내 입을 손으로 막고 막 끌어 잡아다가 앞에 앉히고 고개를 누르더군요. 보니까 어머니가 또 얼굴이 홍당무처럼 빨개졌군요.

– 주요섭, 〈사랑손님과 어머니〉

*성: 노엽거나 언짢게 여겨 일어나는 불쾌한 감정.

*찬미: 아름답고 훌륭한 것이나 위대한 것 따위를 기리어 칭송함.

*번히: 바라보는 눈매가 뚜렷하게.

시점 판단하기

1. 작품 속에 '나' 또는 '우리'가 등장하고 있어? O □ X □ → O: 1인칭 서술자, X: 3인칭 서술자
2. '나' 또는 '우리'가 주인공이야? O □ X □ → O: 1인칭 주인공 시점, X: 1인칭 관찰자 시점

윗글의 '나'에 대한 설명으로 적절하지 <u>않은</u> 것은?

① '나'는 아저씨의 마음 상태를 정확하게 파악하지 못하고 있다.
② '나'는 1인칭 주인공 시점인 이 작품에서 이야기의 중심이 된다.
③ '나'는 작품 속에 등장하는 서술자로 '옥희'라는 이름을 가진 인물이다.
④ '나'의 서술을 통해 어머니, 아저씨의 성격이 간접적으로 드러나고 있다.
⑤ 어린아이인 '나'의 순수한 시선으로 아저씨와 어머니의 모습이 그려지고 있다.

개념 적용하기

▶ 이 작품의
　서술자와 시점

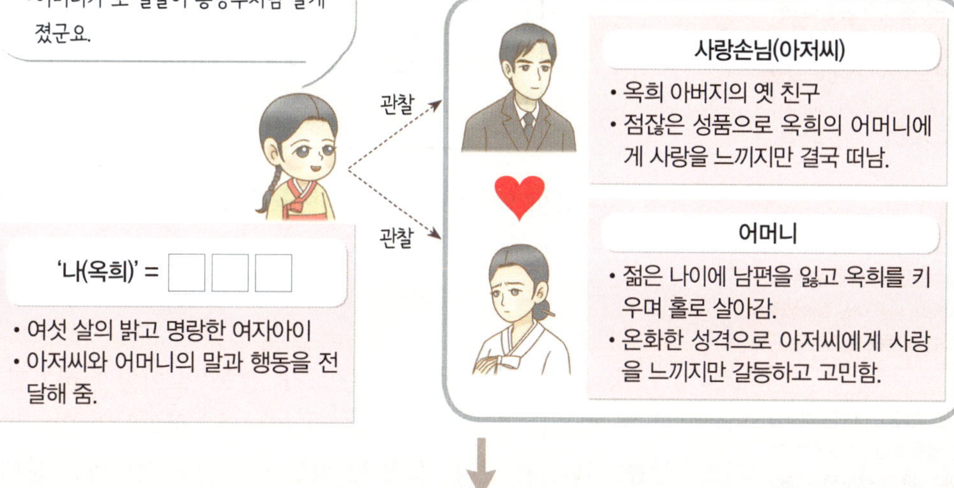

1인칭 관찰자인 '나'가 주인공인 사랑손님과 어머니의 이야기를 서술하는

□ 인칭 □ □ □ 시점

개념 확장하기

1인칭 관찰자
시점의 특징

• 독자는 '나'가 전해 주는 내용을 통해 <u>주인공의 심리, 성격 등을 추측</u>하게 됨.
• 특히 어린 서술자인 경우, 어린아이의 순수한 시선을 통해 주제를 효과적으로 드러낼 수 있음.

1인칭 주인공 시점 / 1인칭 관찰자 시점

'완득이'가 처한 상황과 겪게 되는 사건들을 파악하고, 그 속에서 '완득이'가 지니는 마음과 태도를 살펴보자.

📖 **전체 줄거리**

발단 공부는 못하지만 싸움 하나는 누구에게도 지지 않는 고등학생 'I(완득)'는 한때 춤으로 생계를 꾸려 가던 난쟁이 아버지, 삼촌 민구와 함께 옥탑방에서 살아간다.

전개 '나'의 아버지와 삼촌 민구는 가난 때문에 춤을 포기하고 지하철에서 물건을 판매하며 간신히 생활을 꾸려 간다. 한편 이웃집 옥탑방에 사는 담임 선생님 똥주가 '나'의 집을 드나들며 '나'의 인생에 개입하게 된다.

위기 어느 날, '나'는 불법 체류 노동자를 돕던 똥주의 도움으로 베트남 출신의 어머니를 만나게 되지만 어색함을 느낀다. '나'는 아버지에게 어머니가 집을 나가게 된 사연을 듣는다.

절정 시간이 지나면서 '나'는 음식을 해다 주는 어머니에게 점점 마음을 열며 애틋함을 느끼게 되고, 싸움 대신 킥복싱을 배우며 삶의 목표를 갖게 된다.

결말 이후 아버지는 지하철 외판 일을 그만두고 똥주의 도움으로 삼촌과 함께 댄스 교습소를 열어 생활의 활력을 되찾는다.

***옥탑방**: 건물 옥상에 사람이 거주할 수 있도록 만든 방.

***불법 체류**: 정식 절차를 밟지 않거나, 기한을 어기면서 다른 나라에 머무는 일.

***모자**: 어머니와 아들을 아울러 이르는 말.

***상봉**: 서로 만남.

완득이 | 김려령

[앞부분의 줄거리] '나(완득)'는 한때 춤으로 생계를 꾸려 가던 난쟁이 아버지, 아버지를 친형처럼 따르는 민구 삼촌과 옥탑방*에서 살아간다. 그러던 어느 날, 남몰래 불법 체류* 노동자를 돕던 담임 선생님 동주(똥주)의 도움으로 '나'는 어린 시절 집을 나간 베트남 출신의 어머니를 만나게 된다. 하지만 '나'는 존재도 몰랐던 어머니와의 만남에서 어색함을 느낀다.

위기 그분은 축축 늘어지는 천 가방에서 하얀 봉투를 꺼냈다.

"이거…….." / "그런 거 필요 없는데요."

나 줄 돈 있으면 신발이나 새로 사 신으세요. 요즘은 애들도 저런 거 안 신어요.

"말로는 잘 못 하겠어서…… 너무 미안해서…….."

"필요 없으니까, 가져가세요."

그분은 기어이 봉투를 내려놓고 방을 나갔다. 교회로 가는 걸까.

방에서 이상한 냄새가 나는 것 같다. 무슨 냄새인지는 모르겠다. 어쨌든 나 혼자 있을 때와는 다른 냄새다. 화장도 안 했던데 무슨 냄새일까. 이런 게 어머니 냄새라는 걸까. 그분이 먹었던 라면 그릇이 전과 달라 보였다. 나는 그분이 두고 간 봉투를 뜯었다. 돈인 줄 알았는데 편지였다.

> 미안해요. 잊고 살지 않았어요. 많이 보고 싶었어요.
>
> 나는 나쁜 사람이에요. 정말 미안해요. 혹시 전화할 수 있으면 전화해 주세요.
>
> ○○○-○○○-○○○○. / 안 해도 돼요. 옆에 있어 주지 못해서 미안해요.

[A] 그 흔한 아들이니 엄마니 하는 말은 없었다. 옆에 있어 본 적이 없어서, 어머니라고 불러 본 적이 없어서, 내가 어머니라는 말 대신 그분이라고 하는 것과 같은 걸지도 모른다. 다른 건 있다. 그분은 나를 보고 싶어 했다는 것이다. 하긴, 그분은 내 존재를 알고 있었으니까. 나는 편지를 봉투에 도로 넣고 방바닥에 휙 던졌다. 무슨 모자* 상봉*이 이렇게 허무한지. 그분이든 나든 눈물 한 방울은 흘려 줘야 하는 거 아닌가? 삼팔선만 안 그어졌지 남북 이산가족 상봉하고 뭐가 달라. 십칠 년 만에 나타난 어머니라는 분하고 고작 라면이나 끓여 먹고 헤어지다니. 어머니라는 존재 별거 아니군. 그나저나 똥주, 두고 보자.

"베트남 사람이데요."

가방에서 번쩍거리는 의상을 꺼내던 아버지 손이 멈췄다.

"왔었어요." / "잘 지낸대?"

아버지는 의상에 맞는 넥타이를 골랐다.

"금방 갔어요." / "……."

"전화번호 두고 갔어요."

"이거 나중에 드라이 좀 맡겨라."

아버지는 전에 입었던 의상을 돌돌 말아 문 앞에 놓았다.

01 윗글에 대한 설명으로 적절하지 <u>않은</u> 것은?

① 서술자는 등장인물 중 한 명인 '나'이다.
② 서술자가 직접 겪은 일을 독자에게 이야기하고 있다.
③ '나'가 이야기의 중심이 되는 1인칭 주인공 시점이다.
④ '나'가 다른 등장인물의 성격을 직접적으로 제시하고 있다.
⑤ 서술자가 상황에 대한 자신의 심리를 직접 드러내고 있다.

02 윗글의 내용과 일치하지 <u>않는</u> 것은?

① '나'는 어머니와 17년 동안 헤어져서 살았다.
② '나'와 달리 어머니는 '나'의 존재를 알고 있었다.
③ 아버지는 '나' 모르게 어머니와 소식을 주고받았다.
④ '나'는 어머니가 베트남 사람이라는 사실을 모르고 있었다.
⑤ 어머니는 자신이 아들에게 뭔가를 요구할 자격이 없다고 생각하고 있다.

03 [A]를 보기 와 같이 바꾸었을 때, [A]와 보기 를 비교한 내용으로 가장 적절한 것은?

> **보기**
>
> 　그 흔한 아들이니 엄마니 하는 말은 없었다. 옆에 있어 본 적이 없어서, 어머니라고 불러 본 적이 없어서, 완득이가 어머니라는 말 대신 그분이라고 하는 것과 같은 걸지도 모른다. 다른 건 있다. 어머니는 아들을 보고 싶어 했다는 것이다. 하긴, 어머니는 아들의 존재를 알고 있었으니까. 완득이는 편지를 봉투에 도로 넣고 방바닥에 휙 던졌다.

① [A]와 〈보기〉는 서술자가 동일 인물이다.
② 〈보기〉는 [A]와 달리 1인칭 관찰자 시점이다.
③ [A]는 주인공이 '나'이고 〈보기〉는 주인공이 '어머니'이다.
④ [A]는 〈보기〉보다 인물의 행동이 더 자세하게 묘사되어 있다.
⑤ [A]는 서술자가 작품 속에 있고, 〈보기〉는 서술자가 작품 바깥에 있다.

🖋 주관식·서술형

04 '나'에 대한 어머니의 미안함과 그리움, '나'를 오랫동안 보살펴 주지 못한 것에 대한 어머니의 자책감을 드러내는 소재를 찾아 2음절로 쓰시오.

절정 나는 앞장서서 버스 정류장 앞에 있는 시장 속으로 들어갔다. 폼 나게 백화점은 가 줘야 하는데 내 월급으로 체육관비까지 내야 하니 할 수 없다. 나는 제일 가까운 곳에 있는 신발 가게로 들어갔다.

"들어오세요." / "……." / "들어오시라고요."

그분이 가게 안을 두리번거리며 들어왔다.

"신발 몇 신어요?" / "㉠난 괜찮아요." / "몇 신냐고요."

그분이 머뭇거리자 주인아주머니가 거들었다.

"240은 되겠네." / "그럼 240짜리 구두 보여 주세요."

"아니! 나 235 신어요." / 그분이 어색하게 손사래*를 치며 말했다.

"㉡굽 좀 있는 걸로 보여 주세요. 저렇게 납작한 거 말고."

"㉢저짝 사람 같은데, 학생하고 많이 닮았네."

주인아주머니는 그분을 저짝 사람이라고 했다.

나는 반짝거리는 작은 리본이 달린 검정 구두를 집었다. 굽도 7센티미터는 될 것 같다.

"신어 보세요." / 그분은 머뭇거렸다.

"사 준다고 할 때 신어. 좋은 걸로 골랐네. ㉣근데 둘이 무슨 사이야?"

주인아주머니가 묻자 그분이 당황한 얼굴로 얼른 구두를 신었다.

"꼭 맞네." / 주인아주머니가 말했다. 그분이 신발을 벗었다.

"그냥 신고 가세요." / 그분은 다시 신발을 신었다.

"아니, 무슨 사인데 이 양반이 이렇게 쩔쩔매?"

주인아주머니가 그분의 표정을 살피며 물었다.

"그냥……." / 그분은 그냥이라고 했다.

"얼마예요?" / ㉤나는 서둘러 가격을 물었다.

"이만 오천 원인데 이만 삼천 원만 내."

[A]
　나는 얼른 이만 오천 원을 주인아주머니 손에 쥐여 주고 가게를 나왔다. 이천 원은 팁이다. 그런데 그분이 이천 원을 들고 나왔다. 낡은 꽃분홍색 단화*까지 들고.

　"가지고 가."

　그분이 내 손에 이천 원을 쥐여 주었다. 나는 그분 손에 반찬 통을 쥐여 주었다.

　"고마워……."

　그분 턱이 파르르 떨렸다. 턱까지 흘러내린 눈물이 덜렁거렸다.

　"음식이 좀 짜요. 저 그렇게 짜게 안 먹어요."

　그분이 활짝 웃었다. 그분은 울면서 웃는 능력이 있다.

　아버지가 짜게 먹는 걸 기억하고 나까지 짜게 먹는 줄 알았을 것이다. 그런데 아버지는 아직 그분의 음식을 먹지 못했다. 대신 똥주가 먹었다. 아버지와 뚝 떨어져 있는 그분의 거리. 그 거리 속에 존재하는 나. 지금 이곳이 내 자리인 모양이다.

---

*손사래: 어떤 말이나 사실을 부인하거나 남에게 조용히 하라고 할 때 손을 펴서 휘젓는 일.

*단화: 목이 짧아 발목 아래로 오는 구두. 또는 굽이 낮은 여자들의 구두.

05 윗글에서 알 수 있는 사실이 <u>아닌</u> 것은?

① 똥주는 '나'의 어머니가 해 준 음식을 먹었다.
② 어머니는 알뜰하고 검소한 성격을 지니고 있다.
③ 어머니는 아버지에 대한 기억을 지니고 있었다.
④ 아버지는 '나'의 체육관비를 매달 지원해 주고 있었다.
⑤ 어머니는 자신이 만든 음식을 '나'가 먹었다는 사실에 기뻐했다.

06 ㉠~㉤에 대한 이해로 적절하지 <u>않은</u> 것은?

① ㉠: 자신을 위해 신발을 사 주려는 아들에 대한 미안한 마음이 담겨 있다.
② ㉡: 어머니에게 더 예쁜 신발을 사 드리고 싶은 '나'의 마음이 드러나 있다.
③ ㉢: 어머니의 외양이 한국인과 다르다는 주인아주머니의 인식이 드러나 있다.
④ ㉣: 모자 사이임을 눈치채지 못한 주인아주머니의 호기심이 나타나 있다.
⑤ ㉤: 어머니가 외국인이라는 사실을 부끄러워하는 '나'의 심리가 나타나 있다.

1인칭 주인공 시점 / 1인칭 관찰자 시점

07 [A]를 <u>보기</u> 와 같이 바꾸었을 때의 변화로 가장 적절한 것은?

> **보기**
>
> 아들은 얼른 이만 오천 원을 주인아주머니 손에 쥐여 주고 가게를 나갔다. 나는 아들이 받지 않은 거스름돈 이천 원을 주인아주머니에게서 받고, 낡은 꽃분홍색 단화까지 들고 가게를 나왔다.
> "가지고 가."
> 나는 아들의 손에 이천 원을 쥐여 주었다. 아들은 내 손에 반찬 통을 쥐여 주었다.
> "고마워⋯⋯."
> 나는 턱이 파르르 떨렸다. 턱까지 흘러내린 눈물이 덜렁거렸다.
> "음식이 좀 짜요. 저 그렇게 짜게 안 먹어요."
> 나는 활짝 웃었다. 남편이 짜게 먹는 걸 기억하고 아들까지 짜게 먹는 줄 알았다.

① 인물의 말이 더 생생하게 전달되고 있다.
② 인물들이 겪는 사건의 흐름이 바뀌고 있다.
③ 독자에게 사건을 전달하는 서술자가 바뀌고 있다.
④ 서술의 시점이 1인칭 시점에서 3인칭 시점으로 바뀌고 있다.
⑤ 서술자의 위치가 작품 안에서 작품 바깥으로 이동하고 있다.

주관식·서술형

08 윗글에서 어머니에 대한 '나'의 애정을 드러내는 소재를 찾아 2어절로 쓰시오.

▶ 이 작품의 서술자와 시점

선뜻 아들이라 말하지 못하는 어머니의 마음을 나름대로 헤아려 보려 하는 '나'

오랫동안 어머니와 떨어져 살아 어머니와의 만남에 어색하고 무덤덤한 반응을 보이는 '나'

'나'(주인공) = □□□ 작품 속 등장인물이자 사건의 중심이 되는 '나'가 자신의 경험, 생각, 마음 등을 직접 서술하는 □인칭 □□□ 시점

어머니에게 더 예쁜 신발을 사 드리고 싶은 '나'

음식을 해 준 어머니에 대한 고마움을 겉으로는 퉁명스럽게 표현하는 '나'

완득이 | 김려령

한줄평 ▶ 난쟁이인 아버지와 외국인 노동자인 어머니 사이에서 태어난 '완득이'의 성장을 그린 소설

사건	배경과 소재	시점과 특징
• **어머니와의 만남**: 어머니의 존재를 모르고 있던 '나(완득)'가 담임 선생님의 주선으로 17년 만에 베트남 출신의 어머니를 만나지만 어색함을 느낌. • **'나'의 정신적 성장**: 싸움만 일삼던 '나'는 킥복싱을 배우며 삶의 목표를 갖게 되고, 음식을 해 주는 어머니에게 마음을 열고 점차 애틋함을 느끼게 됨.	• **배경**: 현대(시간적 배경), 도시 변두리 동네(공간적 배경), 다문화 사회(사회적 배경) • **어머니의 □□**: 차마 말로 하기 어려운 '나'를 향한 미안함과 그리움, '나'를 보살펴 주지 못한 데 대한 자책감을 드러냄. • **검정 □□, 반찬 통**: '나'와 어머니의 서로에 대한 애정과 애틋함을 드러냄.	• **1인칭 주인공 시점**: 주인공 '나'의 속마음과 '나'가 성장해 가는 과정을 1인칭 주인공 시점을 활용하여 진솔하게 그려 냄. • **특징**: 장애인, □□□ 가정, 부적응 청소년 문제 등 우리 사회가 안고 있는 문제들을 밝고 따뜻한 시선으로 그려 냄.

주제: 어려운 환경에서도 꺾이지 않는 삶에 대한 희망과 정신적 □□

[1~10] 보기 에서 어휘의 뜻풀이 또는 예문의 (　　) 안에 들어갈 어휘 ㉠~㉫을 찾아 쓰시오.

보기

㉠ 횡재	㉡ 상봉	㉢ 체류	㉣ 찬미	㉤ 마뜩잖다

뜻풀이

1 서로 만남.　　　　　　[　　　]

2 마음에 들 만하지 아니하다.　　　　　　[　　　]

3 뜻밖에 재물을 얻음. 또는 그 재물.　　　　　　[　　　]

4 아름답고 훌륭한 것이나 위대한 것 따위를 기리어 칭송함.　　　　　　[　　　]

5 객지에 가서 머물러 있음.　　　　　　[　　　]

예문

6 이산가족 (　　　)의 현장　　　　　　[　　　]

7 삼촌은 회사 일 때문에 뉴욕에 (　　　) 중이다.　　　　　　[　　　]

8 아버지는 그 사람을 사윗감으로 (　　　) 생각하였다.　　　　　　[　　　]

9 관객들은 훌륭한 연기를 한 배우에게 환호와 (　　　)를 아끼지 않았다.　　　　　　[　　　]

10 영수는 길에서 돈을 줍는 (　　　)를 하였다고 기뻐하고 있었다.　　　　　　[　　　]

어휘 특강　헷갈리는 어휘 '-데요'와 '-대요'

-데요 어미　　VS　　**-대요** 어미

(구어체로) 해요할 자리에 쓰여, 어미 '-어요'의 뜻에 더해, 말하는 이가 자신이 경험한 사실을 현재의 장면에 옮겨 와서 말함을 나타내는 종결 어미.
예 알고 보니 그 사람, 중학교 동창이데요.

❶ (구어체로) 해요할 자리에 쓰여, 어미 '-어요'의 뜻에 더해, 알고 있는 것을 일러바침을 나타내는 종결 어미. 주로 어린이의 말에 쓰인다.
예 철수는 숙제도 안 하고 하루 종일 놀았대요.

❷ '-다고 해요'가 줄어든 말.
예 그 직장은 월급이 아주 많대요.

전지적 작가 시점 / 3인칭 관찰자 시점

필수 개념 ① 전지적 작가 시점

- 먼저 '3인칭'이란 무엇일까? 이야기의 대상이 되고 있는 다른 사람들을 가리키는 말이지. '그, 그녀, 그들' 이런 말들이 바로 3인칭이야. 소설에서 시점이 3인칭이라는 것은 작품 속에 서술자가 등장하는 1인칭 시점과 달리 작품 밖에 있는 서술자가 작품 속 인물들에 대해 이야기하는 것을 말해.
- 3인칭 시점에는 전지적 작가 시점과 3인칭 관찰자 시점이 있어.
- 전지[온전할 전(全) + 알 지(知)]적 작가 시점은 말 그대로 작품 밖의 서술자가 모든 것을 다 알고 있는, 마치 전지전능한 신과 같이 인물의 모든 것을 이야기하는 시점을 말해. 인물의 말과 행동은 물론이고, 인물의 생각과 심리까지 다 꿰뚫어 보고 전해 주는 것이지!

📖 전체 줄거리

소작농의 아들 바우와 마름의 아들 경환은 소학교를 같이 졸업했다. 자신과 달리 서울의 상급 학교로 진학한 경환이 방학을 맞아 내려와 뻐기며 나비를 잡으러 다니자 바우는 이를 못마땅해하며 일부러 나비를 날려 버린다. 바우 아버지가 나비를 잡아서 경환에게 사과하라고 하지만 바우는 거부하고, 아버지는 바우의 그림책을 찢어 버린다. 분노한 바우는 집을 나갈 생각을 하던 차에 나비를 잡으려 애쓰는 아버지를 보게 되고, 아버지에게 미안함을 느낀다.

*빈정거리다: 남을 은근히 비웃는 태도로 자꾸 놀리다.

*나부랭이: 어떤 부류의 사람이나 물건을 낮잡아 이르는 말.

*소학교: '초등학교'의 전 용어.

*별충: 손실이나 모자라는 것을 보태어 채움.

*하기: 여름의 시기.

*활동사진: '영화'의 옛 용어.

*뻐기다: 얄미울 정도로 매우 우쭐거리며 자랑하다.

황혼의 종로로 방향을 돌려서
버스는 떠난다. 경쾌스럽게.

간드러진 노랫소리가 푸른 언덕을 넘어온다. 바우는 송아지를 뜯기며 밤나무 그늘에 앉아 그림 그리는 책을 펴 들었다. 송아지가 움직이는 대로 자리를 옮아앉으며 옆으로 풀을 뜯는 송아지 모양을 그리느라 열심히 들여다보고 연필을 놀리고 하더니 잠시 멈추고 귀를 기울인다. 그리고 흥! 하고 빈정거리는* 웃음을 한 번 웃고는 그 소리가 듣기 싫다는 듯 그편에 등을 대고 돌아앉는다.

'겨우 서울 가서 공부한다고 배워 가지고 온 것이 유행가 나부랭이*냐. 그리고 나비 잡는 것하구.'

지난해 봄에 바우와 경환이는 한날에 그곳 소학교*를 졸업을 하였다. 그리고 경환이는 서울로 상급 학교를 가고 바우 자기는 집에서 꾸벅꾸벅 땅이나 파며 있지 않으면 아니 될 때, 바우는 무척 슬퍼하고 억울해하고 따라서 경환이를 부러워도 하였다. 바우 자기가 값없이 보내는 그 하루하루에 경환이는 좋은 학교, 훌륭한 선생 아래서 날마다 새로워 가고 높아 갈 것을 생각할 때 바우는 가만히 있지 못했다. 그 상급 학교에 가지 못하는 별충*을 여기다 하려는 듯이 틈 있는 대로 그림을 그리었고 또 그것으로 즐거움이 되었다.

그리고 얼마 전에 그 경환이가 하기* 휴가를 하고 서울서 집에 돌아왔다. 그러나 전보다 얼굴빛이 희어지고, 바지통이 넓은 양복에 흰 테두리 한 모자를 멋있게 쓴 것이 달라졌을 뿐, 서울이 얼마나 좋고 자기 다니는 학교가 얼마나 훌륭한 곳인가를 자랑하는 것과 또는 활동사진* 배우 중 누구는 어떻고 누구는 어쩌고, 그리고 잡된 유행가를 부르며 동네 어린아이들을 몰고 다니며 나비를 잡는 것이 하는 일이었다. 아마 경환이 자기는 이러는 것으로 전일 보통학교 때 늘 바우에게 성적으로 머리를 눌려 오던 분풀이를 하려는 듯이 뻐기며* 다니는 것이다. 바우는 그 꼴이 곱게 보일 수 없었다.

– 현덕, 〈나비를 잡는 아버지〉

시점 판단하기

1. 작품 속에 '나' 또는 '우리'가 등장하고 있어? O ☐ X ☐　　　　　→ O: 1인칭 서술자, X: 3인칭 서술자
2. 서술자가 작품 밖에 있으면서 인물의 생각과 심리까지 알고 있어? O ☐ X ☐ → O: 전지적 작가 시점, X: 3인칭 관찰자 시점

윗글의 서술자에 대한 설명으로 적절한 것은?

① 서술자가 작품 밖에서 바우, 경환의 모든 것을 이야기하고 있다.
② 작품 안에 있는 서술자 '나'가 경환의 심리를 직접 제시하고 있다.
③ 작품 안에 있는 서술자 '나'가 바우의 심리를 직접 제시하고 있다.
④ 서술자는 작품 속 등장인물인 '바우'로 자신의 이야기를 전달하고 있다.
⑤ 서술자는 작품 속 등장인물인 '바우'로 주인공 '경환'에 대해 이야기하고 있다.

개념 적용하기

▶ **이 작품의 서술자와 시점**

작품 밖의 서술자가 작품 속 주요 인물인 바우와 경환의 상황, 행동, 심리 등 모든 것을 이야기하는 ☐☐☐☐☐ 시점

개념 확장하기

전지적 작가 시점의 특징

장점	인물, 사건에 대해 서술자가 모두 설명하기 때문에 독자는 소설의 내용을 쉽게 알아차리고 이해할 수 있음.	
단점	독자는 인물들의 심리와 사건을 속속들이 쉽게 알 수 있으나, 서술자의 관여로 독자의 상상력이 제한됨.	

전지적 작가 시점 / 3인칭 관찰자 시점

필수 개념 ❷　3인칭 관찰자 시점

- **3인칭** 시점은 서술자가 작품 바깥에서 인물과 사건에 대해 이야기한다고 했지?
- 그리고 '**관찰자**'는 사건이나 주인공을 자세히 살펴보는 사람이라고 배웠지?
- 정리해 보면 **3인칭 관찰자 시점**은 인물의 속마음까지 꿰뚫어 보는 전지적 작가 시점과 달리 **서술자가 작품 밖에서 사건이나 인물의 행동을 관찰자의 위치에서 관찰한 것만을 이야기하는 시점**을 말해.

	전지적 작가 시점	3인칭 관찰자 시점
공통점	서술자가 모두 작품 밖에서 사건을 서술하고 있음.	
차이점	인물의 속마음까지 알고 전달함.	인물의 속마음을 직접 알 수 없음.

📖 **전체 줄거리**

도시 문명에서 떨어진 산골 마을에서 소년은 아이들과 계절마다 다양한 놀이를 하며 즐겁게 지낸다. 밤에는 누나와 이야기를 하다가 잠들기도 하고 결혼해 마을을 떠난 이들을 그리워하기도 한다. 산골 생활 속에서 꿈과 소망을 키우던 소년은 어느새 인생이 무엇인지 아는 어른이 되었다.

진달래가 피고 잔디가 새로 돋아나기 시작하면, 아이들은 약속이나 한 듯 밤밭골로 모여들었다. 이 밤밭골은 산도 아니고 들도 아닌 펑퍼짐한 구릉*으로서, 이 고장 아이들의 놀이터로 돼 있었다. 둘레에는 잡목*과 가시덩굴들이 얽혔지만, 등성이로는 오솔길이 나 있고, 군데군데 잔디를 곱게 입은 무덤들이 도래솔*에 둘려 있었다.

여기에서 아이들은 패를 갈라 씨름도 하고 말타기도 했다. 씨름에도 지치고 말타기도 싫증이 나면, 산을 향해 고함을 질러, 돌아오는 메아리에 귀를 기울여 보기도 하고, 만만한 나무를 휘어잡아 까닭 없이 흔들어 보기도 했다. 잔디에 배를 깔고 삘기*를 까 씹기도 하고, 왕개미를 잡아다가 손바닥에 놓고 놀려 보기도 했다.

춘돌이라는, 김 초시네 머슴이 있었다. 나이는 아이들보다 배나 먹었어도 늘 조무래기 아이들과만 어울려 놀았다. 씨름이나 말타기를 하면 으레 이 춘돌이가 심판을 했고, 어떤 때에는 아이들에게 쇠꼴*을 베개 해 놓고 저는 묏등*에 번듯이 누워 있기도 했다. 어떻게 해선지는 몰라도 아이들은 춘돌이 말을 고분고분 잘 들었고, 또 잘 듣지 않으면 이 밤밭골에 오지 못하는 걸로 돼 있었다.

언젠가 아이들이 물까마귀 한 마리를 잡은 적이 있었다. 날개를 다쳐 날지 못하는 것을 아이들이 몰아 덮친 것이었다. 아이들은 이 물까마귀를 어떻게 할까 하고 한동안 티격태격하다가 결국 구워 먹기로 했다. 마른 나무를 주워다 쌓고 그 위에다 물까마귀를 통째로 얹어 불을 지폈다. 배를 갈라 속을 내야겠으나, 칼이 없어 그대로 굽기로 했다. 지지지, 노린내와 함께 금세 털이 홀랑 타 버리고 알몸만 남았다.

까투리*보다는 좀 작은 알몸에서는 자글자글 기름이 끓고, 구수한 냄새와 함께 살이 노르께하니 익어 가는 참인데, 이때 춘돌이가 나무 지게를 받쳐 놓고 어슬렁어슬렁 다가왔다.

"그게 뭐냐?"

"물까마귀다."

"웬 거냐?" / "잡은 거다."

"누가?" / "우리가."

춘돌이는 아이들이 터 주는 자리에 비집고 들었다.

— 오영수, 〈요람기〉

*구릉: 땅이 비탈지고 조금 높은 곳.
*잡목: 다른 나무와 함께 섞여서 자라는 여러 가지 나무.
*도래솔: 무덤가에 죽 둘러선 소나무.
*삘기: 띠의 어린 꽃이삭.
*쇠꼴: 소에게 먹이기 위해 베는 풀.
*묏등: 무덤의 윗부분.
*까투리: 암꿩.

🔖 시점 판단하기

1. 작품 속에 '나' 또는 '우리'가 등장하고 있어? O☐ X☐　　　　　→ O: 1인칭 서술자, X: 3인칭 서술자
2. 서술자가 작품 밖에 있으면서 등장인물을 관찰만 하고 있어? O☐ X☐　　→ O: 3인칭 관찰자 시점, X: 전지적 작가 시점

윗글의 서술자에 대한 설명으로 적절한 것은?

① 서술자가 작품 안에서 다른 인물들을 관찰하고 있다.
② 서술자가 작품 밖에서 작품 속의 인물들을 관찰하고 있다.
③ 서술자가 전지적 위치에서 인물들의 심리를 직접 제시하고 있다.
④ 서술자가 작품의 주인공이 되어 자신의 이야기를 전달하고 있다.
⑤ 서술자가 작품 안에서 다른 인물들의 심리를 직접 제시하고 있다.

✏️ 개념 적용하기

▶ 이 작품의 서술자와 시점

- 아이들은 패를 갈라 씨름도 하고 말타기도 했다.
- 춘돌이라는, 김 초시네 머슴이 있었다. 나이는 아이들보다 배나 먹었어도 늘 조무래기 아이들과만 어울려 놀았다.

작품 밖 서술자
- 밤밭골에서 놀고 있는 아이들을 관찰함.
- '춘돌'에 대해 이야기함.

관찰

관찰

> **작품 밖의 서술자가 작품 속 등장인물인 아이들과 춘돌의 말과 행동을 관찰하여**
> 서술하는 ☐인칭 ☐☐☐ 시점

🗂 개념 확장하기

소설의 시점과 거리

관계에 따른 거리	1인칭 주인공 시점 / 전지적 작가 시점	1인칭 관찰자 시점 / 3인칭 관찰자 시점
'서술자 – 인물' 사이	가깝다.(인물의 내면을 말해 줌.)	멀다.(인물과 떨어져서 관찰함.)
'서술자 – 독자' 사이	가깝다.(서술자가 독자에게 인물, 사건에 대해 친절히 알려 줌.)	멀다.(서술자는 독자에게 인물의 말과 행동만 전달해 줌.)

전지적 작가 시점 / 3인칭 관찰자 시점

토끼와 별주부(자라)에 얽힌 이야기들을 떠올려 보자.

📖 **전체 줄거리**

발단 병이 든 남해 용왕은 토끼의 간이 약이 된다는 말을 듣고 토끼를 잡아 오라며 별주부를 육지로 보낸다.

전개 별주부는 높은 벼슬을 주겠다는 말로 토끼를 유혹하고, 별주부의 말에 속은 토끼는 수궁에 따라간다.

절정 토끼는 꾀를 내어 간을 육지에 두고 왔다고 거짓말을 하고, 용왕은 토끼의 말에 속아 신하들의 반대에도 불구하고 토끼에게 성대한 잔치를 열어 준 뒤 별주부와 함께 육지로 나가서 간을 찾아오도록 한다.

결말 육지로 올라온 토끼는 별주부를 혼내고 간 대신 자신의 똥을 칡잎에 싸서 준다. 별주부는 토끼 똥을 가지고 수궁에 가 용왕에게 먹이고, 토끼 똥을 먹은 용왕은 병이 낫는다.

＊과인: 임금이 자기를 낮추어 일컫던 말.

＊짐: 임금이 자신을 스스로 일컬을 때 쓰는 말.

＊명분: 각각의 이름이나 신분에 따라 마땅히 지켜야 할 도리.

＊청천벽력: 맑게 갠 하늘에서 치는 날벼락이란 뜻으로, 뜻밖에 일어난 큰 변고나 사건을 비유적으로 이르는 말.

＊해괴망측: 말할 수 없이 괴상하고 야릇함.

＊의아: 의심스럽고 이상함.

＊천재일우: 천 년 동안 단 한 번만 난다는 뜻으로, 좀처럼 만나기 어려운 좋은 기회를 이르는 말.

＊절통: 뼈에 사무치도록 원통함.

토끼전 | 작자 미상

[앞부분의 줄거리] 남해 용왕이 병에 걸렸는데 토끼의 간을 먹어야 고칠 수 있다고 해서 별주부가 토끼를 찾으러 육지로 간다. 이후 별주부는 토끼를 꾀어 수궁으로 데리고 온다.

절정 그 사이 용왕은 병이 더욱 깊어져 움직이지를 못했는데, 토끼를 보고는 새 정신이 왈칵 솟았다. 용왕은 창문을 열어 큰 소리로 토끼에게 분부를 내렸다.

"과인＊은 옥황상제의 명을 받아 이 남해를 지켜 왔다. 또 인간에게는 비를 주고, 바다의 생물을 위하여 은혜를 널리 베풀며 열심히 살아왔다. 그러다가 우연히 병을 얻게 되어 오늘에 이르렀구나. 토끼의 간이 아니면 다른 약이 없는 처지에 별주부가 충성심을 발휘해 그 험한 육지에 가서 너를 잡아 왔느니라.

네 간을 내어 먹고 짐＊의 병이 낫는다면, 토끼 너의 공을 어찌 잊겠느냐. 우리 용궁 최고의 건축물인 기린각 능운대에 네 이름을 새겨 길이 보존할 것이다. 그게 아니면 네가 원하는 것은 다 이루어 주마. 목숨을 바쳐 명분＊을 이루는 것 또한 의미 있는 삶이 아니겠느냐. 그러니 조금도 서러워하지 말고 어서 칼을 받거라."

[A]
용왕의 청천벽력＊ 같은 분부를 받은 토끼는 아무 대답도 못하고 고개를 들어 임금을 바라보며 눈물만 뚝뚝 떨어뜨렸다.

용왕이 그 모습을 보니 아무 죄 없이 자기 때문에 죽게 된 토끼가 딱하기도 하고 가련하기도 했다. 이왕 죽는 것, 좋은 말로 타일러 웃음이나 머금고 죽게 하자 하는 마음으로 토끼를 달랬다.

"짐을 위해 죽는 것이 서러워서 눈물을 흘리느냐?"

"죽는 게 서러워서가 아니옵고, 못 죽어서 우나이다."

못 죽어서 울다니 이 무슨 해괴망측＊한 말인가. 용왕이 의아＊해서 물었다.

"그것이 무슨 말인가?"

"용왕님, 제가 아뢸 터이니 잘 들으십시오. 인간 세상에 가면 흔하디 흔한 게 저 같은 작은 목숨입니다. 언제 독수리 밥이 될지 사냥개 반찬이 될지 누가 알겠습니까. 사냥꾼이 쳐 놓은 그물에 걸리든 화총 불에 타든 어찌하든 죽는 거야 시간 문제이지요. 그렇게 죽고 나면 세상에 살다 간 저를 누가 기억해 주겠습니까?

제가 배 속의 간이라도 내어 대왕의 병을 고치는 데 쓴다면, 설령 병이 낫지 않더라도 저의 아름다운 이름을 오랫동안 전하게 될 것이니까요. 게다가 행여라도 병환이 나으면 대왕 덕택에 기린각 능운대에 새겨진 저의 이름을 후세에 전할 테니 천재일우＊가 따로 없겠지요. 그런데 이 방정맞은 것이 그만 간 없이 왔사오니 절통＊하기가 그지없나이다."

용왕이 기막혀하며 껄껄껄 크게 웃었다.

"그대는 참으로 미련하구나. ㉠거짓말을 하더라도 그럴듯하게 할 것이지, 말도 안 되는 그런 말을 누가 곧이듣겠느냐? 네 몸이 여기 와 있는데 네 배 속에 있는 간이 어찌 함께 못 왔는고?"

01 윗글의 인물에 대한 이해로 적절하지 <u>않은</u> 것은?

① 토끼는 자신의 목숨이 하찮은 것임을 강조하고 있다.
② 용왕은 자신이 인간에게 은혜를 베풀었다고 생각하고 있다.
③ 용왕은 간을 두고 왔다는 토끼의 말을 진심으로 받아들이고 있다.
④ 용왕은 자신 때문에 죽을 위기에 처한 토끼를 불쌍히 여기고 있다.
⑤ 토끼는 간 없이 와서 이름을 남길 기회를 놓쳤다며 억울한 척하고 있다.

02 윗글에 나타난 갈등에 대한 설명으로 적절한 것은?

① 용왕과 옥황상제 간의 외적 갈등이 겉으로 드러나 있다.
② 토끼의 간은 인물 간의 갈등을 일으키는 근본 원인이 되고 있다.
③ 토끼는 별주부에게 속은 자신을 자책하며 내적 갈등을 일으키고 있다.
④ 용왕은 별주부의 충성심을 두고 내적으로 갈등하는 모습을 보여 주고 있다.
⑤ 토끼와 사냥꾼은 사건의 진행으로 볼 때 갈등 관계에 놓이게 될 인물들이다.

03 [A]를 보기 와 같이 바꾸었을 때, [A]와 보기 를 비교한 내용으로 적절한 것은?

전지적 작가 시점 / 3인칭 관찰자 시점

> 보기
>
> 나의 청천벽력 같은 분부를 받은 토끼는 아무 대답도 못하고 고개를 들어 나를 바라보며 눈물만 뚝뚝 떨어뜨렸다.
>
> 나는 그 모습을 보니 아무 죄 없이 나 때문에 죽게 된 토끼가 딱하기도 하고 가련하기도 했다. 나는 이왕 죽는 것, 좋은 말로 타일러 웃음이나 머금고 죽게 하자 하는 마음으로 토끼를 달랬다.
>
> "짐을 위해 죽는 것이 서러워서 눈물을 흘리느냐?"
> "죽는 게 서러워서가 아니옵고, 못 죽어서 우나이다."
> 못 죽어서 울다니 이 무슨 해괴망측한 말인가. 나는 의아해서 물었다.

① [A]는 〈보기〉와 달리 서술자가 작품 밖에 있다.
② [A]와 〈보기〉는 모두 서술자가 작품 속 등장인물이다.
③ 〈보기〉에서는 토끼의 모습을 [A]와 다르게 묘사하고 있다.
④ [A]와 〈보기〉에서 이야기를 전달하는 서술자는 동일한 인물이다.
⑤ [A]와 〈보기〉에서 토끼에 대한 인물의 심리가 다르게 서술되고 있다.

주관식·서술형

04 ㉠이 가리키는 내용을 구체적으로 쓰시오.

*문답: 서로 묻고 대답함.

*호령: 큰 소리로 꾸짖음.

*미련: 어리석고 둔함.

*수중 원혼: 물속에서 원통하게 죽은 사람의 넋.

*오장: 간장, 심장, 비장, 폐장, 신장 등 다섯 가지 내장을 통틀어 이르는 말.

*소행: 이미 해 놓은 일이나 짓.

*만경창파: 만 이랑의 푸른 물결. 한없이 넓고 넓은 바다.

*왕래: 오고 감.

*식언: 약속한 말대로 지키지 아니함.

*열기: 뜨거운 기운.

*효험: 일의 좋은 보람. 또는 어떤 작용의 결과.

*여생: 앞으로 남은 인생.

[앞부분의 줄거리] 용왕의 병을 고치기 위해 토끼의 간을 구하러 간 별주부는 토끼를 속여 수궁으로 데려오지만, 토끼는 꾀를 내어 자신의 간을 육지에 두고 왔다고 거짓말을 한다. 용왕은 토끼의 말에 속아 신하들의 반대에도 불구하고 토끼에게 성대한 잔치를 열어 준 뒤 별주부와 함께 육지로 나가서 간을 찾아오도록 한다.

[A]

결말 그럭저럭 문답* 아닌 문답을 하며 토끼와 별주부는 넓고 너른 푸른 바다를 다 지나고 바닷가 기슭에 도착했다.

토끼가 앞에 서고 별주부는 뒤를 따라 바삐 걸어갔다. 토끼의 분한 마음이야 별주부가 지은 죄를 크게 꾸짖고 싶었으나 아직은 때가 아닌 줄을 알기에 묵묵히 걸어갔다. 괜히 건드려 보았자 저 단단한 주둥이로 팔다리 꽉 물고서 도로 물에 들어가면 어찌할까 싶어 꾹 참았던 것이다.

토끼는 ㉠바닷물 빛이 보이지 않도록 한참을 훌쩍 가서야 바위 위에 높이 앉아 마음껏 별주부에게 호령*했다.

"이놈 자라야! 네 죄를 따지자면 죽여도 아깝지 않도록 괘씸하다. 만일 ㉡내 말재주가 네 용왕처럼 미련*했더라면, 아까운 이내 목숨 수중 원혼*이 되었겠구나. 옛 책에는 '짐승이 미련하기가 물고기와 같다.' 했는데 너희 물고기들이 미련하기는 우리 털 있는 짐승보다 더하구나.

㉢오장*에 붙어 있는 간을 어찌 넣고 빼고 할 수가 있겠느냐? 네 소행*을 생각하면 산속으로 잡아다가 푹 삶아서 백소주 안줏감으로 초장이나 찍어 먹으며 우리 동무들과 잔치를 벌이고 싶은 마음 간절하구나. 그러나 임금을 위하는 마음에서 그런 것이며, 만경창파* 그 먼 길을 네 등으로 왕래*하며 죽고 사는 고생을 함께하였기에 목숨만은 살려 보내 주겠다. 그리 알고 속히 궁으로 돌아가거라.

좋은 약을 보내기로 네 왕에게 약속했으니, 점잖은 내 체면에 어찌 식언*을 하겠느냐? 내 똥이 매우 좋아 열을 내리게 한다 하여 사람들이 주워서 앓는 아이에게 먹인단다. 내가 살펴보니 네 왕의 두 눈자위에 열기*가 아주 많이 몰렸더라. 이걸 갖다가 먹이면 병이 곧 나을 게다."

토끼는 작은 총알 같은 똥을 많이 누어 칡잎에 단단히 싸서 별주부 등에 올려놓고 칡으로 감아 주었다. 별주부는 할 수 없이 토끼 똥을 짊어지고 수궁으로 발길을 돌렸다.

죽을 목숨 살아 나온 토끼의 기쁨이야 오죽하겠는가. ㉣깡장깡장 뛰어가며 흔들흔들 방자하게 뽐내며 자랑하는 모습이 혼자 보기 아까웠다.

(중략)

한편 토끼를 놓쳐 버린 별주부는 ㉤'차라리 육지로 올라가 죽어 버릴까?' 하는 생각도 했다. 하지만 처자식과 늙으신 어머니가 마음에 걸려 무거운 발걸음을 옮겨 수궁으로 돌아갔다. 다행스럽게도 토끼가 준 토끼 똥의 효험*이 있어 용왕의 병이 씻은 듯이 나았다. 그토록 원하던 충신이 되어 어머니와 아내, 자식 모두 함께 평안한 여생*을 누렸다.

05 윗글에 대한 설명으로 적절하지 <u>않은</u> 것은?

① 공간적 배경이 제시되고 있다.
② 인물들 간의 외적 갈등이 드러나 있다.
③ 시간의 흐름에 따라 사건이 전개되고 있다.
④ 주인공의 영웅적인 일대기가 제시되고 있다.
⑤ 등장인물들이 모두 행복한 결말을 맞이하고 있다.

06 ㉠~㉤에 대한 이해로 적절하지 <u>않은</u> 것은?

① ㉠: 안전한 상황이 될 때까지 기다리는 토끼의 모습이 나타나 있다.
② ㉡: 용왕보다 별주부가 더 미련하다는 토끼의 생각이 드러나 있다.
③ ㉢: 토끼가 자신이 용왕에게 했던 말이 거짓임을 밝히고 있다.
④ ㉣: 위기에서 벗어난 토끼의 기쁨이 행동으로 나타나고 있다.
⑤ ㉤: 토끼를 놓쳐 버린 별주부의 내적 갈등이 드러나 있다.

전지적 작가 시점 /
3인칭 관찰자 시점

07 [A]를 보기 와 같이 바꾸었을 때의 변화로 적절하지 <u>않은</u> 것은?

> 보기
>
> 　그럭저럭 문답 아닌 문답을 하며 나와 별주부는 넓고 너른 푸른 바다를 다 지나고 바닷가 기슭에 도착했다.
> 　내가 앞에 서고 별주부는 내 뒤를 따라 바삐 걸어갔다. 나는 분한 마음으로 별주부가 지은 죄를 크게 꾸짖고 싶었으나 아직은 때가 아닌 줄을 알기에 묵묵히 걸어갔다. 괜히 건드려 보았자 저 단단한 주둥이로 팔다리 꽉 물고서 도로 물에 들어가면 어찌할까 싶어 꾹 참았던 것이다.
> 　나는 바닷물 빛이 보이지 않도록 한참을 훌쩍 가서야 바위 위에 높이 앉아 마음껏 별주부에게 호령했다.

① 작품의 주인공은 변함이 없다.
② 특정 인물의 내면 심리가 바뀌고 있다.
③ 독자에게 사건을 전달하는 서술자가 바뀌고 있다.
④ 서술의 시점이 3인칭 시점에서 1인칭 시점으로 바뀌고 있다.
⑤ 서술자의 위치가 작품 바깥에서 작품 안으로 이동하고 있다.

✍ 주관식·서술형

08 <u>별주부가 지은 죄</u>를 다음과 같이 나타낼 때, ⓐ~ⓒ에 들어갈 알맞은 말을 각각 쓰시오.

> 　(　ⓐ　)이/가 (　ⓑ　)을/를 살리기 위해 (　ⓒ　)을/를 속여 수궁으로 데려가 죽을 위기에 처하게 한 것

▶ **이 작품의 서술자와 시점**

> • 토끼의 분한 마음이야 별주부가 지은 죄를 크게 꾸짖고 싶었으나 아직은 때가 아닌 줄을 알기에 묵묵히 걸어갔다.
> • 용왕이 그 모습을 보니 아무 죄 없이 자기 때문에 죽게 된 토끼가 딱하기도 하고 가련하기도 했다.
> • 토끼를 놓쳐 버린 별주부는 '차라리 육지로 올라가 죽어 버릴까?' 하는 생각도 했다.

작품 밖 서술자

인물들(토끼, 용왕, 별주부)과 사건의 모든 것을 알고 직접 이야기함.

작품 밖의 서술자가 작품 속 주요 인물인 토끼, 용왕, 별주부의 모든 것에 대해 이야기하는 ☐☐☐☐☐ 시점

🔍 **작품 한눈에** **토끼전** | 작자 미상

한줄평 ▶ 동물을 의인화한 소설로 별주부의 꾐에 빠져 죽을 위기에 처했던 토끼가 지혜를 발휘하여 살아 돌아온 이야기

사건

• **수궁에 가는 토끼**: 토끼가 별주부에게 속아 수궁에 따라가 죽을 위기에 처함.
• **토끼의 지혜**: ☐을 두고 왔다는 토끼의 꾀에 용왕이 속아 넘어감.
• **행복한 결말**: 토끼는 무사히 풀려나고, 용왕은 병이 낫고, 별주부는 충신이 되어 평안한 여생을 누림.

소재와 배경

• **토끼의 간**: 인물들 간의 갈등을 일으키는 소재
• **토끼의 똥**: 인물들 간의 갈등을 해소하는 소재
• **육지**: '토끼'를 중심으로 한 서민 사회를 상징함.
• **☐☐**: '용왕'을 중심으로 한 귀족 사회를 상징함.

구성과 서술상 특징

• **순행적 구성**: 시간의 흐름에 따라 사건이 전개됨.
• **공간의 이동**: '수궁 → 육지 → 수궁 → ☐☐'로 공간의 이동에 따라 사건이 전개됨.
• **의인화**: 동물을 의인화하여 인간 세상을 빗댐.
• **시점**: 전지적 작가 시점

주제: ① 위기 극복의 지혜와 헛된 욕심에 대한 경계(토끼 중심)
② 임금에 대한 충성(별주부 중심) ③ 무능한 집권층에 대한 비판(☐☐ 중심)

[1~5] 다음에서 설명하는 어휘가 무엇일지 사다리를 연결하고 주어진 낱자를 활용하여 쓰시오.

1 얄미울 정도로 매우 우쭐거리며 자랑하다.

2 의심스럽고 이상함.

3 앞으로 남은 인생.

4 일의 좋은 보람. 또는 어떤 작용의 결과.

5 산의 등줄기.

| ㄷ ㅅ ㅇ | ㅇ ㅇ | ㅇ ㅅ | ㅃ ㄱ ㄷ | ㅎ ㅎ |

🏛 **어휘 특강**) **'간'이 들어간 관용 표현**

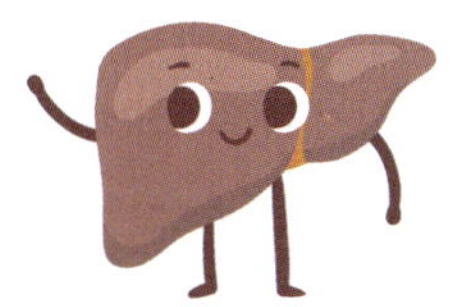

관용 표현 → 둘 이상의 단어가 고정적으로 결합하여 새로운 의미를 만들어 낸 경우, 그 단어 구성을 이르는 말

간: 탄수화물을 저장하고, 단백질이나 당의 대사를 조절하며, 해독 작용을 하는 기관.

- 간(이) 떨어지다: 몹시 놀라다.
  예 갑작스러운 폭발음에 <u>간 떨어질</u> 뻔했다.

- 간(이) 붓다: 지나치게 대담해지다.
  예 나한테 덤비다니 이놈이 <u>간이 부은</u> 모양이군.

- 간에 기별도 안 가다: 먹은 것이 너무 적어 먹으나 마나 하다.
  예 이거 먹고는 <u>간에 기별도 안 가겠다.</u>

- 간이 콩알만 해지다: 몹시 두려워지거나 무서워지다.
  예 행여나 내가 걸릴까 봐 <u>간이 콩알만 해졌다.</u>

- 간에 붙었다 쓸개(염통)에 붙었다 한다: 자기에게 조금이라도 이익이 되면 지조 없이 이편에 붙었다 저편에 붙었다 함을 비유적으로 이르는 말

14 일차

소설에 나타난 비유 / 상징

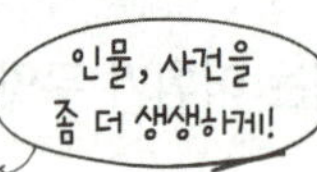

💡 필수 개념 ❶ 소설에 나타난 비유

- **비유**란 어떤 현상이나 대상을 **다른 비슷한 현상이나 공통점을 가진 다른 대상에 빗대어 표현**하는 것이라고 배웠지?
- 비유는 시뿐만 아니라 소설에서도 많이 사용돼. 소설에서 비유적 표현을 활용하는 이유는 무엇일까? 바로 **표현하려는 대상이나 인물이 처한 상황을 좀 더 구체적이고 생생하게, 또 감각적으로 표현**할 수 있기 때문이지.
- 예를 들면 김유정의 〈떡〉에서 '옥이의 배는 최대한도로 늘어났고 마치 바람 넣은 풋볼만치나 가죽이 탱탱하였다.'를 보면 음식을 너무 많이 먹어 배가 터질 듯한 옥이의 모습을 비유적으로 표현하여 인물이 처한 상황을 생생하게 전달하고 있어.

📖 전체 줄거리

대수와 미라는 열일곱의 나이에 아이를 갖게 되고, 고생 속에서도 '나'를 키우며 행복해하지만 '나는 조로증에 걸려 늙어 간다. '나'의 사연이 방송에서 소개된 후, '나'는 암 투병 중이라는 서하와 메일을 주고받으며 사랑을 느낀다. 그러나 서하는 가상의 인물이었고, 이를 알게 된 '나'는 크게 실망한다. '나'는 부모님의 이야기를 소설로 쓰고, 병세가 악화되어 결국 죽음을 맞이한다.

[앞부분의 줄거리] 태권도 특기생으로 체육 고등학교에 다니던 대수와 당찬 성격의 미라는 열일곱의 나이에 아이를 갖게 된다.

시간은 계속 흐르고…… 축축하고 어두운 공간 속에서 내 몸은 자꾸 자라났다. 주위에선 쉴 새 없이 쿵—쿵— 하는 소리가 들렸다. 나는 그 소리를 귀가 아닌 온몸으로 들었다. 그러고 ㉠지하 벙커*에서 모스 부호* 해독에 열중하는 병사처럼 내 주위를 감싸는 그 '떨림'의 실체를 파악하려 애썼다. 그리고 그 암호는 다음과 같았다.

'두근두근…… 두근두근…… 두근두근……'

쿵쿵— 혹은 둥둥—이라도 좋았다. 먼 북소리 같기도 하고, ㉡큰 발소리 같기도 한 무엇. 거대한 몸집을 가진 누군가가 나를 향해 성큼성큼 다가오는 듯한 울림이었다. 그때마다 나는 ㉢여진*에 민감한 순록*처럼 도망칠 준비를 했다. 하지만 동시에 춤추고 싶은 기분도 들었다. 어머니의 심박*과 내 것이 겹쳐 가끔은 ㉣음악처럼 들려왔던 까닭이다.

'쿵 짝짝…… 쿵 짝짝…… 쿵쿵 짝…… 쿵 짝……'

쿵은 어머니 것, 짝은 내 것이었다. 쿵은 센소리, 짝은 여린 소리였다. 나는 긴 탯줄에 매달려 그 소리에 집중했다. 어머니의 심장은 ㉤오동통한 달처럼 내 머리 위에 떠, 나무가 초록을 퍼트리듯 방울방울 사방에 비트를 퍼트렸다. 그것은 정보량의 최소 기본 단위를 말하는 비트(bit)이기도 하고, 가수들이 음악을 만들 때 쓰는 비트(beat)이기도 했다. 이 비트와 저 비트는 몸 곳곳에 중요한 메시지를 보내며 삐라*처럼 흩날렸다. 듣다 보니 뭔가 '되고 싶어지는' 게 누가 들어도 참으로 선동적*이라 하지 않을 수 없는 리듬이었다. 명령어를 전달받은 세포들은 곧장 행동에 돌입했다. 하늘에서 쏟아지는 비트를 맞고, 기관들이 움트며 기지개를 편 거였다. 간이 부풀고 콩팥이 여물며 우둑우둑 뼈가 돋아났다. 나는 무럭무럭 자랐다.

– 김애란, 〈두근두근 내 인생〉

---

*벙커: 적의 사격이나 관측으로부터 아군을 보호하기 위하여 땅을 파서 만든 구덩이.

*모스 부호: 점과 선을 배합하여 문자나 기호를 나타내는 전신 부호.

*여진: 큰 지진이 일어난 다음에 얼마 동안 잇따라 일어나는 작은 지진.

*순록: 사슴과의 짐승.

*심박: 심장 박동. 심장이 일정한 간격으로 뛰는 것.

*삐라: 선전이나 광고 또는 선동하는 글이 담긴 종이쪽.

*선동적: 남을 부추겨 어떤 일이나 행동을 하게 하는 것

비유 찾기

1. 윗글에 직유법이 사용되었어? O ☐ X ☐
2. '나무가 초록을 퍼트리듯'의 원관념을 써 보자. ______________

윗글의 서술자인 '나'는 어머니의 배 안에서 자라고 있는 태아이다. 이를 바탕으로 할 때, ㉠~㉤에 대한 이해로 적절하지 않은 것은?

① ㉠: '나'의 심장 박동에 귀 기울이고 있는 어머니의 모습을 빗댄 표현이다.

② ㉡: '나'가 듣고 있는 어머니의 심장 박동 소리를 빗댄 표현이다.

③ ㉢: 어머니의 심장 박동 소리에 놀라고 두려워하는 '나'를 빗댄 표현이다.

④ ㉣: 어머니와 '나'의 심장 박동 소리가 어우러지는 것을 빗댄 표현이다.

⑤ ㉤: 어머니의 배 안에서 '나'가 느끼는 어머니의 심장을 빗댄 표현이다.

개념 적용하기

▶ **이 작품에 나타난 비유**

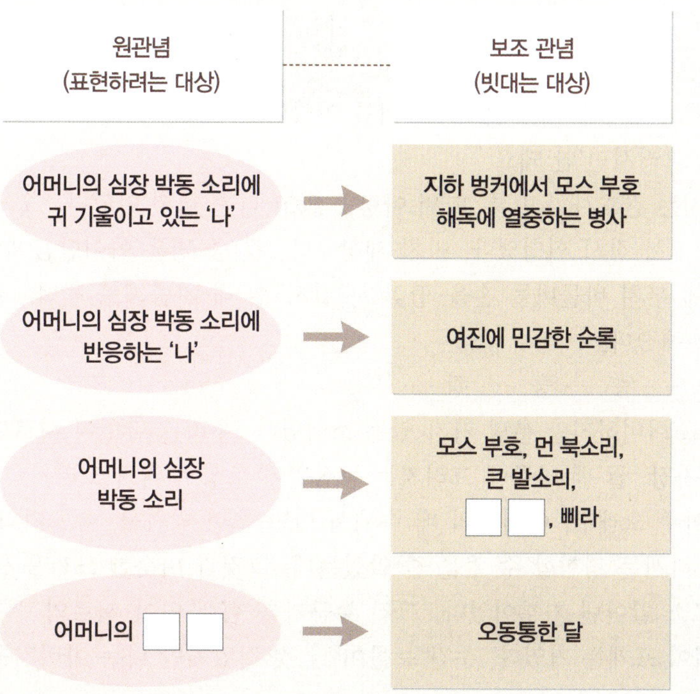

다양한 비유적 표현을 통해 표현하려는 대상('나', 어머니의 심장 박동 소리, 어머니의 심장 등)을 구체적이고 생생하며 감각적으로 표현함.

소설에 나타난 비유 / 상징

필수 개념 ❷ 소설에 나타난 상징

작품의 주제를
넌지시 알려 줘~

- **상징**이란 눈에 보이지 않고 말로 표현하기 힘든 것(추상적인 대상)을 **구체적인 사물로 나타내어 머릿속에 쉽게 떠오르도록 하는 표현 방법**이라고 앞에서 배웠지?
- 상징은 시뿐만 아니라 소설에서도 많이 사용되는 표현 기법인데, 소설에서 상징적 표현을 활용하는 이유는 무엇일까? 이는 머릿속에 쉽게 떠오르지 않는 **추상적인 주제를 효과적으로 표현**할 수 있기 때문이야. 또, **표현하려는 대상을 더욱 구체적으로** 드러내기도 하고, **인물의 심리나 상황을 암시**해 주기도 한단다.
- 예를 들면 이오덕의 〈꿩〉이라는 소설에서 '꿩'은 주인공 '용이'에게 용기와 자신감을 주는 계기인 동시에 자유와 생명력을 상징하는 소재로 활용되었지.

[앞부분의 줄거리] 열일곱에 부모가 된 대수와 미라는 어리고 생활 능력도 없어 갖은 고생을 하지만 '나'가 크는 것을 보며 행복해한다. 그러나 '나'는 빠른 속도로 신체 나이가 늙어 가는 조로증에 걸려 병원에 다니게 된다. 우연히 '나'의 사연이 방송에 소개되면서 '나'는 많은 이들의 관심을 받고, 암 투병 중이라는 '서하'라는 소녀에게서 메일도 받게 된다. '나'는 서하와 메일을 주고받으며 사랑의 감정을 키워 가지만, 나중에 서하가 암에 걸린 소녀가 아니라 서른이 넘은 시나리오 작가 지망생이 취재를 위해 만들어 낸 가공*의 인물임을 알고 크게 실망한다. 그 후로 '나'의 병세는 급격히 악화*된다.

"아빠?" / "그래, 아름아."
"저, 눈이 멀고 나서야 평소에 내가 아빠 얼굴 보는 걸 얼마나 좋아했는지 알았어요."
아버지가 손으로 내 머리를 만졌다. 나는 아버지의 커다란 손바닥 안에 내 이마가 폭 안기는 느낌이 좋다고 생각했다.
"아빠?" / 나는 호흡이 달려 한동안 다음 말을 잇지 못했다. 아버지가 내 손을 잡았다.
"그래, 아름아." / "나 좀 무서워요."
"……" / 아버지는 상체를 숙여 나를 안았다.
"지금 그러시면 안 돼요."
아버지는 간호사의 만류* 따위 아랑곳 않고 나를 힘껏 안았다. 그러곤 깃털처럼 가벼운 자식 앞에서 잠시 휘청댔다. 마치 세상 모든 것 중 병든 아이만큼 무거운 존재는 없다는 듯. 힘에 부쳐 바들바들 손을 떨었다. 잠시 후 내 가슴께로 펄떡이는 아버지의 심장 박동*이 전해졌다.
㉠'쿵…… 쾅…… 쿵…… 쾅……'
약하고 희미하지만 분명 거기 있는 소리였다. 우리는 말없이 서로의 파동* 안에 머물렀다. 그 자장* 끝 맨 나중에 그려지는 동심원이 토성 주위의 고리처럼 우리를 오목하게 감쌌다. 아주 오래전, 어머니의 배 속에서 만난 그런 박자를, 누군가와 온전하게 합쳐지는 느낌을 다시는 경험할 수 없을 줄 알았는데, 그것과 비슷한 느낌을 줄 수 있는 방법 하나를 비로소 알아낸 기분이었다. 그건 누군가를 힘껏 안아 서로의 박동을 느낄 만큼 심장을 가까이 포개는 거였다. 순간 눈물이 날 것 같았지만 나는 아버지를 안은 팔에 힘을 주었다.

– 김애란, 〈두근두근 내 인생〉

*가공: 사실이 아니고 거짓이나 상상으로 꾸며 냄.
*악화: 병의 증세가 나빠짐.
*만류: 붙들고 못 하게 말림.
*박동: 맥이 뜀.
*파동: 공간의 한 점에 생긴 물리적인 상태의 변화가 차츰 둘레에 퍼져 가는 현상.
*자장: 자석이나 전류의 주위, 지구의 표면 따위와 같이 자기의 작용이 미치는 공간.

📎 상징 찾기

1. 윗글에서 '쿵…… 쾅…… 쿵…… 쾅……'이 무엇을 나타내는지 써 보자. ________________
2. '아버지의 심장 박동'에 담긴 아버지의 심리를 써 보자. ________________

㉠에 담긴 상징적 의미와 거리가 먼 것은?

① '나'에 대한 아버지의 사랑
② '나'의 죽음에 대한 아버지의 두려움
③ '나'를 외면했던 것에 대한 아버지의 후회
④ 자식인 '나'를 먼저 떠나보내는 아버지의 슬픔
⑤ 병 때문에 이른 죽음을 맞이하는 '나'에 대한 아버지의 안타까움

✏️ 개념 적용하기

▶ **이 작품에 나타난 상징**

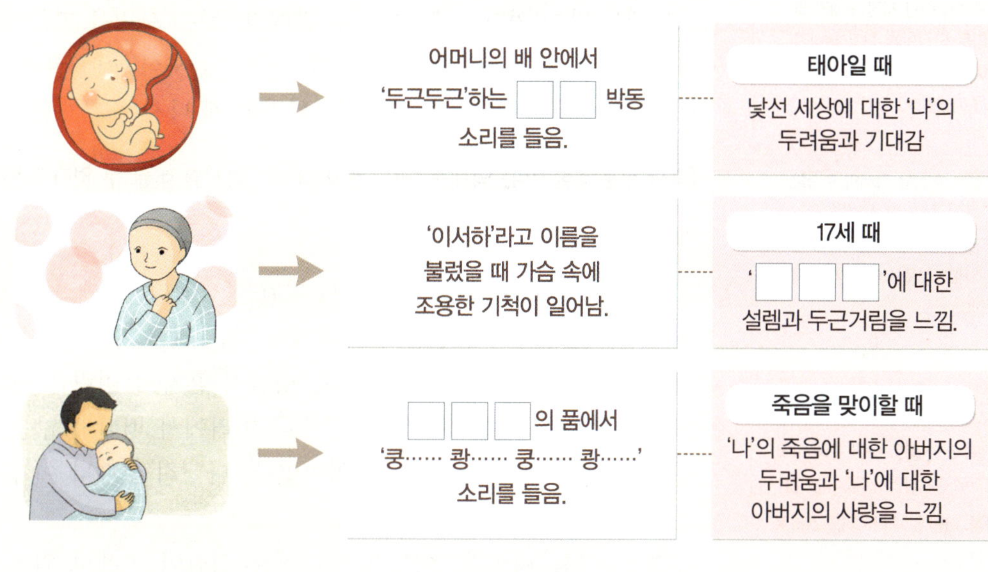

제목 '두근두근 내 인생'의 상징적 의미

• 비록 짧은 생이었지만 '나'에게도 벅찬 감정을 느낀 순간들이 있었음을 의미함.
• '나'가 부모와 주변 사람들의 사랑 속에서 의미 있는 생을 살아 왔음을 의미함.

소설에 나타난 비유 / 상징

학 | 황순원

[앞부분의 줄거리] 한 마을에서 단짝 친구로 지냈던 성삼과 덕재는 6·25 전쟁이 나면서 적대 관계로 만나게 된다. 치안 대원이 된 성삼은 농민 동맹 부위원장을 지낸 덕재가 치안대에 잡혀 온 것을 보고는 청단까지의 호송*을 자청*하여 혼자서 덕재를 데리고 나선다.

위기 고갯길에 다다랐다. 이 고개는 해방 전전해, 성삼이가 삼팔 이남 천태 부근으로 이사 가기까지 ㉠덕재와 더불어 늘 솔 베러 넘나들던 고개다.

성삼이는 와락 저도 모를 화가 치밀어, 고함을 질렀다.

㉡"이 자식아, 그동안 사람을 몇이나 죽였냐?"

그제야 덕재가 힐끗 이쪽을 쳐다보더니 다시 고개를 거둔다.

"이 자식아, 사람 몇이나 죽였어?"

덕재가 다시 이리로 고개를 돌린다. 그러고는 성삼이를 쏘아본다. 그 눈이 점점 빛을 더해 가며, 제법 수염발 잡힌 입언저리가 실룩거리더니,

㉢"그래, 너는 사람을 그렇게 죽여 봤니?"

이 자식이! 그러면서도 ㉣성삼이의 가슴 한복판이 환해짐을 느낀다. 막혔던 무엇이 풀려 내리는 것만 같은. 그러나,

"농민 동맹 부위원장쯤 지낸 놈이 왜 피하지 않고 있었어? 필시 무슨 사명을 띠구 잠복*해 있었던 거지?"

덕재는 말이 없다. / "바른대루 말해라. 무슨 사명을 띠구 숨어 있었냐?"

덕재는 그냥 잠잠히 걷기만 한다. 역시 이 자식 속이 꿀리는 모양이구나. 이런 때 한번 낯짝을 봤으면 좋겠는데, 외면한 채 다시는 고개를 돌리지 않는다.

[중략 부분의 줄거리] 덕재는 병이 든 아버지가 농사를 버릴 수 없다고 반대하여 피란을 가지 못했다고 말한다.

지난 유월달에는 성삼이 편에서 피란을 갔었다. 밤에 몰래 아버지더러 피란 갈 이야기를 했다. 그때 성삼이 아버지도 같은 말을 했다. ㉤농사꾼이 농사일을 늘어놓구 어디루 피란 간단 말이냐. 성삼이 혼자서 피란을 갔다. 남쪽 어느 낯선 거리와 촌락을 헤매 다니면서 언제나 머리에서 떠나지 않는 건 늙은 부모와 어린 처자에게 맡기고 나온 농사일이었다. 다행히 그때나 이제나 자기네 식구들은 몸성히들 있다.

고갯마루를 넘었다. 어느새 이번에는 성삼이 편에서 외면*을 하고 걷고 있었다. 가을 햇볕이 자꾸 이마에 따가왔다. 참, 오늘 같은 날은 타작*하기에 꼭 알맞은 날씨라고 생각했다.

고개를 다 내려온 곳에서 성삼이는 주춤 발걸음을 멈추었다.

ⓐ저쪽 벌 한가운데 흰옷을 입은 사람들이 허리를 굽히고 섰는 것 같은 것은 틀림없는 학 떼였다. 소위 삼팔선 완충 지대*가 되었던 이곳, 사람이 살고 있지 않은 그동안에도 이들 학들만은 전대로 살고 있는 것이었다.

01 윗글에 대한 설명으로 적절하지 <u>않은</u> 것은?

① 시간의 흐름순으로 사건을 전개하고 있다.
② 인물의 심리가 직접적으로 제시되고 있다.
③ 외적 갈등이 작품 표면에 직접 드러나 있다.
④ 공간의 이동에 따른 전개 방식을 취하고 있다.
⑤ 작품 밖 서술자가 인물과 사건을 서술하고 있다.

02 ㉠~㉤에 대한 이해로 적절하지 <u>않은</u> 것은?

① ㉠: 성삼과 덕재가 친한 사이였다는 사실이 나타나 있다.
② ㉡: 아는 사람을 죽인 덕재에게 분노하는 성삼의 심리가 드러나 있다.
③ ㉢: 자신은 사람을 죽이지 않았다는 덕재의 반응이 나타나 있다.
④ ㉣: 덕재의 말을 듣고 안심하는 성삼의 심리가 나타나 있다.
⑤ ㉤: 피란을 가지 않겠다는 성삼 아버지의 의지가 드러나 있다.

03 윗글을 읽은 독자의 반응으로 적절하지 <u>않은</u> 것은?

① 덕재는 농민 동맹에서 지위가 높은 편이었군.
② 성삼은 혼자 피란을 가서 가족과 농사 걱정을 했었군.
③ 덕재 아버지와 성삼 아버지는 모두 농사일을 중시하는군.
④ 고갯마루를 넘은 후 덕재에 대한 성삼의 반감이 다시 높아졌군.
⑤ '저쪽 벌'에 사람이 살지 않고 학들만 살게 된 것은 전쟁 때문이겠군.

🖉 **주관식·서술형**

소설에 나타난
비유 / 상징

04 ⓐ에서 원관념과 보조 관념을 각각 찾아 쓰시오.

• 원관념: ____

• 보조 관념: ____

[앞부분의 줄거리] 동네 치안대에서 어린 시절의 단짝 친구인 덕재가 포승줄에 묶여 있는 것을 보고 깜짝 놀란 성삼은 호송을 자청하여 혼자서 덕재를 데리고 나선다. 성삼은 덕재를 심문*하나 덕재는 자신이 농사짓는 재주밖에 없는 사람이라며 결백*을 주장한다. 벌판을 지나던 성삼은 옛일을 떠올린다.

절정 지난날 성삼이와 덕재가 아직 열두어 살쯤 났을 때 일이었다. 어른들 몰래 둘이서 올가미*를 놓아 여기 학 한 마리를 잡은 일이 있었다. 단정학*이었다. 새끼로 날개까지 얽어매 놓고는 매일같이 둘이서 나와 학의 목을 쓸어안는다, 등에 올라탄다, 야단을 했다. 그러한 어느 날이었다. 동네 어른들이 수군거리는 소리를 들었다. 서울서 누가 학을 쏘러 왔다는 것이다. 무슨 표본*인가를 만들기 위해서 총독부의 허가까지 맡아 가지고 왔다는 것이다. ㉠그 길로 둘이는 벌로 내달렸다. 이제는 어른들한테 들켜 꾸지람 듣는 것 같은 건 문제가 아니었다. ㉡그저 자기네의 학이 죽어서는 안 된다는 생각뿐이었다. 숨 돌릴 겨를도 없이 잡풀 새를 기어 ㉢학 발목의 올가미를 풀고 날개의 새끼*를 끌렀다. 그런데 학은 잘 걷지도 못하는 것이다. 그동안 얽매여 시달린 탓이리라. 둘이서 학을 마주 안아 공중에 투쳤다. 별안간 총소리가 들렸다. 학이 두서너 번 날갯짓을 하다가 그대로 내려왔다. 맞았구나. 그러나 다음 순간, 바로 옆 풀숲에서 펄럭 단정학 한 마리가 날개를 펴자, 땅에 내려앉았던 자기네 학도 긴 목을 뽑아 한번 울음을 울더니 그대로 공중에 날아올라, 두 소년의 머리 위에 둥그러미를 그리며 저쪽 멀리로 날아가 버리는 것이었다. 두 소년은 언제까지나 자기네 학이 사라진 푸른 하늘에서 눈을 뗄 줄을 몰랐다.

결말 "애, 우리 학 사냥이나 한번 하구 가자."

성삼이가 불쑥 이런 말을 했다.

덕재는 무슨 영문인지 몰라 어리둥절해 있는데,

㉣"내 이걸루 올가미를 만들어 놀게, 너 학을 몰아오너라."

포승줄을 풀어 쥐더니, 어느새 성삼이는 잡풀 새로 기는 걸음을 쳤다.

ⓐ대번 덕재의 얼굴에서 핏기가 걷혔다. 좀 전에, 너는 총살감이라던 말이 퍼뜩 머리를 스치고 지나갔다. 이제 성삼이가 기어가는 쪽 어디서 총알이 날아오리라.

저만치서 성삼이가 획 고개를 돌렸다.

"어이, 왜 멍추*같이 섰는 거야? ⓑ어서 학이나 몰아오너라."

그제서야 ㉤덕재도 무엇을 깨달은 듯, 잡풀 새를 기기 시작했다.

때마침 단정학 두세 마리가 높푸른 가을 하늘에 큰 날개를 펴고 유유히 날고 있었다.

05 윗글에서 '학'이 지닌 의미와 역할로 적절하지 <u>않은</u> 것은?

① 성삼에게 덕재와의 우정을 떠올리게 하고 있다.
② 하늘을 날고 있는 모습은 '덕재'가 자유를 찾게 됨을 암시한다.
③ 성삼과 덕재가 우정을 회복하게 되는 매개체 역할을 하고 있다.
④ 올가미에 걸려 시달리는 모습은 수난당하는 우리 민족을 상징한다.
⑤ 성삼, 덕재와 마을 어른들 간의 갈등이 해소되고 화합의 시간이 올 것을 상징한다.

06 ㉠~㉤에 대한 이해로 적절하지 <u>않은</u> 것은?

① ㉠: 학을 살리고 싶은 덕재와 성삼의 다급한 태도가 나타나 있다.
② ㉡: 학에 대한 덕재와 성삼의 생각을 서술자가 직접 제시하고 있다.
③ ㉢: 학에게 자유를 주고자 하는 덕재와 성삼의 행동이 드러나 있다.
④ ㉣: 어린 시절을 떠올리며 학을 다시 잡고 싶은 성삼의 심정이 드러나 있다.
⑤ ㉤: 성삼의 말뜻을 덕재가 알아차렸다는 것을 나타내고 있다.

07 ⓐ에 나타난 덕재의 심리로 가장 적절한 것은?

① 후회　　　　　② 떳떳함　　　　　③ 두려움
④ 실망감　　　　　⑤ 부끄러움

🖉 주관식·서술형

08 ⓑ에 담긴 의도를 다음과 같이 나타낼 때, (　　) 안에 들어갈 내용을 쓰시오.

체포되어 호송당하고 있는 친구 (　　　　　　　　　　)는 의도를 담고 있다.

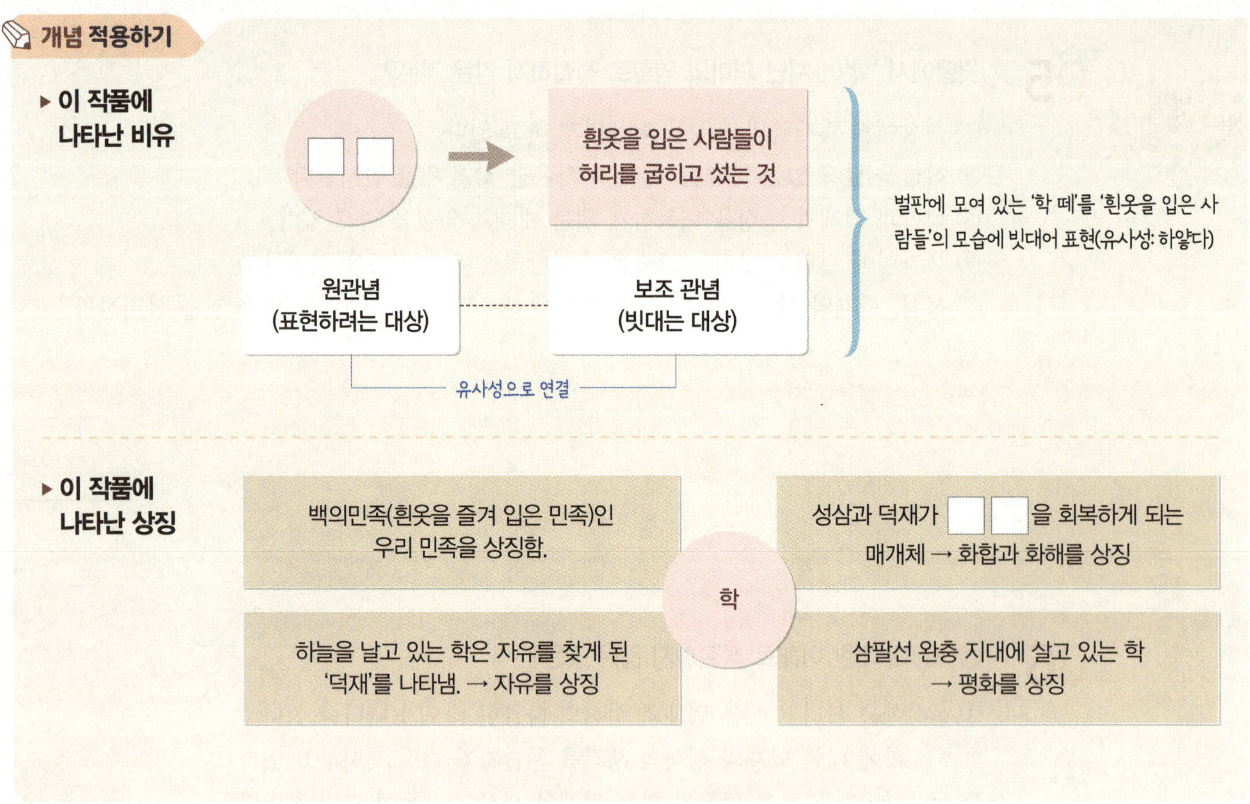

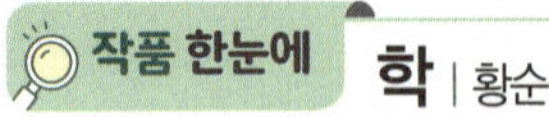

작품 한눈에   학 | 황순원

한줄평 ▶ 이념의 대립이 낳은 전쟁의 상처와 비극을 두 친구의 순수한 우정을 통해 극복하는 모습을 그린 소설

사건	소재와 배경	구성과 서술상 특징
• 치안 대원인 성삼이 어린 시절 단짝 친구인 덕재가 포승줄에 묶여 있는 것을 보고 호송 책임을 맡기로 함. • 성삼은 덕재를 심문하나 덕재는 자신이 농사짓는 재주밖에 없는 사람이라고 말하며 결백을 주장함. • 성삼은 학에 얽힌 어린 시절 덕재와의 추억을 떠올리면서 덕재를 풀어 줌.	• □: 백의민족인 우리 민족을 상징함. 성삼에게 덕재와의 추억을 떠올리게 하고 성삼과 덕재가 우정을 회복하게 되는 매개체 역할을 함. (화합과 화해를 상징) • **학 사냥**: 성삼이 덕재를 풀어 주는 계기이자 핑계. 이념을 뛰어넘은 우정의 따뜻함을 보여 줌. • **배경**: 6·25 전쟁 당시, 삼팔선 부근의 북쪽 마을	• **역순행적 구성**: 현재의 사건이 진행되는 중간중간 과거의 사건들이 삽입되는 역순행적 구성을 통해 우정을 회복하는 과정을 자연스럽게 보여 줌. • **공간의 이동에 따른 전개**: 마을 → 동구 밖 → 고갯길 → 고갯마루 → 들판(공간이 이동되면서 인물 간의 □ □ 이 해소됨.) • **간결한 문장**: 사건의 진행 속도가 빠름.

주제: □ □ 을 통한 이념 대립의 극복과 인간성 회복

[1~5] 어휘의 뜻풀이와 어휘 ㉠~㉤을 바르게 연결하시오.

[6~10] 예문의 (   ) 안에 들어갈 어휘 ㉠~㉤을 바르게 연결하시오.

뜻풀이	어휘	예문

1 대립하는 것 사이에서 불화나 충돌을 누그러지게 함. • | • ㉠ **치안** • | • **6** 정치적 (   )에 휘둘려서는 안 된다.

2 국가 사회의 안녕과 질서를 유지·보전함. • | • ㉡ **선동** • | • **7** 그는 모두가 피하는 골치 아픈 문제를 (   ) 떠맡았다.

3 과실이나 곡식 따위가 알이 들어 딴딴하게 잘 익다. • | • ㉢ **완충** • | • **8** 국가의 (   ) 유지에 만전을 기해야 한다.

4 어떤 일에 나서기를 스스로 청하다. • | • ㉣ **여물다** • | • **9** 가을은 곡식이 (   ) 계절이다.

5 남을 부추겨 어떤 일이나 행동에 나서도록 함. • | • ㉤ **자청하다** • | • **10** 타이어는 차와 도로 사이의 충격을 줄여 주는 (   ) 작용을 한다.

어휘 특강

🅑 비슷한 말   🅑 반대말

🅑 **사라지다**
생각이나 감정 따위가 없어지다.
예 집안에 걱정이 사라지다.

🅑 **없어지다**
어떤 일이나 현상이나 증상 따위가 나타나지 않게 되다.
예 어떤 유행은 금세 없어진다.

🅑 **지우다**
생각이나 기억 따위를 의식적으로 없애거나 잊어버리다.
예 가슴 아픈 기억을 지우려 애썼다.

떠나다
어떤 일이나 사람들과 관계를 끊거나 관련이 없는 상태가 되다.
예 이미 그 일에서 마음이 떠난 지 오래다.

🅑 **생기다**
어떤 일이 일어나다.
예 계획에 지장이 생기다.

🅑 **나타나다**
어떤 새로운 현상이나 사물이 발생하거나 생겨나다.
예 약을 먹었더니 효과가 나타나는 듯하다.

🅑 **생겨나다**
없던 것이 있게 되다.
예 창의적 생각도 노력으로 생겨날 수 있다.

극 문학·수필

필수 개념 미리학습 "극 문학·수필"

극 문학·수필을 이해하고 감상하는 데 꼭 필요한 필수 개념입니다. 찬찬히 뜻을 생각하며 읽어 보고 의미를 아는 개념이면 ☑ ✕ , 헷갈리거나 모르는 개념이면 ○ ☑ 에 표시해 보세요. 지금은 ○ ☑ 에 많이 표시해도 괜찮아요. 이제부터 하나하나 배워 갈 거니까요!

"극 문학"이란?

무대 공연이나 상영을 목적으로 하는 문학. 희곡, 시나리오 등이 있음. ○ ✕

극 문학의 구성 요소

* **희곡:** 연극 상연을 하기 위해 쓴 대본 ○ ✕

희곡의 구성 요소
▶ 130쪽

- **해설** — 희곡의 처음 부분에서 배경, 인물, 무대 장치 등을 소개하는 글 ○ ✕
- **지시문** — 인물의 표정이나 행동, 무대 효과와 장치 등을 지시하는 글 ○ ✕
- **대사** — 등장인물이 하는 말 ○ ✕

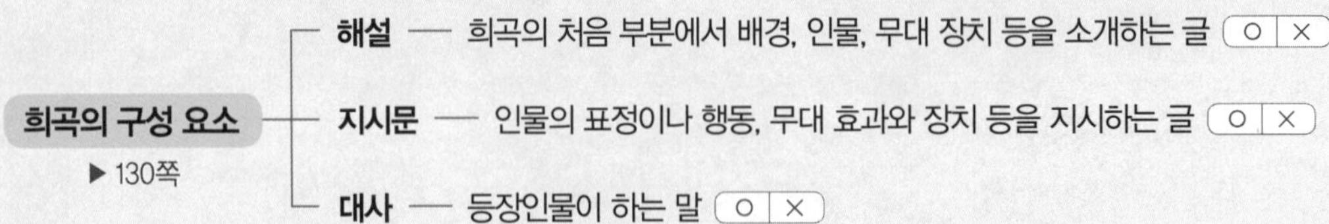

* **시나리오:** 영화나 드라마 촬영을 위해 쓴 대본 ○ ✕

시나리오의 구성 요소
▶ 132쪽

- **장면 표시** — S#(scene number). 장면 번호 ○ ✕
- **해설** — 시나리오의 처음 부분에서 때와 장소, 배경, 인물 등을 소개하는 글 ○ ✕
- **지시문** — 인물의 표정이나 행동, 카메라 기법, 영상 편집 기술 등을 지시하는 글 ○ ✕
- **대사** — 등장인물이 하는 말 ○ ✕

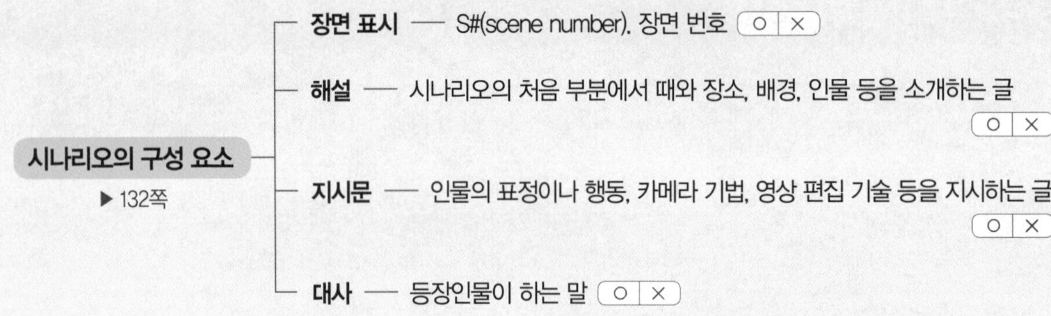

극 문학의 갈등과 구성 단계
▶ 140쪽

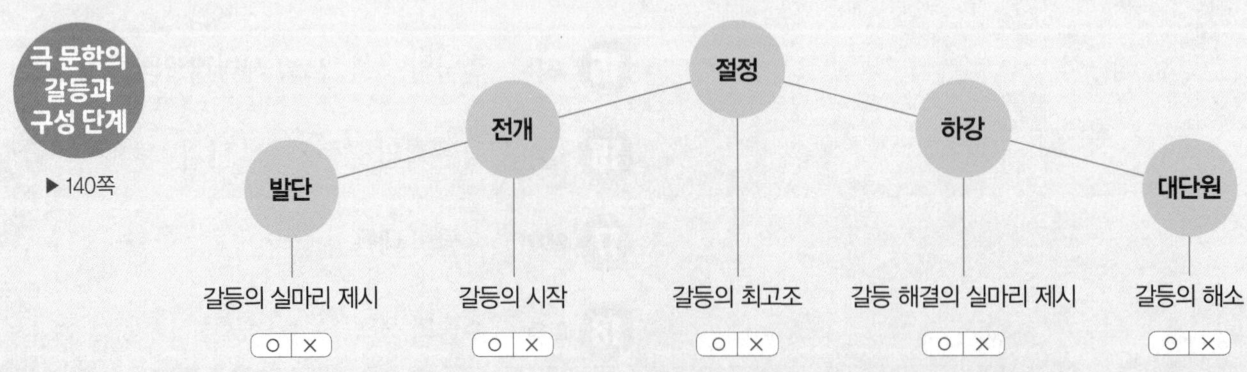

"수필"이란?

글쓴이의 생각이나 체험 등을 정해진 형식이나 내용의 제한 없이 자유롭게 쓴 글 (○ ╳)

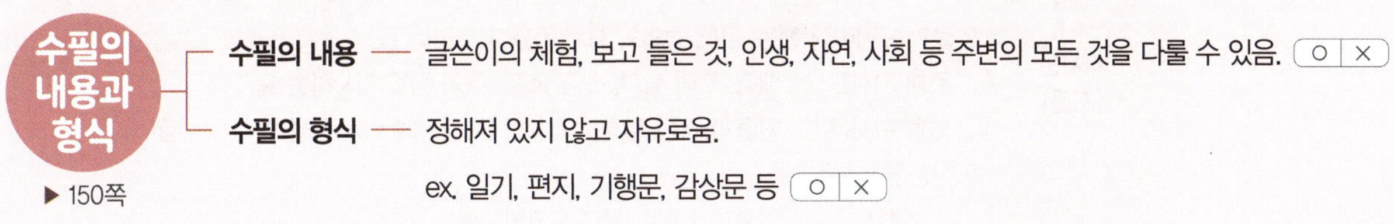

수필의 내용과 형식 ▶ 150쪽

- **수필의 내용** ── 글쓴이의 체험, 보고 들은 것, 인생, 자연, 사회 등 주변의 모든 것을 다룰 수 있음. (○ ╳)
- **수필의 형식** ── 정해져 있지 않고 자유로움.
  ex. 일기, 편지, 기행문, 감상문 등 (○ ╳)

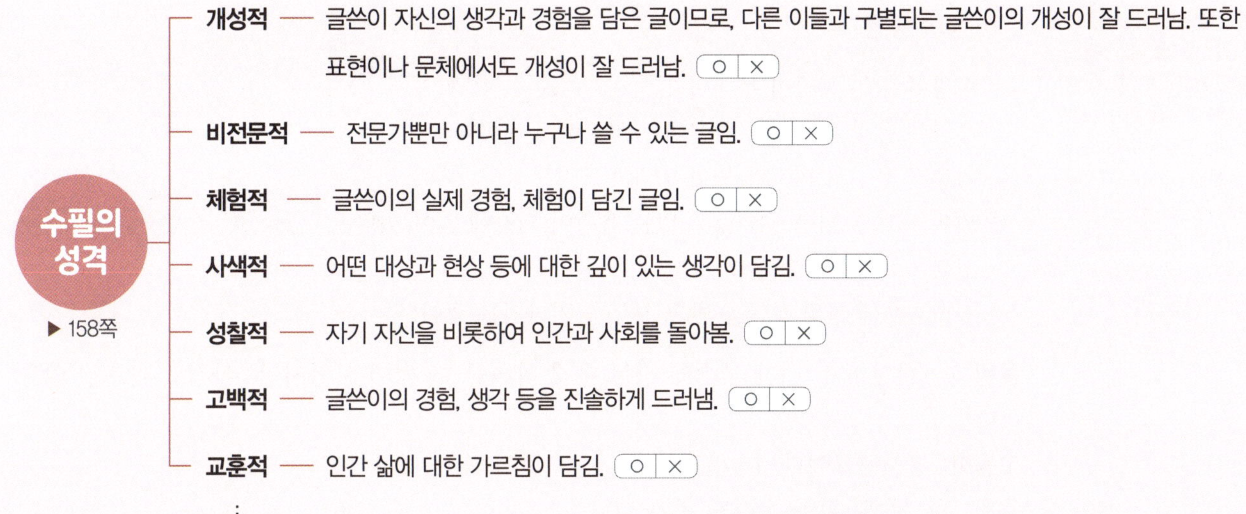

수필의 성격 ▶ 158쪽

- **개성적** ── 글쓴이 자신의 생각과 경험을 담은 글이므로, 다른 이들과 구별되는 글쓴이의 개성이 잘 드러남. 또한 표현이나 문체에서도 개성이 잘 드러남. (○ ╳)
- **비전문적** ── 전문가뿐만 아니라 누구나 쓸 수 있는 글임. (○ ╳)
- **체험적** ── 글쓴이의 실제 경험, 체험이 담긴 글임. (○ ╳)
- **사색적** ── 어떤 대상과 현상 등에 대한 깊이 있는 생각이 담김. (○ ╳)
- **성찰적** ── 자기 자신을 비롯하여 인간과 사회를 돌아봄. (○ ╳)
- **고백적** ── 글쓴이의 경험, 생각 등을 진솔하게 드러냄. (○ ╳)
- **교훈적** ── 인간 삶에 대한 가르침이 담김. (○ ╳)

희곡의 구성 요소 / 시나리오의 구성 요소

필수 개념 ❶ 희곡의 구성 요소

- 희곡[연극 희(戲) + 악곡 곡(曲)]이란 **무대 위에 올리기 위한 극의 대본**을 말해.
- '무대 위'에서 배우들이 어떤 말과 행동, 표정을 해야 하는지, 무대 장치와 음향 효과는 어때야 하는지 등을 써 놓을 필요가 있겠지? 이를 위한 희곡의 구성 요소는 다음과 같아.

해설		희곡의 처음 부분(극 시작 전)에서 배경, 인물, 무대 장치 등을 소개하는 글
지시문 (지문)		인물의 표정이나 행동, 무대 효과와 장치 등을 지시하는 글
	무대 지시문	배경, 무대 장치, 소품, 조명, 효과 등을 지시하는 글
	행동 지시문	인물의 표정, 말투, 심리, 동작, 입장과 퇴장 등을 지시하는 글
대사		등장인물이 하는 말
	대화	인물과 인물이 서로 주고받는 말
	독백	인물의 혼잣말
	방백	다른 등장인물에게는 들리지 않고 관객에게만 들리는 것으로 약속된 말

📖 **전체 줄거리**

용왕은 자신의 병을 치료할 방법을 찾으라고 신하들을 닦달하고, 자라가 토끼의 간이 약이라고 하자 자라에게 토끼를 데려오라고 명한다. 자라는 육지로 나와 용궁 구경을 가자고 토끼를 속여서 데려오고, 죽을 위기에 처한 토끼는 간을 두고 왔다는 말로 용왕을 속이는 데 성공한다. 용궁을 탈출한 토끼는 자라를 비웃으며 떠나고 자라는 땅을 치며 걱정한다.

ㄱ ┌ 등장인물: 토끼, 자라, 용왕, 문어, 뱀장어, 전기뱀장어, 고등어, 꼴뚜기, 도루묵
  └ 장소: 바닷속 궁궐(용궁), 산속

제1장

(바닷속 궁궐)

ㄴ ┌ 용왕이 있는 용궁이 무대이다.
  │ 용궁은 온갖 해초들이 넘실대는 화려한 궁전이다.
  │ 가운데 용왕의 의자가 놓여 있다.
  │ 막이 오르면 시름시름 앓고 있는 용왕이 의자에 앉아 있다.
  │ 양옆으로 신하들이 늘어서 있다.
  └ 신하들은 용왕의 부름을 받고 분부를 기다리는 중이다.

용왕: ㄷ(야단치며) 내가 물속에 사는 온갖 약초를 다 먹어 보았지만, 아직도 아프질 않느냐!

고등어: 황공하오이다, 마마.

용왕: ㄹ그놈의 황공 소리도 듣기 싫다.

문어: (머리를 조아리며) 황공무지*로소이다, 마마.

용왕: 듣기 싫어! 황공이고 무지고 그런 소리 말고 내 병이 깔끔히 나을 묘수*를 말하란 말이다.

ㅁ ┌ 꼴뚜기: 폐하! 약초보다는 어패류가 나은 줄 아뢰오.
  │ 용왕: 어패류가 무엇을 말하는고? 신약이 나왔단 말이냐?
  └ 문어: 어패류란 물고기나 조개 종류를 말하는 것인 줄 아뢰오.

– 엄인희, 〈토끼와 자라〉

*황공무지: 위엄이나 지위 따위에 눌리어 두려워서 몸 둘 데가 없음.

*묘수: 묘한 기술이나 수.

희곡의 구성 요소 찾기

1. 처음 부분에서 장소, 등장인물 등을 제시하고 있어? O □ X □
2. 무대에 대해 지시하는 글, 인물의 행동 등을 지시하는 글이 모두 있어? O □ X □
3. 윗글에서 대사가 있는 등장인물을 찾아 모두 써 보자. ___________________

㉠~㉤에 대한 설명으로 적절한 것은?

① ㉠: 작품의 배경과 등장인물을 밝히고 있는 지시문이다.
② ㉡: 용궁이라는 배경과 무대, 용왕과 신하들의 모습을 설명하는 해설이다.
③ ㉢: 용왕의 행동, 말투를 지시하는 지시문이다.
④ ㉣: 상대역 없이 혼자 말하는 용왕의 독백이다.
⑤ ㉤: 용왕, 꼴뚜기, 문어의 대사로 방백에 해당한다.

개념 적용하기

▶ **이 작품에 나타난 희곡의 구성 요소**

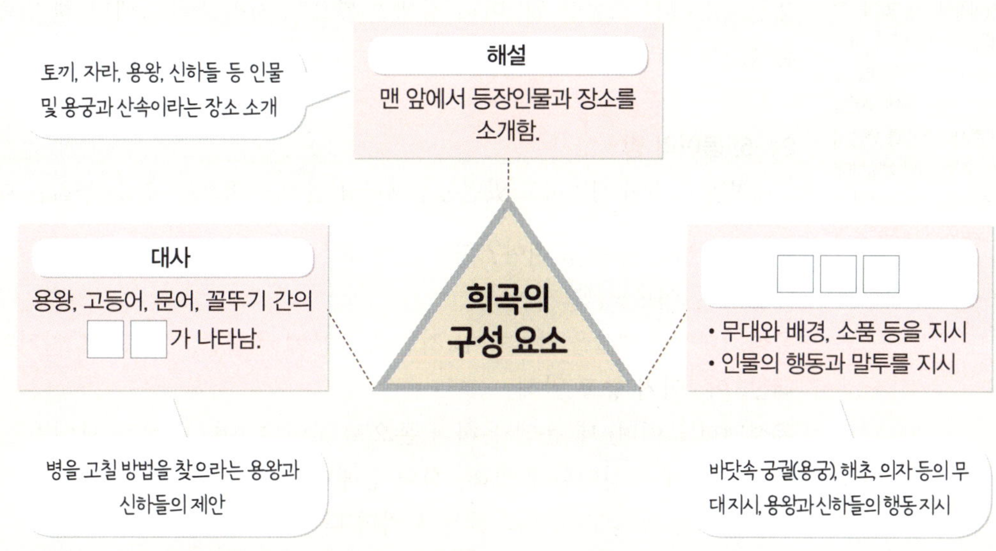

개념 확장하기

헷갈리는 희곡의 구성 요소

• **해설과 지시문(지문)**
해설은 **희곡의 맨 앞부분**, 즉 막이 오르기 전이나 극이 시작되기 전에 인물과 배경, 무대 등에 대해 설명해 놓은 것임. **극이 시작된 이후 인물이나 무대에 대한 지시글은 모두 지시문**으로, 지시문은 (   ) 안에 있기도 하고 그냥 줄글인 경우도 있음.

• **독백과 방백**
독백은 듣는 사람이 없다고 생각하고 하는 말, 방백은 관객에게만 들리는 말임.

희곡의 구성 요소 / 시나리오의 구성 요소

필수 개념 ❷ 시나리오의 구성 요소

- **시나리오(scenario)**는 **영화, 드라마 등을 만들기 위해 쓴 극본**이야.
- 영화의 장면과 순서, 배우의 행동이나 대사, 카메라 기법 등을 써 놓을 필요가 있겠지? 이를 위한 시나리오의 구성 요소는 다음과 같아. 희곡과 비슷한 부분도 있고 다른 부분도 있으니 잘 살펴봐.

장면 표시	S#(scene number). 장면 번호
해설	시나리오의 처음 부분에서 때와 장소, 배경, 인물 등을 소개하는 글
대사	인물들이 하는 말
지시문	인물의 표정이나 행동, 카메라 기법, 영상 편집 기술 등을 지시하는 글

📖 **전체 줄거리**

청각 장애를 지닌 고등학생 은하는 우연히 유성과 친해지고, 유성이 속한 힙합 댄스 동아리에 가입하고 싶어 한다. 동아리 선배 성태는 장애인 지원금을 노리고 이를 받아들였다가 그 제도가 폐지되었음을 알고 은하를 내보내기 위해 오디션을 실시한다. 유성은 장애 극복을 보여 주자며 은하를 연습시키고 은하는 이에 실망한다. 오디션 당일 은하는 멋진 춤을 선보이지만 그 사연을 밝히며 동아리를 탈퇴한다. 유성은 자신의 태도를 반성하고 은하와 화해한다.

S#34. 동아리 방 앞

걸어오는 유성. 들어가려는데, 대찬과 예진의 대화가 들린다.

대찬: (E.*) 그러니까 이건 정은하 걔를 짜르기 위한 쇼야, 쇼.

유성: (놀라며) …….

예진: (E.) 그럼 걔 때문에 우리까지 오디션 보는 거야?

대찬: (E.) 아! 오십만 원! 아니 장애인 뽑으면 지원금 준다더니 웬 변덕이래?

유성: (그 소리에 기막힌다. 후다닥 뛰어 들어간다.)

S#35. 동아리 방

대찬과 예진이 정리하고 있던 중, 후다닥 달려 들어오는 유성. 놀라는 대찬, 예진.

유성: 너 방금 무슨 소리야? 다시 말해 봐!

대찬: 어? 아……, 그게…….

유성: (대찬의 멱살을 잡아채며) 지원금 때문에 은하를 이용했다, 이거야?

대찬: 야, 이거 놓고 말해.

유성: (더 조이며) 네 눈엔 은하가 돈으로 보이냐, 어? 돈으로 보여?

예진: 야, 왜 대찬이한테 그래. 성태 선배가 시킨 건데.

유성: (멱살 확 놓고는) 너희들은 시키면 다 하는 똥개들이냐?

예진: 야!

대찬: 아니, 근데 이 자식이!

예진: 솔직히 말해서 걔 여기 들어오는 거 좋아할 사람 아무도 없어. 음악도 못 들으면서 무슨 춤을 춘다는 거야? 그게 말이 돼?

대찬: 네가 걜 불쌍하게 보는 건 알겠는데…….

유성: 불쌍하긴 누가 불쌍해, 이 자식아! (주먹을 날린다.)

– 박범수, 〈그대로도 괜찮아〉

---

*E.: effect. 효과음. 주로 화면 밖의 음향이나 대사에 의한 효과를 가리킴.

📎 시나리오의 구성 요소 찾기

1. 윗글에 몇 개의 장면이 제시되어 있는지 써 보자. ________________
2. S#34, S#35에서 모두 찾을 수 없는 요소는? 해설 ☐ 대사 ☐ 지시문 ☐
3. S#34에서 '유성'은 대사가 없어? O ☐ X ☐

윗글에 대한 설명으로 적절하지 <u>않은</u> 것은?

① S#34, S#35는 각 장면을 표시하는 용어이다.

② S#34에서 화면에 등장하는 인물은 총 세 명이다.

③ S#34에서는 지시문을 통해 효과음을 지시하고 있다.

④ S#35는 대사를 통해 인물들 간의 갈등을 나타내고 있다.

⑤ S#35에서 지시문은 주로 인물의 행동을 지시하고 있다.

✏️ 개념 적용하기

▶ 이 작품에 나타난 시나리오의 구성 요소

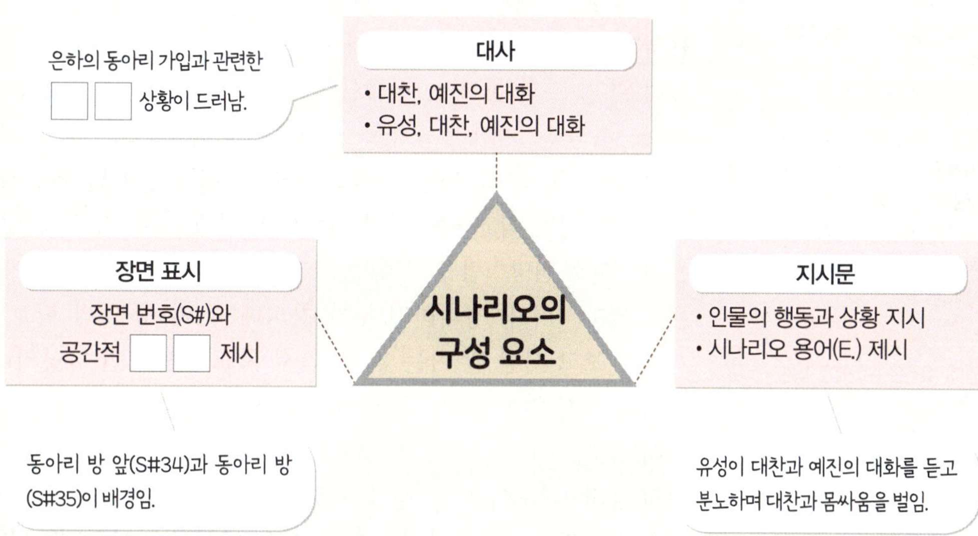

🖨️ 개념 확장하기

희곡과 시나리오의 구성 요소 비교

- 희곡과 시나리오의 구성 요소 중 대사, 지시문, 해설 등은 거의 유사함. 다만 시나리오에는 희곡과 달리 장면 표시 (S#)가 들어감.
- **장면 번호와 함께 해당 장면의 시간적, 공간적 배경이 함께 제시되는 경우가 많음.**
- 시나리오에는 영화 촬영과 관련한 카메라 기법과 영상 편집 기술에 대한 용어가 많이 사용된다는 특성이 있음.

희곡의 구성 요소 / 시나리오의 구성 요소

친구나 가족 등 다른 사람의 모습을 있는 그대로 받아들인다는 것이 어떤 의미일까?

📖 **전체 줄거리**

발단 청각 장애를 가진 고등학생 은하는 우연히 유성과 만나 친해진다. 힙합 댄스를 좋아하는 은하에게 유성은 자신이 속한 힙합 댄스 동아리에 놀러 오라고 권한다.

전개 유성은 은하의 동아리 가입을 제안하고, 선배 성태는 장애인 지원금을 목적으로 이를 받아들였다가 지원금 제도가 폐지되었음을 알고 은하를 내보내기 위해 오디션을 실시한다.

절정 유성은 장애 극복을 보여 주자며 은하에게 고된 연습을 시키고 은하는 이에 실망한다. 오디션 당일 은하는 모두의 예상을 뒤엎고 멋진 춤을 선보인다.

하강 은하는 들리지 않지만 박자에 맞는 춤을 출 수 있었던 이유를 밝히고, 장애 극복을 보여 주기보다 있는 그대로의 자신으로서 살아가겠다며 동아리를 탈퇴한다.

대단원 유성은 은하에게 자신이 원하는 모습을 덧입히려 했던 것을 반성하고 은하와 화해한다.

＊**어눌하다**: 말을 유창하게 하지 못하고 떠듬떠듬하는 면이 있다.

＊**지천**: 매우 흔함.

＊**농학교**: 청각 장애인이나 언어 장애인을 대상으로 교육을 실시하는 특수 교육 기관.

＊**의지박약**: 의지력이 약하여 독자적인 결단을 내리거나 인내하지 못함.

그대로도 괜찮아 | 박범수

전개 S#14. 은하의 방(밤)

　책꽂이에는 헬렌 켈러의 자서전《사흘만 볼 수 있다면》, 벽에 미스 프랑스 소피 브즐루(청각 장애인)의 사진. 다소 우울한 모습으로 들어서는 은하. 책상에 앉아 스탠드를 켜고 책을 펼친다. 이때 은하 엄마, 꿀물 한 잔을 가지고 들어와 은하의 책상 옆에 놓는다. 은하, 엄마를 바라본다.

은하 엄마: 쓸데없이 무슨 춤이야, 자꾸.

은하: (수화로, '그냥 스트레스 푸는 거야.')

은하 엄마: 넌 뭘 해도 꼭 네 약점을 드러내는 것만 하니? 차라리 그림을 그려. 너 그림 잘 그렸잖아.

은하: (어눌한＊ 발음으로) 그림 시어.

은하 엄마: (마땅찮게 보다가) 우리나라는 공부만 잘해도 성공하는 나라야. 죽어라 공부만 열심히 해. 그럼 아무도 너 깔보지 못해.

은하: (보다가, 수화로, '솔직히 수업 따라가기 쉽지 않아. 입 모양 전혀 신경 못 쓰시는 선생님들도 많고.')

은하 엄마: (그 수화 손 치우며) 말로 해, 말로. 자꾸 말을 안 하니까 발음이 점점 더 엉망이 되잖아.

은하: (어눌한 발음으로) 수하가 더 편해.

은하 엄마: 수화 못 하는 사람들이 지천＊이야. 누구랑 수화를 하겠다는 거야?

은하: (수화로, '차라리 농학교＊ 다녔으면 좋겠어. 공부하기도 좋고.')

은하 엄마: 또 그 소리야? 농학교 다니면 사람들이 널 어떻게 볼지 생각해 봤어? 그나마 일반 학교 다니니까 사람대접 받고 사는 거야. 그렇게 모르겠어?

은하: (다소 원망스럽게 보며) 엄마가 짱피해서 그러느 거잖아.

은하 엄마: (버럭) 창피하긴 누가 창피해! 네가 쭉 일반 학교 다니니까 그나마 입 모양 보고 사람 말 아는 거지, 특수 학교 다녔으면 가당키나 한 줄 알아? 넌 어째 그렇게 엄마 속을 몰라, 아직도! 어?

은하: (　　　㉠　　　) 힌드러……. 수업 따라가기 힌드러.

은하 엄마: 너보다 더한 장애 가졌어도 다 극복해. 넌 노력이 너무 부족해. 의지박약＊이라고. 그런 자세로 험한 세상 어떻게 살아갈래? 어?

은하: (엄마를 원망스럽게 보는데 눈물 그렁그렁하다.)

은하 엄마: 제발 철 좀 들어 이것아! 남들보다 몇 배를 더 노력해도 시원찮은 판에 자꾸 맘 약하게 먹으면 어쩌자는 거야?

　은하, 눈물 꾹 참으며 책상 위에 책 편다. 답답해하며 안쓰럽게 보는 은하 엄마. 그런 은하 보며 한숨.

01 윗글과 같은 갈래에 대한 설명으로 적절하지 <u>않은</u> 것은?

① 서술자가 존재하지 않는다.
② 무대 상연을 목적으로 하는 글이다.
③ 카메라 촬영 기법을 나타내는 용어가 사용된다.
④ 장면 표시, 해설, 대사, 지시문이 구성 요소이다.
⑤ 주로 인물의 대사와 행동을 통해 내용이 전개된다.

02 윗글에 나타난 인물 간의 갈등으로 적절하지 <u>않은</u> 것은?

① 은하는 수화 사용을 더 편하게 여기지만 엄마는 은하가 말로 하기를 원한다.
② 은하는 춤추는 것을 좋아하지만 엄마는 은하가 차라리 그림 그리기를 원한다.
③ 은하는 농학교에 가기를 원하지만 엄마는 은하가 일반 학교에 다니기를 원한다.
④ 은하는 수업을 따라가기도 벅차지만 엄마는 은하가 공부를 더 잘하기를 원한다.
⑤ 은하는 약점을 드러내고 싶지 않지만 엄마는 은하가 약점도 당당하게 드러내기를 원한다.

희곡의 구성 요소 /
시나리오의 구성 요소

03 ㉠에 들어갈 지시문의 내용으로 가장 적절한 것은?

① 수줍어하며
② 답답해하며
③ 애교를 부리며
④ 미소를 지으며
⑤ 씩씩한 목소리로

희곡의 구성 요소 /
시나리오의 구성 요소

주관식·서술형

04 윗글에서 찾을 수 있는 시나리오의 구성 요소를 다음에서 모두 골라 기호를 쓰시오.

| ⓐ 장면 표시 | ⓑ 해설 | ⓒ 지시문 | ⓓ 대사 |

절정 **S#54. 소강당**

객석에 성태를 비롯, 동아리 선배들 몇몇이 앉아 있고 무대 위에서 오디션 진행된다. 대찬과 예진을 포함한 아이들 차례가 지나고 마지막으로 유성이 현란한 춤을 선보인다.

성태: 자, 이제 다 끝났지? 뭐 특별히 떨어질 사람은 없는 거 같다.

이때 무대에 등장하는 은하. 모두 놀란다. 은하, 무대 가운데 서서 인사하고 손에 든 생수 한 모금을 마신 후, 그 생수병을 한편에 놓는다. 힙합 음악이 흘러나오고 은하가 박자에 맞춰 춤을 춘다. 음악에 맞는 춤 동작. 유성, 놀란 표정으로 본다. 은하의 춤이 끝나자, 모두 입을 다물지 못한다. 성태, 얼른 일어나 박수 치고, 아이들도 얼떨떨하다가* 성태를 따라 박수 친다. 대찬도 열렬히 박수 친다. 은하, 눈물 맺힌 채 앞을 본다. ㉠그런 은하를 보는 유성의 눈가도 촉촉해진다.

성태: (박수 치며) 해낼 줄 알았다! 장애는 극복하라고 있는 거야! 좋아!
유성: (㉡성태를 갈잖다는* 듯이 본다.)
성태: 은하 넌 이제 우리 논스톱의 자랑이다. 축제 때 네가 춤추는 걸 보면 모두 감동의 도가니*가 될 거야! (아이들 보고) 그치?
아이들: (갑자기 반전된 분위기에 얼떨떨하지만*) 네…….
성태: 청각 장애를 극복한 힙합 댄서! 네 손가락 피아니스트보다 못할 게 뭐냐, 안 그러냐? 자, 박수! (다시 박수 친다.)

아이들 다시 박수 치고, 유성도 눈물 맺힌 채 박수 친다. 담담한 표정의 은하, 무대에서 내려와 뒷문으로 빠르게 걸어 나간다. ㉢모두 의아한 표정. 유성도 의아하게 보다가 은하를 쫓아 나간다.

하강 ㉣S#57. 동아리 방

게시판에 붙어 있는 은하의 탈퇴서. 성태와 아이들, 탈퇴서를 보고 웅성댄다. 이때 들어서는 유성, 게시판을 본다.

유성: (㉤읽는다.) 감동을 못 드려 미안해요. 전 그냥 춤이 좋아서 동아리에 들어가고 싶었고, 춤을 잘 추고 싶어 열심히 했을 뿐이에요. 하지만 아무리 노력해도 몸으로 음악을 들을 순 없었어요. 오디션에서 춤은, 스피커 울림 때문에 물병 속의 물이 흔들리는 걸 보고 박자를 맞췄을 뿐이에요. 전 여전히 아무것도 들을 수 없고 발음도 어눌해요. 그리고 기적이 없는 한 음악을 피부로 듣는 일도 없을 거예요. 장애를 극복하지 못해 미안해요. 장애인이면서도 감동을 주지 못해 죄송해요. 천재적인 장애인이 아니라서 미안해요. 그래도 전 그냥 밥 잘 먹고 학교 열심히 다니고 박자 못 맞추는 힙합 춤도 신나게 추면서 살래요. 그 동안 고마웠어요. 정은하 드림.

05 윗글의 인물들에 대한 설명으로 적절하지 <u>않은</u> 것은?

① 은하는 물병을 이용하여 박자에 맞는 춤을 출 수 있었다.
② 성태는 장애를 극복한 은하를 내세워 사람들의 관심을 끌고 싶어한다.
③ 동아리 학생들은 오디션을 잘 치른 은하의 갑작스런 탈퇴에 당황하였다.
④ 은하의 연습을 지켜보았던 유성은 은하의 오디션 성공을 예상하고 있었다.
⑤ 은하는 장애를 극복하는 모습을 보여 줄 것을 기대하는 주변의 시선에 부담을 느꼈다.

06 보기 는 윗글의 앞부분이다. 이를 바탕으로 할 때, '성태'의 태도를 나타내기에 적절한 속담은?

> **보기**
>
> 유성: 은하 내쫓기 위해 오디션 보면서 과잉보호하지 말라구요?
> 성태: (대찬 한번 보곤 여유롭게) 니가 뭔가 잘못 알고 있는데…….
> 유성: 차라리 그냥 나가라고 하세요! 그게 나은 거 아니에요?
> 성태: (보다가) 그러길 바래? 그럼 네가 데리고 나가든가.
> 유성: (기막혀 쳐다본다.)

① 제 눈에 안경이다.
② 손바닥 뒤집듯 한다.
③ 친구 따라 강남 간다.
④ 똥 묻은 개가 겨 묻은 개 나무란다.
⑤ 얌전한 고양이 부뚜막에 먼저 올라간다.

희곡의 구성 요소 /
시나리오의 구성 요소

07 ㉠~㉤에 대한 설명으로 적절하지 <u>않은</u> 것은?

① ㉠: 은하에게 감동받은 유성의 심리를 나타내고 있다.
② ㉡: 유성의 성태에 대한 부정적 태도를 나타내고 있다.
③ ㉢: 학생들이 은하의 행동을 이해하지 못하는 상황을 나타내고 있다.
④ ㉣: 장면 번호와 공간적 배경을 나타내고 있다.
⑤ ㉤: 관객에게만 들리는 내레이션*임을 나타내고 있다.

＊**내레이션**: 장면에 나타나
지 않으면서 장면의 진행
에 따라 그 내용이나 줄거
리를 해설하는 일.

＊**극적 반전**: 사건의 흐름,
분위기 등이 뒤바뀌어 긴
장감이나 감동을 불러일
으키는 것.

✏️ **주관식·서술형**

08 S#57에서 극적 반전*의 효과를 가져오는 소재를 찾아 3음절로 쓰시오.

▶ **이 작품에 나타난 시나리오의 구성 요소**

S#14
- 장면 표시: 장면 번호, 때와 장소 제시
- 지시문: 배경, 인물의 심리 및 행동 지시
- 대사: 은하와 은하 엄마 간의 ☐☐

→ 은하와 은하 엄마 사이의 갈등 제시

- •(다소 원망스럽게 보며) 엄마가 짱피해서 그러는 거잖아.
- •(버럭) 창피하긴 누가 창피해! ~ 넌 어째 그렇게 엄마 속을 몰라, 아직도!

S#54
- 장면 표시: 장면 번호와 장소 제시
- 지시문: 배경, 소품, 인물의 심리 및 행동 지시
- 대사: ☐☐의 말 위주로 대화 제시

→ 동아리 오디션에서 벌어진 사건(은하의 멋진 춤) 제시

- •은하가 박자에 맞춰 춤을 춘다. 음악에 맞는 춤 동작.
- •(박수 치며) 해낼 줄 알았다! 장애는 극복하라고 있는 거야! 좋아!

S#57
- 장면 표시: 장면 번호와 장소 제시
- 지시문: 소품, 인물의 행동 지시
- 대사: 유성의 말(은하의 탈퇴서 낭독) 제시

→ 은하의 동아리 ☐☐라는 반전 제시

장애를 극복하지 못해 미안해요 ~ 전 그냥 밥 잘 먹고 학교 열심히 다니고 박자 못 맞추는 힙합 춤도 신나게 추면서 살래요. 그동안 고마웠어요. 정은하 드림.

작품 한눈에

그대로도 괜찮아 | 박범수

한줄평 ▶ 청각 장애를 가진 주인공을 통해 장애인을 바라보는 올바른 관점을 모색한 드라마 대본

인물 간 ☐☐

- **은하와 엄마**: 힙합 댄스와 공부, 일반 학교와 농학교, 수화 사용과 육성 대화 등을 두고 대립함.
- **유성과 동아리 아이들**: 은하의 동아리 가입을 놓고 대립함.
- **은하와 유성**: 노력해서 음악에 맞추어 춤을 출 것을 고집하는 유성과 유성의 태도에 실망하는 은하

사건

- **은하와 유성의 만남**: 은하가 힙합 댄스 동아리원인 유성과 만남으로서 사건의 실마리가 나타남.
- **은하의 힙합 동아리 가입**: 장애인 지원금 때문에 은하를 가입시켰다가 지원금이 없자 은하를 내보내려 함. 갈등 심화
- **오디션**: 모두의 예상을 뒤엎은 은하의 멋진 춤. 결정적 장면
- **은하의 탈퇴**: 극적 ☐☐

배경 및 소재

- **고등학교 힙합 댄스 동아리**: 청각 장애를 지녀 음악을 제대로 들을 수 없지만 힙합 댄스를 좋아하는 주인공이 힙합 댄스 동아리와 얽히게 되며 벌어지는 사건 속에서 장애인에 대한 고정관념과 장애인을 대하는 태도 등이 드러나고 이에 대한 문제의식을 가지도록 함.

↓

주제: 장애인을 있는 그대로 인정해 주는 자세

어휘 확인

[1~10] 보기 에서 어휘의 뜻풀이 또는 예문의 (　　) 안에 들어갈 어휘 ㉠~㉤을 찾아 쓰시오.

보기				
㉠ 묘수	㉡ 과잉보호	㉢ 어눌하다	㉣ 가당하다	㉤ 황공하다

뜻풀이

1 묘한 기술이나 수. [　　]

2 대체로 사리에 맞다. [　　]

3 부모가 어린아이를 지나치게 보호함. [　　]

4 위엄이나 지위 따위에 눌리어 두렵다. [　　]

5 말을 유창하게 하지 못하고 떠듬떠듬하는 면이 있다. [　　]

예문

6 그 친구는 말이 (　　) 편이다. [　　]

7 우리 형편에 유학이라니 (　　) 하니? [　　]

8 모든 것이 너무 (　　) 몸 둘 바를 모르겠다. [　　]

9 다들 상황을 헤쳐나갈 (　　)를 찾으려 애썼다. [　　]

10 자식에 대한 사랑이 지나쳐 (　　)로 흐르는 부모들이 적지 않다. [　　]

어휘 특강 '뿐'의 띄어쓰기

'뿐'을 앞말과 띄어 쓰는 경우 〔의존 명사〕　VS　'뿐'을 앞말에 붙여 쓰는 경우 〔조사〕

❶ 다만 어떠하거나 어찌할 따름이라는 뜻을 나타낼 때 어미 '-을' 뒤에서 띄어 쓴다.
예 모두들 구경만 할 뿐 누구 하나 거드는 이가 없었다.

❷ '-다 뿐이지' 구성으로 쓰여 오직 그렇게 하거나 그러하다는 것을 나타낼 때 앞말과 띄어 쓴다.
예 이름이 나지 않았다 뿐이지 참 성실한 사람이다.

'그것만이고 더는 없음' 또는 '오직 그렇게 하거나 그러하다는 것'을 나타내는 보조사일 때, 체언이나 부사어 뒤에 붙여 쓴다.
예 이제 믿을 것은 오직 실력뿐이다.

극 문학의 갈등 / 구성 단계

필수 개념 ① 극 문학의 갈등

내 닉네임은 갈등의 문학!

- 극 문학은 '갈등의 문학'이라는 수식어가 붙을 정도로, **인물 간의 대립과 갈등을 중심축으로** 전개되는 갈래야.
- 그러니 극 문학에서 각 **인물의 심리와 태도, 가치관 등을 알고 갈등 구조를 파악**하는 것이 중요하다는 것은 두말하면 잔소리!
- 소설에서도 인물의 갈등이 중요하다는 것을 이미 배웠잖아? 극 문학도 마찬가지인데, 소설과 달리 서술자의 서술이 없기 때문에 **인물의 대사**를 특히 더 눈여겨봐야 해.

독백	대화
인물의 내면 심리, 내적 갈등이 잘 나타남.	인물과 인물 사이의 외적 갈등이 잘 나타남.

📖 전체 줄거리

육상 선수를 꿈꾸는 차은은 학교 육상부가 해체되자 아버지에게 전학을 가고 싶다고 하지만 아버지는 이를 무시한다. 한편 차은의 엄마가 필리핀 출신임을 알게 된 같은 반 영찬은 이를 다른 친구들에게 알리고, 차은은 '필리핀'이라 놀림을 받게 된다. 이로 인해 엄마와 어색한 사이가 되고 전학 문제 때문에 아버지와의 갈등이 커지자 차은은 가출한다. 영찬은 차은에게 사과하고, 엄마는 차은을 찾아 둘이 짧은 여행을 하면서 화해한다. 차은은 육상 선수가 되어 꿈을 이룬다.

S#18. 차은네 마당(낮)

툇마루에 누워 만화책을 읽고 있는 차은, 새 운동화에 신이 난 동민이 차은을 부르며 마당으로 들어온다. 동민을 따라 들어오는 엄마.

동민: 누나! 이것 좀 봐라! 새 운동화다!

차은이 별 관심을 보이지 않자, 동민은 "아빠!" 하고 부르며 쪼르르 밖으로 나가고, 쇼핑백을 들고 선 엄마가 차은의 곁에 앉는다.

엄마: 차은아! 집에 있었어? 안 나갔어? / 차은: (꿈적도 하지 않는다.)

엄마: 엄마가 뭐 사 왔어. 맞혀 봐!

엄마가 들고 있던 쇼핑백에서 신발을 꺼내 차은 앞에 자랑하듯 내놓는다.

엄마: 짜잔! 차은아! 이거 봐 봐!

차은: …….

엄마: 너 달리기 잘한다며? 너 달리기할 때 신으라고.

차은, 읽던 만화책을 챙겨 들고 일어선다.

차은: 달리기할 때 그런 거 신는 거 아니거든! / 엄마: 왜? 이거 마음에 안 들어?

차은, 엄마가 뽐내는 새 운동화를 쳐다보지도 않고, 제 신발을 챙겨 신는다.

엄마: 안 예뻐? 되게 비싼 건데. (새 운동화를 차은 앞에 내려놓으며) 그럼 남자 친구 만날 때 신어!

차은: 걔, 남자 친구 아니거든. 내가 남자 친구 아니라고 몇 번이나 말해! 내 말 못 알아들어?

엄마: ……. / 차은: …….

엄마: (속상한 마음에 새 운동화를 차은의 앞에 던지듯 놓으며) 그래! 신지 마! 갖다 버려!

차은: 그래! 버려!

— 민예지 외, 〈달리는 차은〉

극 문학의 갈등 이해하기

1. 윗글에서는 어떤 유형의 갈등이 나타나 있어?   인물의 내적 갈등 □   인물과 인물 간의 갈등 □
2. 윗글에서 갈등을 유발하는 계기가 된 소재를 찾아보자. ______________________

윗글에 나타난 갈등의 원인으로 가장 적절한 것은?

① 동민에 대한 차은의 냉담한 반응
② 달리기에 대한 차은의 생각 변화
③ 차은의 이성 교제에 대한 엄마의 반대
④ 엄마의 선물에 대한 차은의 냉담한 반응
⑤ 차은의 육상부 활동에 대한 엄마의 반대

개념 적용하기

▶ **이 작품에 나타난 갈등**

개념 확장하기

극 문학에서 갈등의 중요성

- 극 문학에서 갈등은 **주제와 직접적으로 관련**이 있음. 갈등의 발생, 심화, 해소 과정을 통해 이야기하고자 하는 것이 무엇인지 파악하면 그것이 곧 주제가 됨.
- 갈등을 파악하기 위해 먼저 각 인물의 대사는 물론이고, 인물의 행위 중 반복되거나 특징적인 것이 있는지 살펴보고, 그 이유를 파악해야 함.

극 문학의 갈등 / 구성 단계

필수 개념 ❷ 극 문학의 구성 단계

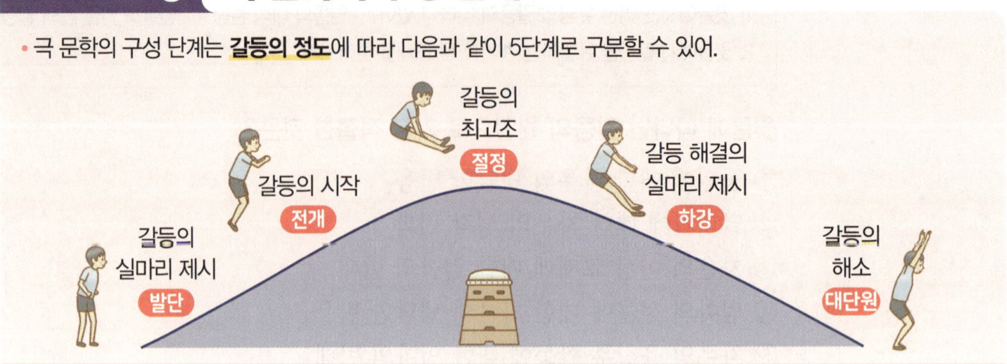

• 극 문학의 구성 단계는 **갈등의 정도**에 따라 다음과 같이 5단계로 구분할 수 있어.

㉮ 차은: 저 잘 뛰어요! 전학 갈래요.

여전히 대답하지 않고 밥을 먹는 아버지.

차은: 저 갈 거예요. / 아버지: (혼내려고 손을 번쩍 들어 올리며) 밥 먹어!

차은은 속상한데, 아버지의 그런 동작이 무슨 신호라도 되는 듯, 동민이 쪼르르 일어나 방으로 들어가더니 커다란 회초리를 하나 들고 나온다. 회초리를 아버지에게 건네주고, 차은의 옆에서 '엎드려뻗쳐 자세'를 보여 주는 동민.

동민: (매 맞는 자세를 흉내 내며) 누나, 이렇게 엎드려뻗쳐!

차은은 속상한데, 동민은 신이 나서 계속 차은을 부른다. 갑자기 텔레비전 소리, 픽! 집 안의 모든 불이 꺼진다. 정전이다! 동민이 "와! 정전이다!" 즐겁게 소리 지르고, 부시럭거리는 소리 너머 촛불이 켜진다. 초를 들고 있는 엄마와 아버지. 금세 들어온 전등 아래, 차은이 사라졌다!

㉯ 배를 타고 나가려고 그물을 손질하느라 여념이 없는 아버지, 이야기를 꺼내려고 그 앞에 서 있는 차은, 한 손에는 '전학 동의서'가 들려 있다.

아버지: (차은은 쳐다보지도 않고) 왜? / 차은: 아버지! 이것 좀 보세요.

아버지: 뭔데? / 차은: 저희 육상부 해산한대요.

아버지: 근데? / 차은: 코치 선생님이 서울로 전학 가재요.

아버지: 왜?

차은: 저 선수로 잘할 거 같다고 같이 가재요. 가도 돼요? 다른 친구들은 다 가요.

㉰ **S#31. 에필로그***. **공설 운동장(낮)**

공설 운동장, 출발을 알리는 총성에 힘차게 달려 나가는 단단한 몸의 육상 선수들, 그 속에 섞여 운동복 차림의 차은이 힘차게 달려 나간다. 결승선에 들어와 숨을 고르는 차은의 얼굴 가득히 환한 웃음이 번진다.

− 민예지 외, 〈달리는 차은〉

***에필로그**: 시가, 소설, 연극 따위의 끝나는 부분.

📎 극 문학의 구성 단계 이해하기

1. 가, 나에서 갈등을 빚고 있는 인물을 찾아보자. _______________
2. 가, 나에 나타난 갈등의 크기를 비교할 수 있어? 가>나 □ 가<나 □
3. 다에 내적 갈등이나 외적 갈등이 나타나 있어? O □ X □

구성 단계를 고려하여 가~다를 순서대로 바르게 배열한 것은?

① 가 - 나 - 다
② 나 - 가 - 다
③ 나 - 다 - 가
④ 다 - 나 - 가
⑤ 다 - 가 - 나

✏️ 개념 적용하기

▶ **이 작품의 구성 단계**

발단 …… 육상 선수를 꿈꾸는 14살 소녀 차은. 어느 날 차은의 학교 육상부가 해체되고 코치 선생님은 육상을 계속할 수 있도록 □□을 권유한다.

전개 …… 차은은 아버지에게 전학 이야기를 하지만 아버지는 이를 무시하고, 육상부 친구들은 모두 서울로 전학을 가게 되어 차은만 남게 된다.

절정 …… 같은 반 영찬은 차은의 엄마가 필리핀 출신인 것을 알게 되고 이를 친구들에게 알린다. 이후 차은은 '필리핀'이라 불리며 놀림을 받고, 엄마와 사이가 어색해진다. 전학 문제로 아버지와 다툰 후 차은은 가출한다.

□□ …… 영찬이 차은에게 사과하고 차은도 이를 받아준다. 차은은 자신을 찾은 엄마와 함께 서울로 짧은 여행을 떠나고 이 과정에서 서로를 이해하게 된다.

대단원 …… 차은은 육상 선수가 되어 꿈을 이룬다.

🖥 개념 확장하기

'하강'과 '대단원'

극 문학의 구성 단계는 소설의 구성 단계와 비슷한 듯 다른데, '발단, 전개, 절정'은 소설과 유사하지만, '하강', '대단원' 단계가 다름.

하강(반전)	대단원(결말, 파국)
'절정'에서 '대단원'으로 이어 주는 사건 발생. 의외의 사건일수록 극적 효과가 높음.	모든 사건의 해결. 희극은 해피엔딩, 비극은 죽음이나 몰락의 결말을 맞음.

극 문학의 갈등 / 구성 단계

고전 소설 <토끼전>을 연극으로 만들 때, 인물의 특징과 인물 간 갈등을 어떻게 효과적으로 드러낼 수 있을까?

📖 **전체 줄거리**

발단 용왕은 자신의 병을 낫게 할 방법을 찾으려고 신하들을 닦달하고, 이때 자라가 토끼의 간이 약이라고 말하자 용왕은 자라에게 토끼를 데려올 것을 명령한다.

전개 자라는 육지로 나와 토끼를 만나고, 용궁 구경을 가자고 속여서 토끼를 용궁으로 데리고 온다.

절정 용왕이 토끼의 간을 꺼내려 하자, 토끼는 기지를 발휘하여 간을 산속에 두고 왔다는 말로 위기를 모면한다.

하강 용왕을 속인 토끼는 자라와 함께 용궁을 빠져나오는 데 성공한다.

대단원 육지에 도착한 후 토끼는 자라의 어리석음을 비웃으며 산으로 돌아가 버리고, 자라는 땅을 치며 한탄한다.

***오호통재**: '아, 비통하다'라는 뜻으로, 슬플 때나 탄식할 때 하는 말.

***심심산골**: 깊고 깊은 산골.

토끼와 자라 | 엄인희

절정 **용왕**: (부르르 떨며 화를 낸다.) 어서 저 고얀 놈 배를 갈라라. 냉큼 간을 가져오지 못할까!

신하들이 토끼를 향해 달려든다.
토끼, 피한다.

토끼: 잠깐! 잠깐! 내가 잘못 들었나? (정중하게) 방금 간이라고 하셨습니까?

자라: 토끼님, 미안하오. 용왕께 명약으로 바치려고 당신을 데려온 것이오.

토끼: 내 간을 약으로 바치려고요? / **신하들**: 그렇다.

문어, 잽싸게 달려들어 다리로 토끼를 감싸 쥔다.
전기뱀장어는 토끼 옆을 스친다.
토끼는 전기가 올라 소스라친다.

토끼: (침착함을 잃지 않고, 과장해서) 아하하, 안타깝다. 오호통재*라. 토끼 간이 산속 짐승한테만 명약인 줄 알았더니, 이런 생선들한테도 쓸모가 있더란 말이냐? 그래서 우리 조상들은 간을 대여섯 개씩 물려받았구나. 좋다. 주지, 줘. 간을 줘서 생명을 살린다면 아까울 것이 없지.

고등어: 과연 듣던 대로 판단력이 빠른 총명한 토끼로고…….

토끼: (고등어한테) 얘, 너 배를 좍 갈라서 소금 쫙쫙 뿌려서 고등어자반 만들기 전에 입 다물어. 까불고 있어. 용왕마마! 다만 한 가지 안타까운 말씀을 드려야겠나이다.

용왕: 뭐냐? 얼른 칼을 가져다 배를 쭉 갈라 보자.

토끼: 예로부터 토끼들은 간이 배 밖으로 나왔습니다. 호랑이, 여우, 늑대, 표범, 살쾡이, 독수리한테 쫓기다 보니 간을 배 속에 넣고는 살아갈 수가 없거든요. 산속 깊은 골짜기에다 차곡차곡 재어 놓고 다니다 밤에만 배 안에 집어넣고 살고 있다고 합니다……가 아니라, 살고 있습니다.

용왕: 그거 큰일이다. / **뱀장어**: 저놈 말을 믿지 마세요, 폐하!

도루묵: 먼저 저놈 배를 갈라 보고, 간이 없으면 다시 토끼를 잡아 오면 어떨는지요.

토끼: (엄살을 떤다.) 아이고, 나 죽네. 그 아까운 간을, 그 용하다는 명약을 심심산골*에 숨겨 두고 아까운 목숨만 사라지네.

자라: 폐하! 다시 육지로 나가 토끼 간을 받아오겠나이다. 산속 짐승이나 물속 짐승이나 모두 하나뿐인 생명입니다. 힘이 들더라도 한 번 더 다녀오겠습니다.

용왕: 그래라, 그래. 간도 없는 놈을 죽여 무엇하겠느냐. 털가죽도 뒤집어 쓰는 걸 보니, 간 아니라 심장도 밖에다 내놓고 다닐 놈이로다. 얼른 서둘러 다녀오너라.

자라: 다녀오겠습니다, 폐하!

뱀장어: (칼을 휘두르며 쫓아온다.) 속지 마십시오, 폐하! 이놈 간 내놔! 간 내놔!

01 윗글을 무대에 올릴 때 각 배역에 대한 연출 지시로 적절하지 <u>않은</u> 것은?

① 토끼 역: 과장된 표정과 동작으로 능청스럽게 연기해 주세요.
② 자라 역: 남이 말을 잘 믿는 순진한 표정으로 연기해 주세요.
③ 자라 역: 용왕에 대한 충성스러운 태도가 드러나도록 연기해 주세요.
④ 용왕 역: 토끼에 대한 동정심과 죄책감이 드러나도록 연기해 주세요.
⑤ 뱀장어 역: 토끼에게 속는 용왕에 대한 안타까움이 드러나도록 연기해 주세요.

극 문학의 갈등 /
구성 단계

02 윗글에 나타난 갈등의 양상으로 가장 적절한 것은?

① 용왕의 신뢰를 받고 있는 자라와 이를 시기하는 신하들 간의 외적 갈등
② 토끼의 간이 병을 치료하는 약이 맞는지 아닌지 의심하는 용왕의 내적 갈등
③ 토끼의 말을 믿어야 한다는 도루묵과 믿으면 안 된다는 뱀장어 간의 외적 갈등
④ 토끼를 죽여 간을 얻으려 하는 용왕 및 신하들과 살아남으려는 토끼 간의 외적 갈등
⑤ 용왕을 살리기 위해 자신을 희생하여 간을 내놓을지 말지를 고민하는 토끼의 내적 갈등

*관용 표현: 오랫동안 써서
굳어진 대로 사용하는 표
현. 관용어 외에 속담, 고
사성어 등이 있음.

03 윗글의 '토끼'의 상황을 관용 표현*으로 나타낼 때 적절하지 <u>않은</u> 것은?

① 토끼가 처한 상황은 풍전등화와도 같군.
② 토끼는 임기응변으로 위기 상황을 극복하고 있군.
③ 토끼는 뱀장어와 도루묵에게 결초보은의 심정이겠군.
④ 자라를 따라온 토끼는 믿는 도끼에 발등 찍힌 격이로군.
⑤ 호랑이에게 물려 가도 정신만 차리면 산다더니 토끼가 딱 그러네.

🖐 주관식·서술형

극 문학의 갈등 /
구성 단계

04 보기 중, 윗글이 해당하는 구성 단계에 대한 설명을 고르시오.

보기

ⓐ 모든 갈등이 해소되며 사건이 종결된다.
ⓑ 사건의 해결을 위한 실마리가 제시된다.
ⓒ 인물의 갈등과 대립이 최고조에 도달한다.
ⓓ 갈등이 형성되고 점차 갈등의 정도가 심화된다.
ⓔ 도입부에 해당하며 주요 인물, 시간적·공간적 배경 등이 제시된다.

가 하강 토끼, 도망치며 얼른 자라의 등에 탄다.
　토끼, 자라의 등을 발로 차며 '이랴 낄낄' 한다.
　둘은 헤엄쳐 간다.
　둘의 뒤로 다른 물고기들이 헤엄쳐 따라온다.
　재미있는 빠른 음악이 울린다.

토끼: 아이고, 이놈아, 빨리 가자. 간 떨어지겠다. 간이 콩알만 해지겠다.
자라: (　㉠　) 뭐라고? 간이 떨어져?
토끼: (　㉡　) 아나, 어서 가. 똥 떨어진다는 소리디.
자라: 앗! (걱정하며) 내 등에 싸지 마!
[A] 토끼: 이놈아, 토끼 똥은 똥글똥글 콩자반*처럼 예쁘기만 하다.

　둘은 헤엄쳐 간다.
　조명은 푸른 물이 어른거리는 것처럼 출렁인다.
　둘은 땅에 도착한다.
　그러면 연극은 마무리로 넘어간다.

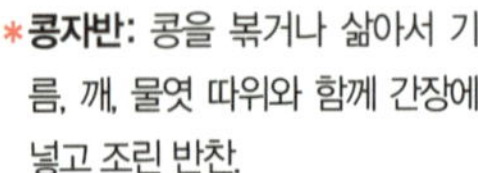

나 대단원 자라는 땅에 엎드려 헉헉 숨을 쉰다.
　토끼는 깡충깡충 뛰어 언덕에 오른다.
　자라는 땅에서 걷느라 천천히 걷는다.

자라: (소리친다.) 같이 가!
토끼: (소리 지른다.) 왜 같이 가?
자라: 간 하나만 줘야지!
토끼: (　㉢　) 너 줄 간은 없다.
자라: 뭐라고?
토끼: 하하하! 이 토끼님을 속여서 용궁으로 데려가? 하마터면 가마솥에 들어가 통째로 토끼탕이 될 뻔했구나. 이번엔 네 차례야. 네가 속은 거야. 세상에 간을 꺼내 놓고 사는 짐승이 어디 있냐? 이 어리석은 자라야!
자라: 뭐야? 난 몰라. 깜빡 속았네.
토끼: (　㉣　) 이놈 자라야. 너나 이 땅을 어슬렁거리다 보약 좋아하는 사람들한테 잡혀 자라탕*이나 되어라.
자라: (　㉤　) 아이고, 망했다. 어떻게 용궁으로 돌아가나……. 난 몰라. 모른다고…….

　자라는 바닥에 앉아 땅을 치며 걱정을 한다.
　토끼는 약을 올리며 깡충깡충 뛰어간다.
　자라 노래와 토끼 노래를 하며 끝을 낸다.

*콩자반: 콩을 볶거나 삶아서 기름, 깨, 물엿 따위와 함께 간장에 넣고 조린 반찬.

*자라탕: 자라를 통째로 푹 삶아서 뜯고 여기에 갖은양념을 하여 다시 끓인 국.

05 위와 같은 글을 감상하는 방법으로 적절하지 <u>않은</u> 것은?

① 인물 간의 관계와 갈등에 주목하여 감상한다.
② 지시문의 내용이 어떻게 표현될지 상상하며 감상한다.
③ 인물의 대사에 내재되어 있는 음악성을 느끼면서 감상한다.
④ 무대 배경이나 장치, 효과 등을 머릿속으로 그리며 감상한다.
⑤ 대사에 담긴 인물의 생각과 심리, 태도 등을 파악하며 감상한다.

06 ㉠~㉤에 지시문을 추가한다고 할 때, 적절한 것은?

① ㉠: 크게 환호하며
② ㉡: 고개를 끄덕이며
③ ㉢: 의심스러운 눈초리로
④ ㉣: 놀란 자라를 위로하며
⑤ ㉤: 절망스러운 표정으로

07 보기 는 고전 소설 〈토끼전〉의 일부이다. [A]와 〈보기〉를 비교한 내용으로 적절하지 <u>않은</u> 것은?

> **보기**
>
> 토끼, 자라 등에 다시 올라 만경창파를 건너 바닷가에 이르러, 자라, 토끼를 내려놓으니, 토끼, 기꺼움을 못 이겨 스스로 생각하되, '이는 진실로 그물을 벗어난 새요, 함정에서 뛰어나온 범이로다. 만일 나의 지혜 아니면 어찌 고향의 산과 개천을 다시 보리요?' 하며 사방으로 뛰노는지라.

① 〈보기〉와 달리 [A]에는 조명과 음악 등의 효과가 제시되어 있다.
② 〈보기〉와 달리 [A]는 인물들의 대사를 통해 내용이 전개되고 있다.
③ [A]와 달리 〈보기〉에는 토끼의 생각과 심리가 직접적으로 서술되어 있다.
④ [A]와 달리 〈보기〉에는 용궁에서 육지로 가는 과정이 상세하게 제시되어 있다.
⑤ 〈보기〉와 [A] 모두 비유적 표현을 통해 토끼의 심리나 처지를 드러내고 있다.

🖉 **주관식·서술형**

극 문학의 갈등 / 구성 단계

08 희곡의 구성 단계를 다음과 같이 나타낼 때, 가 에 해당하는 부분을 고르시오.

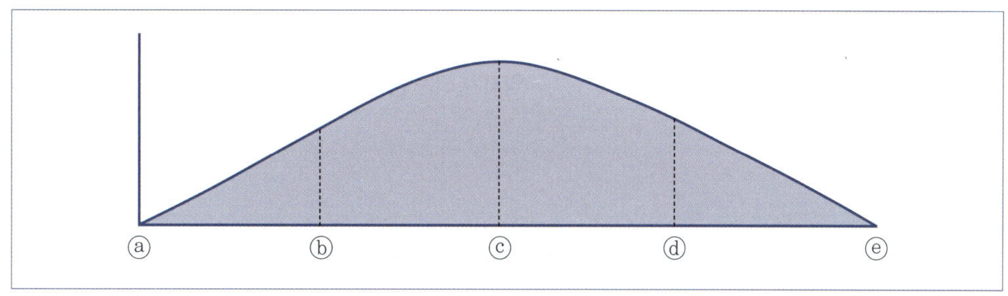

▶ 이 작품에 나타난 갈등

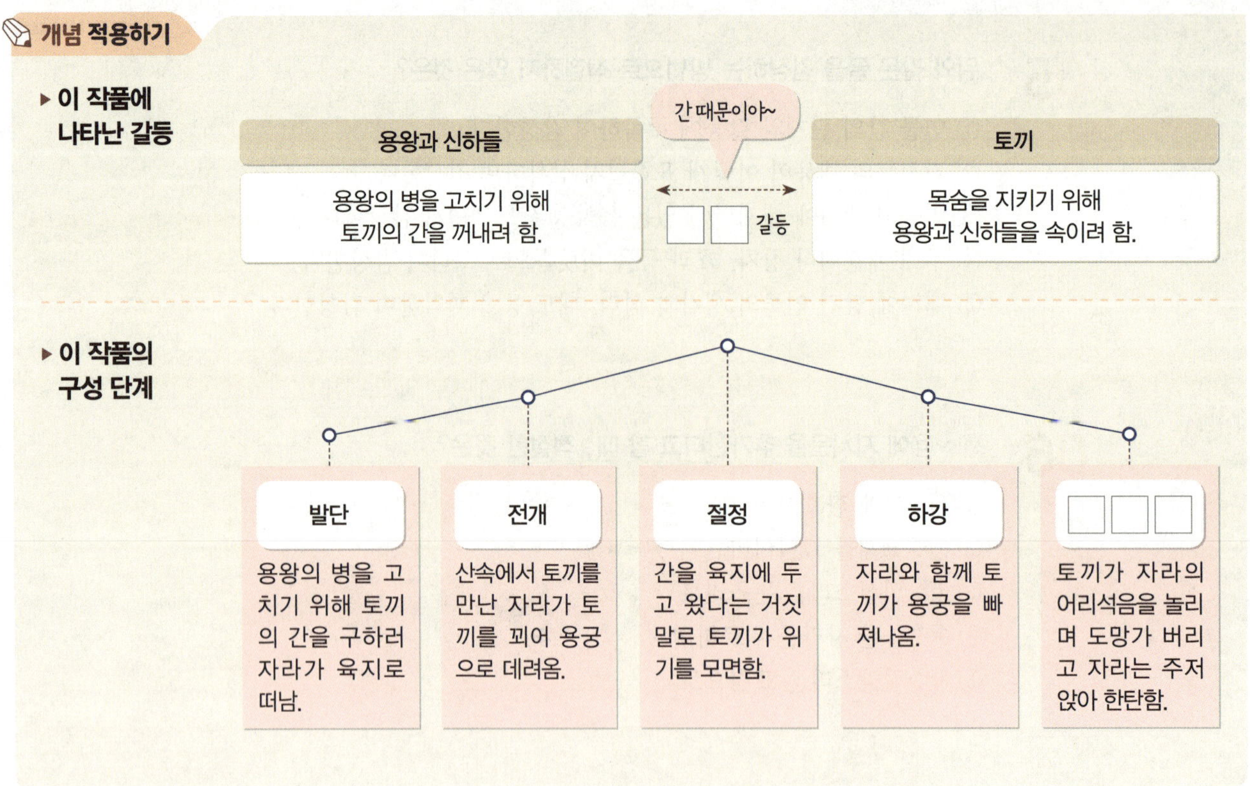

▶ 이 작품의 구성 단계

작품 한눈에 **토끼와 자라** | 엄인희

한줄평 ▶ 고전 소설 〈토끼전〉을 희곡으로 각색하여 헛된 욕심과 지혜에 대하여 교훈을 주는 작품

인물	배경	표현
• **토끼**: 위기 상황에서도 침착함을 잃지 않으며, 순발력 있게 □를 내어 이를 극복함. • **자라**: 용왕에게 □□을 다하며 우직하지만 다른 사람의 말을 쉽게 믿는 순진한 성격임. • **용왕**: 화를 잘 내고 권위적이며 약을 구하기 위해 수단을 가리지 않는 이기적 태도를 나타냄.	• **용궁**: 용왕의 병을 치료하기 위해 자라가 토끼를 데려와 토끼가 위기의 상황에 처하는 공간, 토끼가 약자이며 자라를 비롯한 용궁의 인물들이 강자가 되는 공간 • **육지**: 토끼가 자신의 꾀에 속은 자라를 조롱하며 위기에서 벗어나는 공간, 토끼가 강자가 되며 자라가 약자가 되는 공간	• 토끼, 자라, 물고기 등 동물을 사람인 것처럼 □□화하여 인간 사회의 모습을 풍자하고 있음. • 속담 등의 관용적 표현을 종종 사용함. • 인물들의 말과 행동을 과장하여 나타내고 있으며 언어유희를 사용하여 해학적 분위기를 조성함.

주제: 헛된 욕심에 대한 경계와 □□의 필요성

📖 정답 및 해설 57쪽

[1~5] 보기 의 글자들을 조합하여 다음 뜻풀이에 해당하는 단어를 만드시오.

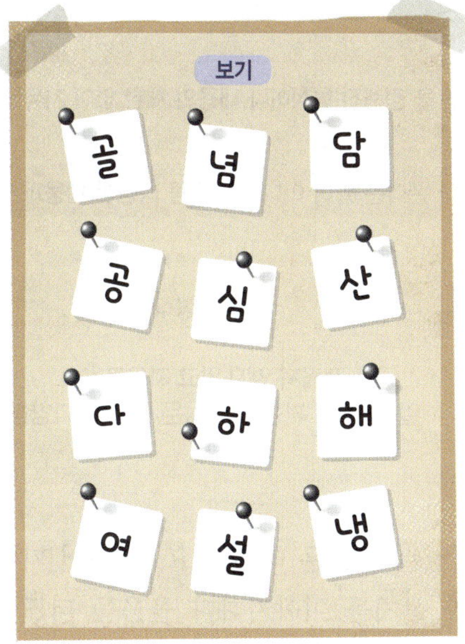

1 깊고 깊은 산골. →

2 태도나 마음씨가 동정심 없이 차갑다. →

3 집단, 조직, 단체 따위가 해체하여 없어지다. 또는 없어지게 하다. →

4 국가나 공공 단체에서 일반 사람들을 위하여 만들어 세움. 또는 그런 시설. →

5 (주로 '없다'와 함께 쓰여) 어떤 일에 대하여 생각하고 있는 것 이외의 다른 생각. →

어휘 특강) 지시 표현과 거리감

말하는 사람에게 가까울 때	듣는 사람에게 가까울 때	말하는 사람, 듣는 사람과 모두 멀리 있을 때
'이' 계열	**'그' 계열**	**'저' 계열**

말하는 이에게 가까이 있거나 말하는 이가 생각하고 있는 대상, 장소 등을 가리킴.

예 **이** 사과가 맛있게 생겼다.

이것은 연필이다.

여기에 텐트를 치면 좋겠다.

듣는 이에게 가까이 있거나 듣는 이가 생각하고 있는 대상, 장소 등을 가리킴.

예 **그** 책 좀 이리 줘 봐.

네 옆에 있는 **그것**이 무엇이냐?

거기에 앉게.

말하는 이와 듣는 이로부터 멀리 있는 대상, 장소 등을 가리킴.

예 **저** 아이는 누구 집 아이입니까?

저것을 좀 보십시오.

저기가 경치가 제일 좋은 곳입니다.

수필의 내용과 형식

필수 개념 수필의 내용과 형식

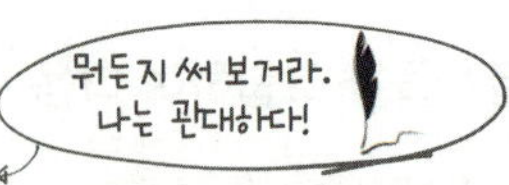

- 수필[따를 수(隨) + 붓 필(筆)]은 글쓴이의 생각이나 체험 등을 정해진 형식이나 내용의 제한 없이 자유롭게 쓴 글이야. 한자어 풀이대로 '붓 가는 대로 쓴 글'인 셈이지.
- 내용이나 형식이 따로 정해져 있지 않다는 것은 아무렇게나 쓴다는 말이 아니라 그만큼 **다양한 내용과 형식**으로 자유롭게 쓸 수 있다는 말이야.

수필의 내용	수필의 형식
글쓴이의 체험, 보고 들은 것, 인생, 자연, 사회 등 주변의 모든 것을 다룰 수 있음.	정해져 있지 않고 자유로움. 일기, 편지, 기행문, 감상문 등 매우 다양함.

　　지렁이 울음소리를 들어 본 적 있나요? 목숨 있는 것들은 다 울지요. 심지어 기뻐서 눈물이 터질 때도 있지요. 누군가 자신의 고민과 상처를 이야기하다 울음을 터뜨렸다면, 그 사람은 괜찮은 거예요. 운다는 건 상처를 극복할 힘이 있다는 거지요. 유마*의 말을 빌려야겠네요. 세상이 죄다 병들었는데 나만 희희낙락*할 수는 없는 거라고요. 다 아픈데 나만 안 아플 수는 없는 겁니다. 목숨 있는 존재란 누군가에 기대어 존재하게 되어 있으니까요. 그러니 울음은 웃음만큼이나 소중한 겁니다. 울음은 자기를 비워 내는 강력한 몸의 말이지요.

　　유기농 퇴비* 만드는 곳에 간 적이 있습니다. 지렁이 울음소리를 듣고 싶었기 때문이지요. 비닐하우스 가득 놓인 항아리들 속에서 지렁이들이 퇴비를 만들고 있었지요. 발소리를 죽이고 귀를 세워 보았습니다. 청각이 예민한 지렁이들이 인기척*을 알아채고 조용해지기 전까지, 눈 깜짝할 사이나마 지렁이 울음소리를 듣는 바로 그 순간, 농부는 자신이 우주를 여행하는 여행자라는 생각이 든다고 합니다.

　　여리지만 분명한 울음소리 혹은 노랫소리. 모두 잠든 밤 조용히 땅 위로 나와 달빛을 즐기는 지렁이를 상상해 보세요. 세상에서 단 한순간도 다른 생명을 착취해 본 적 없는 지렁이. 참, "지렁이도 밟으면 꿈틀한다."라는 속담이 있지요. 이런! 지렁이는 안 밟아도 꿈틀합니다. 꿈틀하는 역동*이 생명의 본질이니까요. 밟아야만 꿈틀한다고 착각하지 마세요. 지렁이들의 울음소리를 들을 수 있는 세상이어야 합니다.

– 김선우, 〈지렁이 울음소리를 들을 수 있는 세상〉

*유마: 석가의 제자.

*희희낙락: 매우 기뻐하고 즐거워함.

*퇴비: 풀, 짚 또는 가축의 배설물 따위를 썩힌 거름.

*인기척: 사람이 있음을 알 수 있게 하는 소리나 기색.

*역동: 힘차고 활발하게 움직임.

수필의 내용과 형식 이해하기

1. 윗글의 2문단에 나타난 글쓴이의 체험을 찾아보자. ___________________
2. 윗글의 글쓴이가 독자들에게 말을 건네며 사용한 것은? 반말 ☐ 존댓말 ☐

윗글의 내용과 형식에 대한 이해로 적절한 것은?

① '발단 – 전개 – 위기 – 절정 – 결말'로 구성된 글이다.

② 지렁이 울음소리라는 허구적인 내용을 상상하여 쓴 글이다.

③ 유기농 퇴비 만드는 곳을 방문했던 글쓴이의 체험을 토대로 쓴 글이다.

④ 글쓴이는 지렁이 울음소리를 듣고 자신이 우주를 여행하는 여행자라고 생각하였다.

⑤ 글쓴이가 깊은 밤 땅 위로 올라와 달빛을 즐기는 지렁이를 본 경험을 담고 있는 글이다.

✎ 개념 적용하기

▶ 이 작품의 내용과 형식

- 울음은 자기를 비워 내는 강력한 몸의 말이지요.
- 유기농 퇴비 만드는 곳에 간 적이 있습니다. ~ 농부는 자신이 우주를 여행하는 여행자라는 생각이 든다고 합니다.
- 지렁이들의 울음소리를 들을 수 있는 세상이어야 합니다.

- 지렁이 울음 소리를 들어 본 적 있나요?
- 모두 잠든 밤 조용히 땅 위로 나와 달빛을 즐기는 지렁이를 상상해 보세요.
- 밟아야만 꿈틀한다고 착각하지 마세요.

내용

- 유기농 퇴비 만드는 곳에 찾아갔던 경험
- 농부에게 들은 말(지렁이 울음소리를 들을 때 자신이 우주를 여행하는 여행자라고 생각함.)
- 울음, 지렁이 울음소리에 대한 글쓴이의 ☐☐

형식

독자들에게 존댓말로 말을 건네는 형식으로 글쓴이의 경험과 생각을 ☐☐롭게 드러냄.

⎙ 개념 확장하기

수필과 소설 비교

같은 산문 문학인 소설과 비교해 보면 수필이라는 갈래를 더 쉽게 이해할 수 있음.

소설	구분	수필
허구적(작가의 상상력을 바탕으로 꾸며 쓴 글)	성격	사실적(작가의 경험이나 생각을 진솔하게 나타낸 글)
서술자	말하는 이	작가 자신
'발단 – 전개 – 위기 – 절정 – 결말'의 구성	형식 및 구성	정해진 것 없음.

수필의 내용과 형식

막내의 야구 방망이에 어떤 사연이 담겨 있을까?

막내의 야구 방망이 | 정진권

처음 어느 날 퇴근을 해 보니 막내의 동무 애들 일고여덟 명이 마루에 둘러앉아 있었다. 초등학교 5학년의 개구쟁이들, 그러나 개구쟁이답지 않게 조용했다. 그 중엔 처음 보는 아이도 있었다.

그날 저녁에 막내는 야구 방망이 하나만 사 달라고 졸랐다. 조르는 대로 다 사 줄 수는 없는 일이지만 너무도 간절히 원하기 때문에 나는 사 주마고 약속을 했다. 그리고 다음 날 퇴근을 할 때 방망이 하나를 사다 주었다.

중간 그 다음 날부터 막내는 집에 늦게 들어왔다. 어떤 때는 하늘에 별이 떠야 방망이에 글러브를 꿰어 메고 새카만 거지 아이가 되어 돌아오는 것이다. 그러고는 한 사흘을 굶은 놈처럼 밥을 퍼먹는다.

"왜 이렇게 늦었니?"

"야구 연습 좀 하느라고요."

"이 캄캄한 밤에 공이 보이니?"

막내는 말이 없었다.

"또 이렇게 늦으면 혼날 줄 알아."

그러나 그 다음 날도 여전히 늦었다. 나는 적이* 걱정스러웠다. 초등학교 5학년짜리들이 야구를 한다면 그건 취미 활동에 불과한 것이다. 그런데 무엇에 쏠려서 별이 떠야 돌아오는 것일까?

"왜 또 이렇게 늦었니?"

막내는 또 말이 없었다.

"말 못 하겠니?"

그러자 막내가 겨우 입을 열었다.

"내일모레가 시합이어요."

"무슨 시합?"

"오 학년 각 반 대항 시합인데 우리가 꼭 이겨야 해요."

그때 막내의 얼굴에는 너무도 진지한 빛이 떠올랐기 때문에 더는 무어라고 야단을 칠 수가 없었다.

"그럼 시합 끝나면 일찍 오지?"

"예."

그런데 시합 날이라던 그날 막내네는 우승을 하지 못한 모양이었다. 밥도 먹는 둥 마는 둥 그냥 잠자리로 들어가 이불을 뒤집어쓰는 것이다.

나는 지나치게 승부에 민감한 것은 좋지 않을 듯해서,

"다음에 또 기회가 있지 않니? 갑자기 서두르면 못써."

하고는 이불을 벗겨 주었다.

그러나 막내는 무슨 대단한 한이라도 맺힌 듯 누운 채로 면벽*을 하고 있었다.

*적이: 꽤 어지간한 정도로.

*면벽: 벽을 마주 대하고 고요히 앉아서 도를 닦음. 또는 그런 일.

01 위와 같은 글에 대한 설명으로 적절하지 <u>않은</u> 것은?

① 정해진 형식 없이 자유롭게 쓰는 글이다.
② 인간과 자연, 사회 등 소재에 제한이 없는 글이다.
③ 글쓴이의 생각과 가치관 등이 진솔하게 드러나는 글이다.
④ 현실을 바탕으로 하되 글쓴이의 상상력으로 재구성된 글이다.
⑤ 일기, 편지, 감상문, 기행문 등이 해당하며 누구나 쓸 수 있는 글이다.

02 윗글의 '나'에 대한 설명으로 적절한 것은?

① 글쓴이 '나'가 막내와 관련해 겪은 일을 보여 주고 있다.
② 글쓴이의 대리인*인 '나'가 막내에 대한 정보를 제시하고 있다.
③ 1인칭 주인공 시점으로 서술자 '나'와 막내의 갈등을 다루고 있다.
④ 1인칭 관찰자 시점으로 '나'가 주인공인 막내의 이야기를 전달하고 있다.
⑤ 전지적 서술자인 '나'가 막내의 생각과 심리를 모두 꿰뚫어 보아 전달하고 있다.

*대리인: 다른 사람을 대신 하는 사람.

03 윗글의 내용을 바르게 이해하지 <u>못한</u> 것은?

① '나'는 막내가 매일 늦게 집에 돌아오는 것을 걱정하고 있다.
② 막내는 야구 연습을 하기 위해서 방망이를 사 달라고 하였다.
③ '나'는 막내가 지나친 승부욕에 사로잡히는 것을 경계하고 있다.
④ '나'는 막내와 친구들의 야구가 취미 활동일 것이라고 생각하였다.
⑤ 막내는 '나'가 야구 연습을 반대하자 이불을 뒤집어쓰고 속상해하였다.

✍ 주관식·서술형

04 막내가 매일 밤늦게 귀가한 이유를 다음과 같이 나타낼 때, (　　) 안에 들어갈 내용을 윗글에서 찾아 6어절로 쓰시오.

> (　　　　　　　　　　　　)에서 이기기 위해 연습을 하느라

 그런데 막내는 이튿날도 또 늦었다. 나는 아무래도 이 아이가 자기 생활의 질서를 잃은 듯해서,

"왜 이렇게 늦었니? 시합 끝나면 일찍 오겠다고 하지 않았니? 어떻게 된 거야 이게?"

하고 좀 심하게 나무랐다.

그제야 막내는 자초지종*을 털어놓았다. 다음에 적는 것은 그 이야기의 대강이다.

막내의 담임 선생님은 마흔 남짓한 남자 분이신데 무슨 깊은 병환으로 입원을 하셔서 한 두어 달 학교를 쉬시게 되었다. 그렇게 되자 학교에서는 막내의 반 아이들을 이 반 저 반으로 나누어 붙였다. 그러니까 막내의 반은 하루아침에 해체되고 반 아이들은 뿔뿔이 헤어지게 된 것이다.

그런데 배치해 주는 대로 가 보니 그 반 아이들의 괄시*가 말이 아니었다. 그런 괄시를 받을 때마다 옛날의 자기 반이 그리웠다. 선생님을 졸졸 따라 소풍 가던 일, 운동회에서 다른 반 아이들과 당당하게 겨루던 일, 이런저런 자기 반의 아름다운 역사가 안타깝게 명멸*하는 것이다. 때로는 편찮으신 선생님이 너무 보고 싶어서 길도 잘 모르는 병원도 찾아갔다.

그러는 동안에 아이들은 선생님이 다 나으셔서 오실 때까지 우리 기죽지 말자 하며 서로서로 격려하게 되었고, 이런 기운이 팽배*해지자 이른바 간부였던 아이들은 자기네의 사명을 깨닫게 되었다. 그래서 몇 아이들이 우리 집에 모였던 것이고, 그 기죽지 않을 방법으로 채택한 것이 야구 대회를 주최하여 우승을 차지하는 것이었다.

연습은 참으로 피나는 것이었다. 배 속에서 꼬르륵거리는 소리가 나도 누구 하나 배고프다는 말을 하지 않았다. 연습이 끝나면 또 작전 계획을 세우고 검토했다. 그러노라면 어느새 하늘에 푸른 별이 떴다.

그리하여 마침내 결승전에 진출했다. 이 반 저 반으로 헤어진 반 아이들은 예선부터 한 사람 빠짐없이 응원에 나섰다. 그 응원의 외침은 차라리 처절한 것이었다. 그러나 열광의 도가니처럼 들끓던 결승전에서 그만 패하고 만 것이다.

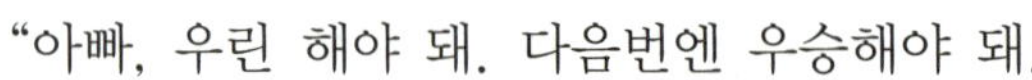

"아빠, 우린 해야 돼. 다음번엔 우승해야 돼. 선생님이 다 나으실 때까지 우린 누구 하나도 기죽을 수 없어."

막내는 이야기를 마치면서 이렇게 말했다. 나는 아무 말도 하지 못했다. 무슨 망국민*의 독립 운동사라도 읽는 것처럼 감동 비슷한 것이 가슴에 꽉 차오르는 것 같았다. 학교라는 데는 단순히 국어, 산수나 가르치는 데가 아니구나 하는 생각도 들었다.

 이튿날 밤 나는 늦게 돌아오는 ㉠막내의 방망이를 미더운* 마음으로 소중하게 받아 주었다. 그때도 막내와 그 애의 동무 애들의 초롱초롱한 눈 같은 맑고 푸른 별이 두어 개 하늘에 떠 있었다. 나는 그때처럼 맑고 푸른 별을 일찍이 본 일이 없다.

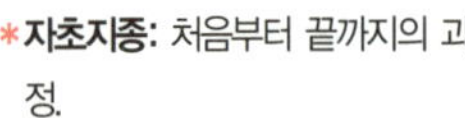

*자초지종: 처음부터 끝까지의 과정.

*괄시: 업신여겨 하찮게 대함.

*명멸: 불이 켜졌다 꺼졌다 함.

*팽배: 어떤 기세나 사상의 흐름 따위가 매우 거세게 일어남.

*망국민: 망하여 없어진 나라의 백성.

*미덥다: 믿음이 가는 데가 있다.

수필의 내용과 형식

05 윗글에 나타난 글쓴이의 경험으로 적절한 것은?

① 막내와 막내네 반 아이들과 함께 별구경을 한 일
② 막내와 독립 운동사를 함께 읽으며 감동을 받은 일
③ 막내와 막내네 반 아이들의 야구 시합을 응원하러 간 일
④ 야구 시합에 대한 막내와 막내네 반 아이들의 사연을 들은 일
⑤ 야구 시합 결승전에서 패한 막내와 막내네 반 아이들을 위로한 일

06 윗글에 나타난 글쓴이의 심리 변화를 다음과 같이 나타낼 때, ⓐ~ⓔ에 들어갈 말로 적절하지 <u>않은</u> 것은?

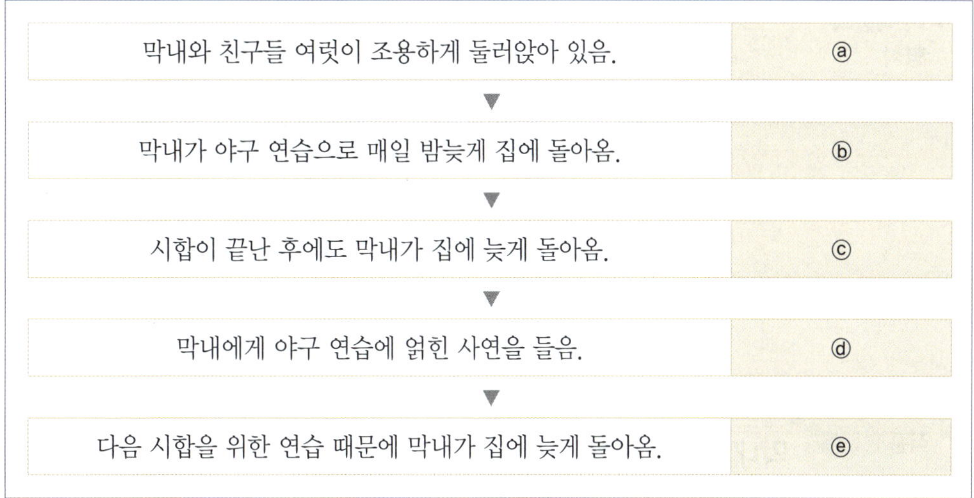

① ⓐ: 의아함.   ② ⓑ: 걱정스러움.
③ ⓒ: 화가 남.   ④ ⓓ: 감동함.
⑤ ⓔ: 체념함.

07 ㉠에 담긴 의미와 가장 거리가 <u>먼</u> 것은?

① 막내와 막내네 반 아이들의 단결심
② 기죽지 않겠다는 막내와 막내네 반 아이들의 의지
③ 야구 시합 우승에 대한 막내와 막내네 반 아이들의 소망
④ 야구 연습에 최선을 다하는 막내와 막내네 반 아이들의 노력
⑤ 담임 선생님이 안 계셔도 괜찮다는 막내와 막내네 반 아이들의 자신감

🖊 주관식·서술형

08 윗글에서 막내와 막내네 반 아이들의 순수한 마음을 상징적으로 드러내고 있는 소재를 찾아 3어절로 쓰시오.

▶ **이 작품의 내용**

▶ **이 작품의 형식**

처음		중간		끝
• 막내와 동무들이 조용히 모여 있음. • 막내가 간절히 부탁하여 야구 방망이를 사 줌.	→	• 야구 연습 때문에 막내가 계속 밤늦게 귀가하자 막내를 나무람. • 막내로부터 막내네 반 아이들의 사연을 듣게 됨.	→	• 막내와 반 아이들에게 크게 감동을 받음. • 야구 연습 후 돌아온 막내의 방망이를 미더운 마음으로 받아 줌.

막내의 야구 방망이 | 정진권

한줄평 ▶ 야구 연습을 통해 순수한 열정을 불태우는 아이들과 이를 바라보는 아버지의 따뜻한 시선을 그린 수필

제목과 소재

• **막내의 야구 방망이**: 담임 선생님의 병환으로 인한 부재로 뿔뿔이 흩어진 아이들이 선생님이 돌아올 때까지 단결하려는 마음, 기죽지 말자는 의지, 야구 시합 우승을 향한 열정

• **맑고 푸른 □**: 서로를 격려하며 목표를 이루기 위해 최선을 다하는 막내와 막내네 반 아이들의 순수한 마음

표현

• **상징적 표현**: 막내의 야구 방망이, 맑고 푸른 별 등 상징적 의미를 지닌 소재를 통해 어린아이들의 순수한 열정과 의지를 드러냄.

• **□□적 표현**: '열광의 도가니처럼 들끓던 결승전', '무슨 망국민의 독립 운동사라도 읽는 것처럼' 등 비유적 표현을 통해 상황, 심리를 효과적으로 드러냄.

구성

• **처음**: 막내가 졸라 야구 방망이를 사 줌.

• **중간**: ① 막내가 야구 연습을 하느라 매일 밤늦게 귀가함. ② 시합 종료 후에도 늦은 귀가가 계속되자 막내를 꾸짖었으나, 막내네 반의 사연을 듣고 감동을 받음.

• **끝**: 막내를 대견하게 여기며 연습을 끝내고 돌아온 막내의 방망이를 소중하게 받아 줌.

주제: 야구 시합으로 단결하게 된 아이들의 □□한 마음

정답 및 해설 60쪽

[1~5] 다음에서 설명하는 어휘가 무엇일지 주어진 낱자를 활용하여 쓰시오.

1 힘차고 활발하게 움직임.

2 흥분이나 감격 따위로 들끓는 상태를 비유적으로 이르는 말.

3 매우 기뻐하고 즐거워함.

4 '병'의 높임말.

5 업신여겨 하찮게 대함.

어휘 특강

비 비슷한 말   반 반대말

비 꾸짖다
윗사람이 아랫사람의 잘못에 대하여 엄하게 나무라다.
예 그는 잘못을 저지른 아이를 호되게 꾸짖었다.

비 질책하다
꾸짖어 나무라다.
예 선생님은 반장의 잘못을 질책하셨다.

비 꾸중하다
아랫사람의 잘못을 꾸짖다.
예 선생님께서 제자들에게 공부를 게을리한다고 꾸중하셨다.

나무라다
상대방의 잘못이나 부족한 점을 꼬집어 말하다.
예 아이의 잘못을 호되게 나무랐다.

비 책망하다
잘못을 꾸짖거나 나무라며 못마땅하게 여기다.
예 김 선생은 술을 먹고 외박을 한 아들을 심하게 책망하였다.

비 야단치다
소리를 높여 호되게 꾸짖다.
예 애가 모르고 그랬으니 애에게 너무 야단치지 마라.

반 칭찬하다
좋은 점이나 착하고 훌륭한 일을 높이 평가하다.
예 음식 솜씨를 예술이라고 칭찬했다.

수필의 성격

💡 필수 개념 수필의 성격

- 수필은 무엇보다 다른 누구의 생각이나 경험이 아닌 **글쓴이 자신의 생각과 경험**을 담은 글이지. 따라서 다른 이들과 구별되는 **글쓴이의 개성**이 잘 드러나겠지? 또한 글쓴이의 개성은 **표현이나 문체**에서도 나타나게 돼.
→ **개성적**

- 일기나 편지가 포함된다는 점에서 알 수 있듯 수필은 전문가뿐만 아니라 **누구나 쓸 수 있는 글**이야. → **비전문적**

- 수필에는 글쓴이의 생각과 체험 등이 솔직하게 드러나고, 자기 자신을 비롯하여 인간과 사회에 대한 깊이 있는 **사색[생각 사(思) + 찾을 색(索)]과 성찰[살필 성(省) + 살필 찰(察)]**이 담기기도 하지.
→ **체험적, 사색적, 고백적, 성찰적, 교훈적 등**

초등학교 1학년 때였던 것 같다. 하루는 우리 반이 좀 일찍 끝나서 나는 혼자 집 앞에 앉아 있었다. 그런데 그때 마침 깨엿* 장수가 골목길을 지나고 있었다. 그 아저씨는 가위만 쩔렁이며 내 앞을 지나더니 다시 돌아와 내게 깨엿 두 개를 내밀었다. 순간 그 아저씨와 내 눈이 마주쳤다. 아저씨는 아무 말도 하지 않고 아주 잠깐 미소를 지어 보이며 말했다.

"괜찮아."

무엇이 괜찮다는 것인지는 몰랐다. 돈 없이 깨엿을 공짜로 받아도 괜찮다는 것인지, 아니면 목발을 짚고 살아도 괜찮다는 것인지……. 하지만 그건 중요하지 않다. 중요한 건 내가 그날 마음을 정했다는 것이다. 이 세상은 그런대로 살 만한 곳이라고. 좋은 사람들이 있고, 선의*와 사랑이 있고, '괜찮아'라는 말처럼 용서와 너그러움이 있는 곳이라고 믿기 시작했다는 것이다. (중략)

괜찮아—난 지금도 이 말을 들으면 괜히 가슴이 찡해진다. 2002년 월드컵 4강에서 독일에게 졌을 때 관중들은 선수들을 향해 외쳤다.

"괜찮아! 괜찮아!"

혼자 남아 문제를 풀다가 결국 골든벨을 울리지 못해도 친구들이 얼싸안고 말해 준다.

"괜찮아! 괜찮아!"

'그만하면 참 잘했다.'라고 용기를 북돋워 주는 말, '너라면 뭐든지 다 눈감아 주겠다.'라는 용서의 말, '무슨 일이 있어도 나는 네 편이니 넌 절대 외롭지 않다.'라는 격려의 말, '지금은 아파도 슬퍼하지 마라.'라는 나눔의 말, 그리고 마음으로 일으켜 주는 부축의 말, 괜찮아.

참으로 신기하게도 힘들어서 주저앉고 싶을 때마다 난 내 마음속에서 작은 속삭임을 듣는다. 오래전 따뜻한 추억 속 골목길 안에서 들은 말, '괜찮아! 조금만 참아. 이제 다 괜찮아질 거야.'

그래서 '괜찮아'는 이제 다시 시작할 수 있다는 희망의 말이다.

– 장영희, 〈괜찮아〉

***깨엿**: 볶은 깨를 겉에 묻힌 엿.

***선의**: 착한 마음.

🔖 수필의 성격 이해하기

1. 윗글에서 깨엿 장수 아저씨와 만난 것은 글쓴이가 직접 겪은 일이야? O ☐ X ☐

→ O: 글쓴이의 체험, X: 글쓴이의 체험 아님.

2. 윗글에서 '타인에 대한 배려와 용서, 격려'라는 메시지를 담고 있는 말을 찾아보자. ___________

윗글의 성격으로 적절한 것끼리 묶인 것은?

① 고백적, 객관적
② 전문적, 설명적
③ 논리적, 설득적
④ 체험적, 교훈적
⑤ 성찰적, 비판적

✏️ 개념 적용하기

▶ **이 작품의 성격**

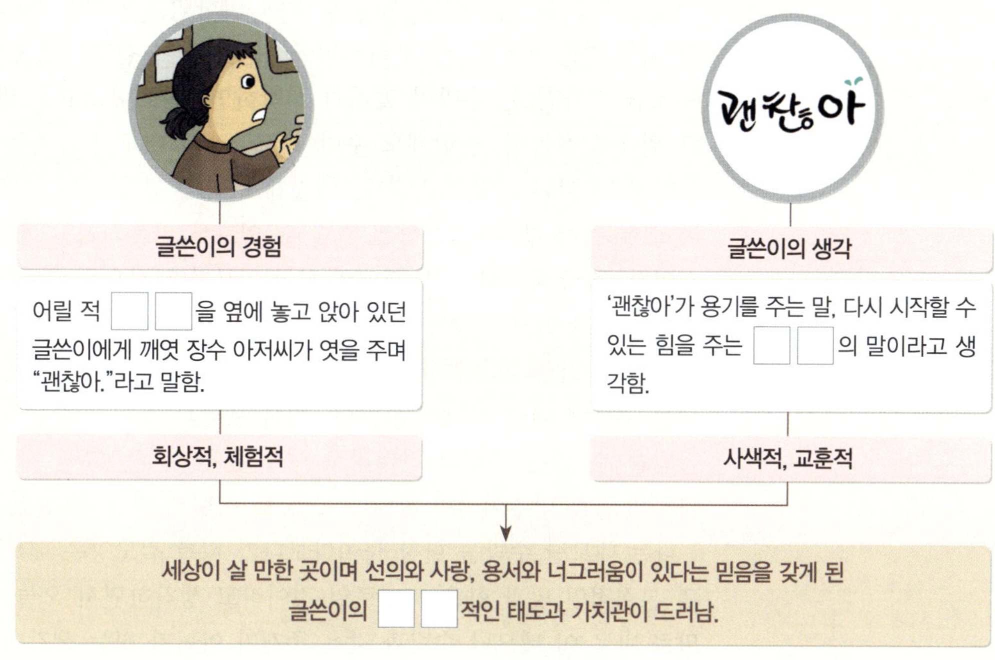

🖨️ 개념 확장하기

수필 감상 방법

• 수필에 담긴 글쓴이의 경험, 생각을 찾고 이를 바탕으로 **글쓴이의 인생관이나 가치관**을 파악하는 것이 중요함.

• 글쓴이의 생각, 가치관이나 인생관을 독자 자신과 비교해 보면서 **성찰**하고 **깨달음**을 얻거나 새로운 시각으로 세상을 바라볼 수 있음.

수필의 성격

네모난 수박 | 정호승

처음 네모난 수박을 보고 충격을 받았다. 어릴 때 동화적 상상의 세계에서나 존재했던 네모난 수박이 물리적 현실의 세계에 존재하게 된 것은 정말 놀라운 일이 아닐 수 없다. 이는 '수박은 둥글다'는 기본 개념을 파괴해 버린 일이다. 이제 우리는 식탁에 올려진 네모난 수박을 늘 먹으면서 무슨 생각을 하게 될까? ㉠별로 대수롭지 않게 그저 먹기에 편하고 맛있으면 그만이라고 생각하게 되지는 않을까?

중간 정작 수박이 네모지면 운반하기에 편할 뿐만 아니라 보관하기에도 좋고 썰어 먹기에도 좋다고 한다. 그러나 수박의 입장에서는 ⓐ 화가 나는 일이 아닐 것이다. 네모난 수박은 유전 공학자들에 의해 유전 인자*가 변형되어 만들어진 것이 아니라 네모난 인공의 틀 속에서 자라게 함으로써 단순히 외형만 바뀌도록 만들어진 것이다. 그러니까 둥글다는 내면의 본질은 그대로 둔 채 인위적*으로 외형만 바뀐 것이다. 따라서 수박은 기형화*된 자신의 몸을 이해하고 받아들이기가 ⓑ 힘들지 않을 것이다. 어쩌면 ㉡"둥글지 않으면 수박이 아니다. 둥글어야만 수박이다."라고 말하며 분노의 눈물을 흘릴지도 모른다.

㉢네모난 수박을 만든 이들의 말에 의하면, 철제와 아크릴로 네모난 수박의 외형 틀을 만드는 데 무려 5년이라는 시간이 걸렸다고 한다. 수박꽃이 지고 ㉣계란 크기만 한 수박이 맺히기 시작하면 특수 아크릴로 만든 네모난 상자를 그 위에 씌우는데, 놀랍게도 수박이 자라면서 네모난 상자를 밀어내는 힘이 자그마치 1톤이나 되었다고 한다. 이렇게 수박의 생장력*이 너무나 강해 만드는 족족 외형 틀이 부서져 그 힘을 견딜 수 있도록 만들기가 ⓒ 어렵지 않았다는 것이다. 결국 네모난 수박 재배의 성공 여부가 전적으로 수박의 생장력을 견뎌 낼 만큼 튼튼한 아크릴 상자를 만들 수 있느냐에 달려 있었다는 것이다.

나는 그 말을 들으면서 네모난 틀 속에서 자라게 되는 한 알의 수박씨가 겪게 되는 고통에 대해 생각해 보았다. 비록 햇볕과 공기와 수분을 예전과 똑같이 공급받을 수 있는 상태라 하더라도 어느 순간부터는 그만 네모난 틀의 형태에다 자신의 몸을 맞추어야만 하니 그 고통을 어떻게 견딜 수 있었을까. (중략)

나는 네모난 수박을 한참 들여다보다가 비록 겉모양은 네모졌으나 수박으로서의 본질적인 맛과 향은 그대로일 것이라고 생각하면서 오늘을 사는 우리들이야말로 바로 이 네모난 수박과 같은 존재가 아닌가 하는 생각이 들었다. ㉤예전의 우리 삶이 둥근 수박과 같은 자연적 형태의 삶이었다면, 지금은 외형을 중시하는 네모난 수박과 같은 인위적 형태의 삶을 살고 있다고 할 수 있다.

끝 오늘 우리의 삶의 속도는 무척 빠르다. 변화의 속도가 너무 빨라 도무지 정신을 차릴 수 없다. 오늘의 속도를 미처 느끼기도 전에 내일의 속도에 몸을 실어야 한다. 그렇지만 네모난 수박이 수박으로서의 맛과 향기만은 잃지 않았듯이 우리도 인간으로서의 맛과 향기만은 결코 잃어서는 안 된다.

*인자: 생명 현상에서 어떤 작용의 원인이 되는 요소. 환경 인자, 영양 인자, 유전 인자 등으로 나눔.

*인위적: 자연의 힘이 아닌 사람의 힘으로 이루어지는.

*기형화: 형태나 모습이 비정상적이 됨.

*생장력: 나서 자라는 힘.

01 윗글에 제시된 '네모난 수박'에 대한 설명으로 적절하지 <u>않은</u> 것은?

① 유전 인자를 변형시켜 만든 것이다.
② 수박으로서의 맛과 향기는 그대로이다.
③ 운반과 보관이 둥근 수박보다 편리하다.
④ 둥글다는 내면의 본질은 바뀌지 않은 것이다.
⑤ 수박의 생장력을 견디는 틀의 제작이 핵심이다.

수필의 성격

02 윗글의 성격 및 '네모난 수박'에 대한 글쓴이의 태도로 적절한 것은?

	글의 성격	'네모난 수박'에 대한 글쓴이의 태도
①	성찰적	썰어 먹기가 편리하다는 점에서 긍정적으로 보고 있다.
②	비판적	생장력이 지나치게 강하다는 점에서 부정적으로 보고 있다.
③	비판적	인위적으로 외형을 변형시켰다는 점에서 비판적으로 보고 있다.
④	성찰적	무려 5년이나 걸려 만들어졌다는 점에서 비생산적으로 보고 있다.
⑤	성찰적	외형을 중시하는 오늘날과 통한다는 점에서 긍정적으로 보고 있다.

03 ㉠~㉤의 표현 방법에 대한 설명으로 적절하지 <u>않은</u> 것은?

① ㉠: 네모난 수박의 수용에 대한 문제의식을 의문문의 형식으로 나타내고 있다.
② ㉡: 수박을 의인화하여 본질의 억압에 대한 생각을 나타내고 있다.
③ ㉢: 네모난 수박용 틀 제조에 걸린 시간을 직접 인용*으로 나타내고 있다.
④ ㉣: 직유법을 사용하여 수박의 크기를 계란에 빗대어 나타내고 있다.
⑤ ㉤: 과거와 현재의 삶을 대조하여 나타내고 있다.

***직접 인용**: 따옴표를 사용하여 원래의 문장을 그대로 가져오는 것

04 ⓐ~ⓒ에 공통적으로 들어갈 단어로 적절한 것은?

① 비록　　　　② 여간　　　　③ 결코
④ 몹시　　　　⑤ 과연

🖊 **주관식·서술형**

05 윗글의 글쓴이가 추구하는 삶의 모습을 다음과 같이 정리할 때, (　　) 안에 들어갈 말을 찾아 2음절로 쓰시오.

> 인간으로서의 (　　　　)적인 맛과 향을 잃지 않는 삶

▶ **이 작품의 성격**

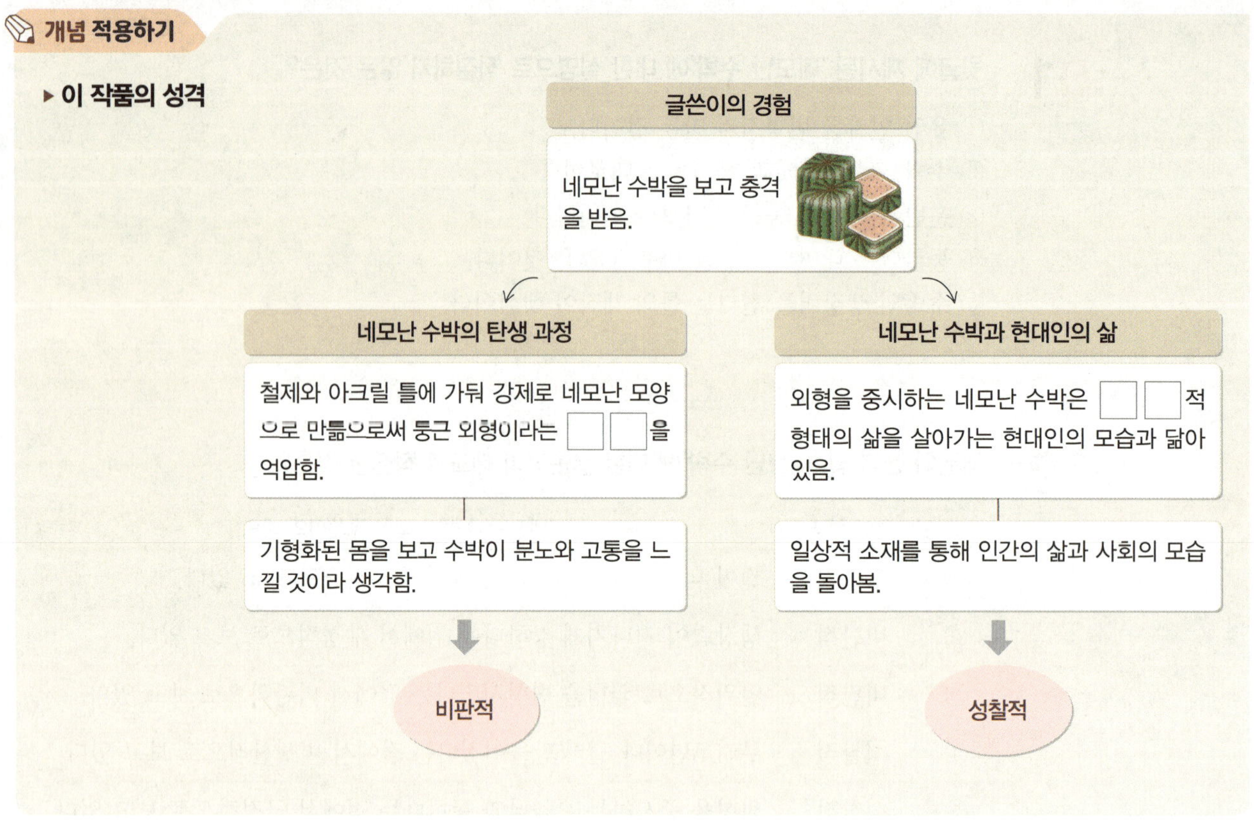

작품 한눈에 — 네모난 수박 | 정호승

한줄평 ▶ 인위적으로 네모지게 만든 수박을 통해 본질을 잃지 않는 삶의 중요성을 이야기하는 수필

제목 및 소재

네모난 수박
- 유전자 변형이 아닌 특수 제작된 틀에 가두어 형태만 네모나게 만든 수박
- 본질(둥근 외형)을 강제로 훼손당하는 고통을 겪는 존재
- 자연적 형태의 삶을 나타내는 둥근 수박과 반대로 인위적 형태의 삶을 나타냄.

표현

- 일상적 소재인 '네모난 수박'으로부터 인간 삶에 대한 □□을 이끌어 냄.
- 둥근 수박과 네모난 수박, 자연적 형태의 삶과 인위적 형태의 삶 등을 □□하여 글쓴이의 생각을 드러냄.
- 수박을 □□화하여 네모난 틀에 갇혀 고통과 분노를 느끼는 존재로 나타냄.

구성

- **처음**: 네모난 수박을 보고 충격을 받음.
- **중간**: ① 네모난 틀에 갇혀 자라면서 둥근 외형이라는 본질을 억압당하는 수박의 고통 ② 외형을 중시하는 네모난 수박과 같이 인위적 형태의 삶을 살아가는 현대인
- **끝**: 인간으로서의 본질적인 맛과 향기를 잃지 않는 삶의 추구

주제: 본질을 잃지 않는 삶에 대한 성찰

어휘 확인

[1~10] 보기 에서 어휘의 뜻풀이 또는 예문의 (　　) 안에 들어갈 어휘 ㉠~㉢을 찾아 쓰시오.

> 보기
>
> ㉠ 선의　　　㉡ 여부　　　㉢ 전적　　　㉣ 생장　　　㉤ 인위적

[뜻풀이]

1 그러함과 그러하지 아니함.

[　　　]

2 하나도 남김없이 모두 다인. 또는 그런 것.

[　　　]

3 자연의 힘이 아닌 사람의 힘으로 이루어지는. 또는 그런 것.

[　　　]

4 나서 자람. 또는 그런 과정.

[　　　]

5 ① 착한 마음. ② 좋은 뜻.

[　　　]

[예문]

6 연구를 통해 벼의 (　　　) 기간을 단축하였다.

[　　　]

7 이 호수는 실은 (　　　)으로 만들어진 것이다.

[　　　]

8 사실 (　　　)를 확인해 주시기 바랍니다.

[　　　]

9 나는 (　　　)로 한 말인데, 네 마음이 상했다면 용서해 주기 바란다.

[　　　]

10 모두 그 의견에 (　　　)으로 동의했다.

[　　　]

어휘 특강 　접속 부사의 이해

접속 부사

앞말을 뒤에 나오는 말에 이어 주면서 뒤의 말을 꾸며 주는 부사. 접속 부사의 의미를 알면 글의 의미를 더 쉽고 정확하게 파악할 수 있다.

- **그래서**: 앞의 내용이 뒤의 내용의 원인이나 근거, 조건 따위가 될 때 쓰는 접속 부사.
- **그런데**: ① 화제를 앞의 내용과 관련시키면서 다른 방향으로 이끌어 나갈 때 쓰는 접속 부사. ② 앞의 내용과 상반되는 내용을 이끌 때 쓰는 접속 부사.
- **하지만**: 서로 일치하지 아니하거나 상반되는 사실을 나타내는 두 문장을 이어 줄 때 쓰는 접속 부사.
- **그러나**: 앞의 내용과 뒤의 내용이 상반될 때 쓰는 접속 부사.
- **그렇지만**: 앞의 내용을 인정하면서 앞의 내용과 뒤의 내용이 대립될 때 쓰는 접속 부사.
- **그러니까**: 앞의 내용이 뒤의 내용의 이유나 근거 따위가 될 때 쓰는 접속 부사.
- **따라서**: 앞에서 말한 일이 뒤에서 말할 일의 원인, 이유, 근거가 됨을 나타내는 접속 부사.

스피드 정답체크

01 일차

필수 개념 ❶ ③
✏️ **개념 적용하기** 검정 양말, 보조

필수 개념 ❷ ③
✏️ **개념 적용하기** 밤하늘, 야구공, 원

01 ④ **02** ① **03** ① **04** ㉠: 꽃가루, ㉡: 금방울
✏️ **개념 적용하기** 직유, 눈, 보조, 은유, 고양이
🔍 **작품 한눈에** 고양이, 도다, 후각, 봄

02 일차

필수 개념 ❶ ④
✏️ **개념 적용하기** 강물

필수 개념 ❷ ④
✏️ **개념 적용하기** 메아리

01 ① **02** ⑤ **03** 훨훨훨 깃을 치는 청산
✏️ **개념 적용하기** 의인, 보조, 활유, 원
🔍 **작품 한눈에** 해, 의인, 청산, 평화

03 일차

필수 개념 ❶ 낙락장송
✏️ **개념 적용하기** 낙락장송

필수 개념 ❷ ②
✏️ **개념 적용하기** 고래, 청년, 꿈

01 ② **02** ② **03** ③ **04** 빛깔, 향기
✏️ **개념 적용하기** 몸짓, 이름
🔍 **작품 한눈에** 이름, 눈짓, 몸짓, 꽃, 향기, 존재

04 일차

필수 개념 ❶ ㉮: 외형률, ㉯: 내재율
✏️ **개념 적용하기** 정형, 자유

필수 개념 ❷ ⑤
✏️ **개념 적용하기** 음수, 4

01 ② **02** ⑤ **03** ① **04** 진달래꽃
✏️ **개념 적용하기** 음수율, 오리다, 1, 4
🔍 **작품 한눈에** 이별, 운율, 진달래꽃

05 일차

필수 개념 ❶ ①
✏️ **개념 적용하기** 문장 구조, 3

필수 개념 ❷ ②
✏️ **개념 적용하기** 의성, 의태, 운율

01 ① **02** ③ **03** ⑤ **04** 직유법, 햇비
✏️ **개념 적용하기** 해님, 운율, 알롱알롱, 의태어
🔍 **작품 한눈에** 햇비, 반복, 비유, 의태어, 햇비

06 일차

필수 개념 ❶ ⑤
✏️ **개념 적용하기** 청각

필수 개념 ❷ ⑤
✏️ **개념 적용하기** 후각, 미각

01 ③ **02** ④ **03** ③ **04** 메마른 입술에 쓰디쓰다.
✏️ **개념 적용하기** 시각, 청각
🔍 **작품 한눈에** 고향, 이미지, 운율, 구름, 미각적

07 일차

필수 개념 ❶ ②
✏️ **개념 적용하기** 전이

필수 개념 ❷ ④
✏️ **개념 적용하기** 미각, 촉각

01 ⑤ **02** ① **03** ⑤ **04** ④
✏️ **개념 적용하기** 공, 청각, 후각, 복합
🔍 **작품 한눈에** 연두, 초록, 연두, 애벌레, 청소년

08 일차

필수 개념 ❶ ⑤
✏️ **개념 적용하기** 딱지

필수 개념 ❷ ②
✏️ **개념 적용하기** 묏버들

01 ⑤ **02** ⑤ **03** ④ **04** 누군가의 가슴에 실려 가는 노래일 수 있을까.
✏️ **개념 적용하기** 귀뚜라미, 노래
🔍 **작품 한눈에** 귀뚜라미, 매미, 운율, 노래, 감동

09 일차

필수 개념 ❶ ①
✏️ **개념 적용하기** 주동, 입체

필수 개념 ❷ ②
✏️ **개념 적용하기** 욕심, 우애

01 ① **02** ④ **03** ④ **04** 고갯길
05 ③ **06** ② **07** ③ **08** 입체적 인물
✏️ **개념 적용하기** 입체, 반동
🔍 **작품 한눈에** 꿩, 책 보퉁이, 비유, 용기

필수 개념 ❶ ④
✎ 개념 적용하기 거스름돈, 내적

필수 개념 ❷ ③
✎ 개념 적용하기 문기, 반동, 외적

01 ⑤   02 ②   03 ③   04 호부 호형
05 ④   06 ②   07 ①   08 [예시답] 길동
이 첩에게서 태어난 서자이기 때문이다.
✎ 개념 적용하기 사회, 인물, 인형
🔍 작품 한눈에 호부 호형, 시간, 적서

필수 개념 ❶ ⑤
✎ 개념 적용하기 발단, 갈등

필수 개념 ❷ ③
✎ 개념 적용하기 절정, 결말

01 ④   02 ④   03 ⑤   04 돈(인건비)
05 ⑤   06 ①   07 ④   08 도둑놈 두목,
누런 똥빛
✎ 개념 적용하기 발단, 위기, 갈등
🔍 작품 한눈에 배경, 부도덕성

필수 개념 ❶ ④
✎ 개념 적용하기 서술자, 일(1), 주인공

필수 개념 ❷ ②
✎ 개념 적용하기 서술자, 일(1), 관찰자

01 ④   02 ③   03 ⑤   04 편지
05 ④   06 ⑤   07 ③   08 검정 구두
✎ 개념 적용하기 서술자, 일(1), 주인공
🔍 작품 한눈에 편지, 구두, 다문화, 성장

필수 개념 ❶ ①
✎ 개념 적용하기 전지적 작가

필수 개념 ❷ ②
✎ 개념 적용하기 삼(3), 관찰자

01 ③   02 ②   03 ①   04 [예시답] 간
없이(간을 육지에 두고) 수궁에 왔다는 토끼
의 말 05 ④   06 ②   07 ②   08 ⓐ:
별주부, ⓑ: 용왕, ⓒ: 토끼
✎ 개념 적용하기 전지적 작가
🔍 작품 한눈에 간, 수궁, 육지, 용왕

필수 개념 ❶ ①
✎ 개념 적용하기 비트, 심장

필수 개념 ❷ ③
✎ 개념 적용하기 심장, 첫사랑, 아버지

01 ①   02 ②   03 ④   04 •원관념: 학
떼, •보조 관념: 흰옷을 입은 사람들이 허
리를 굽히고 섰는 것 05 ⑤   06 ④
07 ③   08 덕재를 풀어 주려
✎ 개념 적용하기 학 떼, 우정
🔍 작품 한눈에 학, 갈등, 우정

필수 개념 ❶ ③
✎ 개념 적용하기 대화, 지시문

필수 개념 ❷ ②
✎ 개념 적용하기 갈등, 배경

01 ②   02 ⑤   03 ②   04 ⓐ, ⓒ, ⓓ
05 ④   06 ②   07 ⑤   08 탈퇴서
✎ 개념 적용하기 대화, 성태, 탈퇴
🔍 작품 한눈에 갈등, 반전

필수 개념 ❶ ④
✎ 개념 적용하기 달리기, 외적

필수 개념 ❷ ②
✎ 개념 적용하기 전학, 하강

01 ④   02 ④   03 ③   04 ⓒ   05 ③
06 ⑤   07 ④   08 ⓓ
✎ 개념 적용하기 외적, 대단원
🔍 작품 한눈에 꾀, 충성, 의인, 지혜

필수 개념 ③
✎ 개념 적용하기 생각, 자유

01 ④   02 ①   03 ⑤   04 오 학년 각
반 대항 시합 05 ④   06 ⑤   07 ⑤
08 맑고 푸른 별
✎ 개념 적용하기 야구, 감동
🔍 작품 한눈에 별, 비유, 순수

필수 개념 ④
✎ 개념 적용하기 목발, 희망, 긍정

01 ①   02 ③   03 ③   04 ②
05 본질
✎ 개념 적용하기 본질, 인위
🔍 작품 한눈에 성찰, 대조, 의인

MEMO

MEMO

MEMO

메가스터디
중학국어
문학 필수개념
1
독해 연습

메가스터디 중학국어 문학 필수 개념 독해 연습

1

작품 꼼꼼 강의 & 정답 및 해설

메가스터디 BOOKS

메가스터디

진짜 공부 챌린지
내!가/스/터/디

중학국어

문학 필수 개념

독해 연습

작품 꼼꼼 강의
& 정답 및 해설

1

📖 본문 014쪽

01 _{일차} 비유: 직유 / 은유

🔖 **직유법 찾기** 1. 살 껍질처럼 2. 검정 양말 3. ○

(필수 개념 ❶) ③

✏️ **개념 적용하기** 검정 양말, 보조

🔖 **은유법 찾기** 1. 밤하늘은 / 별들의 운동장(이다), (유성은) 빗나간 야구공(이다) 2. ○

(필수 개념 ❷) ③

✏️ **개념 적용하기** 밤하늘, 야구공, 원

필수 개념 ❶ 직유

답 ③

맨발 | 김기택

작품 해설 이 시는 일상에서의 경험을 참신하게 표현한 작품이다. 화자는 고단한 하루 일상을 마친 후 집에 돌아와 답답했던 구두와 양말을 벗고 맨발로 바닥을 디뎠을 때 편안함과 시원함을 느낀 경험을 다양한 비유와 심상(이미지)을 통해 표현하고 있다. 특히 구두와 양말에서 해방된 맨발이 스스로 신발이 되는 경지에 이른다는 발상이 기발하다.

주제 맨발의 자유로움과 편안함

☑️ **작품 꼼꼼 강의**

1연 집에 돌아오면
시적 상황: 화자가 고단한 일상을 마치고 집에 돌아옴.

2연 하루 종일 발을 물고 놓아주지 않던
○: '않던, 벗고 신발'의 반복 – 운율 형성
활유법: 무생물인 가죽 구두를 살아 있는 것처럼 표현
가죽 구두를 벗고
☐: 맨발의 자유를 구속하는 존재
살 껍질처럼 발에 달라붙어 떨어지지 않던
직유법: '검정 양말'을 연결어 '처럼'을 사용하여 '살 껍질'에 빗댐.
검정 양말을 벗고   ▶ 집에 돌아와 구두와 양말을 벗음.
색채 이미지

3연 「발가락 신발 / 숨 쉬는 살색 신발
색채 이미지
투명한 바람 신발 / 벌거벗은 임금님 신발」
『 』: 은유법(원관념 – 맨발), 열거법. '맨발'의 가볍고 자유로운 느낌을 표현

4연 맨발을 신는다.   ▶ 맨발이 되어 편안함과 자유로움을 느낌.
자유롭고 편안한 '맨발'을 신발처럼 신는 것으로 표현

3연에서 화자는 '발가락 신발, 숨 쉬는 살색 신발, 투명한 바람 신발, 벌거벗은 임금님 신발'을 열거한 후, 4연에서 '맨발을 신는다.'라고 말하고 있으므로 3연에 나열된 대상은 모두 '맨발'을 빗댄 것으로 볼 수 있다. 따라서 '발가락 신발'은 '검정 양말'이 아니라 '맨발'을 나타내는 보조 관념으로 사용된 것이다.

✅ **오답 챙기기**

①, ② '검정 양말'이 '살 껍질'처럼 발에 달라붙어 떨어지지 않는다고 하였으므로 표현하려는 대상, 즉 원관념은 '검정 양말'이고, 빗대는 대상

인 보조 관념은 '살 껍질'이다. 그리고 '살 껍질'과 '검정 양말'은 '처럼'이라는 연결어로 결합되어 있다.

④ '발가락 신발, 숨 쉬는 살색 신발, 투명한 바람 신발, 벌거벗은 임금님 신발'은 모두 원관념인 '맨발'을 빗대어 표현한 보조 관념들로, 가볍고 시원하며 자유로운 느낌을 주고 있다.

⑤ '검정 양말'이 '살 껍질'처럼 발에 달라붙어 떨어지지 않는다고 표현하였으므로, '검정 양말'과 '살 껍질'은 발에 달라붙는다는 비슷한 속성으로 연결되고 있음을 알 수 있다.

필수 개념 ❷ 은유

답 ③

유성 | 오세영

작품 해설 이 시는 밤하늘을 바라보며 별들의 함성을 상상하다가 유성(별똥별) 하나가 지상으로 떨어져 내리는 것을 목격한 순간을 비유적 표현과 시각적, 청각적 이미지를 통해 표현하고 있다. 광활한 우주의 일부분으로서의 지구를 깨닫게 하는 경이로운 장면을 형상화한 작품이다.

주제 밤하늘의 아름다운 모습과 유성의 생동감

☑️ **작품 꼼꼼 강의**

밤하늘은 : 은유법

별들의 운동장
반짝이는 별들의 역동적인 모습. 원관념: 밤하늘, 보조 관념: 별들의 운동장
오늘따라 「별들 부산하게 바자닌다.
『 』: 의인법. 별들이 사람처럼 운동회를 하고 함성을 지른다고 표현함.
운동회를 벌였나

아득히 들리는 함성」   ▶ 1~5행: 밤하늘에서 반짝이는 별들의 모습
청각적 이미지
먼 곳에서 어슴푸레 빈 우레 소리 들리더니
청각적 이미지
빗나간 야구공 하나
별똥별이 떨어지는 모습을 야구공에 빗댐. 원관념: 유성, 보조 관념: 빗나간 야구공
쨍그랑   : 의성어. 청각적 이미지. 대상을 실감 나게 표현함.

유리창을 깨고
지구의 대기를 뚫고
또르르 지구로 떨어져 구른다.   ▶ 6~10행: 밤하늘에서 떨어지는 유성의 모습

'함성'은 화자가 별들이 내는 소리라고 생각하고 있는 것으로, '운동회'를 '함성'에 빗대고 있지 않다.

✅ **오답 챙기기**

①, ② '밤하늘은 / 별들의 운동장'이라고 하였으므로 '밤하늘'은 원관념이고, '별들의 운동장'은 보조 관념이다. 또한 'A(밤하늘)는 B(별들의 운동장)이다'의 형식으로 빗대고 있으므로 '밤하늘'을 '별들의 운동장'에 특별한 연결어 없이 빗대고 있다.

④, ⑤ '빗나간 야구공 하나'가 '지구로 떨어져 구른다.'라고 하였으므로 '빗나간 야구공'은 이 시의 제목인 유성(별똥별)을 비유한 보조 관념이다. 즉 'A(유성)는 B(빗나간 야구공)이다'의 형식으로 특별한 연결어 없이 빗댄 은유법이 사용되었으며, '야구공'과 '유성'은 떨어진다는 비슷한 성질을 통해 연결되고 있다.

01 일차 실전 │ 비유: 직유 / 은유

01 ④　　**02** ①　　**03** ①　　**04** ㉠: 꽃가루, ㉡: 금방울

✏️ **개념 적용하기** 직유, 눈, 보조, 은유, 고양이

🔍 **작품 한눈에** 고양이, 도다, 후각, 봄

01 ~ 04

봄은 고양이로다 │ 이장희

작품 해설 이 시는 고양이에 대한 섬세하고 치밀한 관찰을 바탕으로 봄과 고양이의 유사점을 다양한 이미지와 비유적 표현을 통해 드러내고 있는 작품이다. 고양이의 털, 눈, 입술, 수염에 각각 봄의 향기, 불길, 졸음, 생기가 연결되어 있으며, 정적인 분위기의 1, 3연과 동적인 분위기의 2, 4연이 대비를 이루고 있다. 의미 전달보다는 대상의 이미지 전달을 중심으로 한 감각적인 언어 표현이 돋보이는 시이며, 각 연이 유사한 문장 구조로 이루어져 통일감과 운율을 형성하고 있다.

주제 고양이의 모습을 통해 연상되는 봄의 감각과 분위기

☑️ 작품 꼼꼼 강의

1연 꽃가루와 같이 부드러운 고양이의 털에 → : 직유법
촉각적 이미지
고운 봄의 향기가 어리우도다 ▶ 고양이의 털 – 봄의 향기
후각적 이미지, 봄의 포근함　　 : 동일한 종결 어미 '-도다'의 반복. 운율 형성

2연 금방울과 같이 호동그란 고양이의 눈에
시각적 이미지
미친 봄의 불길이 흐르도다 ▶ 고양이의 눈 – 봄의 불길
시각적·역동적 이미지, 봄의 생명력

3연 고요히 다물은 고양이의 입술에
청각적, 시각적 이미지
포근한 봄 졸음이 떠돌아라 ▶ 고양이의 입술 – 봄의 졸음
촉각적 이미지, 봄의 나른함　　 : 동일한 종결 어미 '-아라'의 반복. 운율 형성

4연 날카롭게 쭉 뻗은 고양이의 수염에
시각적 이미지
푸른 봄의 생기가 뛰놀아라 ▶ 고양이의 수염 – 봄의 생기
시각적 이미지, 봄의 생동감

01 작품의 종합적 감상　　　　답 ④

이 시는 고양이를 통해 느껴지는 봄의 특징과 분위기를 노래한 작품으로, 논리적인 생각보다는 감각적인 표현과 느낌이 두드러지게 나타난다.

✅ **오답 챙기기**

① '꽃가루와 같이 부드러운 고양이의 털', '금방울과 같이 호동그란 고양이의 눈'에서 직유법이 사용되었다. 또한 제목인 '봄은 고양이로다'에서 은유법이 사용되었다.
② 1, 2연은 '~에 ~도다', 3, 4연은 '~에 ~아라'라는 유사한 문장 구조를 반복하여 운율을 형성하고 통일감을 주고 있다.
③ 이 시는 고양이에 대한 섬세하고 치밀한 관찰을 바탕으로 하고 있다.
⑤ 고양이의 털, 눈, 입술, 수염을 통해 향기, 불길, 졸음, 생기라는 봄의 특징을 나타내고 있다.

02 시적 상황과 화자의 정서 파악　　　　답 ①

'꽃가루와 같이 부드러운 고양이의 털에 / 고운 봄의 향기가 어리우도다'에서 알 수 있듯이 화자는 '고양이의 털'에서 고운 봄의 향기를 느끼고 있다. '꽃가루'는 화자가 '고양이의 털'에서 연상한 것이지, 화자가 '고양이의 털'에 '꽃가루'가 붙은 것을 본 것은 아니다.

✅ **오답 챙기기**

② 2연의 '고양이의 눈에 / 미친 봄의 불길이 흐르도다'에서 알 수 있듯이 화자는 '고양이의 눈'에서 봄의 불길을 보고 있다.
③ 3연에서 화자는 고양이의 다문 입술에서 봄의 졸음, 즉 봄의 나른함을 느끼고 있다.
④ 4연에서 화자는 '날카롭게 쭉 뻗은 고양이의 수염'에서 푸른 봄의 생기, 즉 봄의 생동감을 느끼고 있다.
⑤ 이 시에서 화자는 고양이의 털, 눈, 입술, 수염 등을 관찰하고, 이를 통해 봄의 분위기(봄의 향기, 불길, 졸음, 생기)를 느끼고 있다.

03 비유적 표현 이해　비유: 직유 / 은유　　답 ①

이 시의 제목 '봄은 고양이로다'에는 '봄'(원관념)을 '고양이'(보조 관념)에 빗댄, 'A(봄)는 B(고양이)이다' 형식의 은유법이 사용되었다. ①의 '달은 / 마음의 숫돌'에도 '달'(원관념)을 '마음의 숫돌'(보조 관념)에 빗댄 'A(달)는 B(숫돌)이다' 형식의 은유법이 사용되었다.

✅ **오답 챙기기**

② '그날이 오면'에서 상황을 가정하여 나타내는 가정법이 사용되었다.
③ '부끄럼같이', '물결같이'에서 '같이'라는 연결어를 통해 직접 빗댄 직유법이 사용되었다.
④ '새파랗게 달빛이 쏟아지는데'에서 시각적 이미지, 색채 이미지가 사용되었다.
⑤ '산 넘어서', '어둠을 살라 먹고'를 되풀이하는 반복법이 사용되었다.

04 비유적 표현 이해　비유: 직유 / 은유　　답 ㉠: 꽃가루, ㉡: 금방울

'꽃가루와 같이 부드러운 고양이의 털', '금방울과 같이 호동그란 고양이의 눈'에는 원관념인 '고양이의 털', '고양이의 눈'을 연결어 '같이'를 통해 보조 관념인 '꽃가루', '금방울'에 직접 빗댄 직유법이 사용되었다.

🖋️ **어휘 확인**　　　　　　　　📖 본문 019쪽

1 ㉣　　**2** ㉡　　**3** ㉢　　**4** ㉤　　**5** ㉠
6 ㉠　　**7** ㉣　　**8** ㉤　　**9** ㉢　　**10** ㉡

02 일차 · 필수 개념 — 비유: 의인 / 활유

🖉 **의인법 찾기** 1. ○ 2. 그래 잘 가거라 내 아들아. 이제부터는 크고 다른 삶을 살아야 된단다.

(필수 개념 ❶) ④

🖋 **개념 적용하기** 강물

- -

🖉 **활유법 찾기** 1. 여우비, 메아리 2. ○

(필수 개념 ❷) ④

🖋 **개념 적용하기** 메아리

(필수 개념 ❶) **의인** 답 ④

성장 | 이시영

작품 해설 이 시는 의인화된 '어린 강물'과 '엄마 강물'이 바다를 만나 이별하게 되는 사건을 겪으면서 성장하는 모습을 그리고 있는 작품으로, 연과 행의 구분이 없이 쓰인 산문시이다. '크고 다른 삶'을 살아가야 하는 '어린 강물' 못지않게, 아들을 보내고 '시린 몸'으로 돌아와야 하는 엄마 강물의 성장도 깊은 울림을 준다.

주제 성장에 대한 두려움과 성장을 위한 이별

☑ **작품 꼼꼼 강의** ── 새롭게 주어진 시련, 도전의 공간 ██ :의인화된 대상

바다가 가까워지자 **어린 강물**은 엄마 손을 더욱 꼭 그러
  시적 상황 – 어린 강물(성장기 자녀)이 바다라는 더 큰 세상으로 나아가고 있음.
쥔 채 놓지 않았습니다. 그러다가 그만 거대한 파도의 뱃속
  새로운 세상에 대한 두려움   세상에서 겪어야 할 시련
으로 뛰어드는 꿈을 꾸다 엄마 손을 아득히 놓치고 말았습니
  어린 강물이 꿈을 꿈. 강물을 사람인 것처럼 의인화함.
다. '그래 잘 가거라 내 아들아. 이제부터는 크고 다른 삶을
  아들이 살아야 할 삶의 모습 – 의존하지 않고 거대한 파도에 맞서는 삶
살아야 된단다. **엄마 강물**은 새벽 강에 시린 몸을 한번 뒤채
  『 』: 엄마 강물의 말
고는 오리처럼 곧 순한 머리를 돌려 반짝이는 은어들의 길을
  직유법(원관념: 엄마 강물)
따라 산골로 조용히 돌아왔습니다.
  원래 살던 공간. 편안함의 공간   ▶ 성장에 대한 두려움과 성장을 위한 이별

• 시상 전개: 어린 강물이 바다에 다다름. → 어린 강물이 엄마 강물과 헤어짐. → 엄마 강물의
  격려 → 엄마 강물이 어린 강물을 배웅하고 돌아옴.

'거대한 파도의 뱃속으로 뛰어드는 꿈'을 꾼 것은 '어린 강물'이다. 따라서 '엄마 강물'이 '어린 강물'을 따라 파도 속으로 뛰어들었다고 한 것은 작품의 내용과 일치하지 않는다.

✅ **오답 챙기기**

①, ② '어린 강물'은 사람이 아닌 '강물'을 나이가 어리다고 하여 사람처럼 표현한 것이다. 또한 '어린 강물'이 꿈을 꾼다거나 엄마 손을 꼭 그러쥔다고 하여 사람의 행동으로 나타내고 있으므로 의인법에 해당한다.

③, ⑤ '엄마 강물'은 사람이 아닌 '강물'을 아이를 키우는 엄마라고 하여 사람처럼 나타낸 것이다. 또한 '엄마 강물'이 '그래 잘 가거라 내 아들아. 이제부터는 크고 다른 삶을 살아야 된단다.'라고 사람처럼 말을 한다고 표현하고 있으므로 의인법에 해당한다.

(필수 개념 ❷) **활유** 답 ④

둑방길 | 유재영

작품 해설 이 시는 비 갠 둑방길의 아름다운 풍경을 다양한 비유와 이미지를 활용하여 나타내고 있는 현대 시조이다. 화자는 비 갠 후의 맑고 깨끗한 둑방길을 걸어가면서 시선의 이동에 따라 어린 염소, 꽃대궁, 물총새, 피라미, 조팝꽃 등을 보고 있으며, 이러한 다양한 자연물을 통해 평화롭고 고요한 둑방길의 아름다운 모습을 묘사하고 있다. 또한 3·4조의 음수율과 4음보의 음보율을 통해 운율을 형성하고 있는 작품이다.

주제 비 갠 둑방길의 아름다운 풍경

☑ **작품 꼼꼼 강의**

1연 [어린 염소] / 등 가려운

여우비도 / 지났다.   ▶ 어린 염소의 등에 여우비가 내림.
  □ : 시선의 이동에 따른 시상 전개
  (어린 염소 → 꽃대궁 → 물총새 → 피라미 → 둑방길 → 조팝꽃)

2연 [목이 긴] / [메아리가]
  공감각적 심상 – 청각(메아리)의 시각화(목이 긴)
[자맥질을] / 하는 곳
  : 활유법. 무생물(메아리)을 생물처럼 표현(자맥질)하여 생동감을 줌.
      ▶ 둑방길에서 물 흐르는 소리(메아리)가 길게 들려옴.

3연 마알간 / [꽃대궁들이]
  시적 허용 – '말간'을 '마알간'으로 늘여 운율을 형성함.
물빛으로 / 흔들리고.   ▶ 꽃대궁이 흔들림.
  시각적 심상

4연 부리 긴 / [물총새가]
  시각적 심상
느낌표로 / 물고 가는
  물총새가 피라미(느낌표)를 물고 가는 모습

5연 [피라미] / 은빛 비린내
  공감각적 심상 – 후각(비린내)의 시각화(은빛)
문득 번진 / [둑방길]   ▶ 물총새가 피라미를 물고 감.

6연 '어머니 / 마른 손 같은

[조팝꽃]이 / 한창이다.   ▶ 조팝꽃이 한창 피어 있음.
  『 』: 직유법. '조팝꽃'을 '어머니 마른 손'에 비유하여 구체적으로 표현하고 친근감을 줌.

무생물인 '메아리'가 생물처럼 '자맥질'을 한다고 표현하고 있다. 즉 무생물이 아닌 생물에 빗대어 표현한 것이다.

✅ **오답 챙기기**

① 표현하고자 하는 대상인 원관념은 '메아리'이다.

② '목'은 '척추동물의 머리와 몸통을 잇는 잘록한 부분'을 가리키므로 목이 길다는 것은 생물의 모습에 해당한다.

③ '자맥질'은 물속에 들어가서 떴다 잠겼다 하는 일을 가리키는 것으로 생물의 행동에 해당한다.

⑤ 원관념인 '메아리'는 무생물, 보조 관념인 '목이 긴, 자맥질을 하는'은 생물의 행동이다.

02 일차 실전 · 비유: 의인 / 활유

01 ① **02** ⑤ **03** 훨훨훨 깃을 치는 청산

🏷 **개념 적용하기** 의인, 보조, 활유, 원

🔍 **작품 한눈에** 해, 의인, 청산, 평화

01 ~ 04

해 | 박두진

작품 해설 이 시는 밝음과 어둠의 대립적 이미지를 통해 어둠의 세계는 가고 밝고 평화로운 세계가 오기를 바라는 소망을 노래하고 있는 작품이다. 화자는 1연에서 '해야 솟아라'를 반복하며 밝은 세상이 찾아오기를 간절히 소망하고 있고, 2연에서는 '달밤'으로 상징되는 부정적인 현실에 대한 강한 거부감을 드러내고 있다. 3연의 '청산'은 화자가 바라는 이상 세계이며, 4, 5연에서 화자는 '사슴, 칡범'과 함께하는, 즉 모든 생명체가 화합하여 함께 살아갈 날을 꿈꾼다. 그리하여 6연에서는 '앳되고 고운 날', 즉 화합과 공존, 평화의 시대를 누리기를 염원하고 있다. 시대적 배경으로 보아 '해'는 조국의 광복, 화합을 상징하는 소재이며, '달밤'은 일제 강점기, 광복 직후의 암울한 현실을 의미한다고 볼 수 있다.

주제 화합과 평화의 세계에 대한 소망

🖼 작품 꼼꼼 강의

1연 해야 솟아라, 해야 솟아라. 말갛게 씻은 얼굴 고운 해
광명, 평화를 상징함. :의인법 (원관념 - 해)
야 솟아라. 산 넘어 산 넘어서 어둠을 살라 먹고, 산 넘어
부정적이고 절망적인 현실 불태워 없애 버리고
서 밤새도록 어둠을 살라 먹고, 이글이글 앳된 얼굴 고운
의태어. 불이 활활 타서 불꽃이 피어오르는 모양을 나타내는 말
해야 솟아라. ◆ 광명의 세계에 대한 소망
◇: '~라'의 반복으로 운율 형성

○: 밝음, 긍정적 이미지 ↔ □: 어둠, 부정적 이미지
2연 달밤이 싫어, 달밤이 싫어, 눈물 같은 골짜기에 달밤이
절망과 고통의 시간 슬픔과 고통이 가득한 공간
싫어. 아무도 없는 뜰에 달밤이 나는 싫어…….
부정적이고 고독한 현실 ▶ 어두운 세계에 대한 거부

3연 해야, 고운 해야. 네가 오면, 네가사 오면, 나는 나는
의인법. '해'를 '너'로 의인화함.
청산이 좋아라. 훨훨훨 깃을 치는 청산이 좋아라. 청산이
이상향. 화합과 공존의 세계 활유법. 의태어. 역동적 이미지
있으면 홀로라도 좋아라. ▶ 새로운 세계(이상향)에 대한 소망

△: '따라'의 반복으로 운율 형성
4연 『사슴을 따라 사슴을 따라, 양지로 양지로 사슴을 따라,
약자 밝은 세상
사슴을 만나면 사슴과 놀고,

5연 칡범을 따라 칡범을 따라, 칡범을 만나면 칡범과 놀
강자
고…….』 ▶ 화합과 공존의 삶의 모습
『 』: 약자와 강자의 화합 - 사랑과 평화의 이상 세계

6연 해야, 고운 해야. 해야 솟아라. 꿈이 아니래도 너를 만
의인법. '해'를 '너'로 의인화함.
나면, 꽃도 새도 짐승도 한자리 앉아, 워어이 워어이 모두
모두 함께 더불어 사는 조화로운 삶
불러 한자리 앉아, 앳되고 고운 날을 누려 보리라.
사랑과 평화가 충만한 이상 세계 의지적 어조
▶ 화합과 공존의 세계에 대한 소망

01 시어의 의미 파악 📄 ①

이 시에서 '해'는 '밝음, 광명'을 상징하는 소재이다. 반면 '달밤'은 '해'와 반대로 '절망적인 현실'을 나타낸다. 따라서 '달밤'은 ⓐ, '해'는 ⓑ를 표현한다고 볼 수 있다.

✅ 오답 챙기기

② '눈물, 골짜기'는 슬픔과 고통이 가득한 현실을 나타내므로 ⓐ에 해당한다.

③ '청산, 양지'는 이상적인 세상, 밝은 세상을 의미하므로 ⓑ에 해당한다.

④ '사슴'은 약자, '칡범'은 강자를 의미한다. 화자는 약자도 강자도 모두 화합하는 평화의 세계를 꿈꾸고 있다.

⑤ '꽃, 새'는 자연물로, 화자는 이처럼 다양한 존재들이 한자리에 어우러지는 평화의 세계를 꿈꾸고 있다.

02 비유적 표현 이해 비유: 의인 / 활유 📄 ⑤

㉠~㉢에는 사람이 아닌 '해'를 마치 사람인 것처럼 표현한 의인법이 사용되었다. ⑤의 '풀이 눕는다', '(풀이) 바람보다도 더 빨리 울고 / 바람보다 먼저 일어난다.'에도 사람이 아닌 '풀'을 사람처럼 눕고, 울고, 일어난다고 표현한 의인법이 사용되었다.

✅ 오답 챙기기

① '내 마음은 촛불이요.'에는 '내 마음'(원관념)을 '촛불'(보조 관념)에 빗댄 은유법이 사용되었다.

② '쿵 쿵 쿵 / 가슴이 북이다'에는 큰북이나 장구 따위가 잇따라 울리는 매우 깊은 소리를 나타내는 '쿵쿵쿵'이라는 의성어와 '가슴'(원관념)을 '북'(보조 관념)에 빗댄 은유법이 사용되었다.

③ '교실은 온통 별밭이다. / 초롱초롱 반짝이는 너희들의 눈'에는 '교실'(원관념)을 '별밭'(보조 관념)에 빗댄 은유법과 정기가 있고 맑은 눈의 모양을 나타내는 '초롱초롱'이라는 의태어가 사용되었다.

④ '깊고 짙푸른 바다처럼'에는 '처럼'이라는 연결어를 통해 직접 비유한 직유법이 사용되었다.

03 비유적 표현 이해 비유: 의인 / 활유 📄 훨훨훨 깃을 치는 청산

'훨훨훨 깃을 치는 청산'에는 무생물인 '산'을 생물인 새가 '깃을 치는(날개를 치고 훨훨 날아오르는)' 것처럼 표현한 활유법이 사용되었다.

✏ **어휘 확인** 📄 본문 025쪽

1 화합 **2** 실감 **3** 양지 **4** 광명 **5** 공존

03 일차 ^{필수·개념} 원형적·관습적·개인적 상징

상징 찾기 1. 낙락장송 2. ×

필수 개념 ❶ 낙락장송

개념 적용하기 낙락장송

상징 찾기 1. 푸른 바다, 고래 2. ×

필수 개념 ❷ ②

개념 적용하기 고래, 청년, 꿈

필수 개념 ❶ 원형적·관습적 상징 🅰 낙락장송

이 몸이 죽어 가서 | 성삼문

작품 해설 이 시조는 조선 시대 때 작가가 수양대군이 단종의 왕위를 빼앗는 상황에 저항하여 임금(단종)을 위해 끝까지 굳은 지조와 절개를 지키겠다는 강한 의지를 구체적 사물인 '낙락장송(소나무)'을 통해 상징적으로 드러내고 있는 작품이다.

주제 임금(단종)을 향한 굳은 절개와 충성심

> **📖 작품 꼼꼼 강의**
>
> **초장** 이 몸이 죽어 가서 무엇이 될꼬 하니
> ▶ 죽음 이후 자신의 모습에 대한 질문(자문)
>
> **중장** 봉래산 제일봉에 **낙락장송**이 되어서
> 임금을 향한 지조와 절개를 나타내는 상징적 소재
> ▶ 낙락장송(소나무)이 되고자 함.(자답)
>
> **종장** 백설이 온 세상을 뒤덮을 때 독야청청하리라
> 단종의 왕위를 빼앗은 수양대군 일파 끝까지 지조와 절개를 지키겠다는 강한 의지
> ▶ 어떤 고난에도 지조와 절개를 지키겠다는 다짐

화자는 죽어서 무엇이 될 것인가를 스스로에게 물으면서 봉래산 제일봉에 '낙락장송'이 되어 흰 눈이 온 세상에 가득할 때 홀로 푸르러 끝까지 지조와 절개를 지키겠다고 다짐하고 있다. 이때 '낙락장송(소나무)'은 임금을 향한 화자의 절개와 충성심(추상적 개념)을 상징하는 구체적 사물이다. 소나무, 매난국죽(매화, 난초, 국화, 대나무) 등은 변치 않는 지조나 절개, 충성심을 나타내기 위해 동아시아 문화권에서 오랫동안 사용해 온 상징물들로, 관습적 상징의 대표적인 예이다.

필수 개념 ❷ 개인적 상징 🅰 ②

고래를 위하여 | 정호승

작품 해설 청년들이 꿈을 품고 살아가기를 바라는 마음을 노래한 시로, 쉬우면서도 상징적인 의미를 지닌 시어들을 사용하고 있는 작품이다. 시인은 '푸른 바다에 고래가 없으면 / 푸른 바다가 아니지'라고 말하면서 인생에서 가장 푸르른 시절을 지내고 있는 청년들에게 꿈과 이상을 추구하며 살아갈 것을 당부하고 있다.

주제 청년들에게 꿈을 지니고 살아갈 것을 당부함.

> **📖 작품 꼼꼼 강의**
>
> ▨ : 상징적 표현 꿈과 희망, 목표를 추구하는 존재
> **1연** 푸른 **바다**에 **고래**가 없으면
> 고래가 사는 곳, 꿈을 키우고 목표를 세워야 하는 청년기의 삶
> 푸른 바다가 **아니지**
>
> 『마음속에 푸른 바다의
>
> 고래 한 마리 키우지 않으면
> ▭ : '~면 ~ 아니지'라는 표현 반복 → 운율 형성
> 청년이 **아니지**』 ▶ 푸른 바다와 고래와 청년을 이야기함.
> 『 』: 청년이 꿈과 희망을 추구하며 살아가기를 바라는 마음
>
> **2연** 『푸른 바다가 고래를 위하여
> 『 』: 꿈과 이상을 추구하는 고래를 위해 푸른색을 띠는 바다
> 푸르다는 걸』 아직 모르는 사람은
>
> 아직 사랑을 모르지 ▶ 푸른 바다와 고래와 사랑을 이야기함.
>
> **3연** 고래도 가끔 수평선 위로 치솟아 올라
>
> **별**을 바라본다
> 청년이 추구하는 꿈과 희망, 목표, 이상 등을 상징함.
> 나도 가끔 내 마음속의 고래를 위하여
>
> 밤하늘 별들을 바라본다 ▶ 내 마음속의 고래와 별을 이야기함.
> 꿈과 희망을 추구하는 모습

이 시는 청년들이 꿈을 품고 살아가기를 바라는 마음을 노래하고 있다. 시인은 청년이 청년다우려면 마음속에 희망과 꿈을 지닌 존재인 '고래'를 키워야 한다고 당부하고 있다. 3연에서 '고래'가 '별'을 바라본다고 표현하고 있는데, 여기서 '별'은 '꿈, 이상' 등을 상징하는 소재이므로, '고래'는 꿈, 희망, 이상 등을 품고 있는 존재를 상징한다고 볼 수 있다.

✔ 오답 챙기기

① 이 시에서 '푸른 바다'는 '고래'가 사는 곳으로, 꿈을 키우고 목표를 세워야 하는 청년기의 삶을 상징한다.

03 _{일차} 원형적·관습적·개인적 상징

01 ②   **02** ②   **03** ③   **04** 빛깔, 향기

✏️ **개념 적용하기** 몸짓, 이름

🔍 **작품 한눈에** 이름, 눈짓, 몸짓, 꽃, 향기, 존재

01 ~ 04

꽃 | 김춘수

작품 해설 이 시는 '꽃'이라는 상징적 소재를 통해 서로에게 의미 있는 존재가 되고 싶은 소망을 노래하고 있는 작품이다. 화자인 '나'는 존재의 참된 모습을 인식함으로써 의미 있는 진정한 관계를 맺고자 한다. 1연에서 '그'는 '나'에게 무의미한 존재인 '하나의 몸짓'이었지만, '나'가 '그'의 참된 모습을 인식하는 과정인 '이름'을 부르는 행위를 통해 2연에서는 의미 있는 존재인 '꽃'으로 변모한다. 3연에서 화자는 자신이 '그'의 이름을 불러 준 것처럼, 누군가가 자신의 본질에 맞는 이름을 불러 주어 자신도 그 누군가에게 의미 있는 존재가 되고 싶다는 소망을 드러내고 있다. 그리고 4연에서 화자는 '그'와 '나'의 관계를 '우리'로 확장하면서 서로에게 의미 있는 존재(눈짓)가 되고 싶다는 소망이 보편적인 것임을 말하고 있다. 존재의 본질과 인식, 존재들 간의 진정한 관계, 사물과 언어의 관계 등을 다루고 있으며 철학적이고 관념적인 성격이 두드러지는 작품이다.

주제 서로에게 의미 있는 존재가 되기를 소망함.

🖼️ 작품 꼼꼼 강의

1연 내가 그의 이름을 불러 주기 전에는
인식(앎)의 주체   '나'가 '그'를 인식하기 전
그는 다만
: 상징적 시어
하나의 몸짓에 지나지 않았다.
의미 없는 존재   ▶ 이름을 부르기 이전 '그'는 무의미한 존재였음.

2연 내가 그의 이름을 불러 주었을 때
'나'가 '그'를 인식하였을 때 – 존재의 인식
그는 나에게로 와서
꽃이 되었다.   ▶ 이름을 부름으로써 '그'가 의미 있는 존재가 됨.
의미 있는 존재. '몸짓'과 대조됨.

3연 내가 그의 이름을 불러 준 것처럼
나의 이 **빛깔과 향기**에 알맞은
다른 존재와 구별되는 존재의 본질
누가 나의 이름을 불러 다오.
자신의 존재를 누군가가 인식해 주기를 바람.
그에게로 가서 나도
□ : '되고 싶다'의 반복으로 운율 형성. 화자의 소망 강조
그의 꽃이 되고 싶다.   ▶ 의미 있는 존재가 되고 싶은 '나'의 소망
누군가에게 의미 있는 존재가 되고 싶다는 화자의 소망

4연 「우리들은 모두
「 」: '나'의 소망이 '우리'의 소망으로 확대되고 있음.
무엇이 되고 싶다.
의미 있는 존재
너는 나에게 나는 너에게
잊혀지지 않는 **하나의 눈짓**이 되고 싶다.」
서로에게 의미 있는 존재
▶ 서로에게 의미 있는 존재가 되고 싶은 '우리'의 소망

---

01 작품의 내용 이해/시어의 의미 파악 `원형적·관습적·개인적 상징` 답 ②

〈보기〉에서 나타내고 있는 것처럼 2연에서 '나'가 '그'의 이름을 부르는 행위는 '그'라는 존재를 인식하는 행위이다. 따라서 1연 '내가 그의 이름을 불러 주기 전에는 / 그는 다만 / 하나의 몸짓에 지나지 않았다.'에서 '하나의 몸짓'은 '그'의 이름을 불러 주기 전('그'를 인식하기 전)의 '의미 없는 존재'를 상징하고, 2연 '내가 그의 이름을 불러 주었을 때 / 그는 나에게로 와서 / 꽃이 되었다.'에서 '꽃'은 '그'의 이름을 부른 후('그'를 인식한 후)의 '의미 있는 존재'를 상징한다고 볼 수 있다.

✔️ **오답 챙기기**

③ 4연의 '하나의 눈짓'은 서로에게 의미 있는 존재를 상징한다.
④ 3연의 '빛깔과 향기'는 존재가 가지는 고유한 본질을 상징한다.

02 작품의 종합적 감상 답 ②

이 시의 중심 소재인 '꽃'은 시인에 의해 '의미 있는 존재'라는 독창적 의미가 부여된 개인적 상징물에 해당한다. 화자인 '나'가 실제로 피어 있는 꽃을 보면서 감탄하는 상황을 나타내고 있는 것이 아니다.

✔️ **오답 챙기기**

① 중심 소재인 '꽃'을 비롯하여 작품 전체적으로 상징적인 의미를 지닌 시어들이 사용되고 있다.
③, ⑤ 3, 4연에서 '되고 싶다'를 반복하여 의미 있는 존재가 되고 싶은 소망을 강조하고 있다.
④ 1~3연의 '나'와 '그'의 관계가 4연의 '우리'로 확장되면서, 의미 있는 존재가 되고 싶은 소망은 모든 인간에게 해당되는 것임을 나타내고 있다.

03 시어의 의미 파악 `원형적·관습적·개인적 상징` 답 ③

이 시에서 이름을 부르는 행위는 존재를 인식하는 행위를 의미한다. 이름을 부르기 전에는 '몸짓'에 불과한 의미 없는 존재였지만, 이름을 불러 준 후에는 고유의 '빛깔과 향기'를 지닌 '꽃', 즉 의미 있는 존재가 되었다는 내용에서 이를 알 수 있다.

04 시어의 의미 파악 `원형적·관습적·개인적 상징` 답 빛깔, 향기

3연에서 화자는 '나의 이 빛깔과 향기에 알맞은' 이름을 누군가가 불러 주기를 소망하고 있다. 즉 '나'만이 가지고 있는 존재의 본질인 '빛깔과 향기'에 맞게 이름이 불림으로써 의미 있는 존재가 되고 싶은 것이다.

🔨 **어휘 확인**

1 절개   **2** 관습   **3** 인식   **4** 맥락   **5** 본질

04 일차 외형률·내재율 / 음수율·음보율

- **외형률·내재율 판단하기** 1. ○ 2. ×
- **필수 개념 ❶** 가: 외형률, 나: 내재율
- **개념 적용하기** 정형, 자유

- -

- **음수율·음보율 파악하기** 1. 형님 온다∨형님 온다∨분고개로∨형님 온다. / 형님 마중∨누가 갈까∨형님 동생∨내가 가지. 2. 4
- **필수 개념 ❷** ⑤
- **개념 적용하기** 음수, 4

필수 개념 ❶ 외형률·내재율
답 가: 외형률, 나: 내재율

가 하여가 | 이방원

작품 해설 고려 말에 이방원이 지은 시조로, 조선을 건국하기 위해 고려의 충신 정몽주의 마음을 떠보고 회유하기 위하여 지은 작품이다. 변화하는 시대의 흐름에 따라 조선 건국에 동참하여 영화를 누리자고 우회적으로 설득하는 뜻을 담고 있다. 이에 정몽주는 고려에 충성을 다짐하는 〈단심가〉로 화답한 것이 널리 알려져 있다.

주제 조선 건국에 동참할 것을 권유함.

> **📖 작품 꼼꼼 강의**
>
> **초장** 이런들∨어떠하며∨저런들∨어떠하리. ●:3·4/4·4 글자 수 반복 V:4음보 반복
> ▶ 시대의 흐름에 유연하게 적응하는 삶을 권함.
>
> **중장** 만수산∨드렁칡이∨얽어진들∨어떠하리.
> 칡덩굴들이 얽혀 있듯 자신들과 함께할 것을 비유적으로 표현
> ▶ 시대의 변화에 맞게 조선 건국에 동참할 것을 권함.
>
> **종장** 우리도∨이같이 얽어져∨백 년까지∨누리리라.
> 3음절 고정   ▶ 조선 건국에 동참하면 영화를 누릴 수 있음.

나 신문지 밥상 | 정일근

작품 해설 신문지를 깔고 밥을 먹었던 경험을 바탕으로 따뜻한 마음에서 나오는 따뜻한 말의 소중함을 노래하고 있는 시이다. 시인은 신문지를 밥상으로 여기면 밥상이 된다는 어머니의 말씀으로부터 삶의 교훈을 이끌어 내어 전하고 있다.

주제 따뜻한 마음에서 나오는 따뜻한 말

> **📖 작품 꼼꼼 강의**
>
> 더러 신문지 깔고 밥 먹을 때가 있는데요
> 이따금, 드물게   □:'-는데요'의 반복으로 운율 형성
> 어머니, 우리 어머니 꼭 밥상 펴려 말씀하시는데요
> 시어의 반복으로 운율 형성   신문지를 가리킴.
> 저는 신문지가 무슨 밥상이냐며 궁시렁궁시렁하는데요
> '궁시렁'의 반복으로 운율 형성
> ▶ 신문지를 밥상이라 말하는 어머니와 이에 투덜대는 '나'

〈보기〉로 보아 글자 수와 음보, 구성 등 일정한 형식과 규칙에 따라 지어진 가는 시조로 정형시에 해당하며, 운율이 겉으로 드러난다. 즉 외형률이 나타나는 것이다. 이에 비해 정해진 형

식이나 운율이 없는 나는 자유시로, 작품 속에서 운율이 은근히 드러나는 내재율을 지니고 있다.

필수 개념 ❷ 음수율·음보율
답 ⑤

시집살이 노래 | 작자 미상

작품 해설 이 노래는 여성들이 부르던 민요로 서민 여성들이 겪는 시집살이의 어려움과 고통이 구구절절하게 배어 있다. 사촌 자매의 대화 형식으로 구성된 이 노래에는 대구, 반복과 열거 등 다양한 표현 방법이 사용되고 있다. 또 4·4조의 음수율과 4음보의 율격을 갖추고 있어 매우 안정감이 있으면서도 운율감을 강하게 느낄 수 있는 민요이다. 평범한 일상어를 사용하면서도 언어 표현의 묘미를 잘 살렸으며, 시집살이의 한(恨)을 사실적으로 표현한 작품이다.

주제 고된 시집살이의 애환

> **📖 작품 꼼꼼 강의**
>
> 형님 온다∨형님 온다∨분고개로∨형님 온다. ●:4·4 글자 수 반복
> 4글자   4글자   4글자   4글자   V:4음보 반복
> 형님 마중∨누가 갈까∨형님 동생∨내가 가지.
>
> 형님 형님∨사촌 형님∨시집살이∨어떱데까?
> 사촌 동생의 질문
> ▶ 1~3행: 친정에 온 사촌 언니에게 시집살이를 물어봄.(화자: 사촌 동생)
>
> 이애 이애∨그 말 마라∨시집살이∨개집살이.
> 시집살이의 고통과 어려움을 단적으로 표현함.
> 앞밭에는∨당추 심고∨뒷밭에는∨고추 심어,
> 대구법
> 고추 당추∨맵다 해도∨시집살이∨더 맵더라.
> 시집살이의 고통과 힘듦을 맛으로 표현함.
> 『둥글둥글∨수박 식기∨밥 담기도∨어렵더라.
> 『』:시집에서 살림살이하는 것의 어려움을 나열함.
> 도리도리∨도리소반∨수저 놓기∨더 어렵더라.』
> ○:'-더라'의 반복으로 운율 형성
> ▶ 4~8행: 힘들고 고통스러운 시집살이(화자: 사촌 언니)

이 노래는 '형님 온다∨형님 온다∨분고개로∨형님 온다. / 형님 마중∨누가 갈까∨형님 동생∨내가 가지.'와 같이 4음보가 계속 반복되고 있다. 3음보의 율격은 나타나 있지 않으므로 3음보와 4음보를 번갈아 사용하였다는 설명은 적절하지 않다.

✔ 오답 챙기기

① '형님 온다(4) / 형님 온다(4) / 분고개로(4) / 형님 온다(4).'에서 알 수 있듯이 일정한 글자 수를 반복적으로 사용(4·4조)하여 운율을 형성하고 있다.

② '형님 온다'라는 동일 시구를 반복적으로 사용하여 리듬감을 주고 있다.

③ 4글자가 반복되는 4·4조의 음수율과 '형님 온다∨형님 온다∨분고개로∨형님 온다.'와 같이 4음보로 한 행이 이루어지는 음보율이 뚜렷이 나타나는 노래이다.

④ 이 노래는 4·4조의 음수율과 4음보의 음보율을 갖춘 외형률이 작품 표면에 뚜렷이 나타나 있다.

04 일차 외형률·내재율 / 음수율·음보율

01 ②　　**02** ⑤　　**03** ①　　**04** 진달래꽃

🏷 **개념 적용하기** 음수율, 오리다, 1, 4

🔍 **작품 한눈에** 이별, 운율, 진달래꽃

---

01 ~ 04

진달래꽃 | 김소월

작품 해설 이 시는 이별의 정한을 7·5조의 음수율, 3음보의 음보율과 애절한 여성적 어조로 노래한 작품으로, 이별의 상황을 가정하여 시상을 전개하고 있다. 화자는 임과의 이별을 예감하고 있는 여성으로, 떠나는 임에게 꽃을 뿌리며 임의 앞길을 축복하려 한다. 또한 겉으로는 임이 떠나더라도 슬퍼하지 않겠다고 말하고 있지만, 이는 임이 떠나지 않기를 바라는 애절한 마음을 반어(실제와 반대되는 뜻의 말을 하는 것)적으로 드러낸 것이라 할 수 있다.

주제 이별의 슬픔과 정한

📊 작품 꼼꼼 강의

1연 나 보기가∨역겨워∨　　•: 7·5조의 음수율
시적 화자　　　　　　　　　∨: 3음보 반복
가실 때에는
이별의 상황을 가정(가시겠다면)
말없이∨고이 보내∨드리오리다.　▶ 이별에 대한 체념
이별을 체념적으로 수용함.　◯: '–오리다'의 반복으로 운율 형성

2연 영변에∨약산∨
평안도 영변에 있는 산으로 진달래꽃으로 유명함. 향토성이 나타남.
진달래꽃
화자의 분신. 임에 대한 화자의 사랑과 축복을 상징
아름 따다∨가실 길에∨뿌리오리다.　▶ 떠나는 임에 대한 축복
꽃을 뿌리며 떠나는 임의 앞길을 축복함.

3연 가시는∨걸음걸음∨
놓인 그 꽃을
임에 대한 화자의 희생적 사랑
사뿐히∨즈려밟고∨가시옵소서.　▶ 임에 대한 자기희생적 사랑
임을 위해 자신을 희생하겠다는 의지

4연 나 보기가∨역겨워∨　　반복
가실 때에는　　　　　　　(1, 4연)
　　　　　　　　※ 1연과 4연의 형태가 유사함.
　　　　　　　　→ 안정감, 통일성, 의미 강조
죽어도∨아니 눈물∨흘리오리다.　▶ 이별의 슬픔과 정한 극복
반어법(실제로는 슬프지만 눈물을 흘리지 않겠다고 말함)

01 화자의 정서와 태도 파악　　답 ②

이 시에서 화자인 '나'는 임과의 이별을 예감하면서 떠나는 임에게 꽃을 뿌리며 임의 앞길을 축복하려 한다. 그리고 임이 떠나더라도 자신은 슬퍼하지 않고 고이 보내 드리겠다고 말하고 있다. 하지만 떠나는 임에 대한 원망의 태도를 직접적으로 나타내고 있지는 않다.

✅ **오답 챙기기**

① 2연에서 화자는 떠나는 임에게 꽃을 뿌리며 임의 앞길을 축복하려 한다.

③ 3연에서 화자는 임을 위해 자신을 기꺼이 희생하겠다는 자세를 드러내고 있다.

④ 1연에서 화자는 임과의 이별을 받아들이는 체념적 태도를 드러내고 있다.

⑤ 4연에서 화자는 임이 떠나더라도 슬픔의 눈물을 흘리지 않겠다며 슬픔을 겉으로 드러내지 않는 태도를 보여 주고 있다.

02 운율의 이해　외형률·내재율 / 음수율·음보율　　답 ⑤

3연에 소리가 나지 않을 정도로 가볍게 발을 내디디는 모양을 나타내는 '사뿐이'라는 의태어가 있지만 이를 반복하고 있지 않다. 또한 소리를 흉내 낸 말인 의성어는 작품에 나타나 있지 않다.

✅ **오답 챙기기**

① '나 보기가 역겨워 / 가실 때에는'이라는 동일한 시구를 반복하여 운율을 형성하고 있다.

②, ③ '나 보기가∨역겨워∨가실 때에는', '말없이∨고이 보내∨드리오리다.'에서 알 수 있듯이 이 시는 3음보와 일정한 글자 수(7·5조의 음수율)를 반복하여 운율을 형성하고 있다.

④ 이 시는 종결 어미 '–오리다'를 반복하여 운율을 형성하고 있다.

03 운율의 이해　외형률·내재율 / 음수율·음보율　　답 ①

이 시에는 '말없이∨고이 보내∨드리오리다.', '사뿐이∨즈려밟고∨가시옵소서.' 등에서 알 수 있듯이 3음보의 음보율이 나타나 있다. ① 역시 '아리랑∨아리랑∨아라리요', '아리랑∨고개로∨넘어간다.'와 같이 세 마디로 끊어 읽히는 3음보의 음보율이 나타나 있다.

✅ **오답 챙기기**

② '잠아 잠아∨짙은 잠아∨이내 눈에∨쌓인 잠아'에서 알 수 있듯이 4음보의 율격이 나타나 있다.

③ '태산이∨높다 하되∨하늘 아래∨뫼이로다.'에서 알 수 있듯이 4음보의 율격이 나타나 있다.

④ '비 오자∨장독간에∨봉선화∨반만 벌어'에서 알 수 있듯이 4음보의 율격이 나타나 있다.

⑤ '우리 마을∨고향 마을∨시냇가∨자갈밭엔'에서 알 수 있듯이 4음보의 율격이 나타나 있다.

04 소재의 의미 파악　　답 진달래꽃

이 시의 '진달래꽃'은 화자의 분신으로서, 이 꽃을 임이 떠나는 길에 뿌리고, 임에게 밟고 가라고 하는 데에서 임에 대한 희생적 사랑과 정성어린 축복의 마음이 드러난다.

🔖 **어휘 확인**　　📖 본문 037쪽

1 지천　　**2** 소반　　**3** 체념　　**4** 아름　　**5** 염치

05 일차 | 반복 / 음성 상징어

🔖 **반복 찾기** 1. ○   2. 하늘   3. 같이, 싶다

[필수 개념 ❶] ①

🔖 **개념 적용하기** 문장 구조, 3

🔖 **음성 상징어 찾기** 1. 사각사각   2. 팔랑팔랑, 폴폴, 살랑살랑

[필수 개념 ❷] ②

🔖 **개념 적용하기** 의성, 의태, 운율

[필수 개념 ❶] **반복**   답 ①

돌담에 속삭이는 햇발 | 김영랑

작품 해설 이 시는 맑고 순수한 세계인 '하늘'을 동경하는 화자의 마음을 형상화한 작품으로, '새악시', '살포시', '보드레한' 등 우리말의 아름다움을 잘 살린 시어가 돋보이는 순수시이다. 이 작품은 매우 단순한 내용과 짜임새로 이루어져 있는데, 4행으로 구성된 두 개의 연은, 모두 1행과 2행이 '~같이'로 되어 있고, 마지막 행은 '~고 싶다'로 되어 있다. 즉, 화자의 간절한 소망을 유사한 문장 구조의 반복과 직유법을 이용하여 표현하고 있는 것이다.

주제 밝고 맑은 세계(봄 하늘)에 대한 동경과 예찬

☑ 작품 꼼꼼 강의

□ : '~같이'의 반복으로 운율 형성

1연
돌담에 **속삭이는** 햇발같이 — : 직유법
　　햇살, 밝고 따사로움.
풀 아래 **웃음 짓는** 샘물같이 — : 의인법
　　맑고 깨끗함.
내 마음 고요히 고운 봄 길 위에
○ : '싶다'의 반복으로 운율 형성
오늘 하루 하늘을 우러르고 **싶다**
화자가 동경하는 세계(밝고 맑은 순수한 세계) ▶ 봄 하늘을 우러르고 싶은 소망

2연
새악시 볼에 떠오르는 **부끄럼같이**
　　아름답고 순수함.
시의 가슴에 살포시 젖는 **물결같이**
　　포근하고 부드러움.
보드레한 에메랄드 얇게 흐르는
　　맑고 투명한 느낌
실비단 하늘을 바라보고 **싶다**
　　▶ 아름다운 하늘을 바라보고 싶은 소망

이 시는 '보드레한 에메랄드 얇게 흐르는'에서 'ㄹ'을 5회 사용한 것처럼 주로 울림소리인 'ㄴ', 'ㄹ', 'ㅁ' 소리를 반복해서 사용하고 있다. '부끄럼'에 'ㄲ' 소리가 나타나기 하지만 반복되고 있지는 않다.

✅ **오답 챙기기**

② 이 시에는 '하늘', '같이' 등의 시어가 반복 사용되고 있다. 이처럼 같은 시어가 반복해서 사용되면 운율감이 형성된다.

③ 1연과 2연에서 '~햇발같이 ~우러르고 싶다', '~부끄럼같이 ~바라보고 싶다'에서 '~같이 ~을 ~고 싶다'라는 유사한 문장 구조를 반복하여 운율감이 느껴진다.

④ 이 시의 1연과 2연에서는 '~고 싶다'라는 동일한 종결 표현을 사용하고 있는데, 이러한 반복은 운율을 형성하는 동시에 화자의 소망을 강

조하는 효과도 있다.

⑤ 이 시는 '돌담에∨속삭이는∨햇발같이', '풀 아래∨웃음 짓는∨샘물같이'와 같이 3음보의 음보율을 반복적으로 사용하고 있다.

[필수 개념 ❷] **음성 상징어**   답 ②

나는 지금 꽃이다 | 이장근

작품 해설 이 시는 미용실에서 머리카락을 자르며 느끼는 기분 좋은 감정을 비유적 표현과 음성 상징어를 활용하여 밝고 경쾌하게 표현한 작품이다. 화자는 미용실 누나의 은빛 가위가 자신의 머리카락을 다듬는 것이 마치 머리에 은빛 나비가 날아드는 것 같다고 느끼면서 환하게 다듬어지는 자신의 모습을 한 송이 꽃에 빗대고 있다.

주제 미용실에서 꽃 같은 존재로 피어나는 감정

☑ 작품 꼼꼼 강의

□ : 의태어, ■ : 의성어 → 경쾌하고 밝은 분위기 조성, 대상을 실감 나게 표현함.

1연 **팔랑팔랑**
나비의 날갯짓을 형상화함. 시각적 이미지
나비가 날아다니는 것 같다
미용실 가위의 움직임을 '나비'에 빗댐 직유법
　　▶ 가위질이 나비가 날아다니는 것처럼 느껴짐.

2연 **사각사각**
가위질 소리를 흉내 낸 의성어. 청각적 이미지
미용실 누나 손에 들린 은빛 가위
　　'나비'의 원관념
　　▶ 미용실 누나의 가위질 소리

3연 붙었다 떨어졌다
내 머리 주위를 날아다닌다
활유법. 가위(무생물)의 움직임을 나비가 날아다니는 것으로 표현함.
　　▶ 가위의 움직임이 날아다니는 것처럼 느껴짐.

4연 **폴폴** 날리는 꽃가루
은유법. 머리카락(원관념)을 '꽃가루(보조 관념)'에 빗댐.
살랑살랑 나는 은빛 나비
활유법　은빛 가위를 가리킴. 은유법
　　▶ 잘린 머리카락이 꽃가루처럼 느껴짐.

5연 나는 / 지금
♪ : 은유법. 머리카락을 다듬는 기분 좋은 '나'를 '꽃'에 빗댐.

6연 꽃이다
　　▶ 머리카락을 자르면서 기분 좋은 감정을 느낌.

'폴폴'은 눈이나 먼지, 연기 따위가 흩날리는 모양을 나타내는 의태어이다.

✅ **오답 챙기기**

① 팔랑팔랑, 사각사각, 폴폴, 살랑살랑 등 다양한 음성 상징어가 사용되었다.

③ '사각사각'은 벼, 보리, 밀 따위를 잇따라 가볍게 벨 때 나는 소리를 흉내 낸 의성어로, 가위질 소리를 실감나게 표현하고 있다.

④ '살랑살랑'은 가벼운 물체나 물결 따위가 바람에 조금씩 자꾸 흔들리거나 움직이는 모양을 흉내 낸 의태어로, 밝고 경쾌한 분위기를 자아내고 있다.

⑤ '팔랑팔랑'은 나뭇잎이나 나비 따위가 가볍게 계속 날아다니는 모양을 나타내는 의태어이다. 1연은 미용실 가위의 움직임을 '나비'에 빗대어 나타내고 있다.

05 일차 실전 반복 / 음성 상징어

01 ①　　**02** ③　　**03** ⑤　　**04** 직유법, 햇비

✎ **개념 적용하기** 해님, 운율, 알롱알롱, 의태어

🔍 **작품 한눈에** 햇비, 반복, 비유, 의태어, 햇비

---

01 ~ 04

햇비 | 윤동주

작품 해설 이 시는 직유법, 은유법, 의인법 등 다양한 비유와 음성 상징어를 활용하여 밝게 자라는 아이들의 희망찬 모습을 노래한 작품이다. 시적 화자는 어린아이로 동무들과 함께 햇비를 맞고, 무지개를 바라보며 노래하고 춤추고 있다. 이 시가 창작된 일제 강점기는 우리 민족이 주권을 잃고 고통스러운 삶을 살던 시기로, 시인은 아이들의 밝은 모습에서 희망을 찾고, 미래는 현재와 다른 밝은 세상이기를 바라는 마음에서 희망적인 시를 썼으리라 짐작할 수 있다.

주제 햇비를 맞으며 밝게 자라는 아이들의 희망찬 모습

🖼 작품 꼼꼼 강의

1연 **아씨처럼** 나린다　　:직유법
잠깐 내렸다가 곧 사라지는 햇비의 모습을 '아씨'에 빗댐.
보슬보슬 햇비　　:의태어. 대상을 구체적이고 실감 나게 표현함.
의태어를 사용하여 비의 모습을 나타냄.
맞아 주자 다 같이　　:'-자'의 반복으로 운율 형성
중의적 표현 ① 햇비를 온몸으로 맞겠다는 의미 ② 햇비를 반갑게 맞이해 주자는 의미
옥수숫대처럼 크게　　:비를 맞으며 무럭무럭 자라는 아이의 모습을 옥수숫대에 빗댐.
닷 자 엿 자 자라게

해님이 웃는다
의인법. 아이들의 희망찬 모습을 보며 즐거워하는 마음을 표현함.
나 보고 웃는다.　　▶ 햇비를 맞는 아이들
시적 화자, 비를 맞으며 즐거워하는 아이

2연 하늘 다리 놓였다
은유법. 무지개를 '하늘 다리'로 비유하여, 무지개가 높은 곳에 있음을 강조
알롱알롱 무지개
의태어를 사용하여 무지개를 선명하게 표현함.
노래하자 즐겁게

동무들아 이리 오나

다 같이 춤을 추자

해님이 웃는다

즐거워 웃는다.　　▶ 무지개 아래서 노래하고 춤추는 아이들

---

01 운율의 이해 반복 / 음성 상징어　　답 ①

이 시는 자유시로, 정해진 형식과 운율에 맞춰 쓴 정형시가 아니다.

✓ **오답 챙기기**

② 1연과 2연에서 동일한 시어인 '해님', '웃는다'를 반복 사용하여 시에 리듬감을 부여하고 있다.

③ '-ㄴ(는)다', '-자'를 반복적으로 사용하여 운율감을 형성하고 통일감을 주고 있다.

④ 1연의 '해님이 웃는다 / 나 보고 웃는다', 2연의 '해님이 웃는다 / 즐거워 웃는다'에서 비슷한 문장 구조를 반복적으로 사용하여 운율을 형

성하고 시 전체에 안정감을 주고 있다.

⑤ '보슬보슬'은 눈이나 비가 가늘고 성기게 조용히 내리는 모습을 나타내는 의태어로, 시적 상황을 생동감 있고 구체적으로 나타내며 운율감도 형성하고 있다.

---

02 시의 분위기 파악　　답 ③

이 시는 햇비(여우비)가 오는 날, 비를 맞으며 즐거워하는 아이들의 모습을 노래하고 있다. '공경하며 삼가고 엄숙한'이라는 의미의 '경건한' 분위기와는 거리가 멀다.

✓ **오답 챙기기**

①, ②, ④, ⑤ '해님이 웃는다', '노래하자 즐겁게', '다 같이 춤을 추자' 등에서 밝고 즐거우며 경쾌한 분위기가 느껴진다. 또한 자라나는 아이들의 모습에서 희망찬 분위기가 느껴진다.

---

03 운율의 이해 반복 / 음성 상징어　　답 ⑤

㉠ '알롱알롱'은 여러 가지 빛깔의 작고 또렷한 점이나 줄 따위가 고르고 촘촘하게 무늬를 이룬 모양을 흉내 낸 의태어이다. ⑤의 '포슬포슬', '솔솔솔' 역시 비가 내리는 모습을 나타내는 의태어이다.

✓ **오답 챙기기**

① '쿵 쿵 쿵'은 큰북을 칠 때 나는 소리를 나타내는 의성어이다.

② '까악까악'은 까마귀나 까치 따위가 우는 소리를 나타내는 의성어이다.

③ '뻐꾹뻐꾹'은 뻐꾸기가 잇따라 우는 소리를 나타내는 의성어이다.

④ '귀뚤귀뚤'은 귀뚜라미가 우는 소리를 나타내는 의성어이다.

---

04 비유적 표현의 이해　　답 직유법, 햇비

ⓐ '아씨처럼 나린다'는 원관념인 '햇비'를 '처럼'을 사용하여 보조 관념인 '아씨'에 직접 빗댄 직유법이다.

🔬 **어휘 확인**　　

1 ㄹ　　**2** ㄷ　　**3** ㄱ　　**4** ㅁ　　**5** ㄴ
6 ㄱ　　**7** ㄴ　　**8** ㅁ　　**9** ㄹ　　**10** ㄷ

06 일차 | 시각적·청각적·후각적·미각적·촉각적 심상

🔖 **시각적·청각적 심상 찾기** 1. 시각   2. 까르르 웃는 너희들의 웃음

필수 개념 ❶ ⑤

🏷 **개념 적용하기** 청각

🔖 **후각적·미각적·촉각적 심상 찾기** 1. 미각   2. ×

필수 개념 ❷ ⑤

🏷 **개념 적용하기** 후각, 미각

필수 개념 ❶ **시각적·청각적 심상**   답 ⑤

별처럼 꽃처럼 | 오세영

작품 해설 이 시는 화자인 어느 선생님의 눈으로 바라본 밝고 경쾌한 분위기의 교실 풍경과 희망에 찬 열정적인 아이들의 모습을 비유와 음성 상징어를 통해 표현한 작품이다. 이 시에서는 교실을 '별밭', '장미밭' 등에 빗대고 있고, 교실에 있는 아이들을 '별', '장미' 등에 비유하고 있다.

주제 어느 선생님의 눈으로 바라본 교실의 풍경과 아이들의 밝은 모습

☑ 작품 꼼꼼 강의

◯ : 교실을 비유한 대상

1연 교실은 온통 별밭이다.   ▨ : 시각적 심상
은유법: 교실에 있는 아이들의 두 눈이 반짝이는 별을 닮음. - 교실을 별밭에 빗댐.
초롱초롱 반짝이는 너희들의 눈
눈이 빛이 날 정도로 정기가 있고 맑은 모양(의태어)
별 하나의 꿈,   □ : '별'의 의미

별 하나의 희망,

별 하나의 이상,   ▶ 꿈, 희망, 이상을 가진 학생들이 가득한 교실

2연 교실은 흐드러진 장미밭이다.
은유법: 아이들의 웃음꽃이 장미와 유사함. - 교실을 장미밭에 빗댐.
까르르 웃는 너희들의 웃음
의성어 사용. 청각적 심상
장미 한 송이의 사랑,   □ : '장미'의 의미

장미 한 송이의 열정,

장미 한 송이의 순결,
▶ 사랑, 열정, 순결을 가진 학생들이 가득한 교실

청각적 심상은 소리, 음성 등을 귀로 듣는 듯한 느낌을 주는 이미지를 말한다. '별 하나의 꿈', '장미 한 송이의 사랑'에는 청각적 심상이 나타나지 않는다.

✔ 오답 챙기기

① '흐드러진 장미밭'에는 장미꽃들이 탐스럽고 무성하게 피어 있는 모습을 떠올리게 하는 시각적 심상이 나타난다.
② '초롱초롱'은 '눈이 정기가 있고 맑은 모양', '까르르'는 '한꺼번에 자지러지게 웃는 소리'를 나타내는 음성 상징어이다. 이를 통해 시각적, 청각적 심상을 나타내고 있으므로 적절한 설명이다.
③ '까르르 웃는 너희들의 웃음'에서는 아이들의 웃음소리가 들리는 듯한 청각적 심상이 나타난다.
④ '초롱초롱 반짝이는 너희들의 눈'에서는 아이들의 두 눈의 모습을 떠올리게 하는 시각적 심상이 나타난다.

필수 개념 ❷ **후각적·미각적·촉각적 심상**   답 ⑤

가 빨래꽃 | 유안진

작품 해설 이 시는 텅 빈 농촌 마을을 지나다 빨래가 널려 있는 모습을 보고 사람의 온기를 느끼며 반가워하는 화자의 모습을 통해, 도시화로 인해 황폐해지는 농촌 현실을 돌아보는 계기를 마련하고 있는 작품이다.

주제 시골 마을에 널려 있는 빨래를 보고 느끼는 반가움

☑ 작품 꼼꼼 강의

빨랫줄에 줄 타던 옷가지들이 담 너머로 윙크했습니다
옷가지들이 사람처럼 윙크한다고 표현 - 의인법
초겨울 다저녁때에도 초봄처럼 따뜻했습니다
촉각적 심상
꽃보다 꽃다운 빨래꽃이었습니다
시각적 심상. 빨랫줄에 널린 옷가지들을 '꽃'으로 표현
꽃보다 향기로운 사람 냄새가 풍겼습니다
후각적 심상
어디선가 금방 개 짖는 소리도 들린 듯했습니다
청각적 심상
▶ 널려 있는 빨래에서 느껴지는 따뜻함과 생기

나 백화 | 백석

작품 해설 이 시는 산골 마을에서 자연과 어우러져 순수하고 소박하게 살아가는 삶의 아름다움을 노래하고 있다. 다양한 심상을 사용하고 '자작나무다'라는 종결 표현을 반복하여 자연과 하나된 삶을 그려 내고 있다.

주제 아름다운 자연과 어우러진 소박한 삶

☑ 작품 꼼꼼 강의

그리고 감로같이 단 샘이 솟는 박우물도 자작나무다.
미각적 심상
산 너머는 평안도 땅이 보인다는 이 산골은 온통 자작나무다.
□ : 동일한 종결 표현의 반복 - 운율 형성, 통일감
▶ 온통 자작나무인 산골

'감로같이 단 샘'에는 혀로 느끼는 맛(달다)을 떠올리게 하는 미각적 심상이 나타나 있다.

✔ 오답 챙기기

① '따뜻했습니다'에는 피부로 느껴지는 온도과 관련된 촉각적 심상이 나타난다.
② 빨랫줄에 널린 빨래를 '빨래꽃'으로 나타내어 모양을 떠올리게 하는 시각적 심상이 나타난다.
③ '향기, 냄새'에서 코로 느껴지는 감각과 관련된 후각적 심상이 나타난다.
④ 개가 짖는 소리를 떠올리게 하는 청각적 심상이 나타난다.

06 일차  시각적·청각적·후각적·미각적·촉각적 심상

01 ③　　**02** ④　　**03** ③　　**04** 메마른 입술에 쓰디쓰다.

✎ **개념 적용하기**　시각, 청각

🔍 **작품 한눈에**　고향, 이미지, 운율, 구름, 미각적

01 ~ 04

고향 | 정지용

작품 해설 이 시는 변함없는 고향의 자연과 이제는 찾아볼 수 없는 마음속의 고향을 대비하여 고향을 상실한 슬픔을 다양한 감각적 이미지(시각적, 청각적, 미각적, 촉각적 심상)를 사용하여 노래한 작품이다. 이 시의 화자는 멀리 타향에 있다가 오랜만에 고향에 돌아왔으나 고향을 낯설게 느끼고 있으며, 떠도는 구름처럼 정신적으로 방황하면서 어린 시절의 고향으로 돌아갈 수 없는 쓸쓸함과 안타까움을 드러내고 있다.

주제 돌아온 고향에서 느끼는 상실감과 슬픔

🖻 작품 꼼꼼 강의

1연 고향에 고향에 돌아와도
현실의 고향
그리던 고향은 아니러뇨　　▶ 마음의 고향을 잃어버림.
화자가 마음속에 간직한 고향

2연 산꿩이 알을 품고　☐ : 변함없는 고향의 자연
뻐꾸기 제철에 울건만　　▶ 변함없는 고향의 자연
　: 청각적 심상

3연 마음은 제 고향 지니지 않고
고향을 느끼지 못하고
머언 항구로 떠도는 구름　: 시각적 심상 ▶ 낯설게 느껴지는 고향
먼. 시적 허용. 운율 형성　　마음의 고향을 잃고 방황하는 화자의 마음을 빗댐.

4연 오늘도 뫼 끝에 홀로 오르니
흰 점 꽃이 인정스레 웃고
의인법. 꽃을 의인화함.
　　▶ 변함없이 화자를 반겨 주는 고향의 자연

5연 어린 시절에 불던 풀피리 소리 아니 나고
고향에 대한 상실감
메마른 입술에 쓰디 쓰다
촉각적 심상　　미각적 심상. 고향 상실의 쓸쓸함과 아픔을 표현함.
　　▶ 어린 시절의 추억을 찾을 수 없는 고향

6연 고향에 고향에 돌아와도
1행 반복
그리던 하늘만이 높푸르구나
고향에 대한 상실감
　　▶ 높푸른 하늘만이 변함없는 고향

01 화자의 정서와 태도 파악　🖹 ③

5연에서 화자는 어린 시절의 추억을 더 이상 느낄 수 없는 고향에 대해 쓸쓸한 감정을 드러내고 있다. 따라서 화자가 어린 시절의 추억이 살아 있는 고향의 모습을 발견하고 있다는 설명은 적절하지 않다.

✅ **오답 챙기기**

① 1연의 '고향에 고향에 돌아와도 / 그리던 고향은 아니러뇨', 3연의 '마

음은 제 고향 지니지 않고'에서 화자는 고향에 돌아왔지만 고향을 낯설게 느끼고 있다.

② 2연의 '산꿩이 알을 품고 / 뻐꾸기 제철에 울건만', 6연의 '그리던 하늘만이 높푸르구나.'에서 화자는 고향의 자연은 여전히 변함이 없다고 생각하고 있다.

④ 3연의 '머언 항구로 떠도는 구름', 5연의 '쓰디쓰다'로 보아 화자는 더 이상 고향에서 안정감을 얻지 못하고 방황하며 쓸쓸해하고 있다.

⑤ 3연의 '마음은 제 고향 지니지 않고 / 머언 항구로 떠도는 구름.'에서 화자는 고향에 돌아온 기분을 느끼지 못하고 방황하는 자신의 마음을 떠도는 구름에 빗대어 표현하고 있다.

02 표현상 특징 파악　🖹 ④

이 시에 사람이나 사물의 소리, 모양, 움직임을 흉내 낸 음성상징어는 사용되지 않았다.

✅ **오답 챙기기**

① 1연과 6연에서 '고향에 고향에 돌아와도'라는 동일한 시구를 반복적으로 사용하여 운율을 형성하고 있다.

② 3연의 '머언'은 맞춤법에 어긋난 표현(문법적으로 맞는 원래 표기는 '먼')인 시적 허용으로, 운율감을 형성하고 있다.

③ 4연의 '흰 점 꽃이 인정스레 웃고'는 사람이 아닌 것을 사람처럼 나타내는 의인법이 쓰인 표현으로 대상(꽃)에 대한 친근감을 드러내고 있다.

⑤ 1연의 '고향에 고향에 돌아와도 / 그리던 고향은 아니러뇨.'와 6연의 '고향에 고향에 돌아와도 / 그리던 하늘만이 높푸르구나.'에서 유사한 문장 구조의 반복을 통해 고향 상실의 안타까움이라는 정서를 강조하고 있다.

03 심상의 이해　시각적·청각적·후각적·미각적·촉각적 심상　🖹 ③

〈보기〉의 밑줄 친 부분에는 소리를 떠올리게 하는 청각적 심상이 나타난다. ㉢의 '풀피리 소리' 역시 청각적 심상에 해당한다.

✅ **오답 챙기기**

㉠, ㉡은 시각적 심상, ㉣은 촉각적 심상, ㉤은 미각적 심상이 나타난다.

04 심상의 이해　시각적·청각적·후각적·미각적·촉각적 심상
🖹 메마른 입술에 쓰디쓰다.

5연의 '메마른 입술에 쓰디쓰다.'에서 화자는 마음속의 고향을 잃어버린 슬픔과 안타까움을 '쓰디쓰다'라는 미각적 심상으로 드러내고 있다.

✒ **어휘 확인**

1 오감　　**2** 상실감　　**3** 제철　　**4** 타향　　**5** 순결

07 일차 ^{필수 개념} 공감각적 심상 / 복합 감각적 심상

🔖 **공감각적 심상 찾기** 1. 푸른 노래, 푸른 울음   2. ○

필수 개념 ❶ ②

🔖 **개념 적용하기** 전이

- -

🔖 **복합 감각적 심상 찾기** 1. 달콤하고 부드러운 빵   2. ✕

필수 개념 ❷ ④

🔖 **개념 적용하기** 미각, 촉각

필수 개념 ❶ 공감각적 심상   답 ②

파랑새 | 한하운

작품 해설 이 시는 '파랑새'라는 상징적 소재를 통해 자유로운 삶에 대한 간절한 소망을 노래한 작품이다. 전통적인 민요의 3음보 율격을 바탕으로 1연과 4연, 2연과 3연이 반복되는 구조로 이루어진 이 시는, 1연에서는 '파랑새'를 등장시켜 자유로운 삶에 대한 소망을 표현하고, 2연과 3연에서 자유로운 삶에 대한 소망을 구체화한 뒤, 4연에서는 다시 1연의 내용을 반복하는 방식을 통해 시적 화자의 소망이 절실함을 강조하고 있다.

주제 자유로운 삶에 대한 소망

📖 작품 꼼꼼 강의

1연 나는 / 나는 / 죽어서
     간절하고 절실한 소망
파랑새 되어 　　　　▶ 자유로운 존재(파랑새)가 되고 싶은 소망
자유로운 존재를 상징함.

2연 『푸른 하늘
　『 : 화자가 소망하는 자유로운 세계
푸른 들』

날아다니며 　　　　　　▶ 자유로운 세계에 대한 소망
화자가 소망하는 자유로운 삶

　　　: 공감각적 심상. '노래', '울음'이라는 청각적 심상이 '푸른'이라는
시각적 심상으로 옮겨 감.(청각의 시각화)

3연 푸른 노래
자유를 만끽하는 노래
푸른 울음

울어 예으리 　　　　　　▶ 자유로운 삶을 살고 싶은 소망
울며 지내리

4연 『나는 / 나는 / 죽어서
　『 : 1연의 내용을 반복하여 화자의 간절한 소망을 강조함.
파랑새 되리』 　▶ 자유로운 존재(파랑새)가 되고 싶은 소망

⊙과 ⓒ에서는 '노래'와 '울음'이라는 청각적 심상이 '푸른'이라는 시각적 심상으로 옮겨 가는 공감각적 심상이 나타나 있다. 즉 '시각의 청각화'가 아니라 '청각의 시각화'에 해당한다.

✅ **오답 챙기기**

①, ④, ⑤ ⊙, ⓒ에는 '노래, 울음'이라는 청각적 심상이 '푸른'이라는 시각적 심상으로 옮겨 간 공감각적 심상이 나타나 있다.

③ ⊙, ⓒ에는 시각적 심상, 청각적 심상의 두 감각이 어우러져 나타나 있다.

필수 개념 ❷ 복합 감각적 심상   답 ④

빵집 | 이면우

작품 해설 이 시는 장사가 잘되어 빵집을 운영하는 부모님이 기뻐하기를 바라는 아이의 순수한 마음에 대한 감동을 노래하고 있다. 언뜻 지나치기 쉬운 일상적 경험에서 포착한 감동을 따뜻한 시선으로 그려 내고 있다.

주제 부모님을 위하는 빵집 아이의 순수한 마음에 대한 감동

📖 작품 꼼꼼 강의

빵집은 쉽게 빵과 집으로 나눌 수 있다

큰길가 유리창에 두 뼘 도화지 붙고 거기 초록 크레파스로

『아저씨 아줌마 형 누나님
『 : 빵집 아이가 도화지에 써서 유리창에 붙인 글의 내용
우리 집 빵 사 가세요

아빠 엄마 웃게요, 라고 쓰여진 걸
빵이 잘 팔려서 부모님이 기뻐하기를 바라는 순수한 동심
붉은 신호등에 멈춰 선 버스 속에서 읽었다 그래서
시적 상황 - 버스에서 빵집 유리창에 붙은 글을 보게 됨.
그 빵집에 달콤하고 부드러운 빵과
복합 감각적 심상(미각+촉각)
집 걱정하는 아이가 함께 있는 걸 알았다
　　　　　　　▶ 부모님을 위하는 빵집 아이의 마음

⊙에는 혀로 맛보는 감각과 관련된 미각적 심상(달콤하고)과 피부로 느껴지는 감각과 관련된 촉각적 심상(부드러운)이 나란히 나열된 복합 감각적 심상이 나타나 있다.

✅ **오답 챙기기**

① ⊙에는 두 개의 감각이 단순히 나열되어 있을 뿐, 한 감각이 다른 감각으로 옮겨 가는 감각의 전이가 나타나지 않는다.

② ⊙에는 공감각적 심상이 아닌 복합 감각적 심상이 나타나 있다.

③ ⊙에는 미각과 촉각이라는 두 가지 감각이 나타나 있다.

⑤ ⊙에는 귀로 소리를 듣는 듯한 청각적 심상이 나타나 있지 않다.

07 일차 실전 공감각적 심상 / 복합 감각적 심상

01 ⑤   **02** ①   **03** ⑤   **04** ④

✎ **개념 적용하기** 공, 청각, 후각, 복합

🔍 **작품 한눈에** 연두, 초록, 연두, 애벌레, 청소년

01 ~ 04

아직은 연두 | 박성우

작품 해설 이 시는 다양한 감각적 이미지와 비유, 반복을 통해 '연두'의 속성과 가치를 노래한 작품이다. 이 시에서 '연두'는 초록이 되는 과정에서 나타나는 색채로 묘사되고 있는데, 이는 아직 성숙의 단계에 도달하지는 못했지만, 성숙으로 가는 과정에 있는 청소년기를 상징한다고 볼 수 있다. 즉, 시인은 청소년기를 '연두'라는 색채 이미지로 표현하여 이를 '초록'과 대비함으로써 대상(청소년)의 무한한 가능성과 그들의 미래에 대한 낙관적이고 애정 어린 태도를 보여 주고 있다.

주제 무한한 가능성을 지닌 연두(청소년)

📋 작품 꼼꼼 강의

○: 동일 시구의 반복. 운율 형성. 의미 강조(연두에 대한 긍정적 태도)

난 연두가 좋아 **초록이 아닌 연두** 수많은 가능성을 지닌 존재 (청소년기)
　　　　　　　시각적 심상
우물물에 설렁설렁 씻어 **아삭** 씹는
□: 싱그러움. 미성숙한 이미지를 나타냄. └ 청각적 심상
풋풋한 오이 냄새가 나는 것 같기도 하고
후각적 심상
옷깃에 쓱쓱 닦아 **아사삭** 깨물어 먹는
　　　　　　　청각적 심상
시큼한 **풋사과** 냄새가 나는 것 같기도 한 연두
　　　후각적 심상
풋자두와 **풋살구**의 시큼시큼 풋풋한 연두,
난 연두가 좋아 아직은 **풋내가 나는 연두**
공감각적 심상. 시각의 후각화
　　　　　　　▶ 1~7행: 풋풋함을 지닌 연두
연초록 그늘을 쫘쫙 펴는 버드나무의 연두
성숙을 향해 가는 과정. 생동감 넘치는 이미지 (의태어의 사용)
기지개를 쭉쭉 켜는 느티나무의 연두
　　　의인법
난 연두가 좋아 초록이 아닌 연두

누가 뭐래도 푸릇푸릇 초록으로 가는 연두

빈집 감나무의 **떫은 연두**
　　공감각적 심상. 시각의 미각화
강변 미루나무의 시시껄렁한 연두
　　　　　　　▶ 8~13행: 성숙의 과정에 있는 연두
난 연두가 좋아 늘 내 곁에 두고 싶은 연두,
　　　　연두에 대한 긍정적 태도
연두색 형광펜 **연두색** 가방 **연두색** 팬티 『 ♪연두색의 사물들 열거
'연두색' 반복. 시각적 심상
연두색 티셔츠 **연두색** 커튼 **연두색** 베갯잇 』

난 연두가 좋아 연두색 타월로 박박 밀면

내 막막한 꿈도 연둣빛이 될 것 같은 연두
　　미래에 대한 낙관적인 태도
시시콜콜, 마냥 즐거워하는 철부지 같은 연두
　　　　　　　직유법
몸 안에 날개가 들어 있다는 것도 까마득 모른 채
미래의 다양한 가능성을 의미함.　　　직유법
배춧잎을 신나게 갉아 먹는 연두 애벌레 같은, 연두
　　미래의 가능성을 지니고 현재를 즐겁게 사는 존재. 원관념은 '연두'임.
아직 많은 것이 지나간 어른이 아니어서 좋은 연두
　　'초록'과 의미가 통합.
난 연두가 좋아 아직은 초록이 아닌 연두
　미완성이지만 무한한 성장 가능성이 있음. 청소년의 가능성을 드러냄.
　　　　　　　▶ 14~23행: 미래의 가능성을 지닌 연두

---

01 중심 소재의 의미 파악　　　답 ⑤

'시시콜콜, 마냥 즐거워하는 철부지 같은 연두', '배춧잎을 신나게 갉아 먹는 연두 애벌레 같은, 연두' 등에서 '연두'는 작은 일에도 기뻐하고 현재를 즐겁게 사는 존재로 그려지고 있지, 부정적인 현실을 극복하고자 노력하는 존재로 그려지고 있지 않다.

✅ **오답 챙기기**

① '시시콜콜, 마냥 즐거워하는 철부지 같은 연두'에서 '연두'는 조그마한 일에도 즐거워하는 존재로 그려지고 있다.

② '풋풋한 오이 냄새가 나는 것 같기도 하고', '시큼한 풋사과 냄새가 나는 것 같기도 한 연두', '시큼시큼 풋풋한 연두' 등에서 '연두'는 풋풋하고 싱그러운 성질을 지닌 존재로 그려지고 있다.

③ '몸 안에 날개가 들어 있다는 것', '아직 많은 것이 지나간 어른이 아니어서 좋은 연두'에서 '연두'는 미완성이지만 성장의 가능성이 있는 존재로 그려지고 있다.

④ '난 연두가 좋아 늘 내 곁에 두고 싶은 연두'에서 '연두'는 화자인 '나'가 늘 곁에 두고 싶어 하는 긍정적인 존재로 그려지고 있다.

02 작품의 종합적 감상　　　답 ①

이 시는 '오이', '풋사과', '풋자두', '버드나무', '미루나무', '애벌레' 등 '연두'를 연상하게 하는 다양한 사물들을 나열하면서 내용을 전개하고 있다. 화자의 공간 이동에 따른 전개는 나타나 있지 않다.

✅ **오답 챙기기**

② 이 시는 '연두'와 '초록'이라는 색채의 대비를 통해 '연두'가 지닌 가능성과 가치라는 주제를 드러내고 있다.

③ '난 연두가 좋아'라는 동일한 시구를 반복 사용하여 리듬감을 형성하면서 시적 의미를 강조하고 있다.

④ '초록, 연두' 등의 시각적 심상, '아삭, 아사삭' 등의 청각적 심상, '풋풋한 오이 냄새' 등의 후각적 심상을 통해 대상을 감각적으로 나타내고 있다.

⑤ '철부지 같은 연두'(직유법), '기지개를 쭉쭉 켜는 느티나무'(의인법) 등 다양한 비유를 통해 대상의 특성을 효과적으로 나타내고 있다.

03 시어의 의미 파악　　　답 ⑤

이 시는 '연두'와 '초록'이라는 색채의 대비를 통해 '연두'가 지닌 속성과 가치를 드러내고 있다. '연두'는 초록이 되는 과정에서 나타나는 색채로서, 아직 성숙의 단계에 도달하지는 못했지만, 성숙으로 가는 과정에 있는 풋풋한 청소년기를 상징한다고 볼 수 있다. 이에 반해 ⊙ '초록'은 '연두'와 달리 무르익은 색으로, 성숙의 경지에 도달한 존재를 상징한다. 이로 볼 때 '많은 것이 지나간 어른'은 청소년과 대비되는 대상으로 '초록'과 유사한 의미를 지닌 시어로 볼 수 있다.

✅ **오답 챙기기**

①, ② 풋풋한 '오이', 시큼한 '풋사과'는 '연두'와 유사한 속성을 지닌, 여물지 않은 존재로 그려지고 있다.

③ '철부지'는 '연두'를 빗댄 대상이다.
④ '애벌레'는 '연두'를 빗댄 대상으로 미래의 가능성을 지닌 존재를 의미한다.

04 심상의 이해 공감각적 심상 / 복합 감각적 심상 답 ④

ⓛ에는 공감각적 심상이 나타난다. ④는 술이 익고(→ 후각) 노을이 탄다(→ 시각)하여 후각적 심상과 시각적 심상이 나란히 나열된 것이므로 복합 감각적 심상이다.

✅ 오답 챙기기

① 맛(→ 미각)이 빨갛고 파랗다(→ 시각)고 하여 미각의 시각화가 이루어지고 있는 공감각적 심상이다.
② 어둠(→ 시각)이 피부의 바깥에 스민다고(→ 촉각) 하여 시각의 촉각화가 이루어지고 있는 공감각적 심상이다.
③ 풍금 소리(→ 청각)가 켜켜이 쌓인다(→ 시각)고 하여 청각의 시각화가 이루어지고 있는 공감각적 심상이다.
⑤ 울음(→ 청각)이 꽃처럼 붉다(→ 시각)고 하여 청각의 시각화가 이루어지고 있는 공감각적 심상이다.

🔍 어휘 확인 📖 본문 055쪽

| 1 ㉣ | 2 ㉧ | 3 ⓒ | 4 ㉠ | 5 ㉡ |
| 6 ㉡ | 7 ㉣ | 8 ㉧ | 9 ㉠ | 10 ⓒ |

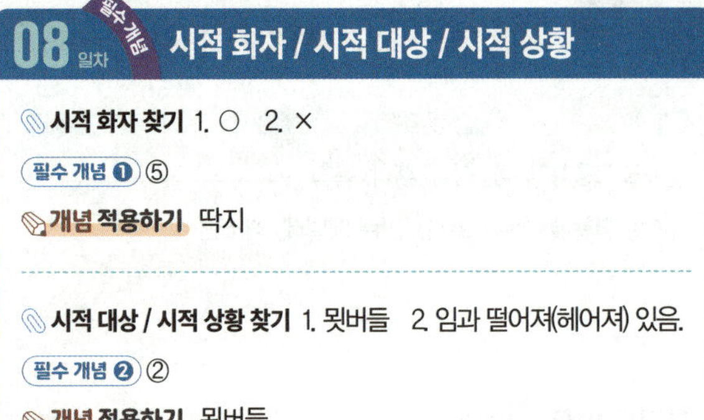

필수 개념 ❶ 시적 화자 답 ⑤

딱지 | 이준관

작품 해설 이 시는 시적 화자인 현재의 '나'가 어린 시절의 경험을 회상하며 딱지를 떼어 내지 말라던 아버지의 말씀에서 삶에 대한 깨달음과 교훈을 이끌어 내어 전달하고 있는 작품이다. 이 시는 딱지가 생기고 떨어지면서 상처가 회복되는 과정을, 시련을 극복하고 성장해 가는 인생의 과정에 빗대어 표현하고 있다.

주제 시련을 극복하고 성장해 가는 인생의 과정

📑 작품 꼼꼼 강의

나는 어릴 때부터 그랬다.
  시적 화자. 시의 표면에 드러나 있음.
칠칠치 못한 나는 걸핏하면 넘어져
  과거의 '나'의 모습
무릎에 딱지를 달고 다녔다.
  ▶ 1~3행: 어린 시절 자주 넘어져 딱지를 달고 다닌 '나'
그 흉물 같은 딱지가 보기 싫어
  딱지를 대하는 어린 시절의 '나'의 부정적 태도 ①
손톱으로 득득 긁어 떼어 내려고 하면
  딱지를 대하는 어린 시절의 '나'의 부정적 태도 ②
아버지는 그때마다 말씀하셨다.
  딱지를 대하는 아버지의 긍정적 태도
딱지를 떼어 내지 말아라 그래야 낫는다.
  ▶ 4~7행: 딱지를 떼지 말아야 상처가 낫는다고 말씀하신 아버지
아버지 말씀대로 그대로 놓아두면

까만 고약 같은 **딱지**가 떨어지고
  인생에서 겪는 시련과 고난. 화자에게 삶의 깨달음과 교훈을 주는 소재
딱정벌레 날개처럼 하얀 새살이 / 돋아나 있었다
  직유법   상처가 회복됨. ▶ 8~11행: 딱지를 그대로
지금도 칠칠치 못한 나는   놓아두면 새살이 돋아남.
  현재의 '나'의 모습. 과거와 변함이 없다고 생각함.
사람에 걸려 넘어지고 부딪히며
  살아가면서 겪는 사람들과의 갈등
마음에 딱지를 달고 다닌다.
  인간관계에서 얻은 마음의 상처 어린 시절 아버지의 가르침을 떠올림.
그때마다 그 딱지에 아버지 말씀이 / 얹혀진다
  상처의 회복. 마음의 성장
딱지를 떼지 말아라 딱지가 **새살**을 키운다.
  인간은 상처를 회복하는 과정에서 더욱 성장할 수 있음.
  ▶ 12~17행: 아버지의 가르침에서 깨달음을 얻은 현재의 '나'

15~17행으로 보아 어린 시절 흉물 같은 딱지가 보기 싫어 떼려고만 했던 화자는 어른이 된 지금, '딱지'로 상징되는 인생의 시련과 고난을 극복해야만 더욱 성장할 수 있다는 아버지의 가르침을 이해하고 있다.

✅ 오답 챙기기

① 1행의 '나는 어릴 때부터 그랬다.'에서 알 수 있듯이 시적 화자인 '나'가 시 속에 직접 드러나 있다.

② 4~5행의 '그 흉물 같은 딱지가 보기 싫어 ~ 긁어 떼어 내려고 하면'에서 알 수 있다.

③ 15~17행의 '그때마다 그 딱지에 아버지 말씀이 / 얹혀진다. / 딱지를 떼지 말아라 딱지가 새살을 키운다.'에서 현재의 '나'는 '딱지'와 관련한 어린 시절 아버지의 가르침을 떠올리면서 삶에 대한 깨달음과 교훈을 얻고 있다.

④ 1행과 2행의 '나는 어릴 때부터 그랬다. / 칠칠치 못한 나는'과 12행의 '지금도 칠칠치 못한 나는'에서 시적 화자는 과거와 현재의 자신의 모습이 변함없다고 생각하고 있다.

필수 개념 ② **시적 대상 / 시적 상황**　　답 ②

뭇버들 가려 꺾어 | 홍랑

작품 해설 이 시조는 이별한 임에 대한 변함없는 사랑과 임이 자신을 잊지 않기를 바라는 마음을 노래하고 있는 작품으로, 시적 화자는 자신의 분신인 '뭇버들'을 통해 임의 곁에 머물고 싶은 감정을 섬세하게 표현하고 있다. 작가인 홍랑은 조선 시대 때 기생으로, 함경도 지방으로 부임한 최경창을 만나 사랑을 하게 되었는데 1년 후 최경창이 서울로 돌아가게 되자, 배웅하고 돌아오는 길에 이 노래를 지어 뭇버들 가지와 함께 보냈다고 한다.

주제 임에게 보내는 사랑

☑ 작품 꼼꼼 강의

임에 대한 화자의 사랑을 상징함. 시적 화자의 분신
초장 뭇버들 가려 꺾어 보내노라 임에게
　　　　　도치법(문장의 순서를 바꿈)
　　　　　▶ 뭇버들을 꺾어 임에게 보냄.

중장 자시는 창밖에 심어 두고 보소서
　　　　화자의 당부. 기원. 자신을 생각해 주길 바람.
　　　　▶ 임이 뭇버들을 창밖에 심어 두고 보길 바람.

종장 밤비에 새잎 나거든 나인가도 여기소서
　　　깨끗하고 순수한 화자의 모습 └ 시적 화자
　　○ '-소서'의 반복으로 운율 형성. 의미 강조
　　　　▶ 임이 자신을 기억해 주기를 바람.

화자는 떠나간 임에게 '뭇버들'을 꺾어 보내면서 임을 사랑하는 자신을 기억해 주기를 바라고 있을 뿐, 임과의 이별을 적극적으로 거부하고 있지 않다.

✔ 오답 챙기기

① '밤비에 새잎 나거든 나인가도 여기소서'에서 알 수 있듯이 시적 화자인 '나'가 작품 표면에 직접적으로 드러나 있다.

③ 화자는 떠나간 임에게 자신의 분신이라고 할 수 있는 '뭇버들'을 꺾어 보내면서 임이 주무시는 창밖에 심어 두고 그것을 보라고 당부하고 있다. 이는 임의 곁에 여전히 있고 싶어 하는 화자의 소망을 드러내고 있다.

④ '밤비에 새잎 나거든 나인가도 여기소서'에서 화자는 떠나간 임에게 '뭇버들'을 꺾어 보내면서 그것을 자신으로 여겨 달라고 당부하고 있다. 이로 볼 때 '뭇버들'은 임에 대한 화자의 사랑의 마음을 전해 주는 소재이다.

⑤ '뭇버들 가려 꺾어 보내노라 임에게'에서 알 수 있듯이 화자인 '나'와 시적 대상인 '임'은 서로 떨어져 있는 상황이다.

---

08 일차 실전　시적 화자 / 시적 대상 / 시적 상황

01 ⑤　　**02** ⑤　　**03** ④　　**04** 누군가의 가슴에 실려 가는 노래일 수 있을까.

🏷️ **개념 적용하기** 귀뚜라미, 노래

🔍 **작품 한눈에** 귀뚜라미, 매미, 운율, 노래, 감동

01 ~ 04

귀뚜라미 | 나희덕

작품 해설 이 시는 시적 화자를 귀뚜라미로 설정하여 자신의 울음이 누군가의 마음을 울리고 누군가에게 감동을 주는 노래가 되기를 소망하는 마음을 노래한 작품이다. 화자는 자신의 울음소리가 매미의 강렬한 울음소리에 묻혀 노래로서의 자격을 갖추지 못했다고 생각하지만, 매미의 울음소리가 걷히는 맑은 가을날 자신의 울음이 노래가 되어 누군가의 가슴에 실려 가기를 소망하고 있다. 이 시는 자연물의 의인화, 동일 시구 및 의문형 종결 표현의 반복, 다양한 감각적 이미지의 사용, 다른 대상과의 대조를 통해 작품의 주제 의식을 효과적으로 드러내고 있다.

주제 자신의 노래가 감동을 줄 수 있기를 소망함.

☑ 작품 꼼꼼 강의

1연 높은 가지를 흔드는 매미 소리에 묻혀
　　　좋은 환경　강렬한 매미의 울음소리. 귀뚜라미와 대조됨.
　　내 울음 아직은 노래 아니다. ▶ 매미 소리에 묻힌 '나'의 울음
　시적 화자: '나'=귀뚜라미　진정한 감동을 주는 노래. 울음과 대조됨.

2연 ▨ : 고통스럽고 열악한 삶의 공간. '높은 가지'와 대조를 이룸.
　차가운 바닥 위에 토하는 울음,
　촉각적 이미지　귀뚜라미의 울음. 청각적 이미지
　풀잎 없고 이슬 한 방울 내리지 않는

　지하도 콘크리트 벽 좁은 틈에서

　숨 막힐 듯, 그러나 나 여기 살아 있다
　　　고통스러운 현실을 견디어 내고자 애씀. 현실 극복 의지
　귀뚜르르 뚜르르 보내는 타전 소리가
　음성 상징어(의성어). 청각적 이미지　자신의 존재를 알리는 소리
　누구의 마음 하나 울릴 수 있을까.
　　　　▶ 고통스러운 상황에서 보내는 '나'의 울음

3연 지금은 매미 떼가 하늘을 찌르는 시절
　　　매미가 강렬히 울어 대는 여름
　그 소리 걷히고 맑은 가을이
　　　　『 』 의인법. '가을'을 사람에 빗댐.
　어린 풀숲 위에 내려와 뒤척이기도 하고

　계단을 타고 이 땅 밑까지 내려오는 날

　발길에 눌려 우는 내 울음도　　○ : 의문형 종결 표현의 반복
　　　고통스러운 울음　　　　　→ 운율 형성. 시적 의미 강조
　누군가의 가슴에 실려 가는 노래일 수 있을까.
　자신의 울음이 누군가에게 감동을 줄 수 있는 노래가 되기를 소망함.
　　▶ '나'의 울음이 누군가의 마음을 울릴 진정한 노래가 되기를 소망함.

01 표현상 특징 파악　　답 ⑤

이 시에는 '매미 소리', '내 울음', '귀뚜르르 뚜르르'라는 청각적 심상과 '차가운 바닥'이라는 촉각적 심상은 나타나 있지만, 코로 냄새를 맡는 듯한 느낌을 주는 후각적 심상은 나타나 있지 않다.

① 2연의 '귀뚜르르 뚜르르'는 귀뚜라미의 울음소리를 나타내는 의성어이다.

② 이 시는 귀뚜라미를 '나'로 의인화하여 내용을 전개하고 있다. 또 3연의 '맑은 가을이 / 어린 풀숲 위에 내려와 뒤척이기도 하고 / 계단을 타고 이 땅 밑까지 내려오는'에서는 계절인 '가을'을 의인화하여 시적 상황을 구체적으로 나타내고 있다.

③ 이 시는 '나(귀뚜라미) ↔ 매미', '울음 ↔ 노래' 등의 대조적인 시어를 사용하여 작품의 주제를 효과적으로 드러내고 있다.

④ 3연과 4연에서 '있을까'라는 의문형 표현을 반복적으로 사용하여 자신의 울음이 누군가에게 감동을 주는 노래가 되기를 바라는 화자의 소망을 강조하고 있다.

02 화자의 정서와 태도 파악 시적 화자 / 시적 대상 / 시적 상황 답 ⑤

이 시의 화자는 시인 자신이 아니라 귀뚜라미로 설정되어 있다. 또 1연의 '높은 가지를 흔드는 매미 소리에 묻혀 / 내 울음 아직은 노래 아니다.'에서 화자는 자신의 울음소리가 노래로서의 자격을 갖추지 못했다고 생각하고 있을 뿐, 매미의 울음소리에 괴로워하고 있지는 않다.

① 2연의 '차가운 바닥 위에 토하는 울음', '그러나 나 여기 살아 있다 / 귀뚜르르 뚜르르 보내는 타전 소리'에서 화자인 '나'는 귀뚜라미임을 알 수 있다.

② 2연의 '풀잎 없고 이슬 한 방울 내리지 않는 / 지하도 콘크리트 벽 좁은 틈에서 / 숨 막힐 듯, 그러나 나 여기 살아 있다'에서 고통스러운 현실('이슬 한 방울 내리지 않는', '콘크리트 벽 좁은 틈' 등)을 견디어 내고자 애쓰고 있는 화자의 모습이 나타나 있다.

③ 이 시는 1연의 '내 울음 아직은 노래 아니다.'에서 알 수 있듯이 시적 화자인 '나(내)'가 시 속에 직접적으로 표현되어 겉으로 드러나 있다.

④ 3연의 '발길에 눌려 우는 내 울음도 / 누군가의 가슴에 실려 가는 노래일 수 있을까.'에서 화자는 자신의 울음소리가 누군가의 가슴에 감동을 줄 수 있는 진정한 노래가 되기를 소망하고 있다.

03 시어 및 시구의 의미 파악 답 ④

㉠은 '매미 떼가 하늘을 찌르는 시절'로 여름이다. 1연의 '매미 소리에 묻혀 / 내 울음 아직은 노래가 아니다.'에서 알 수 있듯 매미의 강렬한 울음소리에 묻혀 있기는 하지만, 귀뚜라미는 여름에도 자신의 울음소리를 내고 있다. 단지 '맑은 가을'이 되어 매미 소리가 걷히면 자신의 울음이 노래가 될 수 있기를 소망하고 있을 뿐이다.

① ㉠은 '매미 떼가 하늘을 찌르는 시절', 즉 여름으로, 그 소리가 걷히는 ㉡ '가을'과는 대조가 되는 계절이다.

② 3연의 '지금은 매미 떼가 하늘을 찌르는 시절 / 그 소리 걷히고 맑은 가을이 ∼ 이 땅 밑까지 내려오는 날'에서 ㉡ '가을'은 매미의 울음소리가 걷히는 계절임을 알 수 있다.

③ '지금은 매미 떼가 하늘을 찌르는 시절'에서 ㉠은 여름이며 매미의 울음소리가 강하게 들리는 계절임을 알 수 있다.

⑤ 3연의 '맑은 가을이 ∼ 이 땅 밑까지 내려오는 날 / 발길에 눌려 우는 내 울음도 / 누군가의 가슴에 실려 가는 노래일 수 있을까.'에서 ㉡ '가을'은 귀뚜라미가 자신의 울음이 노래가 되기를 바라는 계절임을 알 수 있다.

04 작품의 주제 파악 시적 화자 / 시적 대상 / 시적 상황

📋 누군가의 가슴에 실려 가는 노래일 수 있을까.

이 시에서 화자인 귀뚜라미는 매미의 강렬한 울음소리에 묻힌 자신의 울음소리가 노래로서의 자격을 갖추지 못했다고 생각하지만, 매미의 울음소리가 걷히는 맑은 가을날, 자신의 울음이 누군가의 가슴에 감동을 줄 수 있는 진정한 노래가 되기를 소망하고 있다.

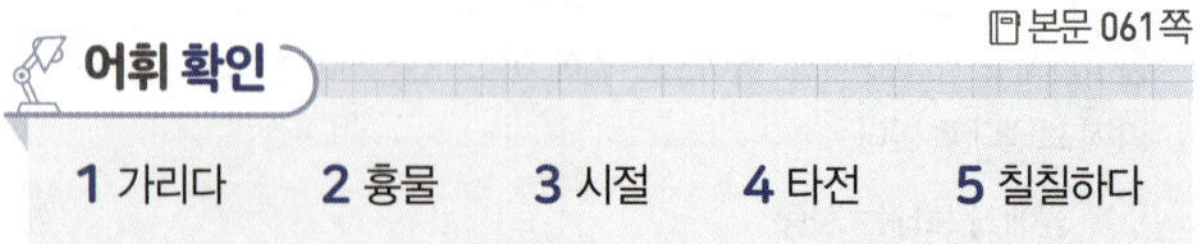

Ⅱ 소설

📖 본문 066쪽

09 일차 인물의 유형: 주동·반동 / 평면·입체 / 전형·개성

📎 **인물의 유형 파악하기** 1. 흥부   2. 놀부   3. ×   4. ○

필수 개념 ❶ ①

📎 **개념 적용하기** 주동, 입체

📎 **인물의 유형 파악하기** 1. 놀부   2. 흥부

필수 개념 ❷ ②

📎 **개념 적용하기** 욕심, 우애

필수 개념 ❶ 주동·반동 / 평면·입체
답 ①

흥부전 | 작자 미상

작품 해설 이 작품은 형제간의 우애와 권선징악(착한 사람은 복을 받고 나쁜 사람을 벌을 받음.)이라는 주제를 해학적(익살스럽고도 품위가 있는 말이나 행동이 있는 것)으로 표현한 판소리계 소설로, 인물이 처한 비극적 상황을 해학으로 극복하려는 특징을 보여 주고 있다. 한편 이 작품은 형제간의 우애라는 표면적 주제를 강조하면서도 조선 후기 신분제 변동에 따라 나타난 계층 간의 빈부(가난함과 부유함) 갈등을 또 다른 주제로 다루고 있다.

주제 ① 형제간의 우애와 권선징악 ② 계층 간의 빈부 갈등

전체 줄거리

발단 경상도와 전라도의 경계 즈음에 형제가 살았는데, 욕심 많고 심술궂은 형 놀부는 부모가 물려준 유산을 모두 차지하고는 착한 동생 흥부 가족을 내쫓는다.

전개 한편 쫓겨난 흥부는 아이들을 데리고 움집에서 힘겹게 살아가다 견디지 못하고 놀부에게 도움을 청하지만 매만 맞고 쫓겨난다.

위기 흥부네 집 처마에 제비 한 쌍이 새끼를 낳아 기르는데, 구렁이를 피하려다 새끼 한 마리가 떨어져 다리가 부러진다. 흥부는 다친 제비를 정성껏 치료해 준다. 그 인연으로 제비가 박씨를 물어 주고 그것이 잘 자라 큰 박이 된다.

절정 흥부가 박을 타자 그 속에서 재물이 나와 큰 부자가 된다. 이 소식을 들은 놀부는 더 큰 부자가 되고 싶은 마음에 제비 다리를 일부러 부러뜨려서 치료해 준다. 놀부도 박씨를 얻어 박을 키웠지만, 박을 타서 오히려 벌을 받고 재산을 모두 빼앗긴다.

결말 흥부는 형을 위로하며 재산을 나누어 주고, 이에 감동한 놀부는 잘못을 뉘우치며 다시는 악한 행동을 하지 않고 새사람이 되어 흥부와 우애롭게 지낸다.

📖 작품 꼼꼼 강의

발단 『형제는 오륜의 하나요 같은 부모에게서 몸을 나누어 받은 사이다. 그러므로 잘살고 못살거나 좋고 나쁜 일을 모두 함께 나누어야 하는 법이다.』 그런데 어떤 사람은 우애 있고 어떤 사람은 화목하지 못할까.
『 』: 서술자가 작품의 주제 의식을 직접적으로 제시함.
흥부를 가리킴.
놀부를 가리킴.

충청도와 전라도, 경상도가 만나는 곳 한 마을에 연 생원이라는 사람이 놀부, 흥부라는 두 아들을 두었다.
공간적 배경
두 사람은 같은 어머니에게서 태어났지만 착하고 심술궂음이 완전히 딴판이다. 흥부는 마음이 착하고 효성이 지극하며 형제 사이의 우애가 극진하다.
주인공   작품의 주제를 나타내는 주동 인물
그러나 놀부는 뱃속부터 다르게 생겨서 부모께는 불효하고 형제간에 우애가 없으며 마음 쓰는 것이 괴상하기만 하다.
작품의 주제와 반대되는 반동 인물
▶ 흥부와 놀부 소개

흥부는 형제간의 우애와 효성을 실천하는 주동 인물이고, 놀부는 그런 흥부와 대립 관계에 있는 반동 인물이다. 이 둘 사이의 갈등을 통해 이야기가 전개되며 주제가 드러난다.

✓ 오답 챙기기

② 흥부는 착하고 우애가 있으며 효성이 지극한 인물이다. 그리고 이러한 흥부가 결국 복을 받는다는 내용을 통해 권선징악이라는 주제가 드러나므로, 흥부는 주제를 실천하는 주동 인물에 해당한다.

③ 놀부는 흥부와 달리 악한 행동을 일삼는 인물로, 주제와 반대되는 반동 인물이다.

④ 놀부는 악한 행동을 일삼다가 작품의 결말에서 개과천선하여 변화하므로 입체적 인물에 해당한다.

⑤ 흥부는 성격의 변화를 나타내지 않는 평면적 인물에 해당한다.

필수 개념 ❷ 전형·개성
답 ②

📖 작품 꼼꼼 강의

가 **전개** "어린 자식을 데리고 굶다 못하여 형님 처분 바라
흥부가 찾아온 이유 – 가족들을 먹여 살리기 위해
자고 염치 불구하고 왔사오니 양식이 만일 못 되거든 돈 서푼만 주시오면 하루라도 살겠나이다."
한 푼짜리 엽선 세 개라는 뜻으로, 아주 보잘것없는 값을 이르는 말
놀부 더욱 화를 내어 하는 말이,
『 : 재산이 많지만 흥부에게 줄 것은 하나도 없다며 인색하게 구는 놀부. 열거 반복
"이놈아, 들어 보아라. 쌀이 많이 있다 한들 너 주자고 섬을 헐며, 벼가 많이 있다 한들 너 주자고 노적 헐며, 돈이 많이 있다 한들 너 주자고 괫돈 헐며, 쌀 한 되나 주자 한들 너 주자고 큰독에 가득한 걸 떠내며, 의복가지나 주자 한들 너 주자고 행랑것들 벗기며, 찬 밥술이나 주자 한들 너 주자고 마루 아래 청삽사리를 굶기며, 지게미나 주자 한들 새끼 낳은 돼지를 굶기며, 콩 섬이나 주자 한들 큰 농삿소가 네 필이나 너를 주고 소 굶기랴.』 염치없고 체면 없는 놈이로다."
□ : 같은 구절의 반복으로 운율 형성. 판소리의 흔적
오히려 흥부를 탓하는 놀부. 적반하장의 태도
흥부 하는 말이,

"아무리 그러실지라도 죽는 동생 살려 주오."

놀부 화를 버럭 내어 벼락같은 소리로 하인 마당쇠를 부
르니 마당쇠가,
_{크고 요란한 소리}

"예." / 하고 나오거늘, 놀부 분부하되,

"이놈아, 뒤 광문 열고 들어가면 저편에 보리 쌓은 더미
있지?"

이때 흥부 그 말 듣고 속마음에,

'옳다! 우리 형님이 보리 말이나 주시려나 보다.'
_{놀부가 양식을 줄 것이라고 기대하는 흥부}
하고 은근히 기뻐하더니, 놀부놈이 마당쇠를 시켜 보리 섬
뒤에 두었던 도낏자루 묶음을 내놓고 손에 맞는 대로 골라잡
더니 그만 달려들어 흥부 뒤꼭지를 잔뜩 훔쳐 쥐고 몽둥이로
_{인정머리 없는 사람의 전형인 놀부}
함부로 치는데, 마치 손 빠른 스님이 비질하듯, 상좌승이 큰
_{놀부가 흥부를 빠르고 세게 때리는 모습을 비유적으로 표현함.}
북 치듯 아주 탕탕 두드리니,
▶ 양식을 구하러 온 흥부를 매질하는 놀부

(나) [전개] 흥부 아내 기가 막히어 땅에 펄썩 주저앉으며,

"에고, 이것이 웬일인가. 가기 싫다 하는 가장 내 말 어려
_{흥부가 마지못해 놀부를 찾아갔음을 알 수 있음.}
워 가시더니 저 모양이 웬일이오. 팔자 그른 이 몹쓸 년
_{매를 맞은 흥부의 비참한 모습}
가장 하나 못 섬기고 이런 광경 당하게 하니 잠시인들 살
_{흥부가 놀부에게 매질당한 것이 자기 탓이라며 자책하는 태도}
아 무엇하리. 모질고 악한 양반, 구산같이 쌓인 곡식 누구
_{놀부를 가리킴.}
주자 아끼어서 저리 몹시 친단 말인고."

흥부의 착한 마음 형의 말은 아니하고,
_{착한 사람의 전형인 흥부}
"여보 마누라, 슬퍼 마소. 가난 구제는 나라에서도 못 한
_{놀부를 탓하지 않는 흥부의 착한 심성}
다 하니 형님인들 어찌하시나. 우리 부부 품이나 팔아 살
아가세."
▶ 매질당한 자신을 보고 한탄하는 아내를 달래는 흥부

'쌀이 많이 있다 한들 ~ 너를 주고 소 굶기랴.'에서 알 수 있듯
이 놀부는 재산이 많음에도 불구하고 양식이 없어 찾아온 동생
흥부에게 하나도 줄 수 없다며 인색한 태도를 보이고 있다. 즉
놀부는 자신의 이익만 생각하는 이기적인 부자를 대표하는 전
형적 인물이다.

✔ 오답 챙기기

① 흥부가 가난한 사람인 것은 맞지만 개성적 인물인 것은 아니다. 대표
성을 지닌 인물은 전형적 인물이다.

③ 놀부는 흥부에게 염치없다고 말하고 있는데, 이를 통해 오히려 놀부
의 뻔뻔한 성격이 드러나고 있다. 흥부는 생계가 위협받자 어쩔 수
없이 형에게 도움을 청하러 온 것이므로, 체면과 부끄러움을 모르는
인물의 전형이라고 보기 어렵다.

④ 놀부는 욕심 많은 부자를 대표하는 전형적 인물이다. 대표성을 지닌
인물은 전형적 인물이다.

⑤ 흥부는 착한 사람, 놀부는 악한 사람을 대표하는 전형적 인물이다. 대
표성을 지닌 인물은 전형적 인물이다.

---

01 ① **02** ④ **03** ④ **04** 고갯길 **05** ③
06 ② **07** ③ **08** 입체적 인물

📎 **개념 적용하기** 입체, 반동

🔍 **작품 한눈에** 꿩, 책 보퉁이, 비유, 용기

01 ~ 04

꿩 | 이오덕

작품 해설 이 작품은 머슴의 자식이라는 이유로 부당하게 차별을 받아
오던 소년 '용이'가 힘차게 날아오르는 꿩의 모습을 보고 용기와 자신
감을 얻어 자신을 괴롭히던 아이들에게 당당하게 맞서는 과정을 그린
성장 소설이다. 이 작품에서 '꿩'은 '용이'의 태도와 행동에 변화를 불러
오는 소재로 용기와 자유, 생명력, 자신감 등을 상징한다. 이처럼 작가
는 주인공 '용이'를 상징적 소재인 '꿩'에 빗대어 '용이'의 당당한 기세와
자유로움을 선명하게 표현하면서 작품의 주제를 효과적으로 드러내고
있다. 즉 작품의 제목인 '꿩'은 바로 주인공 '용이'와 동일시되는 소재라
고 할 수 있다.

주제 ① 부당한 차별에 당당하게 맞서서 얻은 자유 ② 부당한 일에 당
당하게 맞서는 용기

전체 줄거리

[발단] 4학년이 된 첫날, 용이는 학교에 가지 않겠다고 어머니에게 투정
을 부리다가 아버지가 머슴살이를 그만둘 것이라는 말에 집을 나선다.

[전개] 용이는 머슴의 자식이라는 이유로 다른 아이들의 책 보퉁이를 대
신 메고 고갯길을 올라간다.

[위기] 산을 넘어 날아가는 꿩의 힘찬 모습을 보고 힘이 솟구치는 것을
느낀 용이는 아이들의 책 보퉁이를 골짜기 아래로 던져 버린다.

[절정] 고갯마루에서 용이는 책 보퉁이를 다시 찾아오라는 아이들에게
자신은 이제 못난 아이가 아니라고 말하면서 당당하게 맞서고, 아이들
은 슬그머니 책보를 가지러 가겠다고 말하며 꼬리를 내린다.

[결말] 용이는 한 마리의 꿩이 소리치면서 날아오르는 모습과도 같이 당
당하고 자신 있는 모습으로 학교를 향해 달린다.

☑ **작품 꼼꼼 강의**

[전개] 용이는 된장국에 보리밥을 말더니 단숨에 퍼먹고는 책
_{사건을 이끌어 가는 소설의 주인공, 주동 인물}
보퉁이를 허리에 둘러매고 일어났습니다.

'올해만 참으면 된다!'

"용아, 빨리 나와!"

바깥에서는 벌써 아이 하나가 기다리고 있었습니다. 마을
앞을 지났을 때는 여러 아이가 되었습니다. (중략)

그러다가 산기슭을 돌아 고갯길에 올라섰을 때 그들은 모
두 용이 발밑에 책 보퉁이를 던졌습니다. 3년 동안 용이 어
_{용이에 대한 아이들의 부당한 차별을 드러내는 소재. 인물들 간의 갈등을 일으킴.}
깨에 매달려 재를 넘어가고 넘어오던 책 보퉁이들입니다. 용
_{지난 3년 동안 용이가 아이들의 책 보퉁이를 대신 날라 주었음.}
이 아버지가 같은 동네에서 머슴살이를 하고 있기 때문에 아
_{아이들이 용이에게 책 보퉁이를 나르게 하는 이유 - 용이가 부당하게 차별을 받음.}
이들은 모두 용이까지 남의 짐을 날라 주어야 하는 것으로

생각하고 있는 것입니다.

"자! 인마, 너 이제 4학년이 돼서 기운도 세졌잖아. 하나 더 날라라."

지금까지 같은 반의 아이들만 그렇게 하던 것이 오늘은 한 학년 위의 성윤이까지도 따라와 이렇게 말하면서 커다란 책 보퉁이를 놓고 갑니다.
5학년

책 보퉁이는 용이 제 것까지 모두 일곱 개나 되었습니다.

책 보퉁이를 용이에게 맡겨 버린 아이들은 모두 소리치면서 산길을 달려 올라갔습니다.
용이와 갈등 관계에 있는 인물들, 반동 인물

"올해만 참자!"
아버지가 머슴살이를 그만둘 것이라는 어머니의 말씀을 생각하며 자신을 다독임.
용이는 언제나처럼 바위 밑에 가서 참나무 지겟작대기를 찾아와 책 보퉁이를 모두 꿰어 달았습니다. 그러고는 어깨로 가운데를 메고 올라가기 시작했습니다.

아침 햇빛이 산 위에서 쫙 비쳐 내렸습니다.

고갯마루까지는 산허리를 세 번이나 돌면서 올라가야 합니다. 더구나 오늘은 책 보퉁이가, 모두 한 학년씩 올라가서 그런지 굉장히 무겁습니다.
남의 책 보퉁이를 대신 메고 고갯길을 올라가야 하는 용이의 어려움을 강조함.

용이는 첫 굽이를 돌아가기도 전에 마른 잔디 위에 앉아 쉬어야 했습니다. 이렇게 무거운 짐을 날마다 메고 올라가야 할 일을 생각하니 기가 막힙니다.
책 보퉁이를 나르는 일이 쉽지 않음.

더구나 5학년의 성윤이까지 맡기기 시작했으니 이러다가 올해는 지게로 져다 날라야 할지 모릅니다. 이걸 어떻게 하나?
▶ 다른 아이들의 책 보퉁이 나르는 일을 힘겨워하는 용이

위기 저 밑에서 따라 올라오던 2학년, 3학년 아이들이 모두 책 보퉁이를 허리에 둘러매고 용이를 앞질러 올라갑니다. 그 아이들은 용이를 돌아보면서 저희끼리 무엇이라 수군거렸습니다.

『"헤헤, 4학년이 됐다는 아이가 남의 책 보퉁이나 메다 주고……."
『 』: 스스로를 못났다고 여겨 아이들이 자신을 비웃는다고 생각함.

"참 못난 아이제."

모두 이런 말로 수군거리는 것 같았습니다.』

'뭐, 못난 아이라고?'

용이는 화가 났습니다. 벌써 고개 위에 다 올라갔는지 아이들의 고함이 산 위에서 들려왔을 때, 갑자기 용이는 눈앞에 있는 책 보퉁이들을 그냥 콱콱 짓밟아 버리고 싶은 생각이 났습니다.
저학년 아이들조차 자신을 비웃는다는 생각에 화가 난 용이
부당한 대우를 받고 있는 자신의 처지에 속상하고 화가 남.
▶ 다른 아이들의 책 보퉁이를 나르는 자신의 처지에 화가 난 용이

01 소재의 의미 및 기능 파악   답 ①

'"헤헤, 4학년이 됐다는 아이가 남의 책 보퉁이나 메다 주고……." / "참 못난 아이제." / 모두 이런 말로 수군거리는 것 같았습니다.'에서 용이는 남의 책 보퉁이를 대신 메다 주는 스스로를 못났다고 여겨 아이들이 자신을 비웃는다고 생각하고

있다. 이로 볼 때 '책 보퉁이'는 용이 자신에게 부끄러움을 느끼게 하는, 수치심을 주는 소재로 볼 수 있다.

② 아이들은 용이가 책 보퉁이를 대신 들어 주는 것을 당연하게 생각하고 있지, 이에 대해 고마움을 느끼고 있지는 않다.

③ '책 보퉁이'는 용이와 아이들 간의 갈등을 일으키는 소재이지, 우정을 돈독하게 하는 소재는 아니다.

④ 아이들은 용이가 머슴의 자식이라는 이유로 자신들의 '책 보퉁이'를 용이에게 대신 나르게 하고 있다. 하지만 이로 인해 용이가 아버지에게 원망의 심정을 가지는 내용은 이 글에 나타나 있지 않다.

⑤ 용이는 아이들의 책 보퉁이를 마지못해 들어다 주고 있을 뿐이지, 자발적으로 아이들을 위해 헌신하고 있지 않다.

02 인물의 이해   인물의 유형: 주동·반동 / 평면·입체 / 전형·개성   답 ④

용이는 책 보퉁이를 대신 메라고 하는 아이들의 요구에 올해만 참자고 생각하며 순순히 받아들인다. 이러한 자신의 행동에 대해 마음속으로는 자신을 못났다고 여기면서 부끄러워하지만, 아이들에게 불만을 드러내고 있지는 않다.

① '"헤헤, 4학년이 됐다는 아이가 남의 책 보퉁이나 메다 주고……." / "참 못난 아이제." / 모두 이런 말로 수군거리는 것 같았습니다.'에서 용이는 2, 3학년 아이들이 자신을 비웃는다고 생각하고 있다.

② 용이는 이 소설의 주인공으로 사건을 이끌어 가는 주동 인물로 볼 수 있다.

③ 아이들은 용이에게 자신들의 책 보퉁이를 대신 나르게 하는 등 용이에게 부당한 대우를 하고 있고, 용이는 이에 화가 나서 책 보퉁이들을 짓밟아 버리고 싶다는 생각을 한다. 이로 볼 때 아이들은 주동 인물인 용이에게 갈등을 불러일으키는 반동 인물로 볼 수 있다.

⑤ '용이 아버지가 같은 동네에서 머슴살이를 하고 있기 때문에 아이들은 모두 용이까지 남의 짐을 날라 주어야 하는 것으로 생각하고 있는 것입니다.'에서 아이들은 용이를 용이 아버지와 비슷한 머슴 역할을 하는 인물로 생각하고 있다는 것을 알 수 있다.

03 작품의 내용 이해   답 ④

〈보기〉에서 용이는 엄마에게 학교에 가지 않겠다고 말하고 있다. 그런데 〈보기〉의 다음에 이어지는 이 글에서 용이는 아이들의 책 보퉁이를 대신 나르는 것을 힘들어하면서 스스로를 못났다고 생각하고 있다. 따라서 용이가 학교에 가지 않겠다는 이유는 아이들의 책 보퉁이를 대신 메고 학교에 가는 것이 싫기 때문이라고 볼 수 있다.

① 용이가 학교를 그만두게 된 순이의 마음에 공감하는 내용은 이 글과 〈보기〉에 나타나 있지 않다.

② 학교에서 아이들이 순이처럼 용이를 놀리는 내용은 이 글과 〈보기〉에 나타나 있지 않다.

③ 용이가 남의 집 머슴살이를 하는 아버지의 직업을 부끄럽게 여기는
　내용은 이 글과 〈보기〉에 나타나 있지 않다.
⑤ 용이가 학교에 가도 배울 것이 없고 자신에게 별로 도움이 안 된다고
　생각하는 내용은 이 글과 〈보기〉에 나타나 있지 않다.

04　배경의 의미 파악　　　　　　　　　　　답 고갯길

'산기슭을 돌아 고갯길에 올라섰을 때 그들은 모두 용이 발밑
에 책 보퉁이를 던졌습니다.', '고갯마루까지는 산허리를 세 번
이나 돌면서 올라가야 합니다. 더구나 오늘은 책 보퉁이가, 모
두 한 학년씩 올라가서 그런지 굉장히 무겁습니다.'로 보아 '고
갯길'은 아이들의 책 보퉁이들을 메고 가야 하는 용이의 고통
과 어려움을 보여 주는 배경이다.

05 ~ 08

> **작품 꼼꼼 강의**
>
> **위기** 날개를 쫙 펴고 꽁지를 쭉 뻗고 아침 햇빛에 눈부신 모
> 습으로 산을 넘어가는 꿩을 쳐다보는 용이의 온몸에 갑자기
> 용이의 태도 및 행동의 변화를 불러오는 결정적 소재. 용기, 자유, 생명력, 자신감을 상징
> 어떤 힘이 마구 솟구쳤습니다. 용이는 그 자리에서 한번 훌
> 아이들에게 맞설 용기와 자신감
> 쩍 뛰어올라 보았습니다. 하늘에라도 날아오를 듯합니다.
> 날아가는 꿩을 보고 용기와 자신감을 얻음.
> 용이는 발에 채는 책 보퉁이 하나를 집어 들었습니다. 그리
> 고 그것을 하늘 위로 던졌습니다.
> 날아오르는 꿩을 본 뒤 용이가 한 행동. 용이의 태도 변화(입체적 인물)
> 　휭! 공중에서 몇 바퀴 돌던 책 보퉁이가 퍽 소리를 내면서
> 골짜기에 떨어졌을 때, 용이는 두 번째 책 보퉁이를 집어 던
> 아이들의 부당한 요구를 거부함. 용이의 태도 변화
> 졌습니다. 또 하나, 또 하나……
> 　마지막에 던진 작대기는 건너편 벼랑의 소나무 가지를 철
> 썩 치도록 멀리 떨어졌습니다.
> 　"됐다!"
> 용이의 속이 후련해짐.
> 　용이는 이제 하늘이 탁 트이고 가슴이 시원해져서, 저 건
> 너 산을 보고 "하하하." 웃었습니다.
> 　떠가는 구름을 따라 마구 날아갈 것 같았습니다.
> 시원하고 후련한 용이의 심정. 자유를 얻음.
> 　'내가 정말 못난이였구나! 이제 다시는 그런 짓 안 한다!'
> 다른 아이들의 책 보퉁이를 대신 나르는 일
> 　용이는 제 책 보퉁이만 허리에 둘러맸습니다. 그러고는
> 고개를 향해 날 듯이 뛰어 올라갔습니다.
> ▶ 꿩을 본 뒤 아이들의 책 보퉁이를 모두 던지고 고개로 올라가는 용이
> **절정** 고갯마루에는 아이들이 앉아 기다리고 있었습니다. 모
> 인물 간의 갈등이 최고조에 이르는 공간
> 두 손에 참꽃 가지를 한 줌씩 들었습니다.
> 　어떤 가지는 벌써 불그레한 봉오리가 피어나려고 했습니다.
> 　"어, 용이가 빈손으로 오네?"
> 사건이 새로운 국면을 맞이함.
> 　"정말 저 자식이?"
> 　"인마, 책 보퉁이 모두 어쨌나?"
> 　용이는 아무 말이 없이 그냥 올라오고만 있습니다. 아이
> 들이 용이를 빙 둘러쌌습니다.

　"너, 책 보퉁이 어쨌어?"

　"이 자식, 죽고 싶나? 빨리 말해!"
용이를 거칠게 다그치는 아이들
　용이는 아이들을 한번 둘러보고는 조용히, 그러나 힘찬
용이의 태도 변화. 자신감에 찬 용이의 모습
소리로 말했습니다. 이상하게도 책 보퉁이를 모두 날리고 나
니 마음이 가라앉는 것이 조금도 겁이 나지 않았습니다.

　"너희들 책보 말이제? 저 밑에 두꺼비 바위 아래 던져 놨어."
책을 싸는 보자기. 책 보퉁이
　"뭐? 이 자식이!" / "이 자식 돌았나?"
인물 간의 갈등이 고조됨.
　"빨리 못 가져오겠나?"

　그러나 용이는 여전히 조용한 소리로 말했습니다.

　"나, 이젠 못난 아이 아니야!" / "어, 이 자식이?"
용기와 자신감이 생긴 용이의 태도 변화
　"요런, 머슴의 자식이." / "나쁜 자식! 맛 좀 볼래?"
아이들이 용이를 괴롭힌 근본적 이유
　아이들의 발과 주먹이 용이를 덮쳐 왔을 때, 용이는 번개
자신감 있는 태도로 아이들과 당당하게 맞서는 용이
같이 거기를 빠져나와 몇 걸음 발을 옮기더니, 발밑에 있는
돌을 두 손으로 한 개씩 거머쥐고는 거기 있는 커다란 바윗
돌 위에 껑충 뛰어올랐습니다.

　그 몸놀림이 어찌나 재빠른지, 아이들이 모두 놀랐습니
다. 지금까지의 용이와는 아주 다른, 딴 아이였습니다.
　　　　　　　　　　▶ 아이들에게 당당하게 맞서는 용이

05　작품의 종합적 감상　　　　　　　　　　답 ③

'모두 손에 참꽃 가지를 ~ 벌써 불그레한 봉오리가 피어나려고
했습니다.'에서 봄이라는 계절적 배경이 드러난다고 할 수 있지
만 이를 통해 낭만적 분위기가 형성된다고 보기는 어렵다.

✅ 오답 챙기기

① '용이는 이제 하늘이 탁 트이고 가슴이 시원해져서', '마음이 가라앉는
　것이 조금도 겁이 나지 않았습니다', '아이들이 모두 놀랐습니다' 등
　인물의 심리를 서술자가 직접 제시하고 있다.
② '"나, 이젠 못난 아이 아니야!" / "어, 이 자식이?"' 등 인물 간의 대화
　를 큰따옴표로 직접 제시하여 현장감을 살리고 있다.
④ 이 소설은 자유, 용기, 자신감을 의미하는 '꿩'이라는 상징적인 소재를
　사용하여 작품의 주제(작가가 말하고자 하는 바)를 드러내고 있다.
⑤ '휭, 퍽, 철썩, 하하하' 등 의성어를 통해 책 보퉁이가 날아가 떨어지는
　상황과 용이의 후련한 심정을 생생하게 드러내고 있다.

06　인물의 이해　　인물의 유형: 주동·반동 / 평면·입체 / 전형·개성　　답 ②

'그 몸놀림이 어찌나 재빠른지, 아이들이 모두 놀랐습니다. 지
금까지의 용이와는 아주 다른, 딴 아이였습니다.'를 보면 아이
들은 예전과는 다르게 자신들에게 당당히 맞서는 용이의 모습
을 담담히 받아들이는 것이 아니라 놀라워하고 있다.

✅ 오답 챙기기

① '날개를 쫙 펴고 ~ 산을 넘어가는 꿩을 쳐다보는 용이의 온몸에 갑자
　기 어떤 힘이 마구 솟구쳤습니다.', '용이는 ~ 책 보퉁이 하나를 집어
　~ 하늘 위로 던졌습니다.', '용이는 두 번째 책 보퉁이를 집어 던졌습

니다. 또 하나, 또 하나……'에서 꿩의 힘찬 날갯짓을 보고 그동안 아이들의 요구에 순순히 응해 주었던 용이의 태도에 변화가 일어나고 있다.

③ 아이들의 요구에 순순히 응해 주었던 용이가 꿩을 본 후 예전과는 다르게 아이들에게 당당히 맞서는 모습을 보이고 있는데, 이는 '부당한 차별에 당당히 맞서는 용기'라는 주제를 드러낸다.

④ '이 자식, 죽고 싶어? 빨리 말해!', '이 자식 돌았나?', '아이들의 발과 주먹이 용이를 덮쳐 왔을 때' 등 아이들은 책보를 내던진 용이의 행동에 과격한 반응을 드러내고 있다.

⑤ 아이들의 부당한 요구에 순순히 응해 주었던 용이가 꿩을 본 후 예전과는 다르게 아이들에게 당당히 맞서는 모습을 보이고 있으므로 '용이'는 사건 전개 과정에서 성격이 변하는 입체적 인물로 볼 수 있다.

07 소재의 의미 및 기능 파악 답 ③

'날개를 쫙 펴고 ~ 산을 넘어가는 꿩을 쳐다보는 용이의 온몸에 갑자기 어떤 힘이 마구 솟구쳤습니다. 용이는 ~ 하늘에라도 날아오를 듯합니다. 용이는 ~ 책 보퉁이 하나를 집어 ~ 하늘 위로 던졌습니다.'로 보아 '꿩'은 주인공 용이의 태도와 행동에 변화를 불러오는 소재로, 용이에게 용기와 자신감을 심어 주는 존재로 볼 수 있다.

오답 챙기기

① 용이는 꿩을 보고 용기와 자신감을 얻고 아이들에 맞서서 자유를 획득한다. 즉 꿩은 용이와 동일시되는 존재이지 대립되는 존재가 아니다.

② 용이는 남의 책 보퉁이를 대신 들어 주던 자신의 행동을 두고 스스로를 못난이였다고 생각하였다. 꿩이 용이를 못난 존재라고 비웃는 내용은 이 글에 나타나 있지 않다.

④ '꿩'은 자유, 용기, 생명력 등을 상징하는 소재이다. '꿩'이 용이와 아이들 사이의 갈등을 상징하는 것은 아니다.

⑤ 아이들이 자신들의 잘못을 뉘우치는 내용은 이 글에서 확인할 수 없다.

08 인물의 이해 인물의 유형: 주동·반동 / 평면·입체 / 전형·개성 답 입체적 인물

아이들은 머슴의 자식이라는 이유로 부당한 차별을 해 오다가 용이가 용기를 가지고 당당하게 맞서자 〈보기〉에 제시된 것과 같이 태도를 바꾸어 슬그머니 꼬리를 내리고 있다. 이로 볼 때 아이들은 사건 전개 과정에서 성격이나 태도가 변하는 입체적 인물로 볼 수 있다.

어휘 확인 본문 075쪽

| 1 ⑩ | 2 ⓒ | 3 ⓛ | 4 ⑦ | 5 ⓔ |
| 6 ⑭ | 7 ⓛ | 8 ⑦ | 9 ⓒ | 10 ⓔ |

---

10 일차 필수 개념 내적 갈등 / 외적 갈등

📎 **갈등의 유형 찾기** 1. × 2. 문기는 이미 삼촌을 속였다. / 써서는 아니될 돈을 쓰고 말았다.

필수 개념 ❶ ④

📎 **개념 적용하기** 거스름돈, 내적

- - - - - - - - - - - -

📎 **갈등의 유형 찾기** 1. ○ 2. 돈

필수 개념 ❷ ③

📎 **개념 적용하기** 문기, 반동, 외적

필수 개념 ❶ 내적 갈등 답 ④

하늘은 맑건만 | 현덕

작품 해설 이 소설은 어린 소년인 주인공 문기가 숙모의 심부름을 갔다가 거스름돈을 잘못 받은 뒤 일어나는 사건 속에서 다양한 갈등을 겪는 모습을 그리고 있다. 순간적인 욕심 때문에 양심에 어긋나는 행동을 한 문기가 겪는 내적 갈등과 수만과의 외적 갈등, 그리고 심리 변화를 구체적으로 묘사함으로써 양심을 지키는 삶의 중요성을 강조하고 있다. 주인공인 문기가 갈등을 해결하기 위해 어떤 행동을 하는지를 살펴보는 과정을 통해 작품의 주제를 파악할 수 있으며, 양심을 속이지 않고 정직하게 사는 삶이 얼마나 가치 있는 것인지를 생각할 수 있게 하는 작품이다.

주제 정직하게 사는 삶의 중요성(양심을 지키는 삶의 중요성)

전체 줄거리

발단 어머니를 일찍 여읜 문기는 정신이 온전치 못한 아버지 때문에 어려서부터 작은아버지 집에서 자라게 된다. 어느 날 문기는 숙모의 심부름으로 고깃간에 갔다가 고깃집 주인으로부터 거스름돈을 더 받게 된다.

전개 문기는 집으로 돌아오는 길에 만난 친구 수만에게 그 사실을 이야기한다. 문기는 수만이 시키는 대로 거스름돈으로 공과 쌍안경 등의 물건을 사고 군것질도 한다. 그러다 문기의 행동을 이상히 여긴 삼촌에게 불려가 꾸중을 듣던 중 문기는 거짓말을 하게 된다. 양심의 가책으로 괴로워하다가 자신의 행동을 뉘우치게 된 문기는 거스름돈으로 산 물건들을 버리고 남은 거스름돈을 고깃간 집 안마당에 던져 놓고 돌아오면서 홀가분함을 느낀다. 그리고 수만에게 더 이상 그런 일을 하지 않겠다고 말하지만 수만은 문기의 말을 믿지 않고 돈을 내놓으라고 협박한다.

위기 수만은 동네 벽과 교실 칠판에 낙서를 하는 등 문기를 계속 따라다니며 돈을 내놓지 않으면 사실을 폭로하겠다고 협박한다. 협박을 이기지 못한 문기는 숙모의 돈을 훔치게 된다. 숙모는 아랫집에서 심부름하는 아이인 점순을 의심하고 결국 점순은 쫓겨난다. 문기는 자기 탓에 누명을 쓰게 된 점순 때문에 뜬눈으로 밤을 지새운다.

절정 문기는 다음 날 수업 시간에 '정직'에 대한 이야기를 들은 후 담임 선생님께 잘못을 털어놓을 것을 결심하고 선생님 댁에 찾아간다. 그러나 결국 아무 말도 못 하고 집으로 돌아오는 길에 교통사고를 당한다.

결말 병원에서 정신을 차린 문기는 삼촌에게 모든 사실을 털어놓고 몸과 마음이 가벼워짐을 느낀다.

전개 문기는 아랫방에 내려와 혼자 되자 삼촌 앞에서보다 갑절 얼굴이 달아올랐다. 지금까지 될 수 있는 대로 생각지 *삼촌에게 거짓말을 하고 거스름돈을 쓴 자신의 행동에 대한 부끄러움* 않으려고 힘을 써 오던 그편에 정면으로 제 몸을 세워 놓고 *자신의 잘못된 행동을 양심에 비추어 생각해 보게 됨* 보지 않을 수 없었다. 그러자 자기라는 몸은 벌써 삼촌의 이른바 나쁜 데 빠지고 만 것이었다. **그야 자기는 수만이가 시켜서 한 일이니까 잘못이 없다는 것이지만 당초에 그것은 제** *수만이에게 책임을 떠넘기며 자신의 잘못을 합리화함.* **허물을 남에게 밀려는 얄미운 구실이 아니고 뭐냐. 그리고** *자신의 잘못을 객관적으로 바라보며 반성함. 결국은 자신의 잘못임.* **문기는 이미 삼촌을 속였다. 또 써서는 아니 될 돈을 쓰고** *문기가 갈등하게 된 계기* **말았다.** ☞ : 문기의 내적 갈등

아아, 일찍이 어머니를 여의고, 아버지란 사람은 일상 천 *아버지의 정신이 온전치 않음.* 냥 만 냥 하고 허한 소리만 하면서 남루한 주제에 거처가 없 이 시골, 서울로 돌아다니는 사람이고, 어려서부터 문기를 길러 낸 사람이 삼촌이었다. 그리고 조카의 장래를 자기의 그것보다 더 중히 알고 염려하며 잘되어 주기를 바라는 삼촌 이었다. 그 삼촌의 기대에 어그러지지 않는 인물이 되어 보 이겠다고 엊그제도 주먹을 쥐고 결심하던 문기가 아니냐. **생** *문기의 내적 갈등. 삼촌의 기대와 믿음을 저버린 자신에 대한 부끄러움* **각할수록 낯이 뜨거워지는 일이다.** ▶ 자신의 잘못된 행동을 반성하는 문기

마침내 문기는 공과 쌍안경을 집어 들고 문밖으로 나갔 *문기가 자신의 내적 갈등을 스스로 해결하려고 함.* 다. 어둑어둑 저물어 가는 행길이다. 문기는 골목으로 들어 섰다. 대낮에 많은 사람 가운데에서 거리낌 없이 가지고 놀 *자신의 잘못을 깨닫고 양심의 가책을 느끼며 부끄러워함.* 던 그 공이 지금은 사람이 드문 골목 안에서도 남이 볼까 두 려워졌다. (중략) 쌍안경이 든 불룩한 주머니가 또 성화다. 골목 하나를 돌아서 나올 즈음, 문기는 모르고 흘리는 것인 *내적 갈등을 해결하기 위한 문기의 행동(양심을 되찾으려는 행동)①* 양 슬며시 쌍안경을 꺼내 길바닥에 떨어뜨렸다. 그리고 걸음 을 빨리 건너편 골목으로 들어간다.

개천가 앞에 이르렀다. 거기서 문기는 커다란 공을 바지 앞에 품고 앉아서 길 가는 사람이 없기를 기다린다. 자전거 가 가고 노인이 오고 동이 뜬 그 중간을 타서 문기는 허옇게 *내적 갈등을 해결하기 위한 문기의 행동(양심을 되찾으려는 행동)②* 흐르는 물 위로 공을 던져 버렸다. 이어 양복 안주머니에 간 직해 두었던 나머지 돈을 꺼내 들었다. 그것도 마저 던져 버 리려다가 문득 들었던 손을 멈춘다. 그리고 잠시 둥실둥실 물을 따라 떠나가는 공을 통쾌한 듯 바라보다가는 돌아서 걸 *잘못 받은 거스름돈으로 산 물건을 버린 후 통쾌함과 후련함을 느끼는 문기* 음을 옮긴다.

문기는 삼거리 고깃간을 향해 갔다. 그리고 골목으로 돌 아가 나머지 돈을 종이에 싸서 담 너머로 그 집 안마당을 향 *내적 갈등을 해결하기 위한 문기의 행동(양심을 되찾으려는 행동)③* 해 던졌다. ▶ 양심을 되찾으려는 문기의 행동

'자기는 수만이가 시켜서 한 일이니까 잘못이 없다는 것이지만 당초에 그것은 제 허물을 남에게 밀려는 얄미운 구실이 아니고 뭐냐.'에서 문기는 거스름돈을 쓴 행위에 대해 처음에는 수만

에게 책임을 떠넘기려 했지만 결국에는 자신의 잘못이라고 생 각하면서 반성하고 있다.

✅ **오답 챙기기**

① 문기는 고깃간 주인에게 돌려주어야 할 거스름돈을 함부로 쓴 뒤 괴로워하고 있으므로 '거스름돈'은 문기가 내적 갈등을 일으키는 근본 적 원인이다.

② '그 삼촌의 기대에 어그러지지 않는 인물이 되어 보이겠다고 ~ 생각 할수록 낯이 뜨거워지는 일이다.'에서 문기는 자신을 길러 준 삼촌의 기대를 저버린 행동을 한 것에 괴로워하면서 갈등하고 있다.

③ 문기는 자신의 내적 갈등을 해소하기 위해 거스름돈으로 산 공과 쌍 안경을 버리고 남은 돈은 고깃집 안마당에 던져 버렸다.

⑤ '문기는 이미 삼촌을 속였다. 또 써서는 아니 될 돈을 쓰고 말았다.'에 서 문기는 자신의 양심을 저버린 행동으로 인해 갈등하고 있다.

필수 개념 ❷ 외적 갈등 📑 ③

전개 그제야 문기는 무거운 짐을 풀어놓은 듯 어깨가 거뜬 *자신을 괴롭히던 죄책감에서 벗어나 마음이 편안해짐.* 했다. 아까 물 위로 둥실둥실 떠가던 그 공, 지금은 벌써 십 리고 이십 리고 멀리 떠갔을 듯싶은 그 공과 함께 문기는 자 기의 허물도 멀리 사라져 깨끗이 벗어난 듯 속이 후련했다. *문기의 내적 갈등이 일시적으로 해소되고 있음.* 그리고,

"다시는, 다시는…….." *다시는 양심을 저버리는 행동을 하지 않겠다고 다짐함.* 하고 문기는 두 번 다시 그런 허물을 범하지 않겠다고 백번 다지며 집을 향해 돌아간다.

그러나 문기는 그것만으로는 도저히 자기 허물을 완전히 벗을 수 없었다. 그가 자기 집 어귀에 이르렀을 때 뜻하지 않은 것이 기다리고 있다 나타났다. *수만. 또 다른 갈등의 시작을 암시함.*

"너 어디 갔다 오니?" 하고 컴컴한 처마 밑에서 수만이가 뛰어나오며 반긴다.

"지금 느이 집에 다녀오는 길이다." *남은 거스름돈을 쓰려고 문기를 찾아옴.* 그리고 문기 어깨에 팔 하나를 걸고 행길을 향해 돌아서며,

"어서 가자."

약조한 환등 틀을 사러 가자는 것이다. (중략)

"난 싫다." *더 이상 양심을 속이는 일을 하지 않겠다고 다짐했기 때문에. 수만과의 갈등이 시작됨.* 수만이는 어리둥절해 쳐다본다.

"뭐 말야? 환등 틀 사기 싫단 말야?"

"난 인제 **돈** 가진 것 없다." *문기와 수만의 갈등 원인* "뭐?"

하고 수만이는 의외라는 듯 눈이 둥그레지다가는 금세 능청 *'금시에'의 준말* 스러운 웃음을 지으며

"너 혼자 두고 쓰잔 말이지? 그러지 말구 어서 가자." *돈이 없다는 문기의 말을 믿지 않음.*

"정말 없어. 지금 고깃간 집 안마당으로 던져 주고 오는

길야. 공두 쌍안경두 버리구."

하고 문기는 증거를 보이느라고 이쪽저쪽 주머니를 털어 보

이는 것이나 수만이는 흥 하고 코웃음을 친다.

수만은 문기가 거짓말을 하고 있다고 생각함.　▶ 문기의 말을 믿지 않는 수만

"누군 너만 못 약을 줄 아니?"

수만은 문기가 혼자서 돈을 쓰려 한다고 생각함.

그리고 연신 빈정댄다.

"고깃간 집 마당으로 던졌다? 아주 핑계가 됐거든."

"거짓말 아니다. 참말야."

힐 뿐 문기는 이렇게 변명할 줄을 몰라 쳐다보기만 하다가

문기의 행동을 통해 소심하고 소극적인 성격이 드러남.

고개를 떨어뜨리고 울상을 한다.

"오늘 작은아버지에게 막 꾸중 듣구. 그리고 나두 이젠 그

양심을 속이는 잘못된 행동

런 건 안 헐 작정이다."

"그래도 나하고 약조헌 건 실행해야지. 싫으면 너는 빠져

남은 돈으로 환등 틀을 사기로 한일

도 좋아. 그럼 돈만 이리 내."

하고 턱 밑에 손을 내민다.

"정말 없대두 그래."

수만이는 내밀었던 손으로 대뜸 멱살을 잡는다.

문기와 수만의 외적 갈등이 고조되고 있음.

▶ 문기의 말을 믿지 않고 돈을 내놓으라고 협박하는 수만

'"난 인제 돈 가진 것 없다." / "뭐?" / 하고 수만이는 의외라는

듯 눈이 둥그레지다가는 금세 능청스러운 웃음을 지으며 / "너

혼자 두고 쓰잔 말이지?"'에서 알 수 있듯 수만은 돈이 없다는

문기의 말을 처음부터 믿지 않고 문기 혼자 돈을 쓰려 한다고

생각하였다.

오답 챙기기

① '수만이는 내밀었던 손으로 대뜸 멱살을 잡는다.'에서 수만은 문기의

멱살을 잡는 거친 행동을 드러내며 문기에게 돈을 내놓으라고 협박

하고 있다.

② "너 혼자 두고 쓰잔 말이지?", '"누군 너만 못 약을 줄 아니?" / 그리

고 연신 빈정댄다.'에서 수만은 문기가 혼자 돈을 쓰려 한다고 생각하

면서 문기에게 불만을 드러내고 있다.

④ '문기는 두 번 다시 그런 허물을 범하지 않겠다고 백번 다지며 집을

향해 돌아간다.'에서 문기는 자신의 행동을 반성하며 다시는 양심에

어긋나는 일을 하지 않겠다고 다짐하였다.

⑤ 수만은 문기가 남은 거스름돈을 고깃집 안마당에 던져 버렸다는 것

을 믿지 않고, 문기의 멱살을 잡으며 돈을 내놓으라고 문기를 협박하

고 있다. 이로 볼 때 문기가 남은 돈을 고깃집 마당에 던진 것은 수만

과 문기가 갈등을 일으키는 원인이 된다고 볼 수 있다.

10일차 실전 　내적 갈등 / 외적 갈등

01 ⑤　　02 ②　　03 ③　　04 호부 호형

05 ④　　06 ②　　07 ①　　08 [예시답] 길

동이 첩에게서 태어난 서자이기 때문이다.

📝 **개념 적용하기**　사회, 인물, 인형

🔍 **작품 한눈에**　호부 호형, 시간, 적서

01 ~ 04

홍길동전 | 허균

작품 해설 이 작품은 우리 문학사상 최초의 국문 소설로, 홍길동의 영

웅적 일대기를 통해 조선 시대 적서 차별 제도와 탐관오리들의 횡포를

비판하고, 새로운 사회를 건설하고자 하는 이상을 그려 내고 있다. 이

작품은 영웅적 인물의 제시, 전기성(비현실성)을 바탕으로 한 사건 전개

등에서 고전 소설의 특징을 잘 보여 주는 한편, 소외 계층인 서자의 차

별 문제와 당대 관리들의 부패상을 비판, 고발하여 사실성을 높이고 있

다. 또한 대부분의 고전 소설이 소재와 인물, 배경 등을 중국에서 가져

온 것에 비해, 이 작품은 우리나라를 무대로 삼고 있으며, 한글로 표기

함으로써 한문을 읽지 못하는 서민들까지 독자층으로 확대했다는 점에

서 국문 소설의 출발점으로 평가받고 있다.

주제 적서 차별 제도와 탐관오리의 횡포에 대한 비판

전체 줄거리

발단 홍 판서와 여종인 춘섬 사이에서 태어나 천대받던 길동은 홍 판

서의 첩 초란이 자신을 해치려 하자 집을 떠난다.

전개 집을 나온 길동은 도적의 무리를 만나 그들의 우두머리가 되고,

무리의 이름을 '활빈당'이라고 짓는다.

위기 길동이 전국을 돌아다니며 탐관오리를 벌하고 가난한 백성을 구

제하자, 임금은 길동을 잡아들일 것을 명령한다.

절정 길동을 잡는 데 실패한 임금은 길동의 마음을 돌리기 위해 병조

판서로 임명하고, 벼슬을 받은 길동은 활빈당 무리를 모두 이끌고 조선

을 떠난다.

결말 조선을 떠난 길동은 율도국을 정벌하고 율도국의 왕이 되어 이상

적인 정치를 실현한다.

작품 꼼꼼 강의

발단 길동이 자라 여덟 살이 되자 남달리 총명하여 하나를

길동이 영웅적 면모를 보임. 비범한 능력을 타고남.

들으면 백 가지를 알았다. 아들을 사랑하는 홍 판서의 마음

도 더욱 깊어졌지만, 길동의 근본이 천한 출생인 것은 어쩔

첩의 자식(서자 출신)임.　▶ 길동의 갈등 원인, 호부 호형 할 수 없는 이유

수가 없었다. 홍 판서는 길동이 호부 호형 하기라도 하면 곧

사회·문화적 배경 – 적서 차별(서자라는 이유로 호부 호형을 하지 못함)

바로 꾸짖어 못 하게 했다. 그렇다 보니 길동은 열 살이 넘

도록 감히 아버지와 형을 제대로 부르지 못했고, 종들에게도

종들조차도 길동이 서자라는 이유로 업신여김.

천대를 받아 그 한이 뼈에 사무쳐 마음을 가누지 못했다.

인물과 사회의 외적 갈등└ ▶ 천한 출생으로 인해 호부 호형 하지 못하는 길동의 한

어느 가을 보름 무렵이었다. 달빛이 처량하게 비치고 맑

길동의 울적한 마음을 심화하는 배경

은 바람이 쓸쓸하게 불어와 마음을 울적하게 했다. 서당에서

글을 읽던 길동이 문득 책상을 밀치고 탄식했다.

"대장부가 세상에 나서 공자나 맹자를 본받지 못한다면
신분의 제약으로 문관으로 출세하지 못한며 무관이라도 되겠다고 함.
차라리 병법을 익히는 게 낫지 않겠는가. 대장인을 허리

춤에 비껴 차고 동서를 정벌해 나라에 큰 공을 세우고 이

름을 만대에 빛내는 것이 대장부의 통쾌한 일이리라. 이
입신양명(출세하여 이름을 세상에 떨침)의 유교적 가치관이 반영됨.
내 한 몸 어찌 이토록 쓸쓸한가. 아버지와 형님이 계시는

데도 아버지를 아버지라 부르지 못하고, 형을 형이라 부

르지 못하니 심장이 터질 지경이구나. 어찌 원통하지 않
호부 호형을 하지 못하는 것에 대한 억울함과 한
겠는가?"
　　　　　　　　　▶ 길동이 자신의 처지를 한탄함.

길동은 말을 마치고는 뜰에 내려와 검술을 공부했다. 마

침 홍 판서가 달빛을 구경하러 나왔다가 길동이 밖에서 서성
고전소설의 우연성이 나타남.
이는 것을 보고는 즉시 불러서 물었다.

"너는 무슨 흥이 일어서 밤이 깊도록 잠도 자지 않고 나와

있느냐?"

길동이 공손하게 대답했다.

"소인이 달빛을 좋아하옵니다. 하늘이 만물을 낼 때 사람
길동의 신분(서자)을 알 수 있는 말로, 길동이 홍 판서의 적자라면 '소자'라고 해야 함.
이라면 누구에게든 오롯이 귀함을 두었으나, 소인에게는
적서 차별에 반대하는 만민 평등사상이 나타남.
귀함이 없사오니 어찌 사람이라 하겠습니까?"
서자로서 차별을 받는 것에 대한 억울함.
홍 판서는 길동이 한 말의 뜻을 짐작했으나 일부러 꾸짖었다.

"네가 대체 무슨 말을 하는 것이냐?"

길동은 홍 판서에게 절을 올리더니 말했다.

「"소인은 대감의 정기를 받아 당당한 남자로 태어났으며
길동의 신분을 알 수 있는 말로, 길동이 적자라면 홍 판서를 '아버지'라고 불러야 함.
낳아서 길러 주신 은혜도 깊이 입었습니다. 하지만 소인

이 평생 설워하는 바는, 아버지를 아버지라 못 하옵고 형
호부 호형하지 못함.
을 형이라 못 하는 것이옵니다. 어찌 저를 사람이라 하겠

습니까?"

길동의 눈물이 흘러 옷을 적셨다. 홍 판서가 그 말을 다

듣고는 측은한 생각이 들었지만 만일 위로해 주면 길동의 마
아버지로서의 정과 사회 제도라는 현실 사이에서 마음이 흔들렸으나 이내 현실에 순응함.
음이 방자해질까 걱정되어 더 크게 꾸짖었다.

"재상가에서 태어난 천한 출생이 비단 너뿐이 아닌데 어
사회·문화적 배경 – 첩의 자식이 많음.(처첩 제도)
찌 이다지 방자하단 말이냐? 이런 말을 다시 꺼내면 내

눈앞에서 용서치 않겠다!"」♪ 길동과 홍 판서의 갈등

길동은 감히 한마디도 더 하지 못하고 다만 땅에 엎드려

눈물을 흘릴 뿐이었다. 홍 판서가 물러가라고 하여 길동은
길동의 갈등이 해결되지 않음.
방으로 돌아왔으나 슬픔을 달랠 길이 없었다.
　　　　　　　　　▶ 홍 판서의 꾸짖음에 슬퍼하는 길동

01 작품의 세부 내용 이해　　　답 ⑤

'길동은 감히 한마디도 더 하지 못하고 다만 땅에 엎드려 눈물
을 흘릴 뿐이었다. 홍 판서가 물러가라고 하여 길동은 방으로
돌아왔으나 슬픔을 달랠 길이 없었다.'에서 길동은 자신을 꾸
짖는 홍 판서에게 아무 말도 하지 못한 채 눈물만 흘리고 있지,
원망의 심정을 드러내고 있지 않다.

<hr>

✔ 오답 챙기기

① '길동의 근본이 천한 출생인 것은 어쩔 수가 없었다.', '그렇다 보니 길
동은 ~ 종들에게도 천대를 받아'에서 종들이 길동을 천한 출생이라
는 이유로 업신여겼다는 것을 알 수 있다.

② '대장인을 허리춤에 비껴 차고 동서를 정벌해 나라에 큰 공을 세우고'
에서 길동은 나라에 큰 공을 세우고자 하는 소망을 드러내고 있다.

③ '홍 판서가 그 말을 다 듣고는 측은한 생각이 들었지만'에서 홍 판서
는 호부 호형을 하지 못하는 길동의 처지를 불쌍히 여기며 안타깝게
생각하고 있다는 것을 알 수 있다.

④ '홍 판서가 그 말을 다 듣고는 측은한 생각이 들었지만 만일 위로해
주면 길동의 마음이 방자해질까 걱정되어 더 크게 꾸짖었다.'에서 홍
판서는 자신의 속마음(길동을 불쌍히 여겨 위로해 주고 싶은 마음)과
는 달리 길동을 꾸짖는 태도를 보이고 있다.

02 인물의 상황과 호칭 표현 파악　　　답 ②

'길동의 근본이 천한 출생'이라는 것은 길동이 본부인의 자식
이 아닌 천한 종의 자식(서자)으로 태어난 것을 의미한다. 따라
서 길동은 '소인은 대감의 정기를 받아 당당한 남자로 태어났
으며'와 같이 홍 판서를 '아버지'라고 부르지 못하고 '대감'이라
고 부르고 있으며, 자신을 '소자(아들이 부모를 상대하여 자기
를 낮추어 이르는 말)'라고 하지 못하고 '소인(신분이 낮은 사람
이 자기보다 신분이 높은 사람을 상대하여 자기를 낮추어 이르
는 말)'이라고 하고 있다. 이로 볼 때 '대감'은 길동의 신분이 서
자라는 사실을 알려 주는 말로, 길동이 적자라면 홍 판서를 '대
감'이 아닌 '아버지'라고 불렀을 것이다.

<hr>

✔ 오답 챙기기

①, ③, ④ '형, 아들, 아버지'는 가족 관계를 나타낼 뿐, 길동의 비천한 출
생을 드러내 주는 말은 아니다.

⑤ '대장부'는 '건장하고 씩씩한 사내'라는 의미로 길동 자신을 가리키는
말이지, 길동의 천한 신분을 알려 주는 말은 아니다.

03 갈등의 유형 파악　　　내적 갈등 / 외적 갈등　　　답 ③

〈보기〉에서 길동은 서자 신분이고, 조선 시대에는 본부인에게
서 태어난 적자와 구별 지어 서자를 매우 차별하였음을 알 수
있다. 그래서 길동은 ⓒ에서 아버지를 아버지라 부르지 못하고
형을 형이라 부르지 못하는 분하고 억울한 심정을 드러내고 있
다. 이로 볼 때 길동이 갈등하는 근본 원인은 그가 속해 있는
조선 사회의 적서 차별이라는 신분 제도 때문으로 볼 수 있다.
따라서 ⓒ에 나타나는 갈등의 유형은 인물이 자신이 속한 사회
의 제도, 관습, 규칙 등과 충돌하면서 일어나는 갈등인 인물과
사회의 갈등으로 볼 수 있다.

<hr>

✔ 오답 챙기기

① ⓒ에서 길동이 홀로 괴로워하고 있긴 하지만 〈보기〉에서 길동이 호부
호형을 하지 못하는 이유가 조선 사회의 적서 차별 제도에 있다고 했
으므로, 이를 바탕으로 할 때 ⓒ은 인물의 내적 갈등이라기보다는 인
물과 사회의 갈등에 해당한다고 볼 수 있다.

04 작품의 내용 이해 답 호부 호형

길동은 아버지 홍 판서에게 자신도 '대감의 정기를 받아 당당한 남자로 태어'난 홍 판서의 아들이지만 '아버지를 아버지라 못 하옵고 형을 형이라 못 하는' 상황을 서럽게 여긴다고 밝히고 있다. 이는 아버지를 아버지로, 형을 형으로 부르고 싶은 간절한 소망을 드러낸 것이다. '호부 호형'은 '아버지를 아버지라 부르고, 형을 형이라 부름.'을 뜻하는 말이다.

05 ~ 08

📖 작품 꼼꼼 강의

위기 임금은 할 수 없이 삼정승과 육판서를 모아 놓고 의논하기 시작했다. 하지만 논의를 하는 동안에도 공문이 계속해서 올라왔다. <u>모두 팔도에서 홍길동이 난리를 일으켜 고을을</u>
길동의 활빈당 활동이 매우 활발함을 알 수 있음.
<u>어지럽힌다는 내용이었다.</u> / 임금이 문서를 차례대로 읽고
길동의 행위에 대한 부정적 태도
크게 근심해 주위를 돌아보고 물었다.

"홍길동은 아마도 사람이 아닌가 보오. 이는 귀신이 일으
한 사람이 전국에서 동시에 난리를 일으키는 것은 현실적으로 불가능하다고 봄.
키는 폐단으로밖에 볼 수가 없소. 여기 있는 누구도 이 일의 원인을 짐작하지 못한단 말이오?"

그러자 한 신하가 나아가 말했다.

"홍길동은 전임 이조 판서 홍 아무개의 서자요, 병조 좌랑 홍인형의 서제입니다. 그 아비와 형을 잡아 와서 직접 문
해결 방안을 제안함.
초하시면 자연히 일의 연유가 드러나지 않을까 하옵니다."

이 말을 들은 임금이 더욱 화를 내며 말했다.
임금과 신하들의 갈등 – 신하들이 길동의 가족 상황을 미리 알려 주지 않음.
"이런 사실을 어찌 이제야 알린단 말인가."

임금은 곧바로 홍 판서와 인형을 잡아 와 의금부에 가두고, 인형부터 불러들여 직접 문초했다. 그는 진노해 책상을
임금과 인형의 갈등 – 형으로서 동생 길동을 막지 못하고 환란을 일으킴.
치며 인형을 꾸짖었다.

"홍길동이라는 도적이 너의 서제이더구나. 어찌 동생을 막지 못하고 그냥 두어 국가에 큰 환란을 일으켰느냐? 만일 동생을 찾아내지 못한다면 그간에 쌓은 너희 부자의
국가의 환란을 막지 못한 죄가 관직에서 쌓은 공적보다 큼.
공적도 돌아보지 않을 것이다. 빨리 길동을 잡아들여 나라에 벌어진 큰 변고를 없애도록 하라!"
　　　　　▶ 홍 판서와 인형을 잡아 문초를 하는 임금

임금의 명을 받은 인형은 황공하여 관을 벗고 조아리며 아뢰었다.

"신에게 천한 아우가 하나 있습니다. 『일찍이 사람을 죽이
인형은 길동을 천한 첩의 자식(서자)이라고 생각함.
고 목숨을 보전하려고 도망간 지 몇 년이 지났는데 그 뒤로 생사조차 모르고 지냈지요. 늙은 아버지께서는 길동의
길동의 일로 마음고생을 하다가 병이 남.
일 때문에 신병을 얻어 목숨이 위태로운 지경입니다.』 이
『 』 인물들이 처한 상황을 인형의 말을 통해 요약적으로 제시함.
런 와중에 길동이 흉악한 일까지 저질러 성상께 근심을 끼
길동이 전국에서 난리를 일으켜 나라 질서를 어지럽힌 일. 길동에 대한 부정적 태도
쳤으니, 『저의 죄는 만 번 죽어도 아깝지 않습니다. 전하께서 자비로운 은혜를 내려 주시기를 엎드려 바라옵니다.

제 아비의 죄를 용서하셔서 집에 돌아가 병을 다스리게만 해 주신다면 제가 죽기를 각오하고 길동을 잡아 저희 부자의 죄를 씻을까 하옵니다.』
『 』 인형의 결심 – 길동을 잡아 죄를 씻고자 함.
이 말에 마음이 움직인 임금은 즉시 홍 판서를 사면하고, 인형에게는 경상 감사 벼슬을 내려 길동을 잡으라고 지시했다.

"감사라는 지위 없이는 길동을 잡기 어려울 것이다. 일 년
인형에게 감사 벼슬을 내린 이유
의 시간을 주겠으니 그 안에 반드시 잡아들이라."

인형은 임금의 은혜에 감사하며 여러 번 절하고 물러나 바로 서울을 떠났다.　▶ 인형에게 길동을 잡아들일 것을 명하는 임금

05 작품의 종합적 감상 답 ④

이 글에 인물의 외모 묘사는 나타나 있지 않다.

✅ 오답 챙기기

① 임금과 신하, 임금과 인형 등 인물 간의 대립이 인물들의 대화를 통해 구체적으로 드러나 있다.

② 임금과 신하의 대화, 임금과 인형의 대화 등 주로 인물 간의 대화를 통해 사건을 전개하고 있다.

③ '임금이 문서를 차례대로 읽고 크게 근심해', '이 말을 들은 임금이 더욱 화를 내며' 등에서 알 수 있듯이 서술자가 인물의 심리('근심해', '화를 내며' 등)를 직접적으로 제시하고 있다.

⑤ '신에게 천한 아우가 하나 있습니다. 일찍이 사람을 죽이고 목숨을 보전하려고 도망간 지 몇 년이 지났는데 그 뒤로 생사조차 모르고 지냈지요. 늙은 아버지께서는 길동의 일 때문에 신병을 얻어 목숨이 위태로운 지경입니다.'에서 길동과 홍 판서가 처한 상황을 인형의 말을 통해 요약적으로 보여 주고 있다.

06 갈등의 유형 파악 내적 갈등 / 외적 갈등 답 ②

임금은 뒤늦게 홍길동이 홍 판서와 인형의 가족임을 알고 분노하며, 홍 판서와 인형을 즉시 잡아들인 후 문초하고 있다. '어찌 동생을 막지 못하고 그냥 두어 국가에 큰 환란을 일으켰느냐?'에서 임금은 동생의 행동을 막지 못한 인형을 꾸짖고 있으며, 인형은 이에 대해 용서를 구하며 길동을 잡아 죄를 씻게 해 줄 것을 간청하고 있으므로, 갈등의 원인은 난리를 일으킨 길동을 가족이 막지 못한 것으로 볼 수 있다.

✅ 오답 챙기기

① 임금의 질문에 신하는 순순히 자신의 생각을 말하고 있다. 신하들이 임금에게 불순종하는 모습은 이 글에 나타나지 않는다.

③ 인형과 길동 사이의 갈등 원인은 집을 나간 길동이 전국 팔도에서 난리를 일으킴으로써 이에 마음고생을 한 아버지 홍 판서를 병들게 하고 가족들이 조정에 잡혀가 고초를 치르게 한 것이다.

④ 임금은 신하들과 인형을 꾸짖고 길동을 잡아들일 것을 명령하고 있을 뿐, 자신의 잘못된 정치를 뉘우치는 모습은 나타내지 않고 있다.

⑤ 길동이 난리를 일으켜 조정에서 임금과 신하들이 대책을 세우는 상황만 제시되어 있을 뿐, 길동의 고민이나 내적 갈등은 나타나 있지 않다.

07 인물의 심리 및 태도 파악   답 ①

'신에게 천한 아우가 하나 있습니다.'를 보면 인형은 첩의 자식인 길동을 천하다고 생각하고 있기는 하지만, 길동을 자신의 아우가 아니라고 여기고 있지는 않다.

✔ 오답 챙기기

② '홍길동은 아마도 사람이 아닌가 보오. 이는 귀신이 일으키는 폐단으로밖에 볼 수가 없소.'에서 임금은 길동이 벌인 일이 인간으로서는 불가능한 수준이라고 여기고 있음을 알 수 있다.

③ '인형에게는 경상 감사 벼슬을 내려 길동을 잡으라고 지시했다.'와 '감사라는 지위 없이는 길동을 잡기 어려울 것이다.'를 보면 임금은 벼슬이 있어야 인형이 길동을 잡을 수 있다고 생각하고 있다.

④ '길동이 흉악한 일까지 저질러 성상께 근심을 끼쳤으니'에서 인형은 길동의 행위가 흉악하고 나라에 큰 해를 끼치는 일이라고 여기고 있다는 것을 알 수 있다.

⑤ '그 아비와 형을 잡아 와서 직접 문초하시면 자연히 일의 연유가 드러나지 않을까 하옵니다.'에서 신하는 길동의 아버지와 형이 일의 원인을 알고 있을 것이라고 생각하면서 그들을 붙잡아 올 것을 임금께 건의하고 있다.

08 작품의 내용 이해   답 길동이 첩에게서 태어난 서자이기 때문이다.

'홍길동은 전임 이조 판서 홍 아무개의 서자요'라는 신하의 말에서 알 수 있듯이 당시 엄격한 신분제 사회에서 첩의 자식인 서자는 아무리 양반 집안에서 태어났다고 해도 아버지를 아버지라 부르지도 못할 만큼 천대를 받았다. 형이면서도 자신의 아우를 천하다고 말하는 데에는 이러한 사회적 인식이 바탕에 깔려 있다.

🔨 어휘 확인   본문 085쪽

1 일대기	2 성화	3 구제	4 충효	5 약조

---

11 일차   발단 - 전개 - 위기 - 절정 - 결말

'발단·전개' 이해하기   1. 등장인물: 할머니와 '나', 시간적 배경: 초겨울, 공간적 배경: 아파트   2. 할머니와 엄마

필수 개념 ❶ ⑤

개념 적용하기   발단, 갈등

- - - - - - - -

'위기·절정·결말' 이해하기   1. 할머니가 창고 문틀에 못을 박음. 2. 이 할미, 고향으로 내려가야 쓰겄다.   3. ×

필수 개념 ❷ ③

개념 적용하기   절정, 결말

필수 개념 ❶   발단·전개   답 ⑤

할머니를 따라간 메주 | 오승희

작품 해설 이 소설은 메주를 소재로 하여 전통적인 삶의 방식을 중요시하는 할머니와 현대의 편리한 삶의 방식에 익숙한 젊은 엄마와의 갈등, 또 그 갈등이 해결되기까지의 과정을 12살 소녀인 '나(은지)'의 시선을 통해 보여 주고 있는 작품이다. 특히 이 소설의 공간적 배경인 도시의 아파트는 할머니의 고향인 시골집과 대조를 이루면서 작품의 주제를 강조하는 역할을 하고 있다.

주제 가치관의 차이로 인한 세대 간의 갈등과 화해

전체 줄거리

발단 어느 토요일 오후, '나(은지)'가 집에 오니 할머니가 메주를 만들기 위해 메주콩을 삶아 찧고 있다.

전개 '나'는 호기심에 차서 할머니를 도와드리려 하지만, 일찍 퇴근해서 돌아온 엄마는 방아를 찧고 있는 할머니를 보고 인상을 찡그리며 안방으로 들어간다. '나'가 엄마를 따라 방으로 들어가자 엄마는 할머니가 메주를 쑤는 것에 대해 불만을 늘어놓는다.

위기 어느 날 할머니는 메주를 매달아 놓으려고 창고 문틀에 못을 박고, 엄마는 메주만 중요하고 집 꼴은 중요치 않냐고 말하면서 할머니와 언성을 높인다. '나'는 엄마와 할머니 사이가 안 좋은 것이 슬프고 괴롭다. 시간이 지나 메주 띄우는 냄새가 온 방에 가득하고 엄마는 이제 메주에 대해 아무 말도 하지 않는다.

절정 어느 날 '나'는 친구 희정네 집에 놀러 가서 된장찌개를 맛있게 먹는 희정의 모습을 보고 할머니와 엄마를 화해시키기 위해 된장찌개를 먹기 시작한다. 하지만 할머니는 흙 하나 밟을 데 없는 도시가 답답하다며 시골집으로 내려간다.

결말 '나'의 가족은 미처 할머니가 가져가지 못한 항아리를 싣고 할머니가 계신 시골로 내려간다. 그날 저녁 밥상에는 된장찌개가 올라오고, '나'의 가족들은 된장찌개를 맛있게 먹는다.

📖 작품 꼼꼼 강의

가 **발단** **아파트** 앞 주차장에 차가 듬성듬성 세워져 있다. 꼬마 아이들이 그 사이를 뛰어다니며 놀고 있다. 이제 가을이 왔나 했더니 벌써 겨울인가 보다. 아이들 옷차림이 두텁다. 아스팔트 위를 스치는 바람이 제법 매섭게 느껴진다.

공간적 배경, 할머니의 시골집과 대조를 이룸.

시간적(계절적) 배경 제시

집으로 올라가 현관문을 여니 구수하고도 눌은 듯한 냄새
[메주콩 삶는 냄새]
가 집 안에 가득 차 있다. 신발을 벗고 들어가면 바로 부엌
이다. 할머니는 가스레인지 앞에 서 있었다. 큰 들통에서는
[소설의 주인공]
김이 펄펄 난다.

"할머니!"

"어라? 너 어째 이리 일찍 오냐?"

"할머니도, 참. 토요일이잖아요."

"그렇구먼. 저게 몇 시여? 벌써 시간이 이렇게 됐남?"
[사투리 사용. 사실성과 현장감을 살림.]
할머니는 냉장고 문을 열고 빈찬 그릇을 주섬주섬 내놓았
다. 나도 숟가락을 놓으며 물었다.
[주인공인 할머니를 관찰하는 서술자(1인칭 관찰자 시점)]
"할머니, 그런데 지금 뭘 하세요?"

"메주콩 삶는 거여. 얼추 다 된 거 같은디."
[할머니와 엄마가 갈등을 일으키게 되는 사건]
할머니는 들통 뚜껑을 열고 속을 한 번 뒤저어 보았다.

"그만 끄내야겠다. 잘 되었어."

거실 한가운데에 함지가 놓여 있다. 할머니는 거기다가
[할머니가 메주를 쑤려고 함.]
콩을 들이부었다.

"너 어여 밥 먹어. 난 이것 좀 찧어야 쓰겠다."

할머니는 방앗공이로 콩을 찧었다.

▶ 할머니가 메주를 만들기 위해 메주콩을 삶아 찧음.

[나] [전개] 현관문 열리는 소리가 나고 엄마가 들어왔다. 토요
일이라 일찍 퇴근했나 보다. 엄마는 방아를 찧고 있는 할머
[할머니와 갈등을 빚는 인물인 엄마의 등장]
니를 보더니 기막히다는 표정을 지었다. 할머니는 모른 체하
[메주를 쑤려고 하는 할머니의 행동을 못마땅해함. 인물 간의 갈등이 시작됨.]
고 계속 방아를 찧는다. 엄마는 인상을 찡그리며 안방으로
들어갔다. 나도 엄마를 따라 들어갔다. 옷을 갈아입으며 엄
마는 조그맣게 중얼거렸다.

"정말 왜 저러신다니? 그렇게 하지 마시라고 말렸는데."
[메주 만드는 것을 반대함. 할머니에 대한 불만]
엄마는 화가 나서인지 옷을 탁 팽개쳤다.
[인물 간의 갈등이 나타남. -'전개' 단계의 특징]
"하여간 꼭 자기주장대로만 하시려고 한단 말이야. 해야
[할머니는 고집이 세고 자신의 주장만 내세운다고 생각함.]
되겠다고 한 것은 기어코 하시고야 마니…… 주위 사람
들 얘기는 듣지도 않고."

그러고 보니 얼마 전 할머니가 메주를 쑤겠다고 했을 때
엄마가 말렸던 생각이 났다.

▶ 할머니가 메주를 만드는 것에 대해 엄마가 불만을 늘어놓음.

[나]의 '하여간 꼭 자기주장대로만 하시려고 한단 말이야. 해야
되겠다고 한 것은 기어코 하시고야 마니…… 주위 사람들 얘
기는 듣지도 않고.'에서 알 수 있듯이 [나]에서는 '나'와 엄마의
갈등이 아니라 할머니와 엄마의 갈등이 시작되고 있다.

[오답 챙기기]

① 발단 단계인 [가]에는 소설의 주인공인 '할머니'와 할머니를 관찰하는
서술자인 '나'가 등장하고 있다.

② [가]에는 '아파트'라는 공간적 배경과 '초겨울'이라는 계절적 배경이 제
시되어 있다.

③ [가]에는 할머니가 메주를 만들기 위해 메주콩을 삶아 찧는다는 사건
의 실마리가 제시되어 있다.

④ 전개 단계인 [나]에는 할머니가 못마땅해하는 엄마를 모른 체하면서
계속 메주콩을 찧는 사건의 진행이 나타나 있다.

[필수 개념 ❷] **위기·절정·결말**　　[답] ③

[작품 꼼꼼 강의]

[가] [위기] "아니, 어머니. 뭘 하시는 거예요?"
[엄마가 할머니의 행동에 당황스러워함.]
나도 밖으로 나가 보았다. 할머니가 베란다에 의자를 내
놓고 그 위에 올라가 있었다. 그러고는 또 하나 못을 박는
[새로운 문제 상황의 발생 -'위기' 단계의 특징]
것이었다. 창고 문틀 위에 나란히 못이 박혀 있었다.

"메주 매달아 놓을라고 그려."

엄마는 한숨을 폭 쉬었다.

"어머니, 그런 데다 못을 박으시면 어떡해요?"

"매달아 놓을 데가 마땅치 않아 그러재. 원 메주 하나 매
[할머니의 입장]
달아 놓을 데도 없는 집구석이 어디 있다냐. 몹쓸 놈의 집
구석이여."

할머니는 못을 또 하나 들어서 박았다. 그것을 본 엄마는
입을 앙다물고 눈을 한 번 꼭 감았다 뜨더니 떨리는 목소리
[화가 난 엄마의 심리를 엄마의 행동을 통해 간접적으로 드러냄.]
로 외쳤다.

"아니, 메주만 중요하고 집 꼴은 아무렇게나 돼도 괜찮단
말씀이세요?" [엄마의 입장]

할머니는 그제야 돌아서서 엄마 얼굴을 똑바로 바라보았다.
[엄마의 불평에 할머니가 화가 남. 인물 간의 갈등이 고조됨. -'위기' 단계의 특징]
"뭐여? 집 꼴? 그럼 내가 집 꼴을 망치고 있단 말여? 못
[메주를 매달기 위해 못 박는 것은 큰일이 아니라고 생각함.]
몇 개 박은 게 집 꼴을 망치는 거란 말여?"

▶ 못질로 인해 할머니와 엄마의 갈등이 고조됨.

[나] [절정] "할머니, 어디 가시는데요? 빨리 말해 봐요."

"이 할미, 고향으로 내려가야 쓰겄다."
[사건 해결의 실마리가 제시됨. -'절정' 단계의 특징]
"왜? 왜, 할머니? 엄마랑 또 싸우셨어요?"

"아녀. 싸우긴. 그런 거 아녀."

"그럼 왜애?"

"느이 집에 살면서 자꼬 생각혀 봐도 내 있을 곳은 거기뿐
[자꾸]　[할머니의 고향인 시골. 할머니가 도시 생활에 적응하지 못함.]
인 거 같여."

"할머니, 싫어. 우리랑 같이 살아요."

나는 할머니 팔을 붙들고 애원했다. (중략)

"도대체 왜 이러세요? 내려가시다니요?"

"그랴. 내 진즉부터 얘기하려 했는데……."

"안 돼요. 그렇게 내려가시면 어떡해요."
[할머니가 시골에 내려가는 것을 반대하는 엄마]
엄마는 방 한 귀퉁이에 있는 옷 보따리를 빼앗기라도 할
[할머니가 시골로 내려가는 것을 막으려는 엄마의 행동]
듯 움켜잡으며 말했다.

▶ 할머니가 도시 생활에 적응하지 못하고 다시 시골로 가려고 함.

다 **결말** 그날 저녁 밥상에는 된장찌개가 올랐다. 뚝배기 속으로 식구들의 숟가락이 쉴 새 없이 들락날락했다. **엄마도 후후 불며 열심히 먹는다. 가만히 보니 엄마 콧등에 땀이 송글송글 맺혔다.** 엄마와 눈이 마주쳤다. 나는 살짝 웃고 다시 열심히 먹었다. 엄마는 내가 잘 먹는 모습을 물끄러미 보더니 중얼거렸다.

> 할머니가 담근 메주로 만든 된장찌개
> 된장찌개를 맛있게 먹는 엄마 — 할머니와의 갈등이 해소되었음을 보여 줌.

"올해 담근 메주도 이 맛이 나야 할 텐데."
▶ 시골집에 내려간 가족들이 할머니의 된장찌개를 맛있게 먹음.

나에는 할머니가 다시 고향으로 내려가려고 하자 이를 말리며 가지 말라고 애원하는 '나'의 모습이 나타나 있다. 이것은 인물 간의 갈등이 드러난 것이라고 할 수 없다. 따라서 '나'와 할머니의 갈등이 최고조에 다다르고 있다는 설명은 적절하지 않다.

✔ **오답 챙기기**

① 가의 '아니, 메주만 중요하고 집 꼴은 아무렇게나 돼도 괜찮단 말씀이세요?', '뭐여? 집 꼴? 그럼 내가 집 꼴을 망치고 있단 말여? 못 몇 개 박은 게 집 꼴을 망치는 거란 말여?'에서 못질을 하는 할머니와 이를 말리는 엄마의 갈등이 고조되고 있다. 이처럼 인물 간의 갈등이 심각해지는 것은 '위기' 단계의 특징이다.

② 가에서는 할머니가 메주를 만든 후, 이를 매달기 위해 창고 문틀에 못질을 하는 새로운 사건이 일어나고 있다.

④ 나의 '이 할미, 고향으로 내려가야 쓰겠다.'에서 엄마와 할머니의 갈등을 해소할 수 있는 실마리가 제시되고 있다. 이는 '절정' 단계의 특징에 해당한다.

⑤ 다에서는 가족들이 할머니가 계신 시골집에 내려가 할머니의 메주로 만든 된장찌개를 맛있게 먹음으로써, 메주와 관련한 갈등이 모두 해소되고 있다. 이처럼 인물 간의 갈등이 모두 해소되는 것은 '결말' 단계의 특징이다.

---

11 일차 | 실전 | 발단 - 전개 - 위기 - 절정 - 결말

01 ④　　**02** ④　　**03** ⑤　　**04** 돈(인건비)　　**05** ⑤

06 ①　　**07** ④　　**08** 도둑놈 두목, 누런 똥빛

🏷 **개념 적용하기** 발단, 위기, 갈등

🔍 **작품 한눈에** 배경, 부도덕성

---

01 ~ 04

자전거 도둑 | 박완서

작품 해설 이 작품은 고향인 시골을 떠나 서울 청계천 세운 상가의 점원으로 일하는 열여섯 수남이 물질적인 욕심만 추구하는 상인들에게 물들어 가는 자신의 모습을 깨닫고 양심을 회복하기 위해 고향으로 돌아가기로 결심하는 내용을 담은 성장 소설이다. 이 작품은 특히 사건의 진행에 따른 주인공 수남의 심리 변화에 중점을 두고 서술되고 있는데, 이는 흥미와 긴장감을 유발하며 독자의 궁금증을 자아내고 있다. 졸지에 자전거 도둑이 되어 버린 수남이 느끼는 쾌감과 이에 대한 죄책감을 그려 내면서 이 소설은 순진한 소년의 시각에서 어른들의 부도덕성을 비판하고 있다.

주제 시골 소년 수남이 서울에서 겪는 도덕적 갈등과 도시인들의 부도덕성에 대한 비판

전체 줄거리

발단 시골에서 올라와 청계천 세운 상가의 전기용품 도매상 점원으로 일하는 열여섯 살 소년 수남은 주인 영감에게 고마움을 느끼며 열심히 일한다.

전개 바람이 심하게 부는 어느 날, 골목에서 일어난 간판 사고 사건 때문에 불길한 예감을 느낀 수남은 기분이 좋지 않은 상태에서 배달을 가게 된다.

위기 바람에 쓰러진 자신의 자전거 때문에 고급 차의 수리비를 물어 줘야 하는 수남은 갈등 끝에 결국 자물쇠로 채워진 자전거를 들고 도망친다.

절정 자전거를 들고 도망친 자신을 칭찬하는 주인 영감을 보며 수남은 거부감을 느끼고 과연 자신의 행동이 옳은 일이었는지 고민하게 된다.

결말 수남은 과거 도둑질을 했던 형과 도둑질을 하지 말라던 아버지의 말씀을 떠올리며 고향으로 돌아갈 결심을 한다.

📋 **작품 꼼꼼 강의**

발단 **수남이는 청계천 세운 상가 뒷길의 전기용품 도매상의 꼬마 점원이다.**
> 주인공 수남의 소개(전기용품 도매상의 점원)와 공간적 배경(청계천 세운 상가) 제시

수남이란 어엿한 이름이 있는데도 꼬마로 통한다. 열여섯 살이라지만 볼은 아직 어린아이처럼 토실하니 붉고, 눈 속이 깨끗하다. 숙성한 건 목소리뿐이다. 제법 굵고 부드러운 저음이다. (중략)
> 수남의 외양 묘사를 통해 순박한 수남의 성격을 드러냄 — 간접 제시
> 앳되어 보이는 외모와는 대조적인 목소리를 지님.

수남이는 온종일 눈코 뜰 새 없이 바쁘게 일을 하고 밤에는 가겟방에서 숙직을 한다. 꾀죄죄한 다후다 이불에 몸을 휘감고 나면 방바닥이야 차건 덥건 잠이 쏟아진다.
> 수남이 열악한 환경에서 일하고 있음.

그럴 때 "인석은 그저 틈만 있으면 책이라고." 하던 주인
'이녀석의 준말'
영감님의 목소리가 생생하게 들려온다. 수남이는 낮 동안 책
은커녕 신문 한 귀퉁이 읽은 적이 없다. 도대체가 그럴 틈이
수남이 눈코 뜰 새 없이 바쁘기 때문
없다. 점원이 적어도 세 명은 있어야 해낼 가게 일을 혼자서
주인 영감이 인건비를 아끼려고 수남을 혹사하고 있음.
해내자니 여간 벅찬 것이 아니다. 그래도 수남이는 혹사당하
고 있다는 억울한 생각 같은 것은 전혀 없다. 어쩌다 남들이
주인 영감을 나쁘게 생각하지 않는 순진한 수남
영감님에게,

"꼬마 혼자 데리고 벅차시겠습니다. 좀 큰 애 하나 더 쓰

셔야죠."

영감님은 그런 소리를 제일 싫어한다. 벌레라도 씹어 먹
직원을 더 쓰면 인건비가 많이 나가기 때문에
은 듯이 이상야릇한 얼굴로 상대방을 흘겨보며,
돈을 아끼려고 직원을 더 쓰지 않는 자신의 속셈을 들킨 것 같아서
"누가 뭐 사람 더 쓰기 싫어 안 쓰나. 어디 사람 같은 놈이
『 』겉으로는 수남을 걱정하는 것처럼 말하지만, 수남을 이용하려는 속셈
있어야 말이지. 깡패 놈이라도 걸려들어 봐. 우리 수남이
가 물든다고. 이런 순진한 놈일수록 구정물 들긴 쉽거든."
얼마나 고마운 주인 영감님인가. 이런 고마운 어른을 위
주인 영감의 속셈을 눈치채지 못하고 오히려 주인 영감에게 고마워함, 순진함.
해 그까짓 세 사람이 할 일 혼자 못 할까 하고 양팔의 근육
이 팽팽히 긴장한다.   ▶ 주인 영감에게 혹사당하는 수남

그런 고마운 어른이 보지도 않는 책을 틈만 있으면 본다
고 남들에게 자랑을 한 뜻은 밤이라도 잠만 자지 말고 열심
주인 영감의 말을 수남이 자기 마음대로 해석함.
히 공부해 두라는 뜻일 것이다. 수남이가 그렇게 풀이한 것
이다. 그런 생각을 하면 눈이 말똥말똥해지며 잠이 저만큼
달아난다. 혹시나 하고 보따리 속에 찔러 가지고 온 중학교
수남은 공부를 계속하고 싶어함.
때 교과서랑 고등학교까지 다닌 형이 쓰던 참고서 나부랭이
를 이렇게 유용하게 쓸 줄은 정말 몰랐었다. 책이라야 통틀
어 그것뿐이다.

주인 영감님이 심심할 때 사 본 주간지 같은 것이 굴러다
닐 적도 있어서 소년다운 호기심이 동하지 않는 것도 아니었
지만 "인석은 그저 틈만 있으면 책이라고." 하며 주인 영감
님이 가리키는 책이란 결코 이런 주간지 조각이 아닐 것이라
는 영리한 짐작으로 수남이는 결코 그런 데 한눈을 파는 법
주인 영감의 기대에 어긋나고 싶지 않은 순수한 수남의 행동
이 없다. 시간이 아까워서라도 그렇게는 할 수 없다.

가게를 닫고 셈을 맞추고 주인댁 식모가 날라 온 저녁을
먹고 나서 혼자가 될 수 있는 시간은 거의 열한 시 경이다.
수남의 하루가 고단함을 알 수 있음.
그때부터 공부라도 해야 되는 것이다. 그러고도 수남이는 이
동네 가게의 누구보다도 먼저 일어나야 하는 것이다. 수남이
의 부지런함은 이 근처에서도 평판이 자자했다.
수남에 대한 주변 사람들의 평가가 좋음.
                   ▶ 주인 영감의 속마음을 알아차리지 못하는 순수한 수남

01 인물의 이해   답 ④

'수남이는 낮 동안 책은커녕 신문 한 귀퉁이 읽은 적이 없다.
도대체가 그럴 틈이 없다.', '혼자가 될 수 있는 시간은 거의 열

한 시 경이다. 그때부터 공부라도 해야 되는 것이다.'로 보아
수남은 시간적 여유가 없는 바쁜 일상을 보내고 있다. 주인 영
감의 기대에 어긋나고 싶지 않은 마음에 바쁜 가운데에서도 공
부를 하려고 애쓰는 것이다.

오답 챙기기

① '얼마나 고마운 주인 영감님인가.'로 보아 수남은 주인 영감에게 고마
움을 느끼고 있다.
② '수남이의 부지런함은 이 근처에서도 평판이 자자했다.'에서 수남의
주변 사람들이 수남을 좋게 평가하고 있다는 것을 알 수 있다.
③ '수남이는 온종일 눈코 뜰 새 없이 바쁘게 일을 하고 밤에는 가겟방에
서 숙직을 한다.'에서 수남은 자신의 집이 따로 없고 가게에서 생활하
고 있다는 것을 알 수 있다.
⑤ '얼마나 고마운 주인 영감님인가. 이런 고마운 어른을 위해 그까짓 세
사람이 할 일 혼자 못 할까'에서 수남은 인건비를 아끼려고 사람을
더 쓰지 않고 자신을 이용하고 있는 주인 영감의 속셈을 알아차리지
못하고 있음을 알 수 있다.

02 구절의 의미 파악   답 ④

ⓓ는 주인 영감에 대한 고마움으로 기운이 솟고 의욕이 넘치는
수남의 모습을 나타낸다.

오답 챙기기

① '눈코 뜰 새 없다.'는 정신 못 차리게 몹시 바쁜 상태를 나타내는 관용
표현이다.
② '벌레라도 씹어 먹은 듯이'는 불쾌하고 못마땅해하는 모습을 비유적
으로 나타낸 표현이다.
③ '순진한 놈일수록 구정물 들기 쉽'다는 것은 깨끗한 사람일수록 더러
워지기 쉽다는 것을 의미한다.
⑤ '한눈팔다'는 '마땅히 볼 데를 보지 아니하고 딴 데를 보다.'의 의미를
지닌다.

03 소설의 구성 단계 이해   발단 · 전개 · 위기 · 절정 · 결말   답 ⑤

주인 영감은 수남이 보지도 않는 책을 틈만 있으면 본다고 남
들에게 자랑하고 이러한 주인 영감의 기대에 어긋나지 않기 위
해 수남이 공부를 하려고 하므로, 수남이 공부를 하는 상황이
수남과 주인 영감 사이의 갈등을 암시한다고 볼 수 없다.

오답 챙기기

①, ② '수남이는 청계천 세운 상가 뒷길의 전기용품 도매상의 꼬마 점원
이다.'에서 소설의 주인공인 수남이라는 인물에 대한 정보와 소설의
공간적 배경에 대한 정보를 알 수 있다.
③ '열여섯 살이라지만 볼은 아직 어린아이처럼 토실하니 붉고, 눈 속이
깨끗하다.'에서 수남의 외양 묘사를 통해 순수하고 순박한 수남의 성
격을 드러내고 있다.
④ '누가 뭐 사람 더 쓰기 싫어 안 쓰나. ~ 우리 수남이가 물든다고. 이
런 순진한 놈일수록 구정물 들긴 쉽거든.'에서 인건비를 아끼려고 수
남을 혹사하면서도 수남을 위하는 척하는 이기적이고 욕심 많은 주
인 영감의 성격을 알 수 있다.

04 인물의 심리 및 태도 파악　　　　답 돈(인건비)

이 글에서 주인 영감은 인건비를 아끼기 위해 점원을 더 들이지 않고 수남에게만 가게 일을 맡기고 있으므로 점원을 더 들이라는 말을 싫어한다고 볼 수 있다.

05 ~ 08

📖 **작품 꼼꼼 강의**

위기 수남이는 자전거를 마치 검부러기처럼 가볍게 옆구리
　　수남이 내적 갈등을 일으키는 원인이 되는 중심 사건
에 끼고 질풍같이 달렸다.

『정말이지 조금도 안 무거웠다. 타고 달릴 때보다 더 신나
　『　』: 비도덕적 방법으로 문제를 해결하며 해방감을 느낌. 수남이 내적 갈등의 원인
게 달렸다. 달리면서 마치 오래 참았던 오줌을 시원스레 내
깔기는 듯한 쾌감까지 느꼈다.』
　　　　　▶ 자전거를 들고 도망치면서 쾌감을 느끼는 수남
절정 주인 영감님은 자전거를 옆에 끼고 질풍처럼 달려온
　　　　　　수남의 모습에 놀란 주인 영감
놈을 눈을 휘둥그렇게 뜨고 바라볼 뿐이었다. 오늘 바람이
세더니만 필시 이 조그만 놈이 바람에 날아왔나, 설마 그럴
리야 없을 텐데 내 눈이 어떻게 된 것인가 그런 눈치였다.

수남이는 너무 숨이 차서 이런 주인 영감님의 궁금증을
　　　　　　　　　　　수남이 자전거를 들고 달려온 까닭에 대한 궁금증
시원히 풀어 주지 못하고 한동안 헉헉대기만 한다.

"인마, 말을 해. 무슨 일이야? 네놈 꼴이 영락없이 도둑놈
　　　　　　　　　　　수남에게 죄책감을 불러일으키는 말
꼴이다, 인마."

도둑놈 꼴이라는 소리가 수남이의 가슴에 가시처럼 걸린다.
　주인 영감의 말에 죄책감을 느낌. 죄책감이 들어 마음이 불편한 것을 '가시'에 빗댐.
수남이는 겨우 숨을 가라앉히고 자초지종을 주인 영감님
께 고해바친다. 다 듣고 난 주인 영감님은 무엇이 그리 좋은
　　　　　자신에게 손해를 주지 않은 수남의 행동에 매우 만족함. 주인 영감의 부도덕성
지 무릎을 치면서 통쾌해한다.

"잘했다, 잘했어. 만날 촌놈인 줄만 알았더니 제법인데,
　수남의 행동을 칭찬함. → 주인 영감에 대한 수남의 태도가 변하는 계기가 됨.
제법이야."

그러고는 가게에서 쓰는 드라이버니 펜치를 가지고 자전
거에 채운 자물쇠를 분해하기 시작한다. 엎드려서 그 짓을
하고 있는 주인 영감님이 수남이의 눈에 흡사 도둑놈 두목
　주인 영감에 대한 수남의 태도 변화: 고마운 어른(긍정적) → 도둑놈 두목(부정적)
같아 보여 속으로 정이 떨어진다. 주인 영감님 얼굴이 누런
똥빛인 것조차 지금 깨달은 것 같아 속이 메스껍다.
　주인 영감의 부도덕성을 의미함.　　　　　주인 영감에 대한 수남의 거부감
　　마침내 자물쇠를 깨뜨렸나 보다. 영감님 얼굴에 회심의
미소가 떠오르더니 자유롭게 된 자전거 바퀴를 시험이라도
하려는 듯이 자전거로 골목을 한 바퀴 빙그르르 돌아 들어와
서는,

"네놈 오늘 운 텄다."
　금전적인 손해를 보지 않았기 때문임. 물질적 가치만을 중시하는 주인 영감의 성격이 드러남.
그러고는 수남이의 머리를 쓰다듬고 볼과 턱을 두둑한 손
　　　　　　　　　주인 영감이 수남을 칭찬할 때 하는 행동
으로 귀여운 듯이 감싼다. 영감님이 기분이 좋을 때면 수남
이에 대한 애정의 표시로 으레 그렇게 했었고, 수남이도 그
걸 좋아했었다.

주인 영감에 대한 심리 변화 – 부도덕한 행동을 칭찬하는 주인 영감에 대한 거부감
　그런데 오늘은 싫다. 영감님의 손이 싫다. (중략)
　　　　　　▶ 도둑질을 칭찬하는 주인 영감에게 거부감을 느끼는 수남
낮에 내가 한 짓은 옳은 짓이었을까? 옳을 것도 없지만
　수남은 낮에 자신이 한 일이 도덕적으로 옳은 일이었는지 고민함. → 내적 갈등
나쁠 것은 또 뭔가. 자가용까지 있는 주제에 나 같은 어린아
　　　　　　　　　　　자신의 행동을 정당화하려는 태도
이에게 오천 원을 우려내려고 그렇게 간악하게 굴던 신사를
그 정도 골려 준 것이 뭐가 나쁜가? 그런데도 왜 무섭고 떨
렸던가. 그때의 내 꼴이 어땠으면, 주인 영감님까지 "네놈
꼴이 꼭 도둑놈 꼴이다."라고 하였을까.

그럼 내가 한 짓은 도둑질이었단 말인가. 그럼 나는 도둑
　자신의 행동을 도둑질이라 생각하고, 그런 행동에 쾌감을 느낀 자신을 자책함.
질을 하면서 그렇게 기쁨을 느꼈더란 말인가.

수남이는 몸을 부르르 떨면서 낮에 자전거를 갖고 달리면
　　　　　　　　　　　　　　수남의 내적 갈등의 근본적 원인
서 맛본 공포와 함께 그 까닭 모를 쾌감을 회상한다.
　　　　　　　　　　　　　　　　　　▶ 수남의 내적 갈등

05 작품의 내용 이해　　　　답 ⑤

'인마, 말을 해. 무슨 일이야?'에서 알 수 있듯이 주인 영감은 수남이 자전거를 자신의 옆구리에 끼고 가게로 달려온 이유를 모르고 있다.

✅ **오답 챙기기**

① '네놈 오늘 운 텄다.'에서 주인 영감은 차 수리비를 물지 않은 수남이 운이 좋았다고 생각하였다.

② '달리면서 마치 오래 참았던 오줌을 시원스레 내깔기는 듯한 쾌감까지 느꼈다.'에서 수남은 자전거를 들고 도망치면서 쾌감을 느끼고 있다.

③ '엎드려서 그 짓을 하고 있는 주인 영감님이 수남이의 눈에 흡사 도둑놈 두목 같아 보여 속으로 정이 떨어진다.'에서 주인 영감에 대한 수남의 태도가 앞서 '고마운 어른'에서 '도둑놈 두목'으로 바뀌고 있다.

④ '그럼 내가 한 짓은 도둑질이었단 말인가. 그럼 나는 도둑질을 하면서 그렇게 기쁨을 느꼈더란 말인가.'에서 수남은 자신이 한 행동에 자책감을 느끼고 있다.

06 갈등의 유형 이해　　　　답 ①

[A]에는 자전거를 들고 도망쳐 버린 자신의 행동이 과연 옳은 것이었는지 고민하는 수남의 내적 갈등이 나타나 있다. 수남은 어린아이에게 오천 원을 받아 내려고 한 신사를 골려 준 것이 뭐가 나쁘냐며 자신의 행동을 정당화하려 했지만, 곧 도둑질과 다름없는 행동을 하면서 쾌감을 느낀 것에 죄책감을 느끼며 갈등하고 있다.

✅ **오답 챙기기**

② 수남과 신사의 외적 갈등은 낮에 있었던 일이다. [A]에서 수남은 낮의 일을 회상하면서 자신의 행동을 돌아보고 있다.

③ '바람'이 불어 수남의 자전거가 넘어져 사건이 발생하긴 했지만, [A]에서 수남이 자연과의 대립으로 괴로워하고 있는 것은 아니다.

④ 수남이 벗어날 수 없는 운명 때문에 갈등하는 내용은 이 글에 나타나 지 않는다.

⑤ 주인 영감의 '네놈 꼴이 영락없이 도둑놈 꼴이다.'라는 말이 수남의

죄책감을 불러일으키고 있을 뿐, [A]에서 수남과 주인 영감이 갈등을 겪고 있지는 않다.

07 소설의 구성 단계 이해 · 발단 - 전개 - 위기 - 절정 - 결말 · 답 ④

'절정' 단계에서 수남은 자전거를 들고 도망친 자신의 행동을 되돌아보고 있다. 즉 내적 갈등을 통해 올바른 가치관과 삶의 모습을 탐색하고 있으며, 그 결과가 결말로 이어지게 된다. 따라서 이는 〈보기〉에서 설명한 '사건 해결의 실마리가 제시'되는 것에 해당한다.

오답 챙기기

① '절정' 부분에서는 수남의 내적 갈등이 최고조에 이르고 있다.
② 도망친 수남을 칭찬하는 주인 영감의 말은 도시인의 비도덕적인 모습을 보여 주는 것이다. 주인 영감의 말이 작가의 생각. 즉 도시인의 비도덕성을 비판하는 주제를 그대로 전달하고 있는 것은 아니다.
③ 수남이 자전거를 들고 달리는 부분은 '위기' 단계에 해당한다.
⑤ 주인 영감이 자물쇠를 깨뜨리는 것은 자전거 바퀴를 다시 돌아가게 하기 위한 것일 뿐, 주인 영감과 수남의 갈등과는 관계가 없는 행위이다.

08 구절의 의미 파악 · 답 도둑놈 두목, 누런 똥빛

'엎드려서 그 짓을 하고 있는 주인 영감님이 수남이의 눈에 흡사 도둑놈 두목 같아 보여 속으로 정이 떨어진다. 주인 영감님 얼굴이 누런 똥빛인 것조차 지금 깨달은 것 같아 속이 메스껍다.'에서 수남은 자전거를 들고 도망친 자신의 행위를 꾸짖지 않고 오히려 칭찬하는 주인 영감의 부도덕성에 거부감을 느끼면서 주인 영감이 '도둑놈 두목'처럼 보이고 주인 영감의 얼굴빛이 '누런 똥빛'이라는 것을 지금에야 깨달아 속이 메스껍다고 생각하고 있다. 따라서 '도둑놈 두목, 누런 똥빛'은 주인 영감에 대한 수남의 부정적 인식을 드러내면서 주인 영감의 부도덕성을 나타내는 표현이다.

어휘 확인 · 본문 095쪽

1 얼추 2 도매상 3 간악 4 평판 5 흡사

12 일차 · 필수 개념 · 1인칭 주인공 시점 / 1인칭 관찰자 시점

시점 판단하기 1. ○ 2. ○
필수 개념 ❶ ④
개념 적용하기 서술자, 일(1), 주인공

- -

시점 판단하기 1. ○ 2. ×
필수 개념 ❷ ②
개념 적용하기 서술자, 일(1), 관찰자

필수 개념 ❶ 1인칭 주인공 시점 · 답 ④

소를 줍다 | 전성태

작품 해설 이 소설은 소가 중요했던 1970년대의 농촌 마을을 배경으로 주인공의 가족이 공들여 키운 소를 떠나보내게 되는 과정을 그려 낸 작품이다. 어린아이인 '나'를 주인공으로 내세워 천진난만함과 순진함을 드러내고 있으며, 향토적인 어휘(사투리, 토속어)를 사용하여 친근한 느낌과 현실감을 살리고 있다.

주제 소를 통한 부자간의 갈등과 사랑

전체 줄거리

발단 장마로 불어난 강물에 떠내려오는 물건들을 건져 내던 '나'와 친구들은 소 한 마리를 발견한다. 친구들이 그 소를 보고만 있는 사이에 '나'는 재빨리 물로 뛰어들어 소를 구한다.

전개 '나'는 부모님과 형이 기뻐할 것이라 생각하며 소를 데리고 집으로 간다. 그러나 자초지종을 들은 아버지는 오히려 '나'를 혼내고, 소를 주인에게 돌려주려 하지만 소의 주인은 나타나지 않는다.

위기 소를 키우기 시작한 지 석 달이 지난 무렵, 갑자기 소 주인이 나타나서 '나'의 가족은 어쩔 수 없이 소를 돌려주게 된다.

절정 며칠 후 아버지는 석 달 동안 키웠던 소를 돈을 주고라도 사려고 하지만 소 주인의 딱한 사정을 알고 소를 포기하며 울음을 터뜨리고 만다.

결말 뒷날 형이 서울에서 번 돈으로 송아지를 사 오고 아버지는 우리 소를 잘 길러 내게 된다.

작품 꼼꼼 강의

발단 가축 잘되는 집이라고, 한마을 오쟁이네가 우리 집에 암소를 맡겨 길렀으면 하였다. 남의 소를 빌려다가 쟁기질하던 시절이라, 마음껏 일소로 부려도 된다는 말에 아버지는 흔쾌히 받아들였다.

그러나 나는 신날 일이 하나도 없었다. 아침저녁으로 꼴
소설의 서술자, 주인공 – 1인칭 주인공 시점
베다 주는 일도 귀찮았고, 오쟁이 녀석이 머슴 취급하는 꼴
『 』 우리 집에서 남의 소를 키우는 것에 대한 '나'의 불만   '나'의 심리를 직접적으로 서술함.
도 마뜩잖았다. / "아부지, 우리도 소 한 마리 사 불어."
남의 집 소가 아닌 우리 소를 키우고 싶은 '나'의 심리
내가 골이 나서 말하면 아버지는 오냐, 그러자 하면 좀 좋

을까만,

"소가 토깽이냐? 사고 잡다고 달랑 사게. 당장 저 도짓소
소를 사려면 돈이 많이 든다는 의미. '나'의 집의 경제적 사정을 말해 줌.(가난함)
라도 없으면 니하고 니 형, 학교도 끝이여. 그란다고 네놈

이 목에다가 멍에를 걸그냐?"

하며 씨도 안 먹힌다는 반응이었다.

"그람, 차차 송아지 낳으믄 우리 주라고 해. 우리가 키워

주는디 고것 하나 못해."

"네 이…… 아부지가 뭐라고 하디? 입이 너무 허황되게

남의 밥그릇을 넘보는 고것을 뭐라고 하디?"

"불량배."

"제발 우리는 그렇게 살지 말자. 강아지 한 마리 거저 얻

어다가 길렀다는 말은 들어 봤어도 송아지 한 마리 거저

얻었다는 말은 못 들어 봤응께."

"그것이 왜 공짜여, 우리 집에서 재우고 먹이고 다 하는

디?"

"잔소리 그만 하고 얼른 풀이나 베 와야. 저번처럼 쑥만

해다가 멕이지 말고. 소 똥구녕 맥히는 날엔 네놈 입 구녕

도 밥 구경 끝이여."

아버지는 꼴망태를 걸어 주고 나를 막 내몰았다.

오쟁이네 암소는 우리 집에서 송아지를 두 배나 착실히

쳤다. 물론 어미 소도 송아지도 탈 없이 잘 자랐다. 소에 대

한 믿음이 생기자 오쟁이네는 이태 만에 소를 몰고 갔다.
▶ 남의 집 소가 아닌 우리 소를 키우고 싶은 '나'
우리 집에 두 번째 소가 들어온 것은 초등학교 3학년 때

였다. 장마가 한풀 꺾이자 나는 아이들과 함께 강둑으로 나

가 불어난 강물에서 떠내려오는 물건들을 건져 냈다. 그것은

할아버지의 할아버지가 아이였을 때로부터 내려오는 일이

었다. (중략) 그런데 그해 나는 염소 따위는 댈 것도 아닌 큰

횡재를 하게 되었다. 소를, 그것도 숨이 붙어 있는 소를 줍

게 된 것이다.　　　　　　　　　▶ 강물에 떠내려온 소를 줍게 된 '나'

이야기의 중심이 되는 인물은 아버지가 아니라 '나'로, 이 소설
은 1인칭 주인공 시점이다. 남의 집 소를 대신 키워 주는 것이
못마땅하고, 우리 집 소유의 소가 있었으면 하고, 장마로 인해
강물에 떠내려온 소를 줍는 '나'는 사건의 중심에 서 있는 인물
이며, 자신의 심리와 생각, 체험 등을 독자에게 직접 전달하고
있다.

✓ 오답 챙기기

① 이 소설의 서술자는 작품 속에 직접 등장하는 주인공인 '나'이다.

② '아침저녁으로 꼴 베다 주는 일도 귀찮았고, 오쟁이 녀석이 머슴 취급
하는 꼴도 마뜩잖았다.'에서 남의 집 소를 대신 키워 주는 것을 못마
땅해하는 '나'의 심리가 솔직하게 드러나 있다.

③ '아부지, 우리도 소 한 마리 사 불어.', '그람, 차차 송아지 낳으믄 우리
주라고 해.'에서 '나'는 우리 집 소유의 소가 있기를 간절히 바라고 있
음을 알 수 있다.

⑤ '나는 염소 따위는 댈 것도 아닌 큰 횡재를 하게 되었다. 소를, 그것도
숨이 붙어 있는 소를 줍게 된 것이다.'에서 '나'는 장마로 인해 강물에
떠내려온 소를 줍게 된, 자신이 직접 겪은 일을 독자에게 전달하고
있다.

사랑손님과 어머니 | 주요섭

작품 해설 이 소설은 어린 옥희의 눈으로 바라본 어머니와 사랑손님의
미묘한 애정을 서정적으로 그리고 있다. 어머니와 사랑손님은 서로에
게 이끌리지만 당시의 사회적 관습 때문에 결국 이별하게 된다. 어른들
의 심리를 잘 알지 못하는 옥희는 자기 생각대로 이야기를 전달함으로
써 웃음을 유발하고 어머니와 사랑손님의 마음을 상상할 수 있게 한다.
또한 다소 통속적으로 느껴질 수도 있는 사랑 이야기를 어린아이의 눈
을 통해 순수하고 애틋하게 승화시켰다는 평가를 받고 있다.

주제 사랑손님과 어머니의 사랑과 이별

전체 줄거리

발단 아버지가 돌아가신 후 삼촌, 어머니와 함께 사는 여섯 살 옥희의
집에 낯선 아저씨가 하숙을 들게 된다. 아저씨는 돌아가신 아버지의 친
구이며, 새로 부임해 온 교사이다.

전개 아저씨와 친해진 옥희는 아저씨가 아빠였으면 좋겠다고 말하지
만 아저씨는 성을 내며 그런 말을 하면 안 된다고 한다.

위기 예배당에서 아저씨와 어머니는 서로 의식한다. 며칠 후 옥희는
유치원에서 집에 왔을 때 어머니가 자신을 기다리지 않은 것에 화가 나
벽장에 숨었다 잠이 들고 옥희가 사라진 줄 안 어머니는 크게 놀라 자
책한다. 미안한 마음에 옥희는 꽃을 어머니에게 드리며 아저씨가 준 것
이라 거짓말하고, 어머니는 당황한다. 어머니는 꽃을 말려서 소중히 보
관하고, 아버지가 돌아가신 후 닫아 두었던 풍금을 다시 연주한다.

절정 아저씨의 마음이 담긴 편지를 읽은 어머니는 고민하지만 기도를
하며 옥희를 위해 자신의 감정을 정리한다.

결말 아저씨는 떠나기로 하고 어머니는 마지막으로 아저씨에게 삶은
달걀을 전한다. 아저씨가 떠나자 어머니는 풍금 뚜껑을 닫고 마른 꽃송
이를 버린 후, 달걀 장수에게 이제 달걀을 사지 않겠다고 말한다.

📖 작품 꼼꼼 강의

발단 나는 금년 여섯 살 난 처녀애입니다. 내 이름은 박옥희

이구요. 우리 집 식구라고는 세상에서 제일 이쁜 우리 어머

니와 단 두 식구뿐이랍니다. 아차, 큰일났군, 외삼촌을 빼놓

을 뻔했으니…….　　　　　　　　　▶ '나'와 가족 소개

(중략)

위기 아저씨는 나를 이리 보고 저리 보고 훑어보더니,

"옥희 오늘 어디 가노? 저렇게 곱게 채리구."

하고 물었습니다.

"엄마하고 예배당에 가."

"예배당에?"

하고 나서, 아저씨는 잠시 나를 멍하니 바라다보더니,

"어느 예배당에?"

하고 물었습니다.

"요 앞에 예배당에 가지, 뭐."

"응? 요 앞이라니?"

이때 안에서,

"옥희야."

하고 부드럽게 부르는 어머니 목소리가 들리었습니다. 「나는

얼른 안으로 뛰어 들어오면서 돌아다보니까, 아저씨는 또 얼

『 : 어머니의 목소리를 듣고 부끄러워하는 아저씨의 심리를 파악하지 못함.

굴이 빨갛게 성이 났겠지요. 내 원, 참으로 무슨 일로 요새

는 아저씨가 그렇게 성을 잘 내는지 알 수 없었습니다.」

▶ 일요일 아침에 예배당에 가려는 '나'와 어머니

예배당에 가서 찬미하고 기도하다가 기도하는 중간에 갑

자기 나는, '혹시 아저씨두 예배당에 오지 않았나?' 하는 생

각이 나서 눈을 뜨고 고개를 들어 남자석을 바라보았습니

다. 그랬더니 하, 바로 거기에 아저씨가 와 앉아 있겠지요.

예배당에서도 남녀를 구별하여 따로 앉게 했던 당시의 시대적 상황을 알 수 있음.

그런데 아저씨는 어른이면서도 눈 감고 기도하지 않고 우리

아이들처럼 눈을 번히 뜨고 여기저기 두리번두리번 바라봅

어머니를 찾는 행동으로 아저씨의 심리를 간접적으로 드러냄.

니다. 나는 얼른 아저씨를 알아보았는데 아저씨는 나를 못

알아보았는지, 내가 방그레 웃어 보여도 웃지도 않고 멀거니

보고만 있겠지요. 그래 나는 손을 흔들었지요. 그러니까 아

'나'의 적극적인 성격이 드러남.

저씨는 얼른 고개를 숙이고 말더군요. 그때에 어머니는 내가

자신의 마음을 들킬까 봐 당황함. → 아저씨의 소극적인 태도

팔 흔드는 것을 깨닫고 두 손으로 나를 붙들고 끌어당기더군

요. 나는 어머니 귀에다 입을 대고,

"저기 아저씨두 왔어."

하고 속삭이니까 어머니는 흠칫하면서 내 입을 손으로 막고

주위 사람들의 시선을 의식한 어머니의 행동

막 끌어 잡아다가 앞에 앉히고 고개를 누르더군요. 보니까

어머니가 또 얼굴이 홍당무처럼 빨개졌군요.

어머니가 아저씨를 의식하며 부끄러워함.

▶ 예배당에서 서로를 의식하는 아저씨와 어머니

이 소설은 '나(옥희)'가 이야기의 중심이 되는 1인칭 주인공 시
점이 아니라, 서술자인 '나'가 사건의 중심이 되는 어머니와 아
저씨를 관찰하여 전달하는 1인칭 관찰자 시점이다.

✔ 오답 챙기기

① '아저씨는 또 얼굴이 빨갛게 성이 났겠지요. 내 원, 참으로 무슨 일로
요새는 아저씨가 그렇게 성을 잘 내는지 알 수 없었습니다.'에서 서술
자인 '나(옥희)'는 아저씨가 어머니를 의식하여 얼굴이 빨갛게 된 것
을 화가 났다고 생각하는 등 아직 여섯 살 어린아이라 어른들의 미묘
한 심리를 정확하게 파악하지 못하고 있다.

③ '나는 금년 여섯 살 난 처녀애입니다. 내 이름은 박옥희이구요.'에서
이 소설의 서술자는 작품 속에 등장하는 인물로 '옥희'라는 이름을 가
진 '나'임을 알 수 있다.

④ '그러니까 아저씨는 얼른 고개를 숙이고 말더군요.', '어머니가 또 얼
굴이 홍당무처럼 빨개졌군요.' 등 서술자가 인물의 심리나 성격을 직
접 제시하기보다는 인물의 말과 행동을 전해 줌으로써 간접적으로
인물의 성격을 드러내고 있다.

⑤ 이 소설은 여섯 살 난 '나(옥희)'의 순수한 눈에 비친 어른들(어머니,
사랑손님)의 모습을 그리고 있다.

12 일차 · 실전 · 1인칭 주인공 시점 / 1인칭 관찰자 시점

01 ④ **02** ③ **03** ⑤ **04** 편지 **05** ④

06 ⑤ **07** ③ **08** 검정 구두

✎ 개념 적용하기 서술자, 일(1), 주인공

🔍 작품 한눈에 편지, 구두, 다문화, 성장

01 ~ 04

완득이 | 김려령

작품 해설 이 작품은 난쟁이 아버지와 외국인 노동자 어머니 사이에서
태어난 '나(도완득)'가 정신적으로 성숙해 가는 과정을 따뜻하게 그린
성장 소설이다. 장애인, 다문화 가정, 부적응 청소년 문제 등 우리 사회
가 안고 있는 어두운 면을 주인공 '완득이'라는 에너지 넘치는 인물을
통해 풀어내고 있다. 또한 주인공의 담임 선생님인 '똥주(동주)'라는 인
물을 통해 다문화 사회를 살아가는 우리가 다른 문화권의 사람들을 어
떻게 이해해야 하는지, 그들과 어떻게 소통해야 하는지를 보여 주고 있
다. 한편 미성숙했던 주인공은 킥복싱을 통해 삶의 목표를 찾게 되고
타인과 따뜻한 마음을 나눌 수 있게 되는데, 작가는 어려운 환경에서도
희망을 잃지 않고 긍정적으로 살아가는 주인공의 성장 과정을 간결하
면서도 유쾌한 어조로 그려 내고 있다.

주제 어려운 환경에서도 꺾이지 않는 삶에 대한 희망과 정신적 성장

전체 줄거리

발단 '나(완득)'는 공부는 못하지만 싸움 하나는 누구에게도 지지 않는
고등학생으로, 한때 춤으로 생계를 꾸려 가던 난쟁이 아버지와 아버지
를 친형처럼 따르는 삼촌 민구와 함께 옥탑방에서 살아간다.

전개 '나'의 아버지와 삼촌 민구는 가난한 살림 때문에 춤을 포기하고
지하철을 전전하며 외판을 하면서 간신히 생활을 꾸려 간다. 한편 이웃
집 옥탑방에 사는 담임 선생님 똥주가 '나'의 집을 드나들며 '나'의 인생
에 개입하게 된다.

위기 그러던 어느 날, '나'는 남몰래 불법 체류 노동자를 돕던 담임 선
생님 똥주의 도움으로 베트남 출신의 어머니를 만나게 되지만 어색함
을 느낀다. '나'는 아버지에게서 어머니가 집을 나가게 된 사연을 듣게
된다.

절정 시간이 지나면서 '나'는 음식을 해다 주는 어머니에게 점점 마음
을 열며 애틋함을 느끼게 되고, 싸움 대신 킥복싱을 배우면서 삶의 목
표를 갖게 된다.

결말 이후 아버지는 지하철 외판 일을 그만두고 담임 선생님 똥주의
도움으로 삼촌과 함께 댄스 교습소를 열어 생활의 활력을 찾게 된다.

📖 **작품 꼼꼼 강의**

위기 그분은 축축 늘어지는 천 가방에서 하얀 봉투를 꺼냈다.

'나'의 어머니. 17년 동안 떨어져 살아 '엄마'라고 부르기 어색함.

"이거……."

어머니가 '나'에게 쓴 편지

"그런 거 필요 없는데요."

'나'는 어머니의 편지를 돈 봉투라고 오해함.

나 줄 돈 있으면 신발이나 새로 사 신으세요. 요즘은 애들

소설의 서술자. 주인공(1인칭 주인공 시점)   어머니가 낡고 오래된 신발을 신고 있음.

도 저런 거 안 신어요.

"말로는 잘 못 하겠어서…… 너무 미안해서……."

오랫동안 아들을 돌보지 못한 데 대한 죄책감

"필요 없으니까, 가져가세요."

그분은 기어이 봉투를 내려놓고 방을 나갔다. 교회로 가는 걸까.

방에서 이상한 냄새가 나는 것 같다. 무슨 냄새인지는 모르겠다. 어쨌든 나 혼자 있을 때와는 다른 냄새다. 화장도 안 했던데 무슨 냄새일까. 이런 게 어머니 냄새라는 걸까. 그분이 먹었던 라면 그릇이 전과 달라 보였다. 나는 그분이 두고 간 봉투를 뜯었다. 돈인 줄 알았는데 편지였다.

『미안해요. 잊고 살지 않았어요. 많이 보고 싶었어요.
나는 나쁜 사람이에요. 정말 미안해요. 혹시 전화할 수 있으면 전화해 주세요.

○○○-○○○-○○○○

안 해도 돼요. 옆에 있어 주지 못해서 미안해요.』

그 흔한 아들이니 엄마니 하는 말은 없었다. 옆에 있어 본 적이 없어서, 어머니라고 불러 본 적이 없어서, 내가 어머니라는 말 대신 그분이라고 하는 것과 같은 걸지도 모른다. 다른 건 있다. 그분은 나를 보고 싶어 했다는 것이다. 하긴, 그분은 내 존재를 알고 있었으니까. 나는 편지를 봉투에 도로 넣고 방바닥에 휙 던졌다. 무슨 모자 상봉이 이렇게 허무한지. 그분이든 나든 눈물 한 방울은 흘려 줘야 하는 거 아닌가? 삼팔선만 안 그어졌지 남북 이산가족 상봉하고 뭐가 달라. 십칠 년 만에 나타난 어머니라는 분하고 고작 라면이나 끓여 먹고 헤어지다니. 어머니라는 존재 별거 아니군. 그나저나 똥주, 두고 보자.

"베트남 사람이에요."

가방에서 번쩍거리는 의상을 꺼내던 아버지 손이 멈췄다.

"왔었어요." / "잘 지낸대?"

아버지는 의상에 맞는 넥타이를 골랐다.

"금방 갔어요."

"……."

"전화번호 두고 갔어요."

"이거 나중에 드라이 좀 맡겨라."

아버지는 전에 입었던 의상을 돌돌 말아 문 앞에 놓았다.

---

② 서술자인 '나'는 17년 만에 어머니를 처음으로 만난 일, 즉 자신이 직접 겪은 일을 독자에게 이야기하고 있다.

③ 이야기의 중심이 되는 인물은 '나'로 이 소설은 1인칭 주인공 시점을 취하고 있다. 17년 만에 처음으로 어머니를 만난 체험과 이에 대한 자신의 심리와 생각 등을 말하고 있는 '나'는 사건의 중심에 서 있는 인물이다.

⑤ '무슨 모자 상봉이 이렇게 허무한지. ~ 어머니라는 존재 별거 아니군.'에서 서술자인 '나'는 17년 만에 처음으로 어머니를 만난 일에 대한 자신의 심리를 직접적으로 드러내고 있다.

02 작품의 세부 내용 이해   답 ③

'나'가 어머니를 만났다는 사실을 아버지에게 이야기하자 아버지는 '잘 지낸대?'라고 말하면서 '나'에게 어머니의 안부를 묻고 있다. 이로 볼 때 아버지 또한 지금까지 어머니와 연락을 끊고 살아왔음을 알 수 있다. 따라서 아버지가 '나' 모르게 어머니와 소식을 주고받았다는 내용은 이 글과 일치하지 않는다.

오답 챙기기

① '십칠 년 만에 나타난 어머니라는 분하고 고작 라면이나 끓여 먹고 헤어지다니'에서 '나'는 어머니와 17년 동안 떨어져 살았음을 알 수 있다.

② '하긴, 그분은 내 존재를 알고 있었으니까.'에서 '나'는 어머니의 존재를 모르고 있었지만, 어머니는 '나'의 존재를 알고 있었음을 알 수 있다.

④ '베트남 사람이데요.'에서 '나'는 어머니가 베트남 사람이라는 사실을 모르고 있다가, 어머니를 만난 후에 비로소 어머니가 베트남 사람이라는 것을 알게 되었음을 알 수 있다.

⑤ 어머니가 '나'에게 준 편지의 '혹시 전화할 수 있으면 전화해 주세요. ○○○-○○○-○○○○. 안 해도 돼요. 옆에 있어 주지 못해서 미안해요.'에서 어머니는 자신이 아들에게 무엇인가를 요구할 자격이 없다고 생각하고 있음을 알 수 있다.

03 시점의 이해   1인칭 주인공 시점 / 1인칭 관찰자 시점   답 ⑤

[A]는 서술자가 작품 속 등장인물인 '나'로 1인칭 시점이지만 〈보기〉는 서술자가 작품 바깥에 있는 3인칭 시점으로 바뀌었다. 〈보기〉는 작품 밖 서술자가 작품 속 인물인 완득과 완득의 어머니에 대해 서술하고 있다.

오답 챙기기

① [A]는 서술자가 작품 속 등장인물인 '나'이지만, 〈보기〉는 서술자가 작품 바깥에서 작품 속 등장인물인 완득과 완득의 어머니에 대해 서술하고 있으므로 [A]와 〈보기〉의 서술자는 동일 인물이 아니다.

② 〈보기〉에는 '나' 또는 '우리'가 등장하지 않으므로 〈보기〉는 1인칭 시점으로 볼 수 없다.

③ [A]와 〈보기〉 모두 '나(완득)'가 이야기의 중심이 되는 인물이므로 [A]와 〈보기〉의 주인공은 모두 '나(완득)'이다

④ [A]와 〈보기〉에서 인물의 행동(완득이 편지를 봉투에 도로 넣고 방바닥에 휙 던지는 것)은 동일하게 묘사되고 있다.

---

01 시점의 이해   1인칭 주인공 시점 / 1인칭 관찰자 시점   답 ④

이 글에서 '나'가 다른 등장인물(어머니, 아버지, 똥주 등)의 성격을 직접적으로 제시하는 부분은 찾아볼 수 없다.

오답 챙기기

① 이 소설의 서술자는 작품 속에 등장하는 인물인 '나(완득)'이다.

04 소재의 기능 파악　　　　　　　　　　　　답 편지

어머니가 '나'에게 준 편지의 '미안해요. 잊고 살지 않았어요.
많이 보고 싶었어요. 나는 나쁜 사람이에요. 정말 미안해요.'에
서 알 수 있듯이, 어머니는 '나'에 대한 미안함과 그리움, '나'를
오랫동안 보살펴 주지 못한 것에 대한 자책감을 차마 말로는
표현할 수 없어서 편지로 대신 전달하고 있다.

05 ~ 08

📖 **작품 꼼꼼 강의**

절정　나는 앞장서서 버스 정류장 앞에 있는 시장 속으로 들
어머니의 낡은 신발을 보고 신발을 사 드리려고 함. 어머니에 대한 애정
어갔다. 폼 나게 백화점은 가 줘야 하는데 내 월급으로 체육

관비까지 내야 하니 할 수 없다. 나는 제일 가까운 곳에 있
키복싱을 반대하는 아버지가 체육관비를 대 주지 않고 있음.
는 신발 가게로 들어갔다.

"들어오세요." / "……."

"들어오시라고요."

그분이 가게 안을 두리번거리며 들어왔다.

"신발 몇 신어요?" / "난 괜찮아요."
아들에 대한 미안함 때문에 신발 사는 것을 사양함.
"몇 신냐고요."

그분이 머뭇거리자 주인아주머니가 거들었다.
아들에 대한 미안함으로 주저하는 어머니
"240은 되겠네."

"그럼 240짜리 구두 보여 주세요."

"아니! 나 235 신어요."

그분이 어색하게 손사래를 치며 말했다.

"굽 좀 있는 걸로 보여 주세요. 저렇게 납작한 거 말고."
어머니에게 더 예쁜 신발을 사 드리고 싶은 마음
"저짝 사람 같은데, 학생하고 많이 닮았네."
피부색과 외양이 다른 베트남 출신의 어머니를 '저쪽 사람'이라고 표현함.
주인아주머니는 그분을 저짝 사람이라고 했다.

나는 반짝거리는 작은 리본이 달린 검정 구두를 집었다.
어머니에 대한 '나'의 애정을 드러내는 소재
굽도 7센티미터는 될 것 같다.

"신어 보세요." / 그분은 머뭇거렸다.

"사 준다고 할 때 신어. 좋은 걸로 골랐네. 근데 둘이 무슨
'나'와 어머니의 어색한 모습에 모자 사이임을 알아채지 못함.
사이야?"

주인아주머니가 묻자 그분이 당황한 얼굴로 얼른 구두를
아들을 돌보지 못한 자격 없는 엄마라는 생각에 모자지간임을 선뜻 밝히지 못함.
신었다.

"꼭 맞네."

주인아주머니가 말했다. 그분이 신발을 벗었다.

"그냥 신고 가세요." / 그분은 다시 신발을 신었다.

"아니, 무슨 사인데 이 양반이 이렇게 쩔쩔매?"

주인아주머니가 그분의 표정을 살피며 물었다.

"그냥……." / 그분은 그냥이라고 했다.
아들에 대한 미안한 마음에 모자 사이라는 사실을 밝히지 못함.
"얼마예요?" / 나는 서둘러 가격을 물었다.
어색한 분위기를 전환하려고 화제를 바꿈.
"이만 오천 원인데 이만 삼천 원만 내."

나는 얼른 이만 오천 원을 주인아주머니 손에 쥐여 주고
가게를 나왔다. 이천 원은 팁이다. 그런데 그분이 이천 원을
거스름돈과 오래된 신발을 챙겨 나옴. 어머니의 알뜰한 성격을 알 수 있음.
들고 나왔다. 낡은 꽃분홍색 단화까지 들고.

"가지고 가."
어머니의 말투 변화 – 어머니와 '나'의 사이가 조금씩 가까워지고 있음을 보여 줌.
　　　　　　　　　　　　　▶ '나'가 어머니에게 새 신발을 사 드림.
그분이 내 손에 이천 원을 쥐여 주었다. 나는 그분 손에

반찬 통을 쥐여 주었다.
'나'에 대한 어머니의 애정을 드러내는 소재
"고마워……."

그분 턱이 파르르 떨렸다. 턱까지 흘러내린 눈물이 덜렁
아들에 대한 고마움과 미안함
거렸다.

"음식이 좀 짜요. 저 그렇게 짜게 안 먹어요."
반찬을 챙겨 주는 어머니에 대한 고마움을 겉으로는 퉁명스럽게 표현함.
그분이 활짝 웃었다. 그분은 울면서 웃는 능력이 있다.
'나'가 자신이 챙겨 준 음식을 먹었다는 사실과 자신을 받아들이고 있는 것에 대한 기쁨
아버지가 짜게 먹는 걸 기억하고 나까지 짜게 먹는 줄 알
아버지의 식성을 기억하고 있음.
았을 것이다. 그런데 아버지는 아직 그분의 음식을 먹지 못
했다. 대신 똥주가 먹었다. 아버지와 뚝 떨어져 있는 그분의
아버지와 어머니는 서로 만나지 않고 있음.
거리. 그 거리 속에 존재하는 나. 지금 이곳이 내 자리인 모
'나'는 아버지와 어머니 사이에서 양쪽과 모두 만나고 있음.
양이다.
　　　　　　　　　▶ '나'에 대한 고마움으로 눈물을 흘리는 어머니

05 작품의 세부 내용 파악　　　　　　　답 ④

'폼 나게 백화점은 가 줘야 하는데 내 월급으로 체육관비까지
내야 하니 할 수 없다.'에서 '나'는 체육관비를 아버지가 아닌
자신의 월급으로 내고 있음을 알 수 있다. 따라서 아버지가 '나'
의 체육관비를 매달 지원해 주고 있다는 것은 이 글의 내용과
일치하지 않는다.

✅ **오답 챙기기**

① '아버지는 아직 그분의 음식을 먹지 못했다. 대신 똥주가 먹었다.'에서
　어머니가 해 준 음식을 아버지 대신에 담임 선생님인 똥주가 먹었음
　을 알 수 있다.
② '그런데 그분이 이천 원을 들고 나왔다. 낡은 꽃분홍색 단화까지 들
　고.'에서 '나'가 가게 아주머니에게 주는 팁으로 생각하고 받지 않은
　거스름돈 이천 원을 어머니는 자신이 오랫동안 신어 왔던 낡은 꽃분
　홍색 단화와 함께 챙겨서 나오고 있다. 이로 볼 때 어머니는 알뜰하
　고 검소한 성격을 지닌 인물로 볼 수 있다.
③ '아버지가 짜게 먹는 걸 기억하고 나까지 짜게 먹는 줄 알았을 것이
　다.'에서 어머니는 음식을 짜게 먹었던 아버지에 대한 기억을 지니고
　있었음을 알 수 있다.
⑤ '음식이 좀 짜요. 저 그렇게 짜게 안 먹어요.'라는 '나'의 말에 '활짝 웃
　었다'는 데서 어머니는 자신이 해 준 음식을 아들인 '나'가 먹었다는
　사실에 기뻐했음을 알 수 있다.

06 인물의 심리 및 태도 파악　　　　　　답 ⑤

㉤에는 아직 서로에 대한 어색함이 커서 주인아주머니에게 선
뜻 모자 관계임을 말하지 못하는 애매한 상황에서 빨리 벗어나
고 싶은 '나'의 심리가 드러나 있다. 어머니가 외국인이라는 사
실을 부끄러워하는 '나'의 심리는 이 글에 나타나지 않는다.

① ㉠은 아무것도 해 주지 못한 아들에 대한 미안함 때문에 자신을 위해 신발을 사 주려는 '나'에게 사양의 의사를 밝히는 어머니의 말이다.

② ㉡은 낡고 오래된 단화를 신고 있었던 어머니에게 좀 더 예쁜 신발을 사 드리고 싶은 '나'의 마음이 드러난 표현으로 볼 수 있다.

③ ㉢에서 주인아주머니가 '나'의 어머니를 '저짝(저쪽) 사람'이라고 가리키는 것은 베트남 출신인 어머니의 외양이 한국인과는 다르다는 주인아주머니의 인식이 드러난 표현으로 볼 수 있다.

④ ㉣은 '나'와 어머니의 어색한 모습과 행동에 둘이 모자 관계임을 알아차리지 못한 주인아주머니의 호기심과 궁금함이 드러난 표현으로 볼 수 있다.

07 시점의 이해 1인칭 주인공 시점 / 1인칭 관찰자 시점   답 ③

[A]는 서술자가 작품 속 등장인물인 '나(완득)'이고, 〈보기〉는 서술자가 작품 속 등장인물인 '나(어머니)'이다. 즉 똑같이 1인칭 시점이지만 독자에게 사건을 전달하는 서술자가 바뀌고 있다.

① [A]와 〈보기〉 모두 큰따옴표를 사용하여 인물의 대화를 직접 제시하고 있으므로 〈보기〉에서 인물의 말이 더 생생하게 전달되고 있지 않다.

② [A]와 〈보기〉는 내용상 차이가 없으며, 사건의 흐름 역시 변함이 없다.

④ [A]와 〈보기〉 모두 작품 속 등장인물인 '나'가 서술하고 있으므로 [A]와 〈보기〉는 모두 1인칭 시점이다.

⑤ [A]와 〈보기〉 모두 작품 속 등장인물인 '나'가 서술하고 있으므로 서술자의 위치가 작품 안에서 작품 바깥으로 이동하고 있지 않다.

08 소재의 기능 파악   답 검정 구두

'검정 구두'는 낡고 오래된 분홍색 단화를 신고 있던 어머니의 모습에 연민을 느낀 '나'가 어머니에게 새로 사 드린 것으로, 어머니에 대한 '나'의 애정을 드러낸다.

어휘 확인   □ 본문 105쪽

| 1 ㉡ | 2 ㉤ | 3 ㉠ | 4 ㉣ | 5 ㉢ |
| 6 ㉡ | 7 ㉢ | 8 ㉤ | 9 ㉣ | 10 ㉠ |

---

13 일차 필수 개념 전지적 작가 시점 / 3인칭 관찰자 시점

◎ **시점 판단하기** 1. ×   2. ○

(필수 개념 ❶) ①

✎ **개념 적용하기** 전지적 작가

- -

◎ **시점 판단하기** 1. ×   2. ○

(필수 개념 ❷) ②

✎ **개념 적용하기** 삼(3), 관찰자

필수 개념 ❶ **전지적 작가 시점**   답 ①

나비를 잡는 아버지 | 현덕

작품 해설 이 소설은 1930년대 어느 농촌에 사는 소작농(다른 사람의 땅을 빌려 농사를 짓고, 소작료를 내는 농민)의 아들인 '바우'가 겪는 갈등과 그 해결 과정이 시간의 흐름에 따라 드러나고 있는 작품이다. 자신과 신분이 다른 마름의 아들인 경환을 못마땅하게 생각하던 바우는 경환이 잡으려던 나비를 일부러 날려 보내고, 그 일 때문에 바우네는 빌린 땅을 빼앗길 위기에 놓인다. 바우와 경환의 미묘한 신경전에서 시작된 갈등은 바우와 부모님의 갈등으로 전개되고, 결국 바우가 아버지의 마음을 이해하게 됨으로써 갈등은 해결된다. 일제 강점기의 농촌 현실을 보여 주고 있으며, 여운을 남기는 결말 처리로 독자들에게 감동을 주는 소설이다.

주제 아버지의 가족에 대한 책임감과 아들을 향한 사랑

전체 줄거리

발단 바우와 경환은 같은 소학교를 나온 친구이다. 소학교를 졸업한 뒤 바우는 돈이 없어 상급 학교에 가지 못하고, 경환은 서울의 상급 학교에 진학한다. 여름 방학을 맞아 고향에 내려온 경환은 학교 숙제라며 나비를 잡으러 다니고, 바우에게는 그 모습이 곱게 보이지 않는다.

전개 그러다 경환이 잡으려던 나비를 바우가 일부러 날려 버리면서 둘은 크게 싸우게 된다. 싸움에서 바우에게 밀린 경환은 두고 보자며 벼르고, 바우의 어머니와 아버지는 차례로 경환네 집에 불려 가 안 좋은 이야기를 듣는다.

위기 바우 아버지는 바우에게 나비를 잡아가서 경환에게 사과하라고 하지만, 바우는 꿈쩍도 하지 않는다. 아버지는 바우가 아끼는 그림책을 찢어 버리고 바우의 분노는 더욱 커진다.

절정 바우는 집을 나가 버릴까 하고 고민하며 산 아래로 내려오던 중 누군가가 나비를 잡으려 애쓰는 것을 보게 된다. 바우는 그 사람이 자신의 아버지라는 것을 알게 되고, 아버지에 대한 원망이 미안함으로 바뀌는 것을 느낀다.

결말 바우는 아버지에게 안쓰러운 마음을 느끼면서 아버지를 부르며 뛰어 내려간다.

☑ 작품 꼼꼼 강의

발단 『황혼의 종로로 방향을 돌려서
『 경환이 부르고 있는 유행가의 가사
버스는 떠난다. 경쾌스럽게.』

간드러진 노랫소리가 푸른 언덕을 넘어온다. 바우는 송아
소설의 주인공. 소작농의 아들로 친구인 경환과 갈등을 일으킴.
지를 뜯기며 밤나무 그늘에 앉아 그림 그리는 책을 펴 들었

다. 송아지가 움직이는 대로 자리를 옮아앉으며 옆으로 풀을 뜯는 송아지 모양을 그리느라 열심히 들여다보고 연필을 놀리고 하더니 잠시 멈추고 귀를 기울인다. 그리고 흥! 하고 빈정거리는 웃음을 한 번 웃고는 그 소리가 듣기 싫다는 듯
경환이 부르는 노랫소리가 듣기 싫음. 경환에 대한 반감
그편에 등을 대고 돌아앉는다.

'겨우 서울 가서 공부한다고 배워 가지고 온 것이 유행가
바우. 자신과 달리 경환은 서울의 상급 학교에 진학함.
나부랭이냐. 그리고 나비 잡는 것이구.'
경환이 학교 숙제로 나비를 잡음.
지난해 봄에 바우와 경환이는 한날에 그곳 소학교를 졸업하였다. 그리고 경환이는 서울로 상급 학교를 가고, 바우 자기는 집에서 꾸벅꾸벅 땅이나 파며 있지 않으면 아니 될 때,
상급 학교에 진학하지 못하고 농사를 짓고 있는 바우의 가난한 처지
바우는 무척 슬퍼하고 억울해하고 따라서 경환이를 부러워
작품 밖의 서술자가 인물의 심리를 직접 제시함. - 전지적 작가 시점
도 하였다. 바우 자기가 값없이 보내는 그 하루하루에 경환이는 좋은 학교, 훌륭한 선생 아래서 날마다 새로워 가고 높
상급 학교로 진학한 경환에 대한 부러움
아 갈 것을 생각할 때 바우는 가만히 있지 못했다. 그 상급 학교에 가지 못하는 별충을 여기다 하려는 듯이 틈 있는 대
상급 학교에 진학하지 못한 한을 그림 그리는 것으로 대신하려고 함.
로 그림을 그렸고 또 그것으로 즐거움이 되었다.
▶ 가난 때문에 상급 학교에 진학하지 못한 바우
그리고 얼마 전에 그 경환이가 하기휴가를 하고 서울서
여름 방학
집에 돌아왔다. 그러나 전보다 얼굴빛이 희어지고, 바지통
서울 생활을 한 경환의 달라진 모습
이 넓은 양복에 흰 테두리 한 모자를 멋있게 쓴 것이 달라졌
을 뿐, 서울이 얼마나 좋고 자기 다니는 학교가 얼마나 훌륭한 곳인가를 자랑하는 것과 또는 활동사진 배우 중 누구
영화
는 어떻고 누구는 어쩌고, 그리고 잡된 유행가를 부르며 동네 어린아이들을 몰고 다니며 나비를 잡는 것이 하는 일이었다. 아마 경환이 자기는 이러는 것으로 전일 보통학교 때 늘 바우에게 성적으로 머리를 눌려 오던 분풀이를 하려는 듯이
보통학교 시절 바우가 경환보다 공부를 잘했음을 알 수 있음.
뻐기며 다니는 것이다. 바우는 그 꼴이 곱게 보일 수 없었다.
경환이 동네 아이들에게 자랑을 하고 다니는 것이 못마땅함.
▶ 상급 학교에 진학한 경환을 못마땅해하는 바우

이 글에는 '나', '우리'가 등장하지 않는다. 따라서 1인칭 시점이 아닌, 서술자가 작품 밖에서 사건을 서술하고 있는 3인칭 시점이다. 또한 '지난해 봄에 바우와 경환이는 한날에 그곳 소학교를 졸업하였다. 그리고 경환이는 서울로 상급 학교를 가고', '바우는 무척 슬퍼하고 억울해하고 따라서 경환이를 부러워도 하였다.' 등에서 알 수 있듯이 서술자가 인물이 처한 상황, 심리 등 인물의 모든 것을 이야기하고 있는 전지적 작가 시점이다.

✓ 오답 챙기기

②, ③ 이 소설은 작품 밖에 있는 서술자가 등장인물의 심리를 직접 제시하고 있다.

④ 이 소설은 작품 밖의 서술자가 작품 속 등장인물인 '바우'의 이야기를 전달하고 있다. 바우는 서술자가 아니라 서술 대상이다.

⑤ 이 소설은 작품 밖의 서술자가 작품 속 등장인물인 '바우'와 '경환'에 대해 이야기하고 있다. 즉 바우와 경환은 모두 서술자가 아닌 서술 대상이며 주인공은 경환이 아니라 바우이다.

요람기 | 오영수

작품 해설 이 소설은 어린 시절의 회상을 통해 천진난만하고 순박한 산골 아이들의 생활을 그려 냄으로써, 현대 문명 속에서 잊혀져 가는 우리 농촌의 생활과 향토적 정서를 보여 주는 작품이다. 이 소설은 일반적인 단편 소설과 달리 사건들 사이에 밀접한 관련성이 없으며 이야기의 전개도 계절의 변화에 따른 병렬적 구성 방식을 취하고 있다. 또한 사건의 극적인 전개와 인물 간의 갈등 없이, 어린 시절의 체험들을 잔잔하게 전하고 있다.

주제 산골에서의 생활과 추억

전체 줄거리

발단 도시 문명의 혜택을 받지 못하는 산간 마을에서 소년은 아이들과 다양한 놀이를 하며 즐겁게 지낸다.

전개 봄철에는 들불 놀이, 너구리 잡기를 하고 아이들이 잡아 온 물까마귀를 그들의 대장 격인 '춘돌'이 꾀를 써서 다 먹기도 했다. 여름에는 밤밭골에서 소에게 풀을 뜯기기도 하고 멱을 감다가 참외 서리를 하기도 했으며, 밤에는 평상에 누워 누나와 이야기를 나누다가 잠들었다. 가을이면 아이들과 콩 서리를 해서 '춘돌'이 시키는 대로 먹기도 하고, 결혼해 마을을 떠난 '이대룡'과 '득이'를 그리워하기도 했다. 겨울이 되면 연날리기를 즐겼다. 연싸움이 특히 재미있었지만 정월 보름에 그 연을 날려 보냈다.

결말 산골 생활 속에서 꿈과 소망을 키우던 소년은 어느새 인생이 무엇인지를 아는 어른이 되었다.

📋 작품 꼼꼼 강의

전개 진달래가 피고 잔디가 새로 돋아나기 시작하면, 아이들은 약속이나 한 듯 밤밭골로 모여들었다. 이 밤밭골은 산
계절적 배경 - 봄
도 아니고 들도 아닌 펑퍼짐한 구릉으로서, 이 고장 아이들
공간적 배경. 산골 아이들의 놀이터
의 놀이터로 돼 있었다. 둘레에는 잡목과 가시덩굴들이 얽혔
밤밭골의 풍경을 묘사함.
지만, 등성이로는 오솔길이 나 있고, 군데군데 잔디를 곱게 입은 무덤들이 도래솔에 둘려 있었다.

여기에서 『아이들은 패를 갈라 씨름도 하고 말타기도 했
『ː 도시 문명의 혜택을 받지 못한 산골 아이들이 다양한 놀이를 하며 즐겁게 지냄.
다. 씨름에도 지치고 말타기도 싫증이 나면, 산을 향해 고함을 질러, 돌아오는 메아리에 귀를 기울여 보기도 하고, 만만
향토적 분위기를 형성함.
한 나무를 휘어잡아 까닭 없이 흔들어 보기도 했다. 잔디에 배를 깔고 삘기를 까 씹기도 하고, 왕개미를 잡아다가 손바
작품 밖의 서술자가 작품 속 아이들의 행동을 관찰함. - 3인칭 관찰자 시점
닥에 놓고 놀려 보기도 했다.』
▶ 다양한 놀이를 하며 즐겁게 지내는 산골 아이들
춘돌이라는, 김 초시네 머슴이 있었다. 나이는 아이들보다 배나 먹었어도 늘 조무래기 아이들과만 어울려 놀았다. 씨름이나 말타기를 하면 으레 이 춘돌이가 심판을 했고, 어떤 때에는 아이들에게 쇠꼴을 베게 해 놓고 저는 밋등에 번듯이 누워 있기도 했다. 어떻게 해선지는 몰라도 아이들은
나이 많은 춘돌이 아이들의 대장 노릇을 함.
춘돌이 말을 고분고분 잘 들었고, 또 잘 듣지 않으면 이 밤밭골에 오지 못하는 걸로 돼 있었다.
▶ 아이들의 대장 노릇을 하는 머슴 춘돌
언젠가 아이들이 물까마귀 한 마리를 잡은 적이 있었다.
어린 시절의 추억을 회상하는 방식으로 글이 전개됨.

날개를 다쳐 날지 못하는 것을 아이들이 몰아 덮친 것이었다. 아이들은 이 물까마귀를 어떻게 할까 하고 한동안 티격태격하다가 결국 구워 먹기로 했다. 마른 나무를 주워다 쌓고 그 위에다 물까마귀를 통째로 얹어 불을 지폈다. 배를 갈라 속을 내야겠으나, 칼이 없어 그대로 굽기로 했다. 지지지, 노린내와 함께 금세 털이 홀랑 타 버리고 알몸만 남았다.

먹을 것이 별로 없었던 가난한 시절임을 알 수 있음.

까투리보다는 좀 작은 알몸에서는 자글자글 기름이 끓고, 구수한 냄새와 함께 살이 노르께하니 익어 가는 참인데, 이때 춘돌이가 나무 지게를 받쳐 놓고 어슬렁어슬렁 다가왔다.

의성어와 후각적·시각적 이미지를 통해 현장감을 살림.

"그게 뭐냐?"

"물까마귀다."

"웬 거냐?"

"잡은 거다."

"누가?"

"우리가."

춘돌이는 아이들이 터 주는 자리에 비집고 들었다.

▶ 잡은 물까마귀를 구워 먹으려고 하는 아이들

이 소설은 작품 속에 '나', '우리'가 등장하지 않는다. 따라서 1인칭 시점이 아닌, 서술자가 작품 밖에서 사건을 서술하는 3인칭 시점이다. 또한 서술자가 작품 속 사건이나 인물들(아이들, 춘돌)의 행동을 관찰자의 위치에서 관찰만 하고 있으므로 3인칭 관찰자 시점이다.

✅ 오답 챙기기

① 이 소설은 서술자가 작품 안에 있는 것이 아니라 작품 밖에서 작품 속의 인물들을 관찰하고 있다.

③ 이 글에서 서술자가 전지적 위치에서 인물들의 심리를 직접 제시하는 내용은 찾아볼 수 없다.

④ 이 소설은 3인칭 관찰자 시점으로, 서술자가 작품 밖에서 작품 속 인물들의 이야기를 대신 전달하고 있다.

⑤ 이 소설은 서술자가 작품 밖에서 작품 속 인물의 행동과 모습을 관찰만 하는 3인칭 관찰자 시점이다.

13 일차 _{실전} 전지적 작가 시점 / 3인칭 관찰자 시점

01 ③　　**02** ②　　**03** ①　　**04** [예시답] 간 없이(간을 육지에 두고) 수궁에 왔다는 토끼의 말　　**05** ④　　**06** ②

07 ②　　**08** ⓐ: 별주부, ⓑ: 용왕, ⓒ: 토끼

🖊 **개념 적용하기** 전지적 작가

🔍 **작품 한눈에** 간, 수궁, 육지, 용왕

01 ~ 04

토끼전 | 작자 미상

작품 해설 이 작품은 동물을 의인화한 우화 소설로, 별주부(자라)의 속임수에 넘어가 수궁에 들어갔다가 죽을 위기에 처한 토끼가 기지를 발휘하여 살아 돌아온다는 내용을 통해 위기 극복의 지혜와 헛된 욕심에 대한 경계, 무능한 지배 계층(용왕)의 부패상을 이야기하고 있다. 한편 이 작품의 배경은 용왕을 중심으로 한 수궁 세계와 토끼를 중심으로 한 육지 세계로 나눌 수 있다. 수궁 세계는 지배 계층인 귀족 사회를, 육지 세계는 피지배 계층인 서민 사회를 반영한 공간으로, 이 두 공간이 대립적으로 설정되어 있다. 또한 작품의 공간이 '수궁 → 육지 → 수궁 → 육지'로 이동하는데, 공간의 이동에 따른 위기와 그 극복 과정이 흥미를 유발하며 극적 효과를 높여 주고 있다.

주제 ① 위기 극복의 지혜와 헛된 욕심에 대한 경계(토끼 중심) ② 임금에 대한 충성(별주부 중심) ③ 무능한 집권층에 대한 비판(용왕 중심)

전체 줄거리

발단 병이 든 남해 용왕은 토끼의 간이 약이 된다는 말을 듣고 토끼를 잡아 오라며 별주부를 육지로 보낸다.

전개 별주부는 높은 벼슬을 주겠다는 말로 토끼를 유혹하고, 별주부의 말에 속은 토끼는 수궁에 따라간다.

절정 토끼는 꾀를 내어 자신의 간을 육지에 두고 왔다고 거짓말을 하고, 용왕은 토끼의 말에 속아 신하들의 반대에도 불구하고 토끼에게 성대한 잔치를 열어 준 뒤 별주부와 함께 육지로 나가서 간을 찾아오도록 한다.

결말 육지로 올라온 토끼는 별주부를 혼내고 간 대신 자신의 똥을 칡잎에 싸서 준다. 별주부는 토끼 똥을 가지고 수궁에 가 용왕에게 먹이고, 토끼 똥을 먹은 용왕은 병이 낫는다.

📑 작품 꼼꼼 강의

절정 그 사이 용왕은 병이 더욱 깊어져 움직이지를 못했는데, 토끼를 보고는 새 정신이 왈칵 솟았다. 용왕은 창문을 열어 큰 소리로 토끼에게 분부를 내렸다.

토끼의 간을 먹으면 병이 나을 수 있다는 기대감

"과인은 옥황상제의 명을 받아 이 남해를 지켜 왔다. 또 인간에게는 비를 주고, 바다의 생물을 위하여 은혜를 널리 베풀며 열심히 살아왔다. 그러다가 우연히 병을 얻게

자신이 그동안 쌓은 덕을 말하면서 자신의 병을 고쳐야 함을 강조함.

되어 오늘에 이르렀구나. 토끼의 간이 아니면 다른 약이 없는 처지에 별주부가 충성심을 발휘해 그 험한 육지에

토끼가 수궁에 잡혀 온 이유

가서 너를 잡아 왔느니라.

네 간을 내어 먹고 짐의 병이 낫는다면, 토끼 너의 공을
힘없는 백성을 희생시키려는 용왕
어찌 잊겠느냐. 우리 용궁 최고의 건축물인 기린각 능운
대에 네 이름을 새겨 길이 보존할 것이다. 그게 아니면 네
죽으면 아무 의미없는 일로 토끼를 설득하려 함.
가 원하는 것은 다 이루어 주마. 목숨을 바쳐 명분을 이루
는 것 또한 의미 있는 삶이 아니겠느냐. 그러니 조금도 서
러워하지 말고 어서 칼을 받거라."
▶ *자신의 병을 고치기 위해 토끼를 희생시키려고 하는 용왕*
용왕의 청천벽력 같은 분부를 받은 토끼는 아무 대답도 못
하고 고개를 들어 임금을 바라보며 눈물만 뚝뚝 떨어뜨렸다.
토끼가 꾀를 부리기 시작함.
용왕이 그 모습을 보니 아무 죄 없이 자기 때문에 죽게 된
서술자가 인물의 심리를 직접 제시함 - 전지적 작가 시점
토끼가 딱하기도 하고 가련하기도 했다. 이왕 죽는 것, 좋은
말로 타일러 웃음이나 머금고 죽게 하자 하는 마음으로 토끼
를 달랬다.

"짐을 위해 죽는 것이 서러워서 눈물을 흘리느냐?"

"죽는 게 서러워서가 아니옵고, 못 죽어서 우나이다."
이치에 맞지 않는 해괴망측한 말
못 죽어서 울다니 이 무슨 해괴망측한 말인가. 용왕이 의
아해서 물었다.

"그것이 무슨 말인가?"

"용왕님, 제가 아뢸 터이니 잘 들으십시오. 인간 세상에
가면 흔하디 흔한 게 저 같은 작은 목숨입니다. 언제 독수
자신의 말을 믿게 하려고 자신의 목숨의 가치를 낮추어 말함.
리 밥이 될지 사냥개 반찬이 될지 누가 알겠습니까. 사냥
꾼이 쳐 놓은 그물에 걸리든 화충 불에 타든 어찌하든 죽
는 거야 시간문제이지요. 그렇게 죽고 나면 세상에 살다
자기의 죽음을 아무도 기억하지 않을 것임을 강조함.
간 저를 누가 기억해 주겠습니까?

『제가 배 속의 간이라도 내어 대왕의 병을 고치는 데 쓴
『 』*살아남기 위해 용왕을 설득하는 토끼*
다면, 설령 병이 낫지 않더라도 저의 아름다운 이름을 오
랫동안 전하게 될 것이니까요. 게다가 행여라도 병환이
나으면 대왕 덕택에 기린각 능운대에 새겨진 저의 이름을
용왕을 위해 자신이 죽는 것은 문제가 안 되고 오히려 좋은 기회가 된다는 의미
후세에 전할 테니 천재일우가 따로 없겠지요.』 그런데 이
방정맞은 것이 그만 간 없이 왔사오니 절통하기가 그지없
나이다."
간을 두고 왔다고 용왕에게 거짓말을 하는 토끼
용왕이 기막혀하며 껄껄껄 크게 웃었다.
토끼의 말을 믿지 않음.
"그대는 참으로 미련하구나. 『거짓말을 하더라도 그럴듯
하게 할 것이지, 말도 안 되는 그런 말을 누가 곧이듣겠
『 』*간을 육지에 두고 왔다는 토끼의 말이 이치에 맞지 않음을 지적함.*
느냐? 네 몸이 여기 와 있는데 네 배 속에 있는 간이 어찌
함께 못 왔는고?"
▶ *살아남기 위해 꾀를 내어 용왕에게 거짓말을 하는 토끼*

01 인물의 심리 및 태도 파악   답 ③

'그대는 참으로 미련하구나. 거짓말을 하더라도 그럴듯하게 할
것이지, 말도 안 되는 그런 말을 누가 곧이듣겠느냐?'에서 용
왕은 간을 두고 왔다는 토끼의 말을 믿지 않고 있다.

① '인간 세상에 가면 흔하디 흔한 게 저 같은 작은 목숨입니다.'에서 토
끼는 자신의 목숨이 하찮은 것임을 강조하고 있다.

② '인간에게는 비를 주고, 바다의 생물을 위하여 은혜를 널리 베풀며'에
서 용왕은 자신이 인간에게 은혜를 베풀었다고 말하고 있다.

④ '용왕이 그 모습을 보니 아무 죄 없이 자기 때문에 죽게 된 토끼가 딱
하기도 하고 가련하기도 했다.'에서 용왕은 자신 때문에 죽을 위기에
처한 토끼를 불쌍히 여기고 있다.

⑤ '병환이 나으면 대왕 덕택에 기린각 능운대에 새겨진 저의 이름을 후
세에 전할 테니 천재일우가 따로 없겠지요. 그런데 이 방정맞은 것이
그만 간 없이 왔사오니 절통하기가 그지없나이다.'에서 토끼는 자신
의 간으로 용왕을 치료하여 이름을 후세에 전할 수 있는 기회를, 간
없이 오는 바람에 놓쳤다며 억울한 척하고 있다.

02 갈등의 양상 파악   답 ②

이 글에서 토끼의 간은 용왕에게는 꼭 필요한 약이고, 토끼에
게는 자신의 목숨과 직결되는 것이다. 따라서 간은 용왕과 토
끼가 갈등을 일으키게 되는 근본 원인으로 작용하고 있다.

① 용왕이 옥황상제의 명을 받아 남해를 다스려 왔음을 말하고 있을 뿐,
이 둘이 갈등을 빚고 있지는 않다.

③ 이 글에 토끼가 별주부에게 속아 넘어간 자신을 자책하거나 내적 갈
등을 일으키는 모습은 나타나 있지 않다.

④ 용왕은 별주부가 충성심을 발휘하여 육지에서 토끼를 잡아 온 것을
칭찬하고 있을 뿐, 이와 관련해 내적 갈등을 나타내고 있지 않다.

⑤ 사냥꾼은 토끼가 자신이 죽음을 맞이하게 될 여러 상황 중 하나로 언
급한 것일 뿐이다. 사건 진행으로 볼 때 토끼는 자신의 간을 필요로
하는 용왕, 별주부와 갈등 관계에 놓여 있다.

03 시점의 이해   *전지적 작가 시점 / 3인칭 관찰자 시점*   답 ①

[A]는 작품 속에 '나', '우리'가 등장하지 않으므로 서술자가 작
품 밖에서 인물과 사건을 서술하는 3인칭 시점이고, 〈보기〉는
작품 속에 '나'라는 인물이 등장하므로 서술자가 작품 속 등장
인물인 1인칭 시점이다.

② 서술자가 작품 안에 있는 〈보기〉와 달리 [A]는 서술자가 작품 바깥에
서 작품 속 등장인물에 대해 서술하고 있다.

③ [A]와 〈보기〉는 내용상 차이가 없고 토끼의 모습을 다르게 묘사하고
있지도 않다. [A]와 〈보기〉 모두 눈물만 뚝뚝 흘리는 토끼의 모습이
묘사되어 있다.

④ [A]는 작품 밖의 서술자가 이야기를 전달하고 있고, 〈보기〉는 작품 안
의 '나(용왕)'가 서술자가 되어 이야기를 전달하고 있다. 따라서 [A]와
〈보기〉의 서술자는 동일 인물이 아니다.

⑤ [A]와 〈보기〉는 내용상 차이가 없고 토끼에 대한 인물의 심리도 다르
게 서술되고 있지 않다. [A]와 〈보기〉 모두 용왕이 자기 때문에 죽게
된 토끼를 불쌍히 여기고 있다.

04 작품의 세부 내용 이해

📋 간 없이(간을 육지에 두고) 수궁에 왔다는 토끼의 말

'그런데 이 방정맞은 것이 그만 간 없이 왔사오니 절통하기가 그지없나이다.'에서 토끼는 살아남기 위해 용왕에게 간을 육지에 두고 왔다고 거짓말을 하고 있다. 그리고 용왕은 이 말을 듣고 거짓말이라고 비웃으면서 토끼의 말을 믿지 않고 있다.

05 ~ 08

📖 작품 꼼꼼 강의

결말 그럭저럭 문답 아닌 문답을 하며 토끼와 별주부는 넓고 너른 푸른 바다를 다 지나고 바닷가 기슭에 도착했다.
└ 수궁을 벗어나 육지에 도착함.

토끼가 앞에 서고 별주부는 뒤를 따라 바삐 걸어갔다. 토끼의 분한 마음이야 별주부가 지은 죄를 크게 꾸짖고 싶었으
└ 토끼를 속여 수궁으로 끌고 간 일
나 아직은 때가 아닌 줄을 알기에 묵묵히 걸어갔다. 괜히 건
└ 위험한 상황에서 완전히 벗어나지 않았다고 생각함.
드려 보았자 저 단단한 주둥이로 팔다리 꽉 물고서 도로 물
에 들어가면 어찌할까 싶어 꾹 참았던 것이다.
└ 위험에서 완전히 벗어날 때까지 기다리는 토끼의 신중한 태도
토끼는 바닷물 빛이 보이지 않도록 한참을 훌쩍 가서야
└ 안전한 상황이 될 때까지 조심스럽게 기다리는 토끼의 모습
바위 위에 높이 앉아 마음껏 별주부에게 호령했다.

"이놈 자라야! 네 죄를 따지자면 죽여도 아깝지 않도록 괘씸하다. 만일 내 말재주가 네 용왕처럼 미련했더라면, 아
└ 자신이 영리해서 용왕을 속일 수 있었다고 생각함.
까운 이내 목숨 수중 원혼이 되었겠구나. 옛 책에는 '짐승이 미련하기가 물고기와 같다.' 했는데 너희 물고기들이 미련하기는 우리 털 있는 짐승보다 더하구나.
└ 자신의 말에 속은 용왕과 별주부가 미련하고 어리석다고 생각함.
오장에 붙어 있는 간을 어찌 넣고 빼고 할 수가 있겠느
└ 용왕에게 했던 말이 거짓임을 밝힘.
냐? 네 소행을 생각하면 산속으로 잡아다가 푹 삶아서 백소주 안줏감으로 초장이나 찍어 먹으며 우리 동무들과 잔치를 벌이고 싶은 마음 간절하구나. 그러나 임금을 위하
└ 용왕을 위한 별주부의 충성심
는 마음에서 그런 것이며, 만경창파 그 먼 길을 네 등으로 왕래하며 죽고 사는 고생을 함께하였기에 목숨만은 살려 보내 주겠다. 그리 알고 속히 궁으로 돌아가거라.

좋은 약을 보내기로 네 왕에게 약속했으니, 점잖은 내 체면에 어찌 식언을 하겠느냐? 내 똥이 매우 좋아 열을 내리게 한다 하여 사람들이 주워서 앓는 아이에게 먹인다.
└ 토끼 똥의 효험
내가 살펴보니 네 왕의 두 눈자위에 열기가 아주 많이 몰
└ 바다의 최고 권력자인 용왕에게 똥을 먹여 함. → 용왕을 조롱함.
렸더라. 이걸 갖다가 먹이면 병이 곧 나을 게다."
▶ 토끼가 자신을 속인 별주부를 혼냄.
토끼는 작은 총알 같은 똥을 많이 누어 칡잎에 단단히 싸서 별주부 등에 올려놓고 칡으로 감아 주었다. 별주부는 할 수 없이 토끼 똥을 짊어지고 수궁으로 발길을 돌렸다.

『죽을 목숨 살아 나온 토끼의 기쁨이야 오죽하겠는가. 깡
└ 『 』: 죽을 위기에서 벗어난 토끼의 기쁨을 서술자가 직접 제시함. – 전지적 작가 시점
장깡장 뛰어가며 흔들흔들 방자하게 뽐내며 자랑하는 모습이 혼자 보기 아까웠다.』(중략)

한편 토끼를 놓쳐 버린 별주부는 '차라리 육지로 올라가
└ 토끼를 놓쳐 버린 별주부의 내적 갈등
죽어 버릴까?' 하는 생각도 했다. 하지만 처자식과 늙으신 어머니가 마음에 걸려 무거운 발걸음을 옮겨 수궁으로 돌아갔다. 『다행스럽게도 토끼가 준 토끼 똥의 효험이 있어 용왕
└ 토끼 똥이 효험이 있어 병을 고친 용왕
의 병이 씻은 듯이 나았다. 그토록 원하던 충신이 되어 어머
└ 『 』: 고전 소설의 특징 – 행복한 결말
니와 아내, 자식 모두 함께 평안한 여생을 누렸다.』
▶ 토끼가 간 대신 자신의 똥을 주어 용왕의 병을 낫게 함.

05 작품의 종합적 감상   📋 ④

이 글의 주인공은 제목에서도 알 수 있듯이 '토끼'이다. 토끼는 목숨을 잃을 뻔한 위기에서 지혜를 발휘하여 살아남고, 용왕의 병을 치료하는 약(토끼 똥)도 주는 등 사건의 중심이 된다. 그러나 토끼의 영웅적인 일대기가 제시되고 있지는 않다. 영웅적 일대기는 비범하고 초월적 능력을 지닌 영웅의 일생을 보여 주는 것으로, 이 글과는 거리가 멀다.

✅ 오답 챙기기

① 이 글에는 '푸른 바다', '바닷가 기슭(육지)', '수궁' 등의 공간적 배경이 제시되고 있다.

② 이 글에는 토끼를 속인 별주부와 별주부를 혼내고 있는 토끼 간의 외적 갈등이 드러나 있다.

③ 이 글은 토끼가 별주부와 함께 수궁을 떠나 육지에 도착하고, 별주부가 다시 수궁으로 가 용왕의 병을 낫게 한 뒤, 평안한 여생을 누리는 시간의 흐름에 따라 사건을 전개하고 있다.

⑤ 이 글은 죽을 위기에 처했던 토끼가 무사히 풀려나고, 토끼의 똥을 먹은 용왕은 병이 낫고, 별주부는 충신이 되어 평안한 여생을 누리는 등 등장인물들이 모두 행복한 결말을 맞이하고 있다.

06 인물의 이해   📋 ②

'내 말재주가 네 용왕처럼 미련했더라면, 아까운 이내 목숨 수중 원혼이 되었겠구나.'는 토끼 자신의 말재주가 용왕처럼 미련했으면 자신은 이미 죽었을 것인데, 용왕처럼 미련하지 않고 영리했기 때문에 죽지 않고 살아 돌아올 수 있었다는 의미이다. 따라서 ⓒ은 미련한 용왕에 비해 토끼 자신이 영리하다는 생각을 드러낸 것이지, 용왕보다 별주부가 더 미련하다는 토끼의 생각을 드러낸 것은 아니다.

✅ 오답 챙기기

① '괜히 건드려 보았자 저 단단한 주둥이로 팔다리 꽉 물고서 도로 물에 들어가면 어찌할까 싶어 꾹 참았던 것이다.'에서 토끼는 별주부가 자신을 물고 다시 바다로 들어가지 않을까 두려워하고 있다. 이로 볼 때 ⓐ은 바닷물 빛이 보이지 않는 안전한 상황이 될 때까지 별주부에 대한 호령을 참고 기다리는 토끼의 모습으로 볼 수 있다.

③ ⓒ은 오장에 붙어 있는 간을 마음대로 넣고 빼고 할 수 없다는 의미로, 간을 육지에 두고 왔다고 용왕에게 했던 말이 거짓임을 밝힌 것이다.

④ ⓓ에서는 죽을 위기에서 살아난 토끼의 기쁨이 몸을 흔들고 뛰면서 자랑하는 행동으로 나타나고 있다.

⑤ ⑩은 토끼를 놓쳐 버린 별주부가 죽음을 생각하는 장면이다. 이는 용왕에게 충성을 다하지 못한 자신의 처지에 대한 내적 갈등으로 볼 수 있다.

07 시점의 이해 전지적 작가 시점 / 3인칭 관찰자 시점 답 ②

[A]와 〈보기〉는 내용상 차이가 없고 인물의 내면 심리도 바뀌고 있지 않다. [A]와 〈보기〉 모두 분한 마음으로 별주부가 지은 죄를 크게 꾸짖고 싶지만 안전한 상황이 될 때까지 참고자 하는 토끼의 심리를 드러내고 있다.

✔ 오답 챙기기

① [A]와 〈보기〉 모두 사건을 이끌어 가는 주인공은 토끼로 변함이 없다.
③ [A]는 작품 밖의 서술자가 독자에게 사건을 전달하고 있고, 〈보기〉는 작품 속의 등장인물인 '나(토끼)'가 서술자가 되어 사건을 전달하고 있으므로 서술자가 바뀌고 있다.
④, ⑤ [A]는 작품 속에 '나', '우리'가 등장하지 않으므로 서술자가 작품 밖에서 인물이나 사건을 서술하고 있는 3인칭 시점이고, 〈보기〉는 작품 속에 '나'라는 인물이 등장하므로 서술자가 작품 속 등장인물인 1인칭 시점이다. 따라서 서술의 시점은 3인칭 시점에서 1인칭 시점으로 바뀌고 있고, 서술자의 위치는 작품 바깥에서 작품 안으로 이동하고 있다.

08 작품의 세부 내용 이해 답 ⓐ: 별주부, ⓑ: 용왕, ⓒ: 토끼

별주부는 높은 벼슬을 주겠다는 말로 토끼를 꾀고, 별주부의 말에 속은 토끼는 수궁에 따라가 죽을 위기에 처하게 되므로, 토끼의 입장에서 보면 별주부가 용왕을 살리기 위해 자신을 죽을 위기에 처하게 만든 죄를 지었다고 여길 것이다.

🔍 어휘 확인 📖 본문 115쪽

1 뻐기다 **2** 의아 **3** 여생 **4** 효험 **5** 등성이

---

14 일차 필수개념 소설에 나타난 비유 / 상징

📑 **비유 찾기** 1. ○ 2. 어머니의 심장이 비트를 퍼트림.

필수 개념 ❶ ①

✎ **개념 적용하기** 비트, 심장

📑 **상징 찾기** 1. 아버지의 심장 박동 소리 2. '나'에 대한 사랑과 '나'의 죽음에 대한 두려움

필수 개념 ❷ ③

✎ **개념 적용하기** 심장, 첫사랑, 아버지

필수 개념 ❶ **소설에 나타난 비유** 답 ①

두근두근 내 인생 | 김애란

작품 해설 이 소설은 조로증(평범한 사람들과 다르게 빠른 속도로 늙어 가는 병)을 앓고 있는 열일곱 살 소년의 삶과 그로부터 얻어진 깨달음을 주제로 한 작품이다. 주인공 '아름'의 인생은 짧지만 인간이 긴 세월 동안 겪어야 하는 희로애락을 집약적으로 보여 주고 있으며, 작품 제목의 '두근두근'은 주인공 아름이 인생에서 중요한 사건을 경험할 때의 심리를 단적으로 표현한 음성 상징어이다. 비극적인 상황에 놓인 한 소년이 자신의 삶을 받아들이고 더 나아가 타인을 배려하는 모습이 독자에게 깊은 감동을 전해 주며 재치 있는 문체와 다양한 비유적 표현이 돋보이는 작품이다. 작가는 소설의 첫 부분에서 이 작품을 '가장 어린 부모와 가장 늙은 자식의 청춘과 사랑에 대한 눈부신 이야기'라고 밝히고 있다.

주제 조로증에 걸린 열일곱 소년의 삶과 사랑

전체 줄거리

발단 태권도 특기생으로 체육 고등학교에 다니던 대수와 당찬 성격의 미라는 열일곱의 나이에 아이를 갖게 되고, 어리고 생활 능력도 없어 고생하지만 '나'가 크는 것을 보며 행복해한다.

전개 그러나 '나'는 빠른 속도로 신체가 늙어 가는 조로증에 걸려 주름이 생기고 시력이 점점 떨어지며 간과 위에도 이상이 생기는 등 여든 살 노인의 몸이 되어 간다.

위기 '나'의 사연이 방송에 소개되면서 '나'는 많은 이들의 관심을 받고, 암 투병 중이라는 서하라는 소녀에게서 메일도 받게 된다. '나'는 서하와 메일을 주고받으며 사랑의 감정을 키워 나간다.

절정 하지만 '나'는 서하가 암에 걸린 소녀가 아니라 서른이 넘은 시나리오 작가 지망생이 취재를 위해 만들어 낸 가공의 인물임을 알게 되고 크게 실망한다. 그 후로 '나'의 병세는 급격히 악화된다.

결말 건강이 점점 나빠지는 '나'는 부모님의 이야기를 소설로 쓰고, 부모님이 지켜보는 병상에서 결국 죽음을 맞이한다.

📋 작품 꼼꼼 강의

발단 시간은 계속 흐르고…… <u>축축하고 어두운 공간 속에서</u>
<u>어머니의 배 안</u>
내 몸은 자꾸 자라났다. 주위에선 쉴 새 없이 쿵—쿵— 하는
<u>어머니의 심장 박동 소리</u>
소리가 들렸다. 나는 그 소리를 귀가 아닌 온몸으로 들었다.
<u>어머니 배 안에 있는 태아를 서술자로 설정함.–1인칭 주인공 시점</u>
그리고 지하 벙커에서 모스 부호 해독에 열중하는 병사처럼
<u>어머니의 심장 박동 소리에 귀 기울이고 있는 '나'의 모습을 비유한 표현</u>

■:어머니의 심장 박동 소리를 빗댄 대상   ▨:어머니 배 안에 있는 '나'를 빗댄 대상

내 주위를 감싸는 그 '떨림'의 실체를 파악하려 애썼다. 그리
고 그 암호는 다음과 같았다.
어머니의 심장 박동

'두근두근…… 두근두근…… 두근두근……'
작품의 제목과 연관됨.

쿵쿵― 혹은 둥둥―이라도 좋았다. 먼 북소리 같기도 하
음성 상징어(의성어)
고, 큰 발소리 같기도 한 무엇. 거대한 몸집을 가진 누군가
가 나를 향해 성큼성큼 다가오는 듯한 울림이었다. 그때마다
나는 여진에 민감한 순록처럼 도망칠 준비를 했다. 하지만
어머니의 심장 박동 소리에 놀라고 두려워하는 '나'를 빗댄 표현
동시에 춤추고 싶은 기분도 들었다. 어머니의 심박과 내 것
이 겹쳐 가끔은 음악처럼 들려왔던 까닭이다.
▶ 어머니의 심장 박동 소리를 듣고 있는 '나'

'쿵 짝짝…… 쿵 짝짝…… 쿵쿵 짝…… 쿵 짝……'
어머니와 '나'의 심장 박동 소리를 흉내 낸 의성어

쿵은 어머니 것, 짝은 내 것이었다. 쿵은 센소리, 짝은 여
린 소리였다. 나는 긴 탯줄에 매달려 그 소리에 집중했다.
'나'의 정체가 어머니 배 속의 태아라는 사실을 알 수 있음.
어머니의 심장은 오동통한 달처럼 내 머리 위에 떠, 나무가
직유법. 어머니의 심장을 '오동통한 달'에 비유함.
초록을 퍼트리듯 방울방울 사방에 비트를 퍼트렸다. 그것은
은유법. 어머니의 심장 박동 소리를 '비트'에 비유함.
정보량의 최소 기본 단위를 말하는 비트(bit)이기도 하고, 가
수들이 음악을 만들 때 쓰는 비트(beat)이기도 했다. 이 비
트와 저 비트는 몸 곳곳에 중요한 메시지를 보내며 삐라처럼
직유법. 어머니의 심장 박동 소리가 온몸으로 퍼져 나감.
흩날렸다. 듣다 보니 뭔가 '되고 싶어지는' 게 누가 들어도
참으로 선동적이라 하지 않을 수 없는 리듬이었다. 명령어를
전달받은 세포들은 곧장 행동에 돌입했다. 하늘에서 쏟아지
'나'의 신체의 각 기관이 성장하기 시작함.
는 비트를 맞고, 기관들이 움트며 기지개를 편 거였다. 간이
부풀고 콩팥이 여물며 우둑우둑 뼈가 돋아났다. 나는 무럭무
'나'의 뼈와 신체의 각 기관이 무럭무럭 성장함.
럭 자랐다.   ▶ 어머니 뱃속에서 무럭무럭 성장하고 있는 '나'

㉠은 '나'의 심장 박동에 귀 기울이고 있는 어머니의 모습을 비
유한 표현이 아니라, 어머니 배 속(지하 벙커)에서 어머니의 심
장 박동 소리(모스 부호)에 귀 기울이고 있는 '나'(병사)를 비유
한 표현이다.

✔오답 챙기기

② 이어지는 문장인 '거대한 몸집을 가진 누군가가 나를 향해 성큼성큼
다가오는 듯한 울림이었다.'로 보아 ㉡은 어머니의 심장 박동 소리가
가까워지는 것을 나타내기 위한 비유적 표현이다.
③ ㉢은 어머니의 심장 박동 소리에 놀란 '나'의 모습을 '여진(어머니의
심장 박동 소리)에 민감한 순록'에 빗댄 표현이다.
④ '어머니의 심박과 내 것이 겹쳐', '쿵 짝짝…… 쿵 짝짝'으로 볼 때 ㉣
은 어머니의 심장 박동 소리와 '나'의 심장 박동 소리의 어우러짐을
빗댄 표현이다.
⑤ ㉤은 '어머니의 심장은 오동통한 달처럼 내 머리 위에 떠'에서 알 수
있듯이 어머니의 배 안에서 '나'가 느끼는 어머니의 심장을 빗댄 표현
이다.

📖 작품 꼼꼼 강의

결말 "아빠?"

"그래, 아름아."

"저, 눈이 멀고 나서야 평소에 내가 아빠 얼굴 보는 걸 얼
'나'의 건강 상태가 계속 나빠지고 있다는 것을 알 수 있음.
마나 좋아했는지 알았어요."

아버지가 손으로 내 머리를 만졌다. 나는 아버지의 커다란
손바닥 안에 내 이마가 폭 안기는 느낌이 좋다고 생각했다.
아버지에게서 포근함과 평안함을 느낌.

"아빠?"

나는 호흡이 달려 한동안 다음 말을 잇지 못했다. 아버지
'나'의 생명이 위독한 상태임.
가 내 손을 잡았다.

"그래, 아름아."

"나 좀 무서워요."
죽음에 대한 두려움

"……"

아버지는 상체를 숙여 나를 안았다.

"지금 그러시면 안 돼요."

아버지는 간호사의 만류 따위 아랑곳 않고 나를 힘껏 안
아버지의 '나'에 대한 연민과 사랑의 감정
았다. 그러곤 깃털처럼 가벼운 자식 앞에서 잠시 휘청댔다.
직유법. 병세가 악화되어 쇠약해진 '나'를 비유한 표현
마치 세상 모든 것 중 병든 아이만큼 무거운 존재는 없다는
듯. 힘에 부쳐 바들바들 손을 떨었다. 잠시 후 내 가슴께로
'나'의 위독한 상황에 두렵고 안타까워하는 아버지의 모습
펄떡이는 아버지의 심장 박동이 전해졌다.
아버지의 심장 박동 소리 – '나'의 죽음에 대한 아버지의 두려움과 '나'에 대한 사랑
'쿵…… 쾅…… 쿵…… 쾅……'
▶ 아버지의 심장 박동 소리를 듣는 '나'
약하고 희미하지만 분명 거기 있는 소리였다. 우리는 말
없이 서로의 파동 안에 머물렀다. 그 자장 끝 맨 나중에 그
려지는 동심원이 토성 주위의 고리처럼 우리를 오목하게 감
서로에게 전해지는 마음, 사랑
쌌다. 아주 오래전, 어머니의 배 속에서 만난 그런 박자를,
두근두근했던 어머니와 '나'의 심장 박동
누군가와 온전하게 합쳐지는 느낌을 다시는 경험할 수 없을
줄 알았는데, 그것과 비슷한 느낌을 줄 수 있는 방법 하나를
일체감
비로소 알아낸 기분이었다. 그건 누군가를 힘껏 안아 서로의
박동을 느낄 만큼 심장을 가까이 포개는 거였다. 순간 눈물
'나'와 아버지의 심장이 포개지면서 서로를 위로하고 일체감을 느낌.
이 날 것 같았지만 나는 아버지를 안은 팔에 힘을 주었다.
'나'가 아버지를 위로함.
▶ 힘들어하는 아버지를 위로하는 '나'

이 소설에서 '나'의 아버지(대수)는 어린 나이에 부모가 되어 온
갖 고생을 하면서도 '나'를 키우며 행복해하였다. 따라서 아버
지가 '나'를 외면했던 것을 후회한다는 내용은 작품의 내용과
일치하지 않는다. 또한 제시된 부분에서 아버지로서 후회하는
태도도 찾아볼 수 없다. '나'와 아버지는 '나'의 죽음을 앞두고
서로 힘껏 안으면서 교감하고 있을 뿐이다.

14 일차 ^{실전} 소설에 나타난 비유 / 상징

01 ① **02** ② **03** ④ **04** ・원관념: 학 떼, ・보조

관념: 흰옷을 입은 사람들이 허리를 굽히고 섰는 것 **05** ⑤

06 ④ **07** ③ **08** 덕재를 풀어 주려

✎ **개념 적용하기** 학 떼, 우정

🔍 **작품 한눈에** 학, 갈등, 우정

01 ~ 04

학 | 황순원

작품 해설 이 소설은 6・25 전쟁 당시 삼팔선 부근의 북쪽 마을을 배경으로, 이념 대립이 낳은 전쟁의 상처와 비극을 두 친구(성삼과 덕재)의 순수한 우정을 통해 극복하는 모습을 그려 낸 작품이다. 현재의 사건이 진행되는 중간중간에 과거의 사건들을 삽입하는 역순행적 구성을 통해 두 인물이 우정을 회복하는 과정을 보여 주고 있다. 또 고개를 중심으로 한 공간의 이동에 따라 갈등이 고조되다가 해소되는 독특한 구조를 취하고 있다. 한편 이 작품의 중심 소재인 '학'은 백의민족인 우리 민족을 상징하는 동시에, 두 친구가 우정을 회복하게 되는 매개체 역할을 하면서 화합과 화해를 상징한다.

주제 우정을 통한 이념 대립의 극복과 인간성 회복

전체 줄거리

[발단] 6・25 전쟁 당시, 삼팔선 부근의 북쪽 마을에 국군이 들어온다. 황폐해진 마을에 공포 분위기가 감돈다.

[전개] 한 마을에서 단짝 동무로 지냈던 성삼과 덕재는 6・25 전쟁이 나면서 이념을 달리하는 적대 관계로 만나게 된다. 치안 대원이 된 성삼은 덕재가 체포되어 온 것을 보고 깜짝 놀라고, 청단까지의 호송을 자청하여 혼자서 덕재를 데리고 나선다.

[위기] 성삼은 농민 동맹 부위원장까지 지낸 덕재에게 적대감을 품고 덕재를 심문하나 덕재는 자신이 농사짓는 재주밖에 없는 사람이라고 말하며 결백을 주장한다.

[절정] 벌판을 지나던 성삼은 그곳에서 어린 시절 덕재와 올가미로 단정학을 잡고 놀다가 총을 가진 사람들이 학을 쏘아 죽이러 왔다는 말을 듣고 학이 죽을까 봐 풀어 주었던 옛일을 떠올린다.

[결말] 성삼은 덕재의 포승줄을 풀어 주며 학 사냥을 제안하고, 처음에 덕재는 성삼이 자신을 죽이려는 것이 아닌가 두려워한다. 그러나 곧 자신을 풀어 주려는 성삼의 의도를 눈치채고 잡풀 사이로 기기 시작한다.

📝 **작품 꼼꼼 강의**

■ : 공간의 이동에 따른 전개 시대적 배경을 알 수 있음.

[위기] 고갯길에 다다랐다. 이 고개는 해방 전전해, 성삼이가
어린 시절 성삼과 덕재가 함께 가던 곳. 인물 간의 갈등이 고조되는 공간
삼팔 이남 천태 부근으로 이사 가기까지 덕재와 더불어 늘 꼴 베러 넘나들던 고개다.

성삼이는 와락 저도 모를 화가 치밀어, 고함을 질렀다.
인물 간의 갈등이 드러남.
"이 자식아, 그동안 사람을 몇이나 죽였냐?"
단짝 친구였던 덕재가 과연 사람을 죽였을까 하는 마음에 사실 여부를 확인하고자 함.
그제야 덕재가 힐끗 이쪽을 쳐다보더니 다시 고개를 거둔다.

"이 자식아, 사람 몇이나 죽였어?"

덕재가 다시 이리로 고개를 돌린다. 그러고는 성삼이를
성삼에 대한 분노와 억울함
쏘아본다. 그 눈이 점점 빛을 더해 가며, 제법 수염발 잡힌 입언저리가 실룩거리더니,
덕재도 화가 남. 둘 사이의 갈등이 고조됨.
"그래, 너는 사람을 그렇게 죽여 봤니?"
덕재 자신은 사람을 죽이지 않았다는 의미. 자신의 결백을 드러냄.
이 자식이! 그러면서도 성삼이의 가슴 한복판이 환해짐을
덕재가 사람을 죽이지 않았다는 사실에 대한 성삼의 안도감
느낀다. 막혔던 무엇이 풀려 내리는 것만 같은. 그러나,

"농민 동맹 부위원장쯤 지낸 놈이 왜 피하지 않고 있었어? 필시 무슨 사명을 띠구 잠복해 있었던 거지?"
덕재의 결백을 확인하고 싶어서 일부러 한 질문
덕재는 말이 없다.

"바른대루 말해라. 무슨 사명을 띠구 숨어 있었냐?"

덕재는 그냥 잠잠히 걷기만 한다. 역시 이 자식 속이 꿀리
마음에 캥기는
는 모양이구나. 이런 때 한번 낯짝을 봤으면 좋겠는데, 외면한 채 다시는 고개를 돌리지 않는다.

▶ 덕재가 자신의 결백을 주장하고 성삼이 이에 안심함.
(중략)

지난 유월달에는 성삼이 편에서 피란을 갔었다. 밤에 몰
과거의 사건이 삽입됨. 역순행적 구성
래 아버지더러 피란 갈 이야기를 했다. 그때 성삼이 아버지
성삼이 덕재에게 동질감을 느끼게 함.
도 같은 말을 했다. 농사꾼이 농사일을 늘어놓구 어디루 피
농사꾼에게 농사가 제일 중요함. 성삼의 아버지가 피란을 가지 않은 이유
란 간단 말이냐. 성삼이 혼자서 피란을 갔다. 남쪽 어느 낯선 거리와 촌락을 헤매 다니면서 언제나 머리에서 떠나지 않는 건 늙은 부모와 어린 처자에게 맡기고 나온 농사일이었다. 다행히 그때나 이제나 자기네 식구들은 몸성히들 있다.

▶ 성삼이 피란 갔던 과거의 일을 회상함.
고갯마루를 넘었다. 어느새 이번에는 성삼이 편에서 외면
성삼과 덕재의 갈등 해소를 암시함.
을 하고 걷고 있었다. 가을 햇볕이 자꾸 이마에 따가왔다. 참,
덕재를 오해했던 자신에 대한 죄책감의 표현
오늘 같은 날은 타작하기에 꼭 알맞은 날씨라고 생각했다.
성삼 자신도 덕재와 같은 농사꾼의 아들임을 깨달음.
고개를 다 내려온 곳에서 성삼이는 주춤 발걸음을 멈추었다.
갈등 해소의 공간
저쪽 벌 한가운데 흰옷을 입은 사람들이 허리를 굽히고
학 떼를 흰옷 입은 사람들의 모습에 빗댐.
섰는 것 같은 것은 틀림없는 학 떼였다. 소위 삼팔선 완충
백의민족인 우리 민족을 상징함.
지대가 되었던 이곳, 사람이 살고 있지 않은 그동안에도 이
중립 지대
들 학들만은 전대로 살고 있는 것이었다.
민족의 대립을 극복할 수 있다는 가능성을 드러냄.

▶ 성삼이 벌판에 있는 학 떼를 봄.

01 작품의 종합적 감상 답 ①

'지난 유월달에는 성삼이 편에서 피란을 갔었다.'에서 알 수 있듯이 이 소설은 중간중간에 과거의 사건들이 삽입되어 있는 역순행적 구성을 취하고 있다.

✔ **오답 챙기기**

② '성삼이는 와락 저도 모를 화가 치밀어, 고함을 질렀다.', '성삼이의 가슴 한복판이 환해짐을 느낀다.' 등에서 서술자가 인물(성삼)의 심리를 직접 제시하고 있다.

③ '이 자식아, 사람 몇이나 죽였어?', '성삼이를 쏘아본다.', '그래, 너는 사람을 그렇게 죽여 봤니?' 등에서 성삼과 덕재 간의 외적 갈등이 작품 표면에 직접 드러나 있다.

④ '고갯길에 다다랐다.', '고갯마루를 넘었다.', '고개를 다 내려온 곳'에서
알 수 있듯이 이 소설은 인물들의 공간 이동에 따른 전개 방식을 취
하고 있다.

⑤ 이 소설은 작품 속에 '나', '우리'가 등장하지 않으므로 1인칭 시점의
소설이 아니다. 즉 서술자가 작품 밖에서 인물과 사건을 서술하고 있
는 3인칭 시점의 소설이다.

02 인물의 심리 및 태도 파악 답 ②

ⓒ '이 자식아, 그동안 사람을 몇이나 죽였냐?'는 단짝 친구였
던 덕재가 과연 사람을 죽였을까 하는 마음에서 진짜로 사람을
죽였는지 사실 여부를 확인하고자 던진 질문이다. 즉 성삼은
실제로 덕재가 사람을 죽였는지 알지 못하고 있으므로 아는 사
람을 죽인 덕재에게 분노하고 있다고 볼 수 없다.

오답 챙기기

① ⓒ의 '덕재와 더불어 늘 꼴 베러 넘나들'었다는 데서 성삼과 덕재가
친한 친구 사이였다는 것을 알 수 있다.

③ ⓒ은 사람을 얼마나 죽였냐는 성삼의 질문에 대한 덕재의 반문으로,
자신은 사람을 죽이지 않았다는 의미를 갖고 있다.

④ ⓔ은 사람을 죽이지 않았다는 덕재의 말을 듣고서 안심하는 성삼의
심리를 드러낸 것이다.

⑤ ⓜ은 농사꾼에게는 농사가 제일 중요하다는 성삼 아버지의 말로, 다
른 곳으로 피란을 가지 않겠다는 의지를 드러내고 있다.

03 반응의 적절성 판단 답 ④

성삼은 덕재의 이야기를 들은 후, 덕재와 자신 모두 농사꾼의
아들이라는 데 동질감을 느끼고 덕재의 입장을 이해하게 된다.
고갯마루를 넘으며 성삼이 덕재를 외면한 것은 덕재에 대한 반
감이 높아졌기 때문이 아니라 덕재를 오해한 것에 대한 미안함
때문이라고 할 수 있다.

오답 챙기기

① 덕재가 농민 동맹 부위원장을 지냈다는 성삼의 말에서 알 수 있다.

② '성삼이 혼자서 피란을 갔다. ~ 언제나 머리에서 떠나지 않는 건 늙
은 부모와 어린 처자에게 맡기고 나온 농사일이었다.'에서 알 수 있는
내용이다.

③ 덕재 아버지와 성삼 아버지 모두 농사를 버릴 수 없어 피란을 가지
않으려 했으므로 농사일을 중시한다고 볼 수 있다.

⑤ '6·25 전쟁'이라는 작품의 배경과 '삼팔선 완충 지대가 되었던 이곳'
에서 알 수 있다.

04 비유적 표현 이해 소설에 나타난 비유 / 상징

답 • 원관념: 학 떼
• 보조 관념: 흰옷을 입은 사람들이 허리를 굽히고 섰는 것

ⓐ는 벌판 가운데 무리 지어 있는 '학 떼'를 '흰옷을 입은 사람
들이 허리를 굽히고' 선 모습에 빗대어 표현하고 있다.

작품 꼼꼼 강의

절정 지난날 성삼이와 덕재가 아직 열두어 살쯤 났을 때 일
이었다. 어른들 몰래 둘이서 올가미를 놓아 여기 학 한 마리
를 잡은 일이 있었다. 단정학이었다. 새끼로 날개까지 얽어
매 놓고는 매일같이 둘이서 나와 학의 목을 쓸어안는다, 등
에 올라탄다, 야단을 했다. 그러한 어느 날이었다. 동네 어
른들이 수군거리는 소리를 들었다. 서울서 누가 학을 쏘러
왔다는 것이다. 무슨 표본인가를 만들기 위해서 총독부의 허
가까지 맡아 가지고 왔다는 것이다. 그 길로 둘이는 벌로 내
달렸다. 이제는 어른들한테 들켜 꾸지람 듣는 것 같은 건 문
제가 아니었다. 그저 자기네의 학이 죽어서는 안 된다는 생
각뿐이었다. 숨 돌릴 겨를도 없이 잡풀 새를 기어 학 발목의
올가미를 풀고 날개의 새끼를 끌렀다. 그런데 학은 잘 걷지
도 못하는 것이다. 그동안 얽매여 시달린 탓이리라. 둘이서
학을 마주 안아 공중에 투쳤다. 별안간 총소리가 들렸다. 학
이 두서너 번 날갯짓을 하다가 그대로 내려왔다. 맞았구나.
그러나 다음 순간, 바로 옆 풀숲에서 펄럭 단정학 한 마리가
날개를 펴자, 땅에 내려앉았던 자기네 학도 긴 목을 뽑아 한
번 울음을 울더니 그대로 공중에 날아올라, 두 소년의 머리
위에 둥그러미를 그리며 저쪽 멀리로 날아가 버리는 것이었
다. 두 소년은 언제까지나 자기네 학이 사라진 푸른 하늘에
서 눈을 뗄 줄을 몰랐다.

▶ 성삼이 어린 시절 덕재와 함께했던 학 사냥을 회상함.

결말 "얘, 우리 학 사냥이나 한번 하구 가자."
성삼이가 불쑥 이런 말을 했다.

덕재는 무슨 영문인지 몰라 어리둥절해 있는데,

"내 이걸루 올가미를 만들어 놀게, 너 학을 몰아오너라."
포승줄을 풀어 쥐더니, 어느새 성삼이는 잡풀 새로 기는
걸음을 췄다.

대번 덕재의 얼굴에서 핏기가 걷혔다. 좀 전에, 너는 총살
감이라던 말이 퍼뜩 머리를 스치고 지나갔다. 이제 성삼이가
기어가는 쪽 어디서 총알이 날아오리라.
저만치서 성삼이가 홱 고개를 돌렸다.

"어이, 왜 멍추같이 섰는 거야? 어서 학이나 몰아오너라."
그제서야 덕재도 무엇을 깨달은 듯, 잡풀 새를 기기 시작
했다.

때마침 단정학 두세 마리가 높푸른 가을 하늘에 큰 날개
를 펴고 유유히 날고 있었다.

▶ 성삼이 학 사냥을 제안하면서 덕재를 풀어 줌.

05 소재의 의미 및 기능 파악 소설에 나타난 비유 / 상징 답 ⑤

이 글에서 성삼, 덕재와 마을 어른들 간의 갈등은 찾아볼 수 없다. 어린 시절 성삼과 덕재의 학 사냥이 어른들에게 들키면 꾸지람을 듣게 되는 상황임을 알 수 있을 뿐인데, 성삼과 덕재가 학 사냥을 한 것을 마을 어른들에게 들킨 것도 아니다.

✓ 오답 챙기기

① 성삼은 어린 시절 덕재와 함께했던 학 사냥을 회상하면서 덕재와의 우정을 떠올리고 있다.

② 결말에서 성삼은 덕재를 묶고 있는 포승줄을 풀어 주면서 덕재를 도망치게 한다. 그리고 때마침 푸른 하늘에 단정학 두세 마리가 날개를 펴고 유유히 날아오른다. 이로 볼 때 하늘을 날고 있는 '학'은 덕재가 자유를 찾게됨을 암시한다고 볼 수 있다.

③ 성삼은 어린 시절 덕재와 함께했던 학 사냥을 떠올린 후 덕재를 묶고 있는 포승줄을 풀어 주면서 덕재에게 학을 몰아오라고 하였다. 이는 덕재를 도망치게 하려는 의도로 볼 수 있다. 이로 볼 때 '학'은 성삼과 덕재가 우정을 회복하게 되는 매개체 역할을 하는 소재이다.

④ 올가미에 걸려 시달리는 '학'은 작품의 시대적 배경(6·25 전쟁과 일제 강점기)과 관련지어 본다면 수난을 당하는 우리 민족을 상징한다고 볼 수 있다.

06 구절의 의미 파악 답 ④

ⓔ '내 이걸루 올가미를 만들어 놓게, 너 학을 몰아오너라.'는 성삼이 어린 시절 덕재와 함께했던 학 사냥을 떠올리면서 덕재를 풀어 주려는 의도(덕재를 도망치게 하려는 의도)이지, 덕재와 학을 다시 잡고 싶은 성삼의 심정을 드러낸 것은 아니다.

✓ 오답 챙기기

① ㉠은 서울서 누가 학을 쏘러 왔다는 소리를 들은 성삼과 덕재가 자신들의 학이 죽으면 안 된다는 생각으로 다급하게 달려가는 모습을 드러내고 있다.

② ㉡은 자기네 학이 죽어서는 안 된다는 성삼과 덕재의 생각을 작품 밖의 서술자가 직접 제시하고 있는 부분이다.

③ ㉢은 학의 발목을 옭아매고 있던 올가미를 풀고 날개를 묶고 있던 새끼줄을 끌러 학에게 자유를 주고자 하는 덕재와 성삼의 행동이다.

⑤ ㉣은 학을 몰아오라는 성삼의 첫 번째 말을 오해한 덕재가 다시 학을 몰아오라는 성삼의 두 번째 말을 듣고서 자신을 풀어 주려는 성삼의 의도를 알아차렸다는 것을 나타내고 있는 부분이다.

07 인물의 심리 및 태도 파악 답 ③

ⓐ 뒤의 '좀 전에, 너는 총살감이라던 말이 퍼뜩 머리를 스치고 지나갔다. 이제 성삼이가 기어가는 쪽 어디서 총알이 날아오리라.'로 보아 ⓐ에는 성삼이 총을 쏘아 자신을 죽일지도 모른다는 덕재의 공포심(두려움)이 드러나 있다고 볼 수 있다.

✓ 오답 챙기기

① 덕재가 어떤 잘못을 깨닫고 뉘우치는 후회의 심정을 나타내고 있는 것은 아니다.

② 덕재는 얼굴에서 핏기가 사라질 정도로 죽음의 공포를 느끼고 있는 것이지 당당한 태도를 보이고 있는 것은 아니다.

④ 덕재는 곧 총알이 날아올 거라 생각하고 두려워하고 있을 뿐, 희망이나 기대가 꺾여 실망하는 모습을 보이고 있지는 않다.

⑤ 덕재가 떳떳해하지 못하거나 수줍어하는 모습을 보이고 있지는 않다.

08 인물의 의도 파악 답 덕재를 풀어 주려

성삼은 어린 시절 덕재와 함께했던 학 사냥을 떠올리고 덕재를 묶고 있는 포승줄을 풀어 주면서 학을 몰아오라고 하고 있는데, 이에 덕재가 머뭇거리자 다시 한 번 학을 몰아오라고 말하고 있다. 이는 학 사냥을 빌미로 덕재를 풀어 주겠다는 뜻으로, 덕재는 비로소 성삼의 의도를 알아차리고 잡풀 새를 기면서 도망치고 있다.

어휘 확인 📖 본문 125쪽

| 1 ⓒ | 2 ㉠ | 3 ⓔ | 4 ⓜ | 5 ⓛ |
| 6 ⓛ | 7 ⓜ | 8 ㉠ | 9 ⓔ | 10 ⓒ |

III 극 문학·수필

15 일차 필수 개념 희곡의 구성 요소 / 시나리오의 구성 요소

🔗 **희곡의 구성 요소 찾기** 1. ○ 2. ○ 3. 용왕, 고등어, 문어, 꼴뚜기

필수 개념 ❶ ③

🖊 **개념 적용하기** 대화, 지시문

🔗 **시나리오의 구성 요소 찾기** 1. 2개 2. 해설 3. ○

필수 개념 ❷ ②

🖊 **개념 적용하기** 갈등, 배경

필수 개념 ❶ 희곡의 구성 요소 답 ③

토끼와 자라 | 엄인희

작품 해설 고전 소설 〈토끼전〉을 현대적으로 각색한 희곡 작품이다. 자기 중심적이고 권위주의적인 용왕, 우직하지만 순진한 자라, 침착하게 위기를 극복하는 꾀 많은 토끼 등 다양한 인물 유형을 통해 헛된 욕심을 경계하고 고난을 극복하기 위해 필요한 지혜를 강조하고 있다.

주제 헛된 욕심에 대한 경계와 지혜의 필요성

전체 줄거리

발단 용왕은 자신의 병을 낫게 할 방법을 찾으라고 신하들을 닦달하고, 이때 자라가 토끼의 간이 약이라고 말하자 용왕은 자라에게 토끼를 데려올 것을 명령한다.

전개 자라는 육지로 나와 토끼를 만나고, 용궁 구경을 가자고 속여서 토끼를 용궁으로 데리고 온다.

절정 용왕이 토끼의 간을 꺼내려 하자, 토끼는 기지를 발휘하여 간을 산속에 두고 왔다는 말로 위기를 모면한다.

하강 용왕을 속인 토끼는 자라와 함께 용궁을 빠져나오는 데 성공한다.

대단원 육지에 도착한 후 토끼는 자라의 어리석음을 비웃으며 산으로 돌아가 버리고, 자라는 땅을 치며 한탄한다.

☑ **작품 꼼꼼 강의**

등장인물: 토끼, 자라, 용왕, 문어, 뱀장어, 전기뱀장어, 고등어, 꼴뚜기, 도루묵 ┐ 해설

장소: 바닷속 궁궐(용궁), 산속

발단 제1장
희곡의 기본 단위. 인물의 등·퇴장, 조명의 커짐·꺼짐으로 구분함.

(바닷속 궁궐)

용왕이 있는 용궁이 무대이다.
무대 배경 지시
용궁은 온갖 해초들이 넘실대는 화려한 궁전이다.
가운데 용왕의 의자가 놓여 있다.
소품의 위치 지시
막이 오르면 시름시름 앓고 있는 용왕이 의자에 앉아 있다.
병든 용왕. 문제 상황
양옆으로 신하들이 늘어서 있다.
인물들의 위치, 구도 지시 ┘ 지시문

신하들은 용왕의 부름을 받고 분부를 기다리는 중이다.

용왕: (야단치며) 내가 물속에 사는 온갖 약초를 다 먹어 보았지만, 아직도 아프질 않느냐!
지시문

고등어: 황공하오이다, 마마.

용왕: 그놈의 황공 소리도 듣기 싫다.
신경질적인 용왕의 태도

문어: (머리를 조아리며) 황공무지로소이다, 마마.
지시문

용왕: 듣기 싫어! 황공이고 무지고 그런 소리 말고 내 병이 깔끔히 나을 묘수를 말하란 말이다.

꼴뚜기: 폐하! 약초보다는 어패류가 나은 줄 아뢰오.
어류와 조개류를 함께 이르는 말

용왕: 어패류가 무엇을 말하는고? 신약이 나왔단 말이냐?
새로 발명한 약

문어: 어패류란 물고기나 조개 종류를 말하는 것인 줄 아뢰오.
▶ *자신의 병을 고칠 묘수를 내라고 명령하는 용왕*

ⓒ은 용왕이 신하들을 꾸짖는 말투와 행동을 취하도록 지시하고 있는 지시문에 해당한다.

✔ **오답 챙기기**

① ⓐ은 극 시작에 앞서 장소와 등장인물을 소개하고 있는 해설이다.
② ⓑ은 용궁을 배경으로 하는 무대와 막이 올랐을 때 등장인물들의 모습을 지시하고 있는 지시문이다.
④ ⓓ은 용왕이 신하들에게 하는 말로, 대사 중 대화에 해당한다.
⑤ ⓔ은 꼴뚜기, 용왕, 문어의 대사로, 어패류에 대해 나누는 대화이다.

필수 개념 ❷ 시나리오의 구성 요소 답 ②

그대로도 괜찮아 | 박범수

작품 해설 청각 장애를 가진 고등학생을 주인공으로 하여, 가정과 학교에서 발생하는 갈등과 그 해소 과정을 다룬 드라마 대본이다. 청각 장애를 지녀 음악을 들을 수 없지만 춤을 좋아하는 주인공이 겪는 사건과 주변 인물들의 태도를 통해 장애인에 대한 고정관념의 문제를 드러내고, 장애가 반드시 극복되어야 하는 것인가라는 물음을 던지고 있는 작품이다.

주제 장애인을 있는 그대로 인정해 주는 자세

전체 줄거리

발단 청각 장애를 가진 고등학생 은하는 우연히 유성과 만나 친해진다. 힙합 댄스를 좋아하는 은하에게 유성은 자신이 속한 힙합 댄스 동아리에 놀러 오라고 권한다.

전개 유성은 은하의 동아리 가입을 제안하고, 선배 성태는 장애인 지원금을 목적으로 이를 받아들였다가 지원금 제도가 폐지되었음을 알고 은하를 내보내기 위해 오디션을 실시한다.

절정 유성은 장애 극복을 보여 주자며 은하에게 고된 연습을 시키고 은하는 이에 실망한다. 오디션 당일 은하는 모두의 예상을 뒤엎고 멋진 춤을 선보인다.

하강 은하는 들리지 않지만 박자에 맞는 춤을 출 수 있었던 이유를 밝히고, 장애 극복을 보여 주기보다 있는 그대로의 자신으로서 살아가겠다며 동아리를 탈퇴한다.

대단원 유성은 은하에게 자신이 원하는 모습을 덧입히려 했던 것을 반성하고 은하와 화해한다.

📋 작품 꼼꼼 강의

전개 **S#34. 동아리 방 앞**
장면 표시　S#34의 공간적 배경 표시
　걸어오는 유성. 들어가려는데 대찬과 예진의 대화가 들린다.

대찬: (E.) 그러니까 이건 정은하 걔를 짜르기 위한 쇼야, 쇼.
시나리오 용어. 효과음(effect). 인물이 화면에 등장하지 않고 말소리만 들림.
은하를 내보내기 위해 형식적으로 오디션을 개최함.

유성: (놀라며) ······.

예진: (E.) 그럼 걔 때문에 우리까지 오디션 보는 거야?

대찬: (E.) 아! 오십만 원! 아니 장애인 뽑으면 지원금 준다더니 웬 변덕이래?
은하의 동아리 가입을 허락했던 이유

유성: (그 소리에 기막힌다. 후다닥 뛰어 들어간다.)
▶ 오디션의 목적을 알게 된 유성

S#35. 동아리 방

　대찬과 예진이 정리하고 있던 중, 후다닥 달려 들어오는 유성. 놀라는 대찬, 예진.

유성: 너 방금 무슨 소리야? 다시 말해 봐!

대찬: 어? 아······, 그게······.

유성: (대찬의 멱살을 잡아채며) 지원금 때문에 은하를 이용했다, 이거야?
분노한 유성의 과격한 행동

대찬: 야, 이거 놓고 말해.

유성: (더 조이며) 네 눈엔 은하가 돈으로 보이냐, 어? 돈으로 보여?

예진: 야, 왜 대찬이한테 그래. 성태 선배가 시킨 건데.

유성: (멱살 확 놓고는) 너희들은 시키면 다 하는 똥개들이냐?
힙합 댄스 동아리의 선배
예진, 대찬을 비난함.

예진: 야!

대찬: 아니 근데 이 자식이!

예진: 『솔직히 말해서 걔 여기 들어오는 거 좋아할 사람 아무도 없어. 음악도 못 들으면서 무슨 춤을 춘다는 거야? 그게 말이 돼?』
『 』 청각 장애가 있어 음악을 듣지 못하는 은하의 동아리 가입에 반대하는 입장

대찬: 네가 걜 불쌍하게 보는 건 알겠는데······.
유성이 은하를 동정한다고 생각함.

유성: 불쌍하긴 누가 불쌍해, 이 자식아! (주먹을 날린다.)
▶ 지원금 때문에 은하를 이용했다는 사실에 분노하는 유성

S#34에서 화면에 등장하는 인물은 유성 한 명이다. 대찬과 예진은 지시문에서 알 수 있듯 효과음(E.), 즉 목소리로만 등장한다.

✅ 오답 챙기기

① S#은 장면 번호를 표시하는 용어이다.

③ S#34에서는 대찬과 예진의 대화를 효과음(E.)으로 처리하도록 지시하고 있다.

④ S#35에서는 유성, 대찬, 예진의 대화를 통해 인물들 간의 갈등 상황을 드러내고 있다. 은하의 동아리 가입에 대한 인물들의 서로 다른 입장이 대사를 통해 드러나고 있는 것이다.

⑤ S#35에서 지시문은 대찬의 멱살을 잡거나 조였다가 놓고 대찬에게 주먹을 날리는 등 유성의 행동을 지시하고 있다.

15 일차 희곡의 구성 요소 / 시나리오의 구성 요소

01 ②	02 ⑤	03 ②	04 ⓐ, ⓒ, ⓓ
05 ④	06 ②	07 ⑤	08 탈퇴서

개념 적용하기 대화, 성태, 탈퇴

작품 한눈에 갈등, 반전

01 ~ 04

그대로도 괜찮아 | 박범수

작품 꼼꼼 강의

전개 S#14. 은하의 방(밤)

『책꽂이에는 헬렌 켈러의 자서전 《사흘만 볼 수 있다면》,
『 : 은하가 장애를 극복하기를 바라는 엄마의 마음이 반영됨.
벽에는 미스 프랑스 소피 브즐루(청각 장애인)의 사진.』 다소
우울한 모습으로 들어서는 은하. 책상에 앉아 스탠드를 켜고
책을 펼친다. 이때 은하 엄마, 꿀물 한 잔을 가지고 들어와
은하의 책상 옆에 놓는다. 은하, 엄마를 바라본다.

은하 엄마: 쓸데없이 무슨 춤이야, 자꾸.

은하: (수화로, '그냥 스트레스 푸는 거야.')

은하 엄마: 넌 뭘 해도 꼭 네 약점을 드러내는 것만 하니? 차
은하가 음악을 못 듣는다는 약점이 부각되는 춤을 추겠다는 것이 탐탁지 않음.
라리 그림을 그려. 너 그림 잘 그렸잖아.

은하: (어눌한 발음으로) 그림 시어.

은하 엄마: (마땅찮게 보다가) 우리나라는 공부만 잘해도 성
공하는 나라야. 죽어라 공부만 열심히 해. 그럼 아무도 너
깔보지 못해.
엄마가 은하에게 바라는 것

은하: (보다가, 수화로, '솔직히 수업 따라가기 쉽지 않아. 입
모양 전혀 신경 못 쓰시는 선생님들도 많고.')
선생님들의 입 모양만 보고 수업 내용을 파악하는 것이 버거움.
은하 엄마: (그 수화 손 치우며) 말로 해, 말로. 자꾸 말을 안
하니까 발음이 점점 더 엉망이 되잖아.

은하: (어눌한 발음으로) 수하가 더 편해.

은하 엄마: 수화 못 하는 사람들이 지천이야. 누구랑 수화를
하겠다는 거야?

은하: (수화로, '차라리 농학교 다녔으면 좋겠어. 공부하기도
좋고.')

은하 엄마: 또 그 소리야? 농학교 다니면 사람들이 널 어떻게
볼지 생각해 봤어? 그나마 일반 학교 다니니까 사람대접
은하가 일반학교를 다니는 것이 엄마의 의지 때문임을 알 수 있음.
받고 사는 거야. 그렇게 모르겠어?

은하: (다소 원망스럽게 보며) 언마가 짱피해서 그러는 거잖아.
은하는 엄마가 자신의 장애를 창피해한다고 생각함.
은하 엄마: (버럭) 창피하긴 누가 창피해! 네가 쭉 일반 학교
은하가 장애를 가지지 않은 사람들과 어울려 살아가기를 바라는 엄마의 마음
다니니까 그나마 입 모양 보고 사람 말 아는 거지, 특수
학교 다녔으면 가당키나 한 줄 알아? 넌 어째 그렇게 엄

마 속을 몰라, 아직도! 어?

은하: (답답해하며) 힌드러……. 수업 따라가기 힌드러.

은하 엄마: 너보다 더한 장애 가졌어도 다 극복해. 넌 노력이
너무 부족해. 의지박약이라고. 그런 자세로 험한 세상 어
떻게 살아갈래? 어?

은하: (엄마를 원망스럽게 보는데 눈물 그렁그렁하다.)
자신의 고통을 이해해 주지 않는 엄마에 대한 원망
은하 엄마: 제발 철 좀 들어 이것아! 남들보다 몇 배를 더 노
력해도 시원찮은 판에 자꾸 맘 약하게 먹으면 어쩌자는
은하에게 장애가 있기 때문에 이를 극복하려면 더 많은 노력이 필요하다고 생각함.
거야?

은하, 눈물 꾹 참으며 책상 위에 책 편다. 답답해하며 안
쓰럽게 보는 은하 엄마. 그런 은하를 보며 한숨.

▶ 힙합 댄스를 추고 싶은 은하와 이를 반대하는 엄마의 갈등

01 갈래의 특징 이해 답 ②

이 글은 텔레비전 드라마를 촬영하기 위해 쓴 대본이다. 무대
상연을 위한 글은 희곡이다.

오답 챙기기

① 소설과 달리 희곡이나 시나리오와 같은 극 문학에서는 서술자가 별
도로 존재하지 않는다.

③ 카메라로 촬영되는 영화나 텔레비전 드라마의 특성상 이와 관련한
시나리오 용어가 사용된다.

④ 시나리오의 구성 요소는 장면 표시(S#), 해설, 대사, 지시문이다.

⑤ 희곡이나 시나리오와 같은 극 문학에서는 주로 인물의 대사와 행동
을 통해 내용이 전개된다.

02 인물 간 갈등 이해 답 ⑤

엄마는 은하가 소리를 듣지 못한다는 약점이 드러나는 춤을 추
는 것을 마땅치 않게 생각하고 있다. 즉 엄마는 은하의 약점을
드러내고 싶어하지 않는다.

오답 챙기기

① 은하는 수화가 더 편하다고 했다. 그러나 엄마는 수화 못 하는 사람들
이 많으므로 은하가 입 모양을 보며 다른 사람의 말을 이해하고 수화
가 아닌 말로 대화하기를 원한다.

② 은하는 춤추는 것을 좋아하지만 엄마는 은하의 장애가 잘 드러나지
않는 그림 그리기를 권유하고 있다.

③ 은하는 차라리 농학교에 다니길 원하지만 엄마는 은하가 일반 학교
에 다녀야 한다고 주장하고 있다.

④ 은하는 수업을 따라가기도 어렵다고 호소하고 있지만, 엄마는 은하에
게 공부만 열심히 할 것을 권하고 있다.

03 생략된 내용 추리 희곡의 구성 요소 / 시나리오의 구성 요소 답 ②

은하가 일반 학교에 다니는 자신의 어려움을 몰라주는 엄마에

게 힘들다고 호소하고 있는 상황이므로, ㉠에 들어갈 지시문으로 적절한 것은 ② '답답해하며'이다.

① '수줍다'는 '숫기가 없어 다른 사람 앞에서 말이나 행동을 하는 것이 어렵거나 부끄럽다.'라는 뜻이다. 은하는 엄마에게 일반 학교에서의 수업이 힘들다고 솔직히 이야기하고 있으므로 어울리지 않는다.
③ '애교'는 '남에게 귀엽게 보이는 태도'로, 은하가 엄마에게 귀엽게 보이려는 상황은 아니다.
④ 힘들어하는 은하의 태도와 미소는 어울리지 않는다.
⑤ 힘들고 지친 은하의 상황과 '씩씩한 목소리'는 어울리지 않는다.

04 구성 요소의 이해 · 희곡의 구성 요소 / 시나리오의 구성 요소 ▸ 답 ⓐ, ⓒ, ⓓ

'S#14. 은하의 방(밤)'에 장면 표시가 나타나 있다. 또한 '책꽂이에는 ~ 바라본다.'를 비롯하여 '어눌한 발음으로', '마땅찮게 보다가' 등에서 지시문이 사용되고 있으며 은하와 엄마가 주고받는 말인 대사가 나타나 있다.

ⓑ 해설은 희곡과 시나리오의 맨 앞에 제시되어 배경과 인물 등에 대해 소개하는 부분인데, 제시된 부분에서는 해설이 나타나지 않는다.

05 ~ 08

📖 작품 꼼꼼 강의

절정 S#54. 소강당

객석에 성태를 비롯, 동아리 선배들 몇몇이 앉아 있고 무대 위에서 오디션 진행된다. 대찬과 예진을 포함한 아이들 차례가 지나고 마지막으로 유성이 현란한 춤을 선보인다.

성태: 자, 이제 다 끝났지? 뭐 특별히 떨어질 사람은 없는 거 같다.

이때 무대에 등장하는 은하. 모두 놀란다. 은하, 무대 가운데 서서 인사하고 손에 든 생수 한 모금을 마신 후, 그 생수병을 한편에 놓는다. 힙합 음악이 흘러나오고 은하가 박자
스피커 진동으로 인한 물의 흔들림으로 박자를 맞추기 위해
에 맞춰 춤을 춘다. 음악에 맞는 춤 동작. 유성, 놀란 표정으
유성과 연습할 때는 박자에 맞는 춤을 추지 못했기 때문에
로 본다. 은하의 춤이 끝나자, 모두 입을 다물지 못한다. 성
음악을 듣지 못하는 은하가 예상을 뒤엎고 박자에 맞게 춤을 춘 데 대한 놀라움
태, 얼른 일어나 박수 치고, 아이들도 얼떨떨하다가 성태를 따라 박수 친다. 대찬도 열렬히 박수 친다. 은하, 눈물 맺힌 채 앞을 본다. 그런 은하를 보는 유성의 눈가도 촉촉해진다.
감동을 받아 눈물이 맺힘.

성태: (박수 치며) 해낼 줄 알았다! 장애는 극복하라고 있는 거야! 좋아!

유성: (성태를 같잖다는 듯이 본다.)
은하를 내보내려고 오디션을 열었다가 태도를 바꾸자 부정적 시선을 보냄.

성태: 은하 넌 이제 우리 논스톱의 자랑이다. 축제 때 네가
동아리 이름
춤추는 걸 보면 모두 감동의 도가니가 될 거야! (아이들 보고) 그치?

아이들: (갑자기 반전된 분위기에 얼떨떨하지만) 네…….
내보내려던 은하가 동아리의 간판이 되는 상황의 전환
성태: 청각 장애를 극복한 힙합 댄서! 네 손가락 피아니스트보
은하의 장애 극복이 큰 화제가 될 것이라 생각하고 이를 이용하려는 의도
다 못할 게 뭐냐, 안 그러냐? 자, 박수! (다시 박수 친다.)

아이들 다시 박수 치고, 유성도 눈물 맺힌 채 박수 친다. 담담한 표정의 은하, 무대에서 내려와 뒷문으로 빠르게 걸어
동아리 학생들에게 인정받기 위해 춤을 춘 것이 아님을 알 수 있음.
나간다. 모두 의아한 표정. 유성도 의아하게 보다가 은하를 쫓아 나간다.　　　　▸ 오디션에서 멋지게 춤을 춘 은하

하강 S#57. 동아리 방

게시판에 붙어 있는 은하의 탈퇴서. 성태와 아이들, 탈퇴서를 보고 웅성댄다. 이때 들어서는 유성, 게시판을 본다.

유성: (읽는다.) 「감동을 못 드려 미안해요. 전 그냥 춤이 좋
♪ 은하가 작성한 탈퇴서의 내용 - 주제 의식이 드러남.
아서 동아리에 들어가고 싶었고, 춤을 잘 추고 싶어 열심히 했을 뿐이에요. 하지만 아무리 노력해도 몸으로 음악을 들을 순 없었어요. 오디션에서 춤은, 스피커 울림 때문에 물병 속의 물이 흔들리는 걸 보고 박자를 맞췄을 뿐
은하가 박자에 맞춰 춤을 잘 출 수 있었던 이유가 드러남.
이에요. 전 여전히 아무것도 들을 수 없고 발음도 어눌해요. 그리고 기적이 없는 한 음악을 피부로 듣는 일도 없을 거예요. 장애를 극복하지 못해 미안해요. 장애인이면서도
장애를 극복하기를 바라는 사람들의 기대가 은하에게 큰 부담이었음.
감동을 주지 못해 죄송해요. 천재적인 장애인이 아니라서 미안해요. 그래도 전 그냥 밥 잘 먹고 학교 열심히 다니고 박자 못 맞추는 힙합 춤도 신나게 추면서 살래요. 그동안
사람들이 기대하는 모습이 아닌 있는 그대로의 자신을 긍정하며 사는 삶을 선택함.
고마웠어요. 정은하 드림.
　▸ 있는 그대로 살겠다는 내용의 탈퇴서를 쓰고 동아리를 탈퇴한 은하

05 인물의 이해 ▸ 답 ④

유성은 은하가 박자에 맞춰 춤을 추자 놀란다. 이는 유성 역시 다른 아이들처럼 은하가 음악에 맞춰 춤을 출 것이라고 예상하지 못했음을 드러내는 것이다. 따라서 유성이 은하가 오디션에서 성공할 것을 예상했다는 설명은 적절하지 않다.

① 은하의 탈퇴서 내용을 통해 은하가 스피커 진동으로 물병 속의 물이 흔들리는 것을 보고 박자를 맞추었음을 알 수 있다.
② 성태는 청각 장애를 극복한 힙합 댄서가 큰 화제성이 있으리라고 예상하고 이를 이용하려는 모습을 보이고 있다.
③ 동아리 학생들은 은하가 오디션을 잘 치렀기에 장애를 극복하고 힙합 댄스를 출 수 있게 되었다고 생각하고 있으므로 은하의 갑작스러운 탈퇴에 당황하고 있다.

⑤ 은하의 탈퇴서를 통해 그동안 은하가 장애 극복을 기대하는 주변의 시선에 큰 부담을 느꼈음을 알 수 있다.

06 관용 표현의 이해 답 ②

'손바닥 뒤집듯 한다.'는 태도를 갑자기 또는 노골적으로 바꾸기를 아주 쉽게 함을 나타내는 속담이므로, 동아리에서 은하를 내보내려 했다가 갑자기 동아리의 자랑이라며 은하를 칭찬하는 성태의 태도를 드러내기에 적절하다.

✔ 오답 챙기기

① '제 눈에 안경이다.'는 보잘것없는 물건이라도 제 마음에 들면 좋게 보인다는 말이다.

③ '친구 따라 강남 간다.'는 자기는 하고 싶지 아니하나 남에게 끌려서 덩달아 하게 됨을 이르는 말이다.

④ '똥 묻은 개가 겨 묻은 개 나무란다.'는 자기는 더 큰 흉이 있으면서 도리어 남의 작은 흉을 본다는 말이다.

⑤ '얌전한 고양이 부뚜막에 먼저 올라간다.'는 겉으로는 얌전하고 아무 것도 못할 것처럼 보이는 사람이 딴짓을 하거나 자기 실속을 다 차리는 경우를 비유적으로 이르는 말이다.

07 구성 요소의 이해 희곡의 구성 요소 / 시나리오의 구성 요소 답 ⑤

⑪은 은하의 탈퇴서 내용을 유성이 소리 내어 읽을 것을 지시하는 지시문이다. 관객들만 들리는 내레이션(화면 바깥에서 해설하는 말)을 지시하고 있지 않다.

✔ 오답 챙기기

① 유성은 은하가 고된 연습 끝에 음악에 맞춰 춤을 출 수 있게 되었다고 생각하고 감동하여 눈물이 맺힌 것이다.

② 유성은 성태가 은하를 동아리에서 내보내기 위해 오디션을 개최했음을 알고 있기에 갑작스런 성태의 태도 전환을 부정적으로 바라보고 있다.

③ 오디션을 성공적으로 치른 은하가 크게 기뻐하지도 않고 나가 버리자 학생들은 이를 이상하게 여기고 있다.

④ 'S#'는 장면 표시를 나타내는 용어이며, '동아리 방'이라는 장소를 제시하고 있다.

08 소재의 의미와 기능 이해 답 탈퇴서

'탈퇴서'는 은하의 오디션 성공의 비밀을 밝혀 주고 있으며, 모두의 예상과 달리 동아리 탈퇴를 선택한 은하의 진심을 드러냄으로써 사건 전개의 방향을 바꾸고 분위기를 전환하는 극적 반전의 효과를 가져오고 있다.

🔍 어휘 확인 본문 139쪽

1 ㉠	2 ㉣	3 ㉤	4 ㉨	5 ㉢
6 ㉥	7 ㉣	8 ㉨	9 ㉠	10 ㉤

---

16 일차 극 문학의 갈등 / 구성 단계

📝 **극 문학의 갈등 이해하기** 1. 인물과 인물 간의 갈등 2. 새 운동화

필수 개념 ❶ ④

✏ **개념 적용하기** 달리기, 외적

- - - - - - - - - -

📝 **극 문학의 구성 단계 이해하기** 1. 차은과 아버지 2. ㉮ > ㉯

3. ×

필수 개념 ❷ ②

✏ **개념 적용하기** 전학, 하강

필수 개념 ❶ 극 문학의 갈등 답 ④

달리는 차은 | 민예지 외

작품 해설 육상 선수가 되고 싶은 14살 소녀를 주인공으로 한 영화 시나리오로, 다문화 가정에서 일어나는 갈등과 화해, 꿈의 좌절과 극복 등을 다루고 있는 작품이다. 주인공 차은과 차은의 꿈을 반대하는 아버지, 필리핀 출신인 엄마, 같은 반 친구 영찬 등 주변 인물 간의 다양한 갈등과 그 해소 과정이 나타나며, 학창 시절의 꿈의 좌절과 그 극복 과정이 현실적으로 전개되고 있다.

주제 청소년기의 꿈의 좌절과 그 극복 과정

전체 줄거리

발단 육상 선수를 꿈꾸는 14살 소녀 차은. 어느 날 차은의 학교 육상부가 해체되고 코치 선생님은 육상을 계속할 수 있도록 전학을 권유한다.

전개 차은은 아버지에게 전학 이야기를 하지만 아버지는 이를 무시하고, 육상부 친구들은 모두 서울로 전학을 가게 되어 차은만 남게 된다.

절정 같은 반 영찬은 차은의 엄마가 필리핀 출신인 것을 알게 되고 이를 친구들에게 알린다. 이후 차은은 '필리핀'이라 불리며 놀림을 받고, 엄마와 사이가 어색해진다. 전학 문제로 아버지와 다툰 후 차은은 가출한다.

하강 영찬이 차은에게 사과하고 차은도 이를 받아준다. 차은은 자신을 찾은 엄마와 함께 서울로 짧은 여행을 떠나고 이 과정에서 서로를 이해하게 된다.

대단원 차은은 육상 선수가 되어 꿈을 이룬다.

📖 작품 꼼꼼 강의

절정 S#18. 차은네 마당(낮)
장면 번호 장면의 시간적, 공간적 배경 제시
툇마루에 누워 만화책을 읽고 있는 차은, 새 운동화에 신
엄마와 차은의 갈등을 유발하는 소재
이 난 동민이 차은을 부르며 마당으로 들어온다. 동민을 따라 들어오는 엄마.

동민: 누나! 이것 좀 봐라! 새 운동화다!

차은이 별 관심을 보이지 않자, 동민은 "아빠!" 하고 부르며 쪼르르 밖으로 나가고, 쇼핑백을 들고 선 엄마가 차은의 곁에 앉는다.

엄마: 차은아! 집에 있었어? 안 나갔어?

차은: (꿈적도 하지 않는다.)
필리핀 사람인 엄마 때문에 놀림을 받아 엄마를 불편해함.
엄마: 엄마가 뭐 사 왔어. 맞혀 봐!

　　　엄마가 들고 있던 쇼핑백에서 신발을 꺼내 차은 앞에 자
랑하듯 내놓는다.

엄마: 짜잔! 차은아! 이거 봐 봐!

차은: …….

엄마: 너 달리기 잘한다며? 너 달리기할 때 신으라고.
육상부인 차은을 위해 새 운동화를 사 왔음.

　　　차은, 읽던 만화책을 챙겨 들고 일어선다.

차은: 달리기할 때 그런 거 신는 거 아니거든!
엄마를 무시하는 차은의 태도
엄마: 왜? 이거 마음에 안 들어?

　　　차은, 엄마가 뽐내는 새 운동화를 쳐다보지도 않고, 제 신
발을 챙겨 신는다.

엄마: 안 예뻐? 되게 비싼 건데. (새 운동화를 차은 앞에 내
　　　려놓으며) 그럼 남자 친구 만날 때 신어!
영찬을 가리킴.
차은: 걔, 남자 친구 아니거든. 내가 남자 친구 아니라고 몇
영찬이 차은의 엄마가 필리핀 출신임을 다른 아이들에게 알려 놀림을 받게 됨.
　　　번이나 말해! 내 말 못 알아들어?
엄마를 무시하며 대드는 차은
엄마: …….

차은: …….

엄마: (속상한 마음에 새 운동화를 차은의 앞에 던지듯 놓으
차은의 태도에 결국 엄마도 화가 남.
　　　며) 그래! 신지 마! 갖다 버려!

차은: 그래! 버려!　　　▶ 새 운동화를 사온 엄마와 갈등을 빚는 차은

엄마가 차은을 위해 새 운동화를 사 왔지만, 차은이 이를 계속
무시하고 엄마에게 대들자 결국 엄마도 화를 내며 둘 사이에
갈등이 형성되고 있다.

오답 챙기기

① 동민은 누나 차은이 새 운동화에 반응이 없자 아빠를 부르며 나갔을
　　뿐, 다른 인물과 갈등을 빚고 있지 않다.
② 엄마의 대사를 통해 차은이 달리기를 잘한다는 사실을 알 수 있을 뿐,
　　제시된 부분에서 달리기에 대한 차은의 생각 변화는 나타나 있지 않다.
③ 엄마는 오히려 남자 친구 만날 때 새 운동화를 신으라고 말하고 있으
　　므로, 이성 교제 반대가 갈등의 원인이 아님을 알 수 있다.
⑤ 엄마가 달리기를 잘하는 차은을 위해 새 운동화를 선물로 주고 있는
　　상황이므로 육상부 활동 반대가 갈등의 원인이 아님을 알 수 있다.

작품 꼼꼼 강의

（가） **절정** 차은: 저 잘 뛰어요! 전학 갈래요.
육상을 계속하기 위해 전학을 가고 싶은 차은

여전히 대답하지 않고 밥을 먹는 아버지.
차은의 전학을 반대하는 아버지

차은: 저 갈 거예요.

아버지: (혼내려고 손을 번쩍 들어 올리며) 밥 먹어!
완고하고 권위적인 성격

　　　차은은 속상한데, 아버지의 그런 동작이 무슨 신호라도
되는 듯, 『동민이 쪼르르 일어나 방으로 들어가더니 커다란
회초리를 하나 들고 나온다. 회초리를 아버지에게 건네주
고, 차은의 옆에서 '엎드려뻗쳐 자세'를 보여 주는 동민.

동민: (매 맞는 자세를 흉내 내며) 누나, 이렇게 엎드려뻗쳐!

　　　차은은 속상한데, 동민은 신이 나서 계속 차은을 부른다.
『↓분위기를 파악하지 못하는 어린 동민의 모습』
갑자기 텔레비전 소리, 픽! 집 안의 모든 불이 꺼진다. 정전
이다! 동민이 "와! 정전이다!" 즐겁게 소리 지르고, 부시럭거
리는 소리 너머 촛불이 켜진다. 초를 들고 있는 엄마와 아버
지. 금세 들어온 전등 아래, 차은이 사라졌다!
가출한 차은
　　　　　　　　　　　▶ 아버지와 다툰 후 집을 나가 버린 차은
（나） **전개** 배를 타고 나가려고 그물을 손질하느라 여념이 없
차은 아버지의 직업(어부)이 드러남.
는 아버지, 이야기를 꺼내려고 그 앞에 서 있는 차은, 한 손
에는 '전학 동의서'가 들려 있다.
아버지와 차은 간 갈등의 계기

아버지: (차은은 쳐다보지도 않고) 왜?

차은: 아버지! 이것 좀 보세요.

아버지: 뭔데?

차은: 저희 육상부 해산한대요.

아버지: 근데?

차은: 코치 선생님이 서울로 전학 가재요.
육상부가 있는 학교로 전학을 권유한 코치
아버지: 왜?

차은: 저 선수로 잘할 거 같다고 같이 가재요. 가도 돼요? 다
　　　른 친구들은 다 가요.　　　▶ 아버지에게 전학 이야기를 꺼내는 차은

（다） **대단원** S#31. 에필로그. 공설 운동장(낮)

　　　공설 운동장, 출발을 알리는 총성에 힘차게 달려 나가는
단단한 몸의 육상 선수들, 그 속에 섞여 운동복 차림의 차은
육상선수가 된 차은
이 힘차게 달려 나간다. 결승선에 들어와 숨을 고르는 차은
의 얼굴 가득히 환한 웃음이 번진다.
꿈을 이룬 모습　　　　　　▶ 육상 선수가 되는 꿈을 이룬 차은

가는 아버지의 반대에도 전학을 가겠다며 고집을 부리던 차은의 가출로 아버지와 차은 사이의 갈등이 최고조에 이른 '절정'이다. 그리고 나는 전학 문제로 아버지와 차은 사이에 갈등이 형성되는 '전개', 다는 차은이 꿈을 이루며 모든 갈등이 해소된 '결말'에 해당한다. 따라서 이를 순서대로 배열하면 나 – 가 – 다이다.

16일차 실전 극 문학의 갈등 / 구성 단계

| 01 ④ | 02 ④ | 03 ③ | 04 ⓒ |
| 05 ③ | 06 ⑤ | 07 ④ | 08 ⓓ |

✎ **개념 적용하기** 외적, 대단원

🔍 **작품 한눈에** 꾀, 충성, 의인, 지혜

01 ~ 04

토끼와 자라 | 엄인희

작품 해설 고전 소설 〈토끼전〉을 현대적으로 각색한 희곡 작품이다. 자기 중심적이고 권위주의적인 용왕, 우직하지만 순진한 자라, 침착하게 위기를 극복하는 꾀 많은 토끼 등 다양한 인물 유형을 통해 헛된 욕심을 경계하고 고난을 극복하기 위해 필요한 지혜를 강조하고 있다.

주제 헛된 욕심에 대한 경계와 지혜의 필요성

전체 줄거리

발단 용왕은 자신의 병을 낫게 할 방법을 찾으라고 신하들을 닦달하고, 이때 자라가 토끼의 간이 약이라고 말하자 용왕은 자라에게 토끼를 데려올 것을 명령한다.

전개 자라는 육지로 나와 토끼를 만나고, 용궁 구경을 가자고 속여서 토끼를 용궁에 데리고 온다.

절정 용왕이 토끼의 간을 꺼내려 하자, 토끼는 기지를 발휘하여 간을 산속에 두고 왔다는 말로 위기를 모면한다.

하강 용왕을 속인 토끼는 자라와 함께 용궁을 빠져나오는 데 성공한다.

대단원 육지에 도착한 후 토끼는 자라의 어리석음을 비웃으며 산으로 돌아가 버리고, 자라는 땅을 치며 한탄한다.

💻 **작품 꼼꼼 강의**

절정 용왕: (부르르 떨며 화를 낸다.) 어서 저 고얀 놈 배를 갈라라. 냉큼 간을 가져오지 못할까!
용궁을 횡집이라고 말하며 까부는 토끼

신하들이 토끼를 향해 달려든다.

토끼, 피한다.

토끼: 잠깐! 잠깐! 내가 잘못 들었나? (정중하게) 방금 간이라고 하셨습니까?
토끼의 어조 변화 – 위기가 닥친 것을 깨닫고 존댓말을 씀.

자라: 토끼님, 미안하오. 용왕께 명약으로 바치려고 당신을 데려온 것이오.
진실(토끼의 간을 꺼내려고 용궁으로 데려옴)을 고백하는 자라

토끼: 내 간을 약으로 바치려고요?

신하들: 그렇다.

문어, 잽싸게 달려들어 다리로 토끼를 감싸 쥔다.

전기뱀장어는 토끼 옆을 스친다.

토끼는 전기가 올라 소스라친다.

토끼: (침착함을 잃지 않고, 과장해서) 아하하, 안타깝다. 오
　　　호통재라. 토끼 간이 산속 짐승한테만 명약인 줄 알았더
　　　니, 이런 생선들한테도 쓸모가 있더란 말이냐? 그래서 우
　　　리 조상들은 간을 대여섯 개씩 물려받았구나. 좋다. 주지,
　　　줘. 간을 줘서 생명을 살린다면 아까울 것이 없지.

고등어: 과연 듣던 대로 판단력이 빠른 총명한 토끼로고……

토끼: (고등어한테) 애, 너 배를 좍 갈라서 소금 쫙쫙 뿌려서
　　　고등어자반 만들기 전에 입 다물어. 까불고 있어. 용왕마
　　　마! 다만 한 가지 안타까운 말씀을 드려야겠나이다.

용왕: 뭐냐? 얼른 칼을 가져다 배를 쭉 갈라 보자.

토끼: 예로부터 「토끼들은 간이 배 밖으로 나왔습니다. 호랑
　　　이, 여우, 늑대, 표범, 살쾡이, 독수리한테 쫓기다 보니
　　　간을 배 속에 넣고는 살아갈 수가 없거든요. 산속 깊은 골
　　　짜기에다 차곡차곡 재어 놓고 다니다 밤에만 배 안에 집어
　　　넣고 살고 있다고 합니다……가 아니라, 살고 있습니다.」

용왕: 그거 큰일이다.

뱀장어: 저놈 말을 믿지 마세요, 폐하!

도루묵: 먼저 저놈 배를 갈라 보고, 간이 없으면 다시 토끼를
　　　잡아 오면 어떨는지요.

토끼: (엄살을 떤다.) 아이고, 나 죽네. 그 아까운 간을, 그
　　　용하다는 명약을 심심산골에 숨겨 두고 아까운 목숨만 사
　　　라지네.

자라: 폐하! 다시 육지로 나가 토끼 간을 받아오겠나이다. 산
　　　속 짐승이나 물속 짐승이나 모두 하나뿐인 생명입니다.
　　　힘이 들더라도 한 번 더 다녀오겠습니다.

용왕: 그래라, 그래. 간도 없는 놈을 죽여 무엇하겠느냐. 털
　　　가죽도 뒤집어 쓰는 걸 보니, 간 아니라 심장도 밖에다 내
　　　놓고 다닐 놈이로다. 얼른 서둘러 다녀오너라.

자라: 다녀오겠습니다, 폐하!

뱀장어: (칼을 휘두르며 쫓아온다.) 속지 마십시오, 폐하! 이
　　　놈 간 내놔! 간 내놔!

　　　▶ 간을 꺼내 두고 왔다는 임기응변으로 위기를 모면하는 토끼

01 인물의 특징 파악　　　　　　　답 ④

'어서 저 고얀 놈 배를 갈라라.', '얼른 칼을 가져다 배를 쭉 갈
라 보자.' 등으로 보아 용왕은 자신의 병을 치료하기 위해 토끼
의 생명을 해치는 데 죄책감이나 동정심을 느끼고 있지 않다.

✔ 오답 챙기기

① 토끼는 살아남기 위해 자신의 간을 산속에 두고 왔다며 천연덕스럽
　게 거짓말을 하고 있으므로 적절한 지시이다.

② 자라는 간을 산속에 두고 왔다는 토끼의 말을 곧이곧대로 믿는 모습
　을 나타내고 있으므로 적절한 지시이다.

③ 자라는 용왕을 위해 토끼가 두고 온 간을 가지러 다시 육지로 다녀오
　겠다는 충성스러운 태도를 보이고 있으므로 적절한 지시이다.

⑤ 뱀장어는 토끼의 말을 믿지 않고 있으며 토끼를 보내 주는 용왕을 끝
　까지 말리고 있으므로 적절한 지시이다.

02 갈등의 양상 파악　극 문학의 갈등 / 구성 단계　답 ④

제시된 부분에서는 토끼를 죽여 간을 꺼내려는 용왕, 신하들과
이러한 위기에서 벗어나 자신의 목숨을 구하려는 토끼 간의 갈
등이 나타나고 있다.

✔ 오답 챙기기

① 용궁의 다른 신하들이 자라를 시기하거나 질투하는 모습은 나타나
　있지 않다.

② 용왕은 토끼의 간이 병을 치료하는 약이라는 사실을 의심하고 있지
　않다. 간을 산속에 두고 왔다는 토끼의 거짓말에 속아 넘어가고 있을
　뿐이다.

③ 도루묵은 먼저 토끼의 배를 갈라 보자고 하고 있으므로, 토끼의 말을
　믿어야 한다는 생각을 하고 있다고 보기 어렵다.

⑤ 토끼는 자신의 간을 내놓을 생각이 없으며, 자신의 목숨을 구하기 위
　해 간을 두고 왔다는 거짓말을 하고 있다.

03 관용 표현의 이해　　　　　　　답 ③

'결초보은'은 죽은 뒤에라도 은혜를 잊지 않고 갚음을 이르는
말이다. 뱀장어와 도루묵은 토끼의 말에 속지 말고 토끼의 간
을 꺼내야 한다는 입장이므로, 토끼의 입장에서는 은인이 아니
라 목숨을 위협하는 적대적 인물에 해당한다.

✔ 오답 챙기기

① '풍전등화'는 바람 앞의 등불이라는 뜻으로, 사물이 매우 위태로운 처
　지에 놓여 있음을 비유적으로 이르는 말이므로 목숨이 위험한 토끼
　의 상황을 나타내기에 적절하다.

② '임기응변'은 그때그때 처한 사태에 맞추어 즉각 그 자리에서 결정하
　거나 처리함을 이르는 말이다. 토끼는 위기를 모면하기 위해 즉석에
　서 거짓말을 지어 내고 있으므로 어울리는 말이다.

④ '믿는 도끼에 발등 찍힌다.'는 믿고 있던 사람이 배반하여 오히려 해
　를 입음을 비유적으로 이르는 말이므로, 자라에게 배신당한 토끼의
　상황에 어울리는 말이다.

⑤ '호랑이에게 물려 가도 정신만 차리면 산다.'는 아무리 위급한 경우를
　당하더라도 정신만 똑똑히 차리면 위기를 벗어날 수가 있다는 말이
　므로, 침착하고 지혜롭게 죽을 위기를 모면하고 있는 토끼의 상황에
　어울린다.

04 희곡의 구성 단계 파악　극 문학의 갈등 / 구성 단계　답 ⓒ

제시된 부분은 토끼가 용왕과 신하들에 의해 목숨을 잃을 위기
에서 간신히 벗어나는 '절정' 단계에 해당한다. '절정'은 인물 간
의 갈등이 최고조에 달하며 사건이 정점에 도달하는 단계이다.

ⓐ '대단원'에 해당하는 설명이다.

ⓑ '하강'에 해당하는 설명이다.

ⓓ '전개'에 해당하는 설명이다.

ⓔ '발단'에 해당하는 설명이다.

05 ~ 08

☑ 작품 꼼꼼 강의

가 [하강] 토끼, 도망치며 얼른 자라의 등에 탄다.

토끼, 자라의 등을 발로 차며 '이랴 낄낄' 한다.
<u>위기에서 벗어나게 되어 신이 난 모습</u>

둘은 헤엄쳐 간다.

둘의 뒤로 다른 물고기들이 헤엄쳐 따라온다.

재미있는 빠른 음악이 울린다.
<u>토끼의 심리가 반영된 음악 사용</u>

토끼: 아이고, 이놈아, 빨리 가자. 간 떨어지겠다. <u>몹시 놀랐다는 뜻</u> 간이 콩알
만 해지겠다. <u>몹시 두려워지거나 무서워진다는 뜻</u>

자라: 뭐라고? 간이 떨어져?
<u>현재 간이 배 속에 없다는 토끼가 간 떨어지겠다고 말하자 놀라며 의심함.</u>

토끼: 아냐, 어서 가. 똥 떨어진다는 소리다.

자라: 앗! (걱정하며) 내 등에 싸지 마!

토끼: 이놈아, 토끼 똥은 똥글똥글 콩자반처럼 예쁘기만 하다.
<u>같은 음절을 반복한 언어유희</u>

둘은 헤엄쳐 간다.

조명은 푸른 물이 어른거리는 것처럼 출렁인다.
<u>조명 효과를 통해 파도를 표현함.</u>
둘은 땅에 도착한다.

그러면 연극은 마무리로 넘어간다.
▶ 자라와 함께 용궁을 벗어나는 토끼

나 [대단원] 자라는 땅에 엎드려 헉헉 숨을 쉰다.

토끼는 깡충깡충 뛰어 언덕에 오른다.

자라는 땅에서 걷느라 천천히 걷는다.

자라: (소리친다.) 같이 가!

토끼: (소리 지른다.) 왜 같이 가?

자라: 간 하나만 줘야지!

토끼: 너 줄 간은 없다.

자라: 뭐라고?

토끼: 하하하! 이 토끼님을 속여서 용궁으로 데려가? 하마터
<u>위기에서 탈출한 토끼의 통쾌한 심정</u>
면 가마솥에 들어가 통째로 토끼탕이 될 뻔했구나. 이번
엔 네 차례야. 네가 속은 거야. 세상에 간을 꺼내 놓고 사
<u>자신의 꾀에 속아 넘어간 자라에 대한 조롱</u>
는 짐승이 어디 있냐? 이 어리석은 자라야!

자라: 뭐야? 난 몰라. 깜빡 속았네.

토끼: 이놈 자라야. 너나 이 땅을 어슬렁거리다 보약 좋아하
<u>자라에게 앙갚음하는 토끼</u>
는 사람들한테 잡혀 자라탕이나 되어라.

자라: 아이고, 망했다. 어떻게 용궁으로 돌아가나……. 난 몰
라. 모른다고……. <u>망연자실한 자라의 모습</u>

자라는 바닥에 앉아 땅을 치며 걱정을 한다.

토끼는 약을 올리며 깡충깡충 뛰어간다.

자라 노래와 토끼 노래를 하며 끝을 낸다.
▶ 자라를 놀리며 돌아가는 토끼와 한탄하는 자라

05 갈래의 특징 파악   답 ③

음악성을 고려하여 감상하는 갈래는 시이다. 시의 갈래적 특징
중 하나가 운율이 있는 언어의 사용이기 때문이다. 이 글은 산
문 문학에 해당하는 희곡이므로 음악성이 부각되는 갈래가 아
니다.

① 극 문학은 인물의 갈등을 통해 주제를 구현하는 갈래이므로 적절한
감상 방법이다.

② '지시문'은 무대나 인물에 대해 지시하는 글로, 이것이 연극으로 상연
될 때 어떻게 구현될지 상상하며 읽는 것은 적절하다.

④ 희곡은 무대 상연을 전제로 하므로 무대의 모습이 어떠할지 상상하
며 읽는 것은 적절한 감상 방법이다.

⑤ 희곡은 인물의 대사와 행동으로 극이 전개되므로, 인물의 말인 대사
에 담긴 의미와 인물의 생각이나 심리, 태도를 파악하며 읽는 것은
적절하다.

06 구성 요소의 이해   답 ⑤

ⓤ은 자라가 토끼에게 속았음을 깨닫고 절망하며 한탄하는 부
분이므로, '절망스러운 표정으로'라는 지시문은 적절하다.

① ㉠은 산속에 두고 온 간이 떨어졌다는 토끼의 말에 대한 자라의 반응
이므로 환호하는 태도는 어울리지 않는다. 깜짝 놀라는 반응이나 의
심스러운 표정 등이 적절하다.

② ㉡ 뒤가 자라의 말에 토끼가 아니라고 부정하는 대사이므로 '고개를
끄덕이는' 행동은 어울리지 않는다.

③ ㉢ 뒤에서 토끼는 간을 달라는 자라에게 줄 간이 없다고 단호하게 말
하고 있을 뿐, 자라를 의심하는 태도를 나타내고 있지 않으므로 적절
하지 않다.

④ ㉣ 뒤에서 토끼는 자신을 속인 자라를 괘씸하게 여기며 자라를 저주
하고 있으므로 '위로'하는 태도는 적절하지 않다.

07 다른 갈래와의 비교 감상   답 ④

[A]에서는 토끼와 자라의 대화를 제시하고, 음악과 조명 등을
이용해 육지로 향하는 장면을 상세하게 나타내고 있다. 반면

〈보기〉에서는 토끼가 자라의 등에 올라 만경창파를 건넜다는 요약적 서술로 간단히 나타내고 있다.

✅ 오답 챙기기

① 소설인 〈보기〉와 달리, 무대 상연을 위한 희곡인 [A]에서는 재미있는 빠른 음악, 푸른 물처럼 출렁거리는 조명 등을 지시하고 있다.
② 서술자의 서술이 주를 이루는 〈보기〉와 달리, [A]는 인물들의 대사와 행동 중심으로 내용이 진행되고 있다.
③ [A]에는 토끼의 말과 행동만 제시되어 있지만, 〈보기〉에서는 '기꺼움을 못 이겨 스스로 생각하되 ~ 고향 산천을 다시 보리요?'라고 하여 토끼의 심리와 생각을 직접적으로 제시하고 있다.
⑤ [A]의 '간이 콩알만 해지겠다.'는 몹시 두려워지거나 무서워진다는 토끼의 심리를 비유적으로 나타내고 있다. 그리고 〈보기〉의 '그물을 벗어난 새요, 함정에서 뛰어나온 범'은 위험에서 벗어난 토끼의 처지를 비유적으로 나타내고 있다.

08 구성 단계의 이해   극 문학의 갈등 / 구성 단계   답 ⓓ

토끼가 용궁으로부터 벗어나는 장면인 ㉮는 사건이 해결되는 실마리가 나타나는 단계인 '하강'에 해당한다. 이는 ⓐ~ⓔ 중 ⓓ 단계에 해당한다.

✅ 오답 챙기기

ⓐ '발단'에 해당한다.
ⓑ '전개'에 해당한다.
ⓒ '절정'에 해당한다.
ⓔ '대단원'에 해당한다.

🖊 어휘 확인   □ 본문 149쪽

1 심심산골   **2** 냉담하다   **3** 해산하다   **4** 공설   **5** 여념

17일차 필수 개념   수필의 내용과 형식

🖋 **수필의 내용과 형식 이해하기** 1. 유기농 퇴비 만드는 곳에 감. 2. 존댓말

필수 개념 ③

🖊 **개념 적용하기** 생각, 자유

필수 개념   수필의 내용과 형식   답 ③

지렁이 울음소리를 들을 수 있는 세상 | 김선우

작품 해설 지렁이 울음소리를 들으러 유기농 퇴비 만드는 곳을 방문했던 경험을 바탕으로 쓴 수필이다. 작고 보잘것없는 지렁이도 생명을 지닌 존재이며, 그런 지렁이의 울음소리에도 귀를 기울일 수 있을 만큼 생명을 존중하는 세상이 되기를 바라는 글쓴이의 소망이 담겨 있다. 존댓말로 친근하게 말을 건네는 방식으로 전개되고 있으며, 속담의 재해석 등 글쓴이의 생각이 잘 드러나는 수필이다.

주제 작은 생명도 존중하는 세상에 대한 소망

📖 **작품 꼼꼼 강의**

지렁이 울음소리를 들어 본 적 있나요? 목숨 있는 것들은
〔의문문을 통해 독자의 관심을 불러일으킴. 독자에게 말을 건넴.〕
다 울지요. 심지어 기뻐서 눈물이 터질 때도 있지요. 누군가 자신의 고민과 상처를 이야기하다 울음을 터뜨렸다면, 그 사람은 괜찮은 거예요. 운다는 건 상처를 극복할 힘이 있다는 거지요. 유마의 말을 빌려야겠네요. 세상이 죄다 병들었는데
〔석가의 제자〕 〔유마의 말 인용〕
나만 희희낙락할 수는 없는 거라고요. 다 아픈데 나만 안 아플 수는 없는 겁니다. 목숨 있는 존재란 누군가에 기대어 존
〔혼자서는 존재할 수 없다는 공동체적 의식〕
재하게 되어 있으니까요. 그러니 울음은 웃음만큼이나 소중한 겁니다. 울음은 자기를 비워 내는 강력한 몸의 말이지요.
▶ 상처를 극복할 힘이 있음을 나타내는 울음
유기농 퇴비 만드는 곳에 간 적이 있습니다. 지렁이 울음
〔글쓴이의 체험〕
소리를 듣고 싶었기 때문이지요. 비닐하우스 가득 놓인 항아
〔유기농 퇴비 만드는 곳을 방문한 목적〕
리들 속에서 지렁이들이 퇴비를 만들고 있었지요. 발소리를 죽이고 귀를 세워 보았습니다. 청각이 예민한 지렁이들이 인기척을 알아채고 조용해지기 전까지, 눈 깜짝할 사이나마 지
〔매우 짧은 순간〕
렁이 울음소리를 듣는 바로 그 순간, 농부는 자신이 우주를
〔지렁이 울음소리를 들은 농부의 생각 인용〕
여행하는 여행자라는 생각이 든다고 합니다.
▶ 지렁이 울음소리를 들으러 유기농 퇴비 만드는 곳을 방문한 경험
여리지만 분명한 울음소리 혹은 노랫소리. 모두 잠든 밤
〔작디작은 존재지만 생명이 있음을 드러내는 지렁이의 소리〕
조용히 땅 위로 나와 달빛을 즐기는 지렁이를 상상해 보세요. 세상에서 단 한순간도 다른 생명을 착취해 본 적 없는 지렁이. 참, "지렁이도 밟으면 꿈틀한다."라는 속담이 있지요.
〔미천한 사람이나, 순한 사람이라도 너무 업신여기면 가만있지 아니한다는 뜻〕
이런! 지렁이는 안 밟아도 꿈틀합니다. 꿈틀하는 역동이 생
〔속담의 재해석〕
명의 본질이니까요. 밟아야만 꿈틀한다고 착각하지 마세요. 지렁이들의 울음소리를 들을 수 있는 세상이어야 합니다.
〔작은 생명에도 주의를 기울이며 존중하는 세상〕
▶ 작은 생명도 존중하는 세상이 오기를 소망함.

2문단의 '유기농 퇴비 만드는 곳에 간 적이 있습니다.'에서 글쓴이가 지렁이 울음소리를 듣기 위해 직접 유기농 퇴비 만드는 곳을 방문하였음을 알 수 있다.

▶ 오답 챙기기

① 이 글의 글쓴이는 자신의 체험과 생각을 자유롭게 써 내려가고 있다. '발단 – 전개 – 위기 – 절정 – 결말'의 구성은 소설에서 사용되며 수필인 이 글과는 거리가 멀다.

② 글쓴이는 유기농 퇴비 만드는 곳을 방문하여 직접 지렁이 울음소리를 들었다. 따라서 허구적인 내용을 상상하여 쓴 글이 아니다.

④ 지렁이 울음소리를 듣고 자신이 우주를 여행하는 여행자가 되었다고 생각한 것은 글쓴이가 아니라 농부이다.

⑤ 3문단의 '모두 잠든 밤 조용히 땅 위로 나와 달빛을 즐기는 지렁이를 상상해 보세요.'로 보아 글쓴이가 깊은 밤 땅 위로 올라와 달빛을 즐기는 지렁이를 직접 본 것이 아니라 독자들에게 상상해 볼 것을 권하고 있을 뿐임을 알 수 있다.

17 일차 실전 수필의 내용과 형식

01 ④ **02** ① **03** ⑤ **04** 오 학년 각 반 대항 시합 **05** ④ **06** ⑤ **07** ⑤ **08** 맑고 푸른 별

✎ **개념 적용하기** 야구, 감동

🔍 **작품 한눈에** 별, 비유, 순수

01 ~ 04

막내의 야구 방망이 | 정진권

작품 해설 글쓴이의 막내아이가 야구 시합을 위해 연습을 하면서 생긴 일과 그에 얽힌 사연을 담고 있는 수필이다. 담임 선생님의 부재로 뿔뿔이 흩어지게 된 초등학교 아이들이 다시 모일 때까지 기죽지 말자며 단합하여 야구 시합 우승을 위해 진지하게 노력하는 과정을 통해 맑고 순수한 동심을 그려 내고 있다.

주제 야구 시합으로 단결하게 된 아이들의 순수한 마음

구성

처음 막내가 졸라 야구 방망이를 사 줌.

중간 야구 연습을 하느라 매일 밤늦게 귀가하는 막내를 걱정하며 나무랐으나, 막내네 반의 사연을 듣고 감동을 받음.

끝 막내를 대견하게 여기며 연습을 끝내고 돌아온 막내의 방망이를 소중하게 받아 줌.

☑ **작품 꼼꼼 강의**

처음 어느 날 퇴근을 해 보니 막내의 동무 애들 일고여덟 명이 마루에 둘러앉아 있었다. 초등학교 5학년의 개구쟁이들, 그러나 개구쟁이답지 않게 조용했다. 그중엔 처음 보는 아이도 있었다. _{평소와 다른 모습. 심상치 않은 일이 벌어지고 있음.}

그날 저녁에 막내는 야구 방망이 하나만 사 달라고 졸랐다. 조르는 대로 다 사 줄 수는 없는 일이지만 너무도 간절히 원하기 때문에 나는 사 주마고 약속을 했다. 그리고 다음 날 퇴근을 할 때 방망이 하나를 사다 주었다. _{글쓴이}
▶ 막내의 부탁으로 야구 방망이를 사 준 '나'

중간 그 다음 날부터 막내는 집에 늦게 들어왔다. 어떤 때는 하늘에 별이 떠야 방망이에 글러브를 꿰어 메고 새카만 거지 아이가 되어 돌아오는 것이다. 그러고는 한 사흘을 굶은 놈처럼 밥을 퍼먹는다. _{밤이 늦어서야} _{밥을 허겁지겁 게걸스럽게 먹는 모습을 비유적으로 표현}

"왜 이렇게 늦었니?" / "야구 연습 좀 하느라고요."

"이 캄캄한 밤에 공이 보이니?"

막내는 말이 없었다.

"또 이렇게 늦으면 혼날 줄 알아."

그러나 그 다음 날도 여전히 늦었다. 나는 적이 걱정스러웠다. 『초등학교 5학년짜리들이 야구를 한다면 그건 취미 활동에 불과한 것이다. 그런데 무엇에 쏠려서 별이 떠야 돌아오는 것일까?』 _{『 』: 막내가 야구 연습을 지나치게 한다고 생각하는 나의 의문}

“왜 또 이렇게 늦었니?” / 막내는 또 말이 없었다.

“말 못 하겠니?” / 그러자 막내가 겨우 입을 열었다.

“내일모레가 시합이어요.” / “무슨 시합?”

“오 학년 각 반 대항 시합인데 우리가 꼭 이겨야 해요.”
막내가 밤늦게까지 야구 연습을 열심히 하는 이유

그때 막내의 얼굴에는 너무도 진지한 빛이 떠올랐기 때문에 더는 무어라고 야단을 칠 수가 없었다.

“그럼 시합 끝나면 일찍 오지?” / “예.”

그런데 시합 날이라던 그날 막내네는 우승을 하지 못한
글쓴이의 추측
모양이었다. 밥도 먹는 둥 마는 둥 그냥 잠자리로 들어가 이
몹시 실망한 막내의 마음이 행동으로 나타남.
불을 뒤집어쓰는 것이다.

나는 지나치게 승부에 민감한 것은 좋지 않을 듯해서,
'나'는 막내의 실망이 단순히 시합에서 패배한 것 때문이라고 생각함.
“다음에 또 기회가 있지 않니? 갑자기 서두르면 못써.”

하고는 이불을 벗겨 주었다.

그러나 막내는 무슨 대단한 한이라도 맺힌 듯 누운 채로 면벽을 하고 있었다.

▶ 열심히 연습했으나 야구 시합에서 우승하지 못해 상심한 막내

01 작품의 갈래 이해 수필의 내용과 형식   답 ④

이 글의 갈래는 수필이다. 글쓴이의 상상력으로 재구성된 글은 소설, 극 문학 등으로, 수필은 글쓴이의 실제 경험을 바탕으로 하는 사실적인 성격의 글이다.

오답 챙기기

① 수필은 내용이나 형식에 제한이 없는 자유로운 성격의 글이다.

② 수필의 소재에는 제한이 없으며 인간의 삶과 사회, 자연 등 주변의 모든 것이 대상이 될 수 있다.

③ 수필에는 글쓴이의 생각과 느낌, 가치관이나 인생관 등이 진솔하게 드러난다.

⑤ 수필은 일기, 편지, 감상문, 기행문 등 형식이 매우 다양하며, 누구나 쓸 수 있는 비전문적인 성격의 글이다.

02 수필의 글쓴이 이해   답 ①

이 글의 '나'는 작가의 대리인인 서술자가 아닌 글쓴이 자신이며, 글쓴이가 자신의 막내아이와 관련하여 직접 겪은 일, 전해 들은 일을 다루고 있다.

오답 챙기기

② 이 글의 '나'는 별도로 설정된 대리인이 아니라 글쓴이 자신이다.

③ 1인칭 주인공 시점은 사건의 주인공인 '나'를 서술자로 삼은 소설의 시점 중 하나로, 수필과는 거리가 멀다.

④ 1인칭 관찰자 시점은 사건의 관찰자인 '나'를 서술자로 삼은 소설의 시점 중 하나로, 수필과는 거리가 멀다.

⑤ 전지적 서술자는 모든 것을 꿰뚫어 보는 소설의 전지적 작가 시점과 관련되며, 수필과는 거리가 멀다.

03 작품의 세부 내용 이해   답 ⑤

막내가 이불을 뒤집어쓰고 벽만 바라본 것은 반 대항 야구 시합 결승전에서 패배하여 우승하지 못한 데 대한 상심 때문이지, '나'의 야구 연습 반대 때문이 아니다.

오답 챙기기

① '나는 적이 걱정스러웠다.'에서 매일 밤늦게 귀가하는 막내에 대한 걱정의 마음을 나타내고 있다.

② '방망이에 글러브를 꿰어 메고 새카만 거지 아이가 되어 돌아오는 것이다.', '야구 연습 좀 하느라고요.'에서 막내가 야구 연습을 위해 방망이를 사 달라고 부탁하였음을 알 수 있다.

③ '나는 지나치게 승부에 민감한 것은 좋지 않을 듯해서'에서 글쓴이가 막내의 지나친 승부욕을 좋지 않게 생각하고 있음을 알 수 있다.

④ '초등학교 5학년짜리들이 야구를 한다면 그건 취미 활동에 불과한 것이다.'에서 글쓴이는 막내의 야구 연습을 단순한 취미 활동이라고 보고 있음을 알 수 있다.

04 작품의 세부 내용 이해   답 오 학년 각 반 대항 시합

'오 학년 각 반 대항 시합인데 우리가 꼭 이겨야 해요.'에서 막내가 야구 연습을 열심히 하는 이유가 단순한 취미 활동이 아니라 야구 시합에서 승리하기 위해서임을 알 수 있다.

05 ~ 08

작품 꼼꼼 강의

중간 그런데 막내는 이튿날도 또 늦었다. 나는 아무래도 이
막내가 약속을 어김.
아이가 자기 생활의 질서를 잃은 듯해서,

“왜 이렇게 늦었니? 시합 끝나면 일찍 오겠다고 하지 않았니? 어떻게 된 거야 이게?”

하고 좀 심하게 나무랐다.
▶ 막내가 시합이 끝나도 계속 늦게 귀가하자 나무라는 '나'
그제야 막내는 자초지종을 털어놓았다. 다음에 적는 것은
처음부터 끝까지의 과정
그 이야기의 대강이다.
막내네 반 아이들의 사연
막내의 담임 선생님은 마흔 남짓한 남자 분이신데 무슨
막내네 반 아이들이 여러 반으로 뿔뿔이 흩어지게 된 이유
깊은 병환으로 입원을 하셔서 한 두어 달 학교를 쉬시게 되었다. 그렇게 되자 학교에서는 막내의 반 아이들을 이 반 저 반으로 나누어 붙였다. 그러니까 막내의 반은 하루아침에 해체되고 반 아이들은 뿔뿔이 헤어지게 된 것이다.

그런데 배치해 주는 대로 가 보니 그 반 아이들의 괄시가 말이 아니었다. 그런 괄시를 받을 때마다 옛날의 자기 반이 그리웠다. 선생님을 졸졸 따라 소풍 가던 일, 운동회에서 다른 반 아이들과 당당하게 겨루던 일, 이런저런 자기 반의 아름다운 역사가 안타깝게 명멸하는 것이다. 때로는 편찮으신 선생님이 너무 보고 싶어서 길도 잘 모르는 병원도 찾아갔다.

그러는 동안에 아이들은 선생님이 다 나으셔서 오실 때까지 우리 기죽지 말자 하며 서로서로 격려하게 되었고, 이런 기운이 팽배해지자 이른바 간부였던 아이들은 자기네의 사명을 깨닫게 되었다. 그래서 몇 아이들이 우리 집에 모였던 것이고, 그 기죽지 않을 방법으로 채택한 것이 야구 대회를 주최하여 우승을 차지하는 것이었다.

▶ 막내와 반 아이들이 야구 대회 우승을 목표로 삼게 된 사연

연습은 참으로 피나는 것이었다. 배 속에서 꼬르륵거리는 소리가 나도 누구 하나 배고프다는 말을 하지 않았다. 연습이 끝나면 또 작전 계획을 세우고 검토했다. 그러노라면 어느새 하늘에 푸른 별이 떴다.

그리하여 마침내 결승전에 진출했다. 이 반 저 반으로 헤어진 반 아이들은 예선부터 한 사람 빠짐없이 응원에 나섰다. 그 응원의 외침은 차라리 처절한 것이었다. 그러나 열광의 도가니처럼 들끓던 결승전에서 그만 패하고 만 것이다.

▶ 피나는 노력에도 불구하고 막내와 반 아이들이 야구 대회 결승전에서 패함.

"아빠, 우린 해야 돼. 다음번엔 우승해야 돼. 선생님이 다 나으실 때까지 우린 누구 하나도 기죽을 수 없어."

막내는 이야기를 마치면서 이렇게 말했다. 나는 아무 말도 하지 못했다. 무슨 망국민의 독립 운동사라도 읽는 것처럼 감동 비슷한 것이 가슴에 꽉 차오르는 것 같았다. 학교라는 데는 단순히 국어, 산수나 가르치는 데가 아니구나 하는 생각도 들었다.

▶ 막내의 이야기에 큰 감동을 받은 '나'

끝 이튿날 밤 나는 늦게 돌아오는 막내의 방망이를 미더운 마음으로 소중하게 받아 주었다. 그때도 막내와 그 애의 동무 애들의 초롱초롱한 눈 같은 맑고 푸른 별이 두어 개 하늘에 떠 있었다. 나는 그때처럼 맑고 푸른 별을 일찍이 본 일이 없다.

▶ 아이들의 순수한 마음을 떠올리며 막내의 방망이를 소중히 받아 줌.

05 작품의 중심 내용 이해   수필의 내용과 형식   답 ④

이 글에서 글쓴이 '나'는 막내로부터 야구 시합에서 꼭 이겨야 하는 사연을 듣고 감동을 받고 있다. 막내네 반 담임 선생님의 병환으로 아이들이 뿔뿔이 흩어지자 막내와 반 아이들이 단결하여 기죽지 않기 위해 최선을 다하고 있는 것이다.

오답 챙기기

① 글쓴이는 밤하늘에 뜬 별을 보며 막내와 막내네 반 아이들의 아름다운 마음을 떠올렸을 뿐, 실제로 별구경을 함께한 것이 아니다.

② 글쓴이는 막내로부터 야구 시합에 얽힌 사연을 들은 후, 비유적 표현을 사용하여 망국민의 독립 운동사를 읽는 것처럼 감동을 느꼈다고 했을 뿐, 실제로 막내와 독립 운동사를 읽은 것이 아니다.

③ 글쓴이는 막내네 반의 야구 시합을 응원하러 가서 실제로 본 것이 아니다. 막내로부터 이야기를 듣고 있을 뿐이다.

⑤ 글쓴이가 막내와 막내네 반 아이들을 위로한 내용은 글에서 찾아볼 수 없다.

06 글쓴이의 심리 변화 이해   답 ⑤

글쓴이는 막내로부터 자세한 이야기를 들은 후, 막내와 막내네 반 아이들의 순수한 마음에 감동을 받고 막내의 야구 방망이를 소중하게 받아 주고 있다. 막내의 행동을 어쩔 수 없다는 듯이 받아들이는 체념적 태도를 나타내고 있지 않다.

오답 챙기기

① 평소 시끄러웠던 개구쟁이들이 조용히 모여 있자 글쓴이는 의아함과 이상함을 느꼈을 것으로 추측할 수 있다.

② 글쓴이는 막내의 야구 시합에 얽힌 사연을 듣기 전에는 야구 연습을 하느라 매일 늦게 귀가하는 막내를 걱정스럽게 바라보았다.

③ 시합 때까지만 연습으로 늦게 귀가할 것이라 말했던 막내가 그 이후에도 계속 늦게 귀가하자 글쓴이는 막내를 심하게 나무랐다.

④ 야구 시합에서 이겨야 하는 사연을 막내로부터 듣고 난 후, 글쓴이는 막내와 막내네 반 아이들에게 깊은 감동을 받고 있다.

07 소재의 의미 파악   답 ⑤

막내와 막내네 반 아이들은 담임 선생님이 계셔서 당당하게 지내던 시간을 그리워하며, 선생님을 보러 길도 잘 모르는 병원에 찾아가기까지 하였다. 그리고 선생님이 돌아오실 때까지 기죽지 말고 지내자는 다짐을 야구 시합을 통해 보여 주고 있다. 따라서 담임 선생님이 안 계셔도 괜찮다는 자신감은 적절하지 않다.

오답 챙기기

① '이 반 저 반으로 헤어진 반 아이들은 예선부터 한 사람 빠짐없이 응원에 나섰다.' 등에서 야구 시합과 연습으로 막내네 반 아이들이 단결하고 있음을 알 수 있다.

② '선생님이 다 나으셔서 오실 때까지 우리 기죽지 말자'를 통해 야구 연습에 담긴 막내네 반 아이들의 굳은 의지를 알 수 있다.

③ 막내와 막내네 반 아이들은, 선생님이 돌아오셔서 다시 반 전체가 모일 때까지 기죽지 않겠다는 의지를 드러내기 위해 야구 시합 우승을 목표로 삼은 것이다.

④ 막내와 막내네 반 아이들은 야구 시합 우승을 위해 매일 밤늦게까지 연습을 하는 노력을 보이고 있다.

08 상징적 표현의 이해   답 맑고 푸른 별

끝 부분의 '맑고 푸른 별'은 막내와 막내네 반 아이들의 순수한 마음, 열정, 의지, 노력 등을 상징적으로 드러내고 있다. '별'은 이상, 순수 등의 상징물로 오래 전부터 사용되어 왔다.

어휘 확인   본문 157쪽

1 역동   **2** 도가니   **3** 희희낙락   **4** 병환   **5** 괄시

18일차 _{필수 개념} 수필의 성격

📎 **수필의 성격 이해하기** 1. ○ 2. 괜찮아

(필수 개념) ④

🖋 **개념 적용하기** 목발, 희망, 긍정

(필수 개념) ## 수필의 성격 답 ④

괜찮아 | 장영희

작품 해설 '괜찮아'라는 말에 담긴 타인에 대한 배려와 격려, 위로의 마음을, 어린 시절의 체험과 다양한 일화를 통해 제시하고 있는 수필이다. 한마디 말이 지닌 힘에 대한 글쓴이의 사색이 잘 드러나며, 이 세상이 살 만하고 선한 마음과 사랑이 있는 곳이라는 긍정적인 삶의 태도가 돋보이는 글이다.

주제 '괜찮아'라는 말에 담긴 의미와 힘

구성

(처음) 다리가 불편한 '나'를 배려해 함께 놀아 준 어린 시절 친구들

(중간) '괜찮아'라는 말과 관련한 '나'의 어릴 적 경험과 여러 일화들

(끝) '괜찮아'라는 말에 담긴 긍정적인 의미들

📑 작품 꼼꼼 강의

(중간) 초등학교 1학년 때였던 것 같다. 하루는 우리 반이 좀
_{과거 회상}
일찍 끝나서 나는 혼자 집 앞에 앉아 있었다. 그런데 그때 마침 깨엿 장수가 골목길을 지나고 있었다. 그 아저씨는 가위만
_{붉은 깨를 겉에 묻힌 엿}
쩔렁이며 내 앞을 지나더니 다시 돌아와 내게 깨엿 두 개를 내밀었다. 순간 그 아저씨와 내 눈이 마주쳤다. 아저씨는 아무 말도 하지 않고 아주 잠깐 미소를 지어 보이며 말했다.

"괜찮아."
_{글의 중심 소재}
무엇이 괜찮다는 것인지는 몰랐다. 돈 없이 깨엿을 공짜로 받아도 괜찮다는 것인지, 아니면 목발을 짚고 살아도 괜
_{글쓴이의 몸이 불편함을 알 수 있음.}
찮다는 것인지……. 하지만 그건 중요하지 않다. 중요한 건 내가 그날 마음을 정했다는 것이다. 『이 세상은 그런대로 살 만한 곳이라고. 좋은 사람들이 있고, 선의와 사랑이 있고,
『 』:"괜찮아."라는 말을 듣고 세상에 대한 긍정적 관점을 갖게 된 글쓴이
'괜찮아'라는 말처럼 용서와 너그러움이 있는 곳이라고 믿기 시작했다는 것이다.』

▶ 어릴 적 깨엿 장수 아저씨와 만나 "괜찮아."라는 말을 들었던 경험
(중략)

괜찮아—난 지금도 이 말을 들으면 괜히 가슴이 찡해진다. 2002년 월드컵 4강에서 독일에게 졌을 때 관중들은 선수들을 향해 외쳤다. / "괜찮아! 괜찮아!"
_{경기에서 패배한 선수들을 위로하고 격려하는 말}
혼자 남아 문제를 풀다가 결국 골든벨을 울리지 못해도
_{정답을 맞히지 못한 친구를 위로하고 격려하는 말}
친구들이 얼싸안고 말해 준다. / "괜찮아! 괜찮아!"

(끝) '그만하면 참 잘했다.'라고 용기를 북돋워 주는 말, '너
_{:'괜찮아'라는 말에 담긴 긍정적인 의미들}
라면 뭐든지 다 눈감아 주겠다.'라는 용서의 말, '무슨 일이 있어도 나는 네 편이니 넌 절대 외롭지 않다.'라는 격려의 말,

---

'지금은 아파도 슬퍼하지 마라.'라는 나눔의 말, 그리고 마음으로 일으켜 주는 부축의 말, 괜찮아.

『참으로 신기하게도 힘들어서 주저앉고 싶을 때마다 난
『 』:힘들고 지칠 때 글쓴이에게 새로운 힘을 주는 말인 '괜찮아'
내 마음속에서 작은 속삭임을 듣는다. 오래전 따뜻한 추억 속 골목길 안에서 들은 말, '괜찮아! 조금만 참아. 이제 다 괜찮아질 거야.'』

그래서 '괜찮아'는 이제 다시 시작할 수 있다는 희망의 말
_{글쓴이에게 '괜찮아'라는 말이 지니는 의미}
이다.
▶ '괜찮아'라는 말에 담긴 다양한 의미와 힘

이 글은 글쓴이의 어릴 적 체험(깨엿 장수 아저씨와의 만남)을 바탕으로 하고 있으며, '괜찮아'라는 말을 통해 타인에 대한 용서와 너그러움, 배려라는 교훈을 독자에게 주고 있다.

✅ 오답 챙기기

① 이 글은 자신의 체험과 생각을 솔직하게 드러내고 있으므로, 객관적이라기보다 주관적 성격을 나타낸다고 할 수 있다.

② 수필은 누구나 쓸 수 있는 비전문적인 글이다. 또한 이 글에 특정 대상에 대한 설명은 제시되지 않았다.

③ 이 글은 어릴 적 체험의 회상, '괜찮아'라는 말과 관련한 일화들, '괜찮아'라는 말에 대한 글쓴이의 생각을 자유롭게 써 내려간 글이다. 현상이나 대상의 이치를 밝히는 논리적 성격이 이 글에 나타나지는 않으며, 독자를 설득하려는 주장을 담고 있지도 않다.

⑤ 이 글에 현상이나 사물의 옳고 그름을 밝히거나 잘못된 점을 지적하는 비판은 나타나지 않는다.

18일차 실전 수필의 성격

01 ① **02** ③ **03** ③ **04** ②
05 본질

🏷️ **개념 적용하기** 본질, 인위

🔍 **작품 한눈에** 성찰, 대조, 의인

01 ~ 05

네모난 수박 | 정호승

작품 해설 둥근 외형이라는 본질을 억압하고 네모난 틀에 가둬 인위적으로 만들어 내는 '네모난 수박'을 보며 현대인의 삶과 사회를 비판적으로 성찰하고 있는 수필이다. '수박'이라는 일상적인 소재를 통해 급변하는 현대 사회 속에서 인간 본연의 맛과 향기를 잃지 않아야 한다는 메시지를 전달하고 있으며, 글쓴이의 깊이 있는 사색과 통찰이 잘 드러난다.

주제 본질을 잃지 않는 삶에 대한 성찰

구성

(처음) 네모난 수박을 보고 충격을 받은 글쓴이

(중간) 둥근 외형이라는 본질을 억압당하는 네모난 수박과, 이와 같이 인위적 형태의 삶을 살아가는 현대인

(끝) 인간으로서의 본질적인 맛과 향기를 잃지 않는 삶의 추구

🖼️ 작품 꼼꼼 강의

(처음) 네모난 수박을 보고 충격을 받았다. 어릴 때 동화적 상
글의 중심 소재
상의 세계에서나 존재했던 네모난 수박이 물리적 현실의 세
네모난 수박이 현실적으로 존재할 수 없다고 생각해 온 글쓴이
계에 존재하게 된 것은 정말 놀라운 일이 아닐 수 없다. 이는 '수박은 둥글다'는 기본 개념을 파괴해 버린 일이다. 이제 우리는 식탁에 올려진 네모난 수박을 늘 먹으면서 무슨 생각을 하게 될까? 별로 대수롭지 않게 그저 먹기에 편하고 맛있으면 그만이라고 생각하게 되지는 않을까?
무비판적인 네모난 수박의 수용에 대한 문제의식
▶ 네모난 수박을 본 글쓴이의 충격과 문제의식

(중간) 정작 수박이 네모지면 운반하기에 편할 뿐만 아니라
네모난 수박의 장점 - 운반 및 보관의 편의성, 먹기 편함.
보관하기에도 좋고 썰어 먹기에도 좋다고 한다. 그러나 수박의 입장에서는 여간 화가 나는 일이 아닐 것이다. 네모난 수
매우 화가 나는 일일 것이라는 뜻
박은 유전 공학자들에 의해 유전 인자가 변형되어 만들어진 것이 아니라 네모난 인공의 틀 속에서 자라게 함으로써 단순
네모난 수박이 만들어지는 원리
히 외형만 바뀌도록 만들어진 것이다. 그러니까 둥글다는 내면의 본질은 그대로 둔 채 인위적으로 외형만 바뀐 것이다. 따라서 수박은 기형화된 자신의 몸을 이해하고 받아들이기가 여간 힘들지 않을 것이다. 어쩌면 "둥글지 않으면 수박이
매우 힘들 것이라는 뜻
아니다. 둥글어야만 수박이다."라고 말하며 분노의 눈물을
『 』: 네모난 수박을 의인화하여 표현 - 글쓴이의 비판적 시각 반영
흘릴지도 모른다. ▶ 인위적으로 외형만 네모나게 만든 수박

　　네모난 수박을 만든 이들의 말에 의하면, 철제와 아크릴
간접 인용을 통해 외형 틀을 만드는 데 오랜 시간이 걸렸음을 제시
로 네모난 수박의 외형 틀을 만드는 데 무려 5년이라는 시간

이 걸렸다고 한다. 수박꽃이 지고 계란 크기만 한 수박이 맺히기 시작하면 특수 아크릴로 만든 네모난 상자를 그 위에
직유법
씌우는데, 놀랍게도 수박이 자라면서 네모난 상자를 밀어내
간접 인용을 통해 수박의 강한 생장력을 제시
는 힘이 자그마치 1톤이나 되었다고 한다. 이렇게 수박의 생장력이 너무나 강해 만드는 족족 외형 틀이 부서져 그 힘을 견딜 수 있도록 만들기가 여간 어렵지 않았다는 것이다. 결
매우 어려웠다는 뜻
국 네모난 수박 재배의 성공 여부가 전적으로 수박의 생장력을 견뎌 낼 만큼 튼튼한 아크릴 상자를 만들 수 있느냐에 달려 있었다는 것이다.
▶ 수박의 강한 생장력을 억누르는 네모난 외형 틀의 개발

　　나는 그 말을 들으면서 네모난 틀 속에서 자라게 되는 한 알
본질의 인위적 억압에 대한 글쓴이의 비판적 관점
의 수박씨가 겪게 되는 고통에 대해 생각해 보았다. 비록 햇볕과 공기와 수분을 예전과 똑같이 공급받을 수 있는 상태라 하더라도 어느 순간부터는 그만 네모난 틀의 형태에다 자신의 몸을 맞추어야만 하니 그 고통을 어떻게 견딜 수 있었을까. (중략)
▶ 인위적으로 네모나게 자라는 수박의 고통

　　나는 네모난 수박을 한참 들여다보다가 비록 겉모양은 네모졌으나 수박으로서의 본질적인 맛과 향은 그대로일 것이라고 생각하면서 오늘을 사는 우리들이야말로 바로 이 네모
글쓴이의 성찰: 네모난 수박에서 현대인의 삶을 떠올림.
난 수박과 같은 존재가 아닌가 하는 생각이 들었다. 예전의 우리 삶이 둥근 수박과 같은 자연적 형태의 삶이었다면, 지
둥근 수박(과거, 자연적 형태의 삶)과 네모난 수박(현재, 인위적 형태의 삶)의 대조
금은 외형을 중시하는 네모난 수박과 같은 인위적 형태의 삶을 살고 있다고 할 수 있다.
▶ 네모난 수박과 현대인의 삶의 유사성에 대한 성찰

(끝) 오늘 우리의 삶의 속도는 무척 빠르다. 변화의 속도가
현대인이 인위적 형태의 삶을 살게 된 원인 - 급변하는 사회
너무 빨라 도무지 정신을 차릴 수 없다. 오늘의 속도를 미처 느끼기도 전에 내일의 속도에 몸을 실어야 한다. 그렇지만 ==네모난 수박이 수박으로서의 맛과 향기만은 잃지 않았듯이==
: 주제 의식
==우리도 인간으로서의 맛과 향기만은 결코 잃어서는 안 된다.==
▶ 인간으로서의 맛과 향기를 잃지 않는 삶의 중요성 강조

01 작품의 세부 내용 이해 답 ①

'네모난 수박은 유전 공학자들에 의해 유전 인자가 변형되어 만들어진 것이 아니라 네모난 인공의 틀 속에서 자라게 함으로써 단순히 외형만 바뀌도록 만들어진 것이다.'에서 네모난 수박이 유전 인자의 변형으로 만들어진 것이 아님을 알 수 있다.

✅ 오답 챙기기

② 끝 부분의 '네모난 수박이 수박으로서의 맛과 향기만은 잃지 않았듯이'에서 알 수 있다.

③ '수박이 네모지면 운반하기에 편할 뿐만 아니라 보관하기에도 좋고'에서 알 수 있다.

④ '둥글다는 내면의 본질은 그대로 둔 채 인위적으로 외형만 바뀐 것'에서 알 수 있다.

⑤ '네모난 수박 재배의 성공 여부가 전적으로 수박의 생장력을 견뎌 낼 만큼 튼튼한 아크릴 상자를 만들 수 있느냐에 달려 있었다는 것'에서 알 수 있다.

02 작품의 성격 및 글쓴이의 태도 파악 _{수필의 성격} 답 ③

글쓴이는 인위적으로 외형만 바뀐 네모난 수박을 의인화하여 '분노의 눈물을 흘'리는 모습으로 나타내고 있다. 또한 '수박의 입장에서는 여간 화가 나는 일이 아닐 것', '네모난 틀 속에서 자라게 되는 한 알의 수박씨가 겪게 되는 고통' 등으로 보아 글쓴이가 네모난 수박을 비판적, 부정적으로 바라보고 있음을 알 수 있다.

✓ **오답 챙기기**

① 이 글에는 네모난 수박이라는 소재를 통해 인간의 삶과 사회를 돌아보고 반성하는 '성찰적' 성격이 나타난다. 그러나 썰어 먹기 편하다는 것은 네모난 수박의 장점으로 다른 사람들이 언급한 내용일 뿐, 글쓴이가 이를 이유로 네모난 수박을 긍정하고 있는 것은 아니다.

② 수박의 강한 생장력은 '수박이 자라면서 네모난 상자를 밀어내는 힘이 자그마치 1톤이나 되었다고 한다.'에서 알 수 있으나, 글쓴이가 수박의 생장력을 부정적으로 보고 있는 것은 아니다. 글쓴이는 이러한 수박의 강한 생장력을 강제로 억눌러서 네모나게 만드는 것을 부정적으로 인식하고 있다.

④ '네모난 수박의 외형 틀을 만드는 데 무려 5년이라는 시간이 걸렸다고 한다.'에서 네모난 수박의 틀을 만드는 데 걸린 시간이 5년임을 알 수 있으나 이에 대해 글쓴이가 생산성이 떨어진다고 언급한 내용은 찾아볼 수 없다.

⑤ '외형을 중시하는 네모난 수박과 같은 인위적 형태의 삶'에서 글쓴이가 네모난 수박과 현대의 인위적 형태의 삶을 동일시하고 있음을 알 수 있으나 이를 긍정하고 있는 것이 아니라 비판적 관점에서 바라보고 있다.

03 표현상 특징 파악 답 ③

ⓒ에서 '고'는 간접 인용을 나타내는 조사이다. 따라서 이를 직접 인용이라 설명한 것은 적절하지 않다.

✓ **오답 챙기기**

① ㉠은 사람들이 네모난 수박을 먹으면서 할 법한 생각과 이에 대한 문제의식을 '-ㄹ까'라는 의문형 종결 어미로 나타내고 있다.

② 수박이 사람처럼 분노하며 눈물을 흘린다고 표현함으로써 둥글게 자라나는 본질을 억압한 결과물인 네모난 수박에 대한 비판적 시각을 드러내고 있다.

④ '계란 크기만 한'에서 수박꽃이 진 후 맺힌 작은 수박의 모습을 계란에 빗댄 직유법이 사용되었다.

⑤ '예전의 삶, 둥근 수박, 자연적 형태의 삶'과 '지금의 삶, 네모난 수박, 인위적 형태의 삶'이 대조되고 있다.

04 부사의 쓰임 이해 답 ②

'여간'은 부정 표현과 어울려 '그 상태가 보통으로 보아 넘길 만한 것임을 나타내는 말로, ⓐ~ⓒ에 공통적으로 사용될 수 있다.

✓ **오답 챙기기**

① '비록'은 '-ㄹ지라도', '-지마는'과 같은 어미가 붙는 용언과 함께 쓰여 '아무리 그러하더라도'라는 의미를 나타낸다.

③ '결코'는 '아니다', '없다', '못하다' 따위의 부정어와 함께 쓰여 '어떤 경우에도 절대로'라는 의미를 나타낸다.

④ '몹시'는 '더할 수 없이 심하게'라는 의미를 나타낸다.

⑤ '과연'은 '아닌 게 아니라 정말로'라는 의미로 주로 생각과 실제가 같음을 확인할 때에 쓴다.

05 작품의 주제 파악 답 본질

'겉모양은 네모졌으나 수박으로서의 본질적인 맛과 향은 그대로일 것', '네모난 수박이 수박으로서의 맛과 향기만은 잃지 않았듯이 우리도 인간으로서의 맛과 향기만은 결코 잃어서는 안 된다.'에서 글쓴이가 인간으로서의 본질을 잃지 않는 삶을 추구하고 있음을 알 수 있다.

🔬 어휘 확인 📖 본문 163쪽

1 ㉡	**2** ㉢	**3** ㉤	**4** ㉣	**5** ㉠
6 ㉣	**7** ㉤	**8** ㉡	**9** ㉠	**10** ㉢

MEMO

메가스터디BOOKS

www.megastudybooks.com

내용 문의 | 02-6984-6897 구입 문의 | 02-6984-6868,9

메가스터디BOOKS

장풍쌤의 중학 과학 내신 백점 비법

백신 중학 과학
학기별 기본서

22 개정
교육과정

Mbest 과학 대표
장풍 선생님 집필·강의

www.mbest.co.kr
온라인 동영상 강좌 진행

전 학년 1, 2학기 (전 6종)
개정판 순차 출간 예정

장풍쌤만의
이해하기 쉽고
자세한 개념 정리

학교 시험 빈출
대표 유형과 자료 선별,
실전 문제로 완벽 대비

탐구 문제, 서술형 등
다양한 유형의
문제 수록

2015 개정 백신 과학

··→ 2026년 중3 사용

백신 과학
학기별 기본서

백신 과학
영역별 기본서

물리학, 화학, 생명과학, 지구과학 (4종)